한반도
제3의 기회

(社)海外韓民族研究所
創立20周年記念論文集

한반도 제3의기회

2009년 5월 20일 초판 1쇄 인쇄
2009년 6월 1일 초판 1쇄 발행

편저자 (社)海外韓民族研究所
　　　創立20周年記念論文集刊行委員會
펴낸곳 華山文化社

등록번호 2-1880호(1994년 12월 18일)
전화 02-736-7411~2, 팩스 02-736-7413
주소 서울시 종로구 통인동 6, 효자상가 A. 201호
e-mail huhmanil@empal.com

ⓒ (社)海外韓民族研究所, 2009
ISBN 978-89-86277-99-9 93040
※ 잘못된 책은 바꾸어 드립니다

(社)海外韓民族研究所
주소 서울시 종로구 당주동 19. 三韓 빌딩 4층
전화 02-720-1357~8, 팩스 02-720-1359
e-mail ioka@ioka.or.kr

21세기 한민족의 꿈 세계로 미래로

한반도
제3의 기회

(사)해외한민족연구소

차 례

간 행 사

歷史認識과 自己確認

(사)해외한민족연구소가 금년 6월 1일로 成年이 되었다. 光化門 코너에 조그마한 둥지를 틀고 20년간을 열심히 달려왔다.

목표는 첫째, *海外*에 흩어져 소외돼 있는 한인들을 씨줄과 날줄로 잘 짜서 한 장의 직물로 만들고 이들을 역사 客體의 신분에서 主體의 지위로 향상시켜 21세기 한민족 역사창조의 대열에 동참시키는 일이었다. 그러기 위해서는 이들의 이주배경과 정착과정, 현재의 상황과 미래의 전망에 관한 연구가 절실히 요구되었다. 연구소는 교포들이 사는 현지를 답사하고 史料를 수집·연구 하며 아울러 현지에서의 여러 가지 행사를 추진하면서 상당한 실적을 쌓았다.

해외 한인들의 정체성과 민족의식을 고취하고 조국과의 유대를 강화하며 정부당국과 국민들의 해외 교포들에 대한 인식을 바꿔 놓는데 한 몫의 역할을 했다. 여태껏 정부당국의 교포관은 짐스럽고 부담을 느끼는 否定的 存在로 인식돼 있었다. 그러나 지금은 한민족이 해외로 진출하는데 있어 민족의 큰 자산으로 보며 肯定的 存在로 인식이 전환되었다. 또한 교포들도 祖國觀이 바뀌어 지난날 서운했던 감정에서 지금은 따뜻하게 보살펴주는 조국으로 인식하고 인적, 문화적 교류를 확대하며 유대강화에 힘쓰고 있다. 이렇게 해서 조국과 동포 간에는 상호 신뢰와 애정이 쌓이면서 共同體의식이 축적되어 가고 있다. 바람직한 변화 현상이다.

둘째는 21세기 한민족의 진로 개척에 역점을 두었다. 60여 년 지속되고 있는 남북 대치 상태와 한반도를 둘러싼 4强의 각축전은 한국의 指向座標를 설정하는데 難題로 작용하고 있다. 이러한 상황에서 우리들에게 절실히 요구되는 것은 바른 歷史認識과 自己確認이다.

한민족은 지난날 한반도의 지정학적 영향으로 인해 끊임없이 외침에 시달려 왔다. 특히 근세에는 列强에 의한 강제개항 이래 수난의 100년사를 겪었다. 스스로의 운명을 自意대로 결정짓지 못하고 외세 열강의 이해와 흥정의 대상이 되어 끝내는 일본 植民地化의 비운을 초래했다. 그 여파는 오늘에 이르기까지 지속되어 內的으로는 국토분단과 민족분열의 상황에 처해 있고 外的으로는 열강의 눈치를 살피며 左顧右眄하고 있는 것이 솔직한 自己確認의 실상이다. 다만 다행스러운 것은 6.25전쟁의 폐허에서 짧은 기간에 산업화와 민주화를 동시에 성취한 일이다. 이것은 분명히 한민족의 力量이다. 앞으로의 과제는 어떻게 하면 이 힘을 동력화해서 우리의 地位를 한 단계 높이고 自主存立의 위상을 확립할 수 있느냐이다.

民族의 최고 가치는 自主와 獨立이다. 이것이 결여돼 있는 민족은 비록 물질적 풍요를 누린다 하더라도 實體가 없는 虛像에 불과하다. 언제 허물어질지 모르는 운명을 안고 벌판을 헤매는 격이다.

或者 민족은 존재하지 않으며 세계화의 흐름 속에 민족을 강조하는 것은 시대착오적 발상이며 이에 집착하는 것은 退行을 초래한다고 한다. 事物의 한 단면만 관찰하는 어리석은 소리다. 이에 반론을 제기하는 학자는 앞으로 국제행위의 主體는 國民國家의 主權이 제약되는 정부가 아니라 民族

單位가 行爲 主體가 된다는 논리를 전개한다. 상당한 설득력을 얻고 있다. 굳이 이 논리를 떠나서라도 우리의 경우는 과거에 억압되었던 민족으로서 자기비하의 심리를 불식하고 한번쯤은 自足하는 昇華感을 만끽한 후에 마음의 여유를 가지고 世界化 潮流에 합류하는 것이 바람직하다. 자기 正體性을 망각한 채 自己確認없이 어설픈 세계화 물결에 뛰어든다면 자칫 自身을 잃어버릴 수 있다.

근간 20~30년 이래, 東北亞에는 새로운 질서가 태동되고 있다. 지난날은 中國 中心의 中華思想이 東北亞를 지배하는 질서였다. 이를 견제하려는 일본의 大東亞共榮圈 논리가 중화사상에 일침을 加하여 패권경쟁을 하다가 제2차 세계대전 이후 美·蘇 中心의 세계 질서가 형성됨으로써 東北亞는 이 세계 질서에 편입되었다.

中國이 문화혁명 이후 개혁 개방 정책을 시행하면서 경제적으로 급부상하여 지난날 중화사상의 향수를 느끼며 동북아에 새로운 영향력을 확장해 가고 이를 견제하려는 日本이 경제력을 바탕으로 군사대국화하면서 새로운 패권경쟁이 대두되었다. 미국은 일본을 앞세워 중국을 견제하면서 다른 한편 중국과 우호관계를 유지하려고 한다. 앞으로 시간이 흐르면서 일본은 중국의 相對役에서 밀려날 수밖에 없고 결국은 美·中 關係가 동북아에 새로운 질서를 형성할 것이라는 견해가 지배적이다.

이러한 상황변화를 전망하면서, 한국은 어떤 노선을 지향해야 하느냐가 현안문제로 대두된다. 종래의 미국과의 동맹관계를 공고히 하면서 미국의 핵우산을 최대한 이용, 경제력과 군사력을 증대하여 自主 路線을 지향해야 한다는 주장이 있는가 하면 또한 다른 견해는 중국과의 역사적 慣性에 의하여 결국은 중국의 영향권을 벗어나지 못할 것이라는 조심스런 전망을 하기도 한다. 앞날을 멀리 아주 멀리 내다보면 自身의 힘을 길러서 어느 일방에도 치우침이 없는 그러나 어느 일방도 함부로 얕볼 수 없는 自主 路線

을 지향해야 할 것이다.

우리 근대사는 開港 이후 오늘에 이르기까지 국운이 상승할 수 있는 두 번의 기회가 있었다. 첫 번째는 개항과 더불어 근대화를 겪는 과정에서이다. 비록 외세에 의한 강제 개항이기는 했으나 당시 주도세력이 분열하지 않고 세계사의 흐름을 제대로 인식하고 전향적 건설적으로 받아들여 自主的 近代化를 力動的으로 추진했더라면 식민지화의 비운을 피할 수 있었고 근대적 國民國家를 확립할 수 있었을 것이다.

두 번째는 1945년 일본식민지 桎梏에서 허방됐을 때이다. 식민지배세력이 물러가면 당연히 통일된 자주정부가 수립되었어야 함에도 오히려 민족분열이 격화되어 동족상잔의 비극을 자초했다. 이 역시 외세의존적 발상과 자세 때문이었다. 제 2차 세계대전 후 오스트리아는 우리의 상황과 유사했지만 민족지도자들이 나치하의 감옥에서 '대연합정신'을 발휘함으로써 국토분단과 민족분열의 위기를 슬기롭게 극복했다.

지금 한반도가 처한 상황은 제3의 기회이다. 21세기에는 사고의 대전환으로 남북쌍방은 소모적 대립을 지양해야 한다. 그리고 민족 力量을 총결집, 동력화하여 긴 안목으로 밖으로 눈을 돌려 국운개척의 길을 모색해야 한다. 동족간에 첨예한 대립으로 내적문제에 매달려 시야를 넓히지 못하고 근래 세계경제질서의 대전환에 능동적으로 대처하지 못하면 낙오될 수밖에 없다.

日本의 開港과 近代化 과정에서 그 主役들이 가장 심혈을 기울였던 점은 '自主'를 확립하는 일이었다. 우리들의 開化期에 외세에 의존하려 했던 양상과 비교하여 대조가 된다. 오늘날 우리들에게 큰 敎訓이 아닐 수 없다. 그러면 과연 그 方略이 무엇인가 그리고 가능한가. 이러한 민족 진로의 전략적 길을 모색하기 위하여 연구소 창립 20주년을 기하여 이 책자 간행을 시도했다. 이 작은 책 한 권으로 그 엄청난 길이 모색되리라고 기대하지 않는다. 그러나 천릿길도 한 걸음으로 시작하듯이 앞으로 연구를 축적하면서 이 時代의 歷史動力體(Historical Bearing Group)로서의 역할을 自任하려 한다. 이 책을 구성하고 있는 논문들은 각양각색이지만 그 내용을 잘 관찰해보면, 논문전체를 관통하는 基調는 21세기 韓民族의 進路를 개척하는 데 있다.

바쁜 시간을 쪼개어 玉稿를 집필해주신 학자님들께 깊은 감사를 드리며 아울러 研究所가 어려움을 극복하고 오늘에 이르기까지 物心兩面으로 뒷받침해주신 任員님들과 회원 여러분께 감사한다. 특히 이 책 간행비를 전담해주신 전 LG전자 회장이며 본 研究所 理事인 李憲祖님께 심심한 감사를 드린다. 그리고 책 출판을 맡아 수고해주신 華山文化社의 許萬逸님께도 고마움을 전한다.

2009년 6월 일

(社)海外韓民族研究所

所長 李 潤 基

새로운 동북아질서의 태동과 한국의 대응

方秀玉
중국 복단대학 교수

　인류의 역사는 전쟁과 평화의 변증법적 발전의 역사라고 보아도 좋을 만큼 인류는 수많은 전쟁[1]을 겪었다. 전란을 치른 후 평화를 모색하다가 일정한 시점이 지나면 다시 전쟁을 벌이게 되그 평화회담을 통해 평화를 모색하는 그러한 가운데 국제체제가 발전하는 양상을 보였다.

　전쟁을 억제 · 방지하기 위하여 인간은 환경과 제도의 개혁, 국제법과 같은 규범(norms)의 증진 등을 고려해 왔고 이러한 노력은 부단히 계속되고 있다. 인간이 진정으로 평화를 갈망한다면 국제사회는 공동선의 추구에 합의점을 이루어야 하며, 세계 평화를 이룩하기 위해서는 인간의 기본적인 문제를 공동으로 해결해나가는 가운데 평화지향적인 새로운 세계질서(World order)를 형성하고 그 정치문화를 보급해 나가야 한다. 인간기본 문제의 해결책을 찾고 평화를 수호하고 유지하기 위한 노력의 일환으로,

---

1) 전쟁의 원인규명에 대한 연구와 논쟁은 오랫동안 계속되어 왔으나, 전쟁의 발발동기 · 목적 · 진행과정 · 종결양상이 복잡하기 때문에 그 원인을 정확하게 밝혀내기는 쉽지 않다. 지금까지 발간된 학자들의 연구결과를 보면 심리학적 · 역사적 · 사회학적 및 인류학적인 것으로 명명될 수 있을 것이다.

본문에서는 우선 지금까지의 세계질서와 동북아국제질서의 변천과정을 되돌아보고, 현재 동북아 지역에서 나타나고 있는 새로운 질서의 특징을 짚어본 후, 이와 같은 환경변화에 한국이 어떠한 외교정책이 필요하며 평화유지를 위해 동북아 각 국가들이 어떤 공동의 노력을 해야 하는가 하는 답안을 모색하고자 한다.

1. 세계질서의 변천

사람은 자연과 인간의 만든 환경(environment) 속에서, 그 환경에 적응하면서 살아간다. 그런데 환경에 적응하기 위해서는 환경에 대한 예측이 가능해야 한다. 그리고 기대가 이루어져야 한다. 기대가 가능한 것은 예측이 가능하기 때문이고 예측이 가능해지는 것은 사물간의 규칙적 연계를 알기 때문이다. 다시 말하면, 기대가 가능한 것은 질서[2]가 있기 때문이다. 질서가 무너지면 예측이 불가능해지고 사람들은 아무 것도 기획하고 살아갈 수 없게 된다. 그래서 질서를 '안정된 기대구조'(stable structure of expectation)라고도 정의한다.[3]

주지하다시피, 현존 국제질서의 구성단위는 주권국가(Sovereign State)이다. 따라서 국제사회는 무정부상태(anarchy)이며 이는 각 구성 국가들이 자기 주권을 결코 양보하지 않으려 한다는 의미를 내포한다. 그럼에도

---

2) 어떠한 정치시스템이라도 내부적으로 '질서의 확립과 유지' 를 위한 메커니즘이 있기 마련이다. '질서' 라는 말은 뜻이 여러 가지이나, 일단 "주어진 인간집단 속에서 내부의 룰이 확립되고 그 구성원들이 자발적 또는 강제적으로 이 룰을 지키게 된 결과, 그 집단내에서의 행동예측 가능성이 높아진 상태" 라고 정의하기로 한다.

3) 기대구조를 이루는 조건들이 상당기간 바뀌지 않으면 이 기대구조를 믿고 행하는 인간들의 행위도 같은 양상을 유지하게 되어 반복에서 나오는 규칙성이 생긴다. 그래서 질서를 안정된 기대구조로 이해한다. R. J. Rummel, *In The Minds of Men*, Seoul: Sogang University Press, 1984, ch. 16. p. 83.

불구하고 국가들은 국제정치가 '무정부적'이면 일수록 최소한의 질서를 확립하려는 경향이 강해진다. 왜냐하면 국내정치시스템이 상대적으로 안정되고 질서가 유지되어, 그 시스템 속에서 사는 사람들이 혜택을 받는다고 하더라도, 국가 간 또는 국민들 간의 관계가 불안정하거나 서로 적대적이라면 국내시스템 속의 안정성의 의미도 크게 줄게 된다. 그래서 국제정치는 단순히 '권력추구'의 과정만으로는 볼 수 없으며, 질서추구의 면도 섞여 있다고 봐야 한다. 따라서 주권국가들은 상호이익을 얻기 위하여 다른 국가와 협력하며, 상호작용의 규제를 위하여 국가들이 개발한 일련의 규칙(rules)에 따라 행동한다. 시간이 지남에 따라 제반 규칙들은 확고하게 정착되고 나아가서 관련국들은 기구를 만들어 내며 그 기구를 통해 규칙의 범위 안에서 행동하는 습관을 익힘으로써 국제사회에는 점차 질서가 생기게 되는 것이다.

　국제정치사를 보면, 전쟁과 평화의 변증법적 역사이자 힘을 가진 강대국들이 주축이 되어 세계의 전쟁과 평화를 좌지우지한 역사이다. 그럼에도 불구하고 역사는 많은 변화를 가져오고 있다. 최초의 국제적인 질서는 전쟁 이후 힘 있는 승전국들이 패권국들에 대하여 부과한 조건으로서 만들어진 것이었다. 국제정치학자들은 흔히 30년전쟁(1618~1648년)[4]을 종결하면서 맺은 웨스트팔리아(Westphalia)조약(1648)[5]을 국제체제의 시작으로 본다. 일정한 경계 안에서 배타적인 권위를 행사하는 주권국가들이

---

4) 30년전쟁은 신성 로마 제국이었던 독일을 중심으로 로마 가톨릭교회와 개신교 사이에서 벌어진 종교전쟁이다. 최초의 국제전쟁이라 불리고 있다. 30년전쟁의 시작은 종교전쟁이었으나, 점차 영토 및 통상 등 각국의 이해관계가 옅히면서 상호 적대관계 및 동맹이 이루어지는 무력 대결로 변질되었고, 스웨덴이 참전한 1630년이후에는 합스부르크 왕가, 부르봉 왕가, 바가 왕가 등에 의한 강대국 간의 파워게임으로 변화했다. 30년간 벌어진 전쟁은 유럽의 지도 및 종교, 문화 등을 크게 변화시켰다. Aberg, A., "The Swedish army from Lutzen to Narva", in M. Roberts (ed.), *Sweden's Age of Greatness, 1632-1718* (1973) ; Gindely, Antoniin. *History of the Thirty Years' War*, Putnam, 1884 참조.

협의에 의하여 창출한 '법에 의하여 규제되는 질서'로 국제체제가 탄생하였기 때문이다.[6] 국제체제는 웨스트팔리아체제, 즉 근대국가체제의 형성에서 그 후 비엔나체제, 비스마르크체제, 베르사이유체제, 얄타체제 등 여러 유형의 체제를 경과하였으나 웨스트팔리아 체제의 원형을 그대로 유지하여 왔다고 해도 과언이 아니다. 아마 앞으로도 그 원형은 크게 바뀌지 않을 것으로 본다.[7]

국제질서 구성원으로서의 국가들은 20세기 후반에 와서야 동등한 지위를 누리는 행위 주체가 되었다. 즉 국제질서는 국가를 단위로 하는 국가 간의 합의에 의한 질서라는 모양을 갖추고 있다. 물론 현재에도 모든 것이 법에 의한 질서에 따라 행하는 것은 아니다. 국제사회에는 제한된 범위의 기능을 발휘하는 법과 한정된 역할을 수행하는 제도화된 정치체제를 가지고 있으나 이러한 법과 정치체제는 모든 국가의 안전을 확보하여 주지는 못하고 있다. 사실상 국제사회에는 법보다 힘에 의한 질서에 의하여 국제정치질서가 유지되는 경우가 더 흔하다.[8]

---

5) 네덜란드를 스페인 황제 페르디난드 2세(Ferdinand Ⅱ)가 보헤미아의 신교도를 탄압함으로써 발발한 '30년전쟁(1618-1648, Thirty Year's War)'은 결국 1648년의 '웨스트팔리아조약'에 의해 종결되었다. 웨스트팔리아조약은 다음과 같은 의미를 지닌다. (1) 종교전쟁 총결산이라는 의미를 갖는다. 이로써 신구 신앙의 자유와 신교 각 파의 평등이 인정되었다. (2) 국제세력의 지도적 위치가 '스페인'(합스부르크)에서 '프랑스'(부르봉 왕조)로 옮겨갔다. 스페인으로부터 네덜란드는 독립하여 해외에서 강력하게 성장했고, 프랑스는 '웨스트팔리아조약'에서 알사스 로렌을 획득하였다. 당시 독일은 '30년전쟁'을 통해 황폐와 분열을 거듭하였고, 지방분권적 할거주의가 강화되었다. (3) '웨스트팔리아조약'은 최초의 국제조약이라는 의미를 갖는다. 이 회의에서 각국은 최소한 이론상으로나마 국가의 평등, 주권개념, 종교적 자유 등 복잡한 정치적 개념을 정리함으로써 근대국가체제의 틀을 형성하였다. 박현모, 『현대정치학』(서울: 법문사, 1995), p. 370 참조.
6) 현재 중국의 국제관계 학계에는 웨스트팔리아 체제를 초월하여 새로운 국제질서를 구축해야 한다고 주장하는 학자들의 움직임도 있다. 陳玉剛외 주필, 『超越威斯特伐利亞?』(中國: 時事出版社, 2004).
7) 개인은 오직 소속 국가를 통하여서만 질서 운용에 참여할 수 있을 뿐이다.

현실적으로 20세기 상당기간 국제질서는 대국의 힘에 (그리고 몇 십 년 동안은 미국과 소련 힘의 분할에) 크게 의존하여 발전해 왔다. 미국은 가끔 세계 경찰역할을 공공연히 수행하기도 하였다. 각국은 주권을 양보하지는 않았지만, 항시 세계의 가장 강력한 국가가 세운 규칙들에 대개 따랐고 이런 방식으로 국제적인 제도와 법에 자국의 힘을 일부 실어주고 대체로 그 테두리 안에서 행동해 왔다.

제2차 세계대전의 종결과 함께 형성된 냉전[9]체제시대에는 세계가 미·소 양 대국이 지배하는 양대 진영으로 나누어져 미·소 양국의 통제 하에 있어, 여타 국가는 마음대로 행동을 하는 것을 허락하지 않았다. 국제사회에서 일어난 위기 혹은 전쟁은 모두 미·소 양국에 의해 해결되었다. 국제질서의 유지에 필요한 군사력은 비록 각 국가들이 분권적으로 보유하고 있기는 하나, 전후 미·소 양국은 전략핵전력, 대규모인 육해공의 통상 전력, 그리고 전 세계 군사조직을 갖고 있고, 미·소 양국 간 비교적 안정적인 이해와 역학관계가 존재하여 국제질서는 유지하여 온 것이다. 그러나 약 10년간 지루하게 계속된 베트남전쟁에 대한 미국 내의 반전여론은 미국 정부로 하여금 베트남정책에 대한 접근에 있어서 새로운 방안의 모색을 불가피하게 했을 뿐만 아니라, 아시아정책에서도 새로운 접근을 가져오게 만들었다. 이러한 분위기에서 대통령에 당선된 닉슨(Richard M. Nixon)은 외교정책 현안에 대해 근본적인 변화를 해야만 했다.

1969년 7월 닉슨은 동남아시아 5개국을 순방하던 중 새로운 정책의 기

---

8) 李相禹, 『國際關係理論-國家間의 葛藤原因과 秩序維持-』(서울: 박영사, 1999), p. 118. 楚樹龍, 『國際關係基本理論』(中國: 淸華大學出版社, 2003), pp. 152-155.
9) '냉전(Cold War)'이라는 말은 원래 제2차 세계대전 이후 유럽에서 미국과 소련의 대결을 묘사하기 위해 사용된 용어이다. 따라서 그것은 근본적으로 '유럽적인'것이었으나, 점차 범세계적인 성격을 띠게 되었다. 일반적으로 '냉전'은 1945년 이후 1990년대 초까지의 동·서 세계, 특히 미국과 소련의 대립과 갈등을 의미한다. 자세히 말하면, 그것은 '열전(Hot War)'이 없는 상태에서 미·소양국을 축으로 하는 양극체제하에서의 사회주의진영과 자본

본 개념들을 언급했다. 괌에서 있었던 비공식 기자회견에서 그는 이른바 「닉슨 독트린」(Nixon Doctrine)[10]을 발표하게 되었던 것이다. 그것은 안보 보증자로서의 미국의 향후 역할에 대해 다음 세 가지 지침을 제시했다. 우선 미국은 기존의 공약들을 계속해서 성실히 이행할 것이다. 또한 핵 강대국의 위협을 받고 있는 모든 동맹국들을 계속해서 보호할 것이다. 그러나 재래식 무기에 의한 군사적 갈등의 경우, 미국은 조약에 따라 동맹국에 안보 및 경제 원조를 제공할 것이지만 동맹국 방위의 '일차적' 책임은 해당 동맹국이 스스로 지기를 기대한다는 것이었다.[11]

닉슨 독트린은 미국의 모든 동맹국들에게 적용되었지만, 주로 아시아 지역에 중점을 두고 있었다. 미국의 전략상 아시아 대륙에서 발발할 수 있는 미래의 전쟁에 미 지상군의 개입을 피하는 것이 미국의 급선무였던 것이다. 따라서 닉슨 독트린은 미국이 아시아-태평양 국가임을 내세우면서도 미국의 새로운 역할에 대해 동맹국들을 지도하기보다는 그들을 원조하는 것으로 제한하는 정책이었다. 이러한 정책에 따라 미국은 아시아 지역의 동맹국들이 보다 많은 비용을 분담하도록 촉구했다. 특히 미국은 일본이

주의진영 간의 정치·외교적 대립, 군사적 긴장, 이데올로기적 갈등을 뜻한다. 역사적으로 볼 때, 강대국들간의 경쟁과 상호불신은 국제정치에 있어서 늘 존재하는 것이었다. 그러므로 미국과 소련과의 냉전은 이들 국가들이 세계의 주도권을 추구함에 따라 불거져 나온 불가피한 현상이었다. 따라서 냉전은 그 자체가 본질적으로 미국과 소련 양 초강대국들이 전후 새로운 시대의 세계 정치에 있어서 자국의 주도적인 위치를 확립하려는 투쟁이었다고 할 수 있다. 그래서 미국과 소련은 각기 자국이 주도하는 세계질서의 구축을 시도함에 있어서 모든 수단을 다하여 그 자신의 지위를 보호, 확립하려고 했고, 상대방을 희생시켜 이득을 취하려고 했다. 하지만, 1980년대 소련의 고르바초프가 '개혁', '개방'으로 대표되는 일련의 대내외적인 급속한 정책 변화를 실시하면서 극한 이데올로기적 대립을 중심으로 한 냉전체제는 급속도로 대대적인 변화를 맞게 되어 국제질서는 보다 다극화, 다원화된 양상을 띠게 되었다.

10) Kyung-won Kim, "D'etente and Deterrence," The Korean Journal of International Studies, Vol.Ⅲ, No.3, 4(Autumn 1972), pp.18-24.
11) *Public Papers of the Presidents of the United States*를 참조할 것.

이웃 국가들에 대한 경제원조 확대라는 형태르 비용분담 요구를 수용하도록 요청했다.

이와 같은 닉슨 대통령의 '신아시아정책 구상'은 1970년대는 물론이고 1980년대 초 집권한 레이건(Ronald Reagan)이 대소 강경정책을 추구하여 미국과 소련 간에 군비경쟁이 지속되는 동안에도 변함없이 유지되었다.

전후 50년간 지속된 국제질서의 기본구조는 1985년 고르바초프(Mikhail S. Gorbachev) 소련공산당 서기장의 집권과 그의 신사고에 바탕한 평화정책으로 인하여 소련이 점차 해체되면서 변혁을 맞게 되었다. 1985년 3월 당서기장에 취임한 고르바초프는 먼저 그의 취임연설에서 소련의 외교정책을 '평화와 진보의 노선'으로 규정한 다음, 공존과 상호존중, 내정불간섭의 원칙에 입각하여 국가 간의 평화적 호혜협력을 강조했다. 고르바초프가 이와 같은 정책을 추진하기 위해서는 무엇보다도 지금까지 제국주의의 원조로 규정하고 대립해 왔던 미국과의 관계개선을 도모하는 것이 시급했다. 고르바초프는 1935년 12월 제네바에서 레이건 대통령과의 제1차 정상회담을 통해 국제정치외교의 기조가 1970년대 말부터 시작된 제2차 냉전의 조류를 벗어나, 새로운 긴장완화의 시대에 접어들 수 있음을 보여주었다. 그리고 이와 같은 새로운 시대를 위한 시도들은 1986년 12월 12일 워싱턴에서의 제3차 정상회담을 통해 계속되었고, 드디어 1987년 12월 고르바초프의 방미어서 중거리핵전력전폐즈약이 성립됨으로써 지금까지 계속된 핵무기 경쟁의 일부분이나마 상호 합의에 의해 감축이 실행됨에 따라 새로운 단계에 접어들었다.

그러나 이와 같은 고르바초프의 대미정책 및 이와 관련된 새로운 대동유럽동맹국정책은 필연적으로 소련 내부로부터의 심각한 반발과 혼란을 초래하게 만들었다. 잘 알려진 바와 같이 그 동안 소련의 대외정책은 미국을 비롯한 자본주의 국가에 대한 대항정책에 그 기조를 두고 있었다. 따라서 대외정책의 변화를 전제로 한 고르바초프의 페레스트로이카는 필연적으로 소련의 경제구조에 급속한 변화를 초래하게 되었고, 이는 국민들의 의식주에 큰 충격을 안겨주었다. 이는 공동생산과 공동분배에 기초를 둔 계획경제체제가 공급량의 확대를 위한 충분한 조정기를 갖지 못한 채, 시장경제 원리를 채택하면서 빚어질 수밖에 없었던 불가피한 현상이었다고 하겠다. 소련은 미소 몰타정상회담(Malta Conference)[12]을 거쳐 1991년 2월 8일 당시 옐친 러시아 공화국 대통령이 우크라이나, 벨로루시공화국 정상과 독립국가연합(CIS) 창설을 선언하면서 해체되었다.

소련의 변화과정과 해체는 곧 동유럽의 국가에도 엄청난 영향을 끼치게 되었고, 이는 마침내 동독의 붕괴를 비롯하여 동유럽권의 해체를 가져오게 했다. 그리고 이와 같은 동유럽국가의 해체는 지금까지 지속되었던 냉전논리에 바탕을 둔 양극 구조적 세계질서에 근본적인 변화를 가져오게 만들었다. 냉전의 경로와 해체는 다차원적 시각이 우리에게 보다 많은 것을 말해줄 수 있다는 점을 깨우쳐주고 있다. 냉전기간 동안 힘에 대한 계산방식은 완전히 일차원적이었다. 냉전의 종식은 군사 능력이 항상 거대한 사건의

---

12) 1989년 12월 2일과 3일 지중해의 몰타 해역 선상(船上)에서 미국대통령 부시와 소련 서기장 고르바초프 사이에 이루어진 회담이다. 이 회담에서 제2차 세계대전 이후의 냉전체제를 종식하고 평화를 지향하는 새로운 세계질서를 수립한다는 역사적 선언이 이루어졌다. 이 회담에서는 구체적 합의나 협정체결을 전제로 하지 않고, 미·소 양국의 정상이 만나 향후 세계사의 향방과 현안문제들을 포괄적으로 논의하였는데, 주된 논제는 동유럽의 변혁, 미·소의 군비축소, 경제협력, 남미와 중동의 지역분쟁해소 등이었다. 먼저 동유럽의 민주화와 시장경제체제로의 이행에 대해 부시는 소련의 불간섭을 요구하였고, 고르바초프는 이들 국가의 변혁에 개입하지 않는 대신 동·서독의 통일에 대해서는 반대의사를 표명하였다. 다음으로 두 정상은 전략핵무기와 화학무기의 감축에 동의하고, 구체적 합의를 위해 1990년 6월 워싱턴에서 정상회담을 갖기로 하였다. 경제협력에 대해 부시는 소련이 이민제한 철폐법을 제정하는 즉시 무역최혜국 대우, GATT(관세 및 무역에 관한 일반협정) 참관인 자격 부여, 관세혜택 등의 경제적 지원을 약속하였다. 또한 두 정상은 NATO(북대서양조약기구)와 바르샤바조약을 점진적으로 군사기구가 아닌 정치적 기구로 그 성격을 변모시켜 나가기로 하고, 지역분쟁을 정치적으로 해결해 나가기로 합의하였다. 11) Public Papers of the Presidents of the United States를 참조할 것.

경로를 결정하지는 않는다는 점을 분명하게 보여주었다. 결국, 소련은 자신의 무기와 병력을 고스란히 유지한 채 붕괴했다. 다른 종류의 힘-경제적, 이데올로기적, 문화적, 도덕적 능력 등-이 부족해서 소련은 초강대국으로서의 지위를 잃게 되었고, 우리는 이제 그러한 비군사적 능력의 느리지만 지속적인 침식이 상당한 기간 진행되고 있었다는 점을 알 수 있다.[13]

그렇다면 탈냉전 후 새로운 세계질서는 어떤 양상을 보여주고 있는가? 이하에서는 이 문제에 대하여 전 지구적 차원과 동북아 차원으로 나누어 살펴보고자 한다.

2. 전 지구적 차원의 새로운 세계질서

냉전종식 이후 세계질서와 국제구즈는 그 이전에 못지않게 그 폭과 속도에 있어서 숨가쁘게 변화하고 있다. 이에 따라 새로운 세계질서에 대한 논의가 활발해지고 있다. 이상주의자들은 현존의 국가 중심 체제를 타파하고 하나의 세계 정부를 세울 것을 주장하는가 하면 보수주의자들은 현존의 국가 중심 체제의 골격을 그대로 유지하면서 공동 강제 규범의 제정, 국가들의 연합체인 국제연합이 고유의 공권력을 가지게 하는 등의 보완 장치를 마련하고자 주장하고 있다. 그러나 적어도 앞으로의 세계질서는 개개인의 인권과 복지가 보장되고 평화가 이루어지고 또한 지켜지며 평화 파괴자에 대한 응징력이 갖추어지는 그런 질서여야 된다는 데는 대체로 견해를 같이 하고 있다.[14]

---

13) 존 루이스 개디스 지음, 박건영 옮김, 『새로 쓰는 냉전의 역사』(사회평론, 2003), pp. 476-477.
14) 李相禹, 『國際關係理論-國家間의 葛藤原因과 秩序維持-』(서울: 박영사, 1999), p. 120참조할 것.

향후 국제 사회에 어떠한 질서가 형성될지 모르나[15] 적어도 아래와 같은 몇 가지 원칙이 반영된 질서가 되지 않으면 그 질서는 안정되지 못할 것이다.

첫째, 범세계적 단일 안보 체제를 구축하고 폭력에 대한 의존도를 낮추어야 한다. 단순히 권력정치를 추구하는 것이 아니라 '적'의 개념을 재검토하여 '불신과 경쟁'의 심리를 초월하여 세계적인 '군사화 문화'를 극복하는 것을 목표로 해야 한다. 현재의 무기들의 파괴성을 생각할 때 더 이상 대규모 전쟁을 허용해서는 안 된다. 어떠한 정의의 실천도 전쟁으로 이루려는 생각은 버리도록 만들어야 한다. 전쟁은 온 인류 사회의 멸절을 가져올 것이기 때문이다. 따라서 사람들의 안보관을 바꾸는 노력이 아주 중요하다고 할 수 있다.

둘째로 국가 간 분쟁 및 모든 정치 집단 간의 갈등을 권위적으로 조정 해결할 수 있는 범세계적인 분쟁 조정 체제가 구축되어야 한다. 즉 국제정치 시스템을 제도화해야 한다. 특히 국제법을 발달시킴으로써 국가 간 분쟁을 국제법에 의하여 평화적으로 해결하는 것이다. 그러나 국제사회에는 아직 모든 국가가 합의한 국제법의 법전이 마련되어 있지 못할 뿐만 아니라 아

---

15) 탈 냉전후 세계는 혼란과 질서의 갈림길에 놓여 있다. 이 갈림길에서 인간은 어떤 선택을 하게 될까? 아무도 자신 있게 예언하지 못한다. 다만 몇 가지 선택지를 시나리오로 제시하고 있을 뿐이다. 가장 구체적인 시나리오인 로즈노우(James N. Rosenau)의 네 가지 모형을 소개하면 다음과 같다. 로즈노우는 질서 변화의 원동력으로 (1) 기술 발전이 가져오는 개인 능력의 향상, (2) 새 기술이 가져오는 새로운 문제들(대기오염, 테러리즘, 마약 거래 등등), (3) 국가와 정부의 문제 해결 능력 약화, (4) 국가 내의 여러 집단의 힘의 증대로 일어나는 권위 분화(decentralization) 및 (5) 이러한 변화에 따르는 개인의 태도, 의식, 정향의 변화 등 다섯 가지를 꼽고 이러한 추동력에 의해 출현할 가능성이 있는 국제 질서 모형을 네 가지로 나누어 설명하고 있다. 전지구적 사회; 재생된 국가중심체제; 다원주의 질서; 이원체제. 그러나 로즈노우도 이 네가지 시나리오 중 어느 것이 가장 현실화될 가능성이 있는지에 대한 판단은 유보하고 있다. 이 시대를 살고 있는 사람들의 선택에 따라 달라질 것이기 때문이다. James N. Rosenau, *Turbulence in World Politics*, Princeton: Princeton University Press, 1990. 이상우, 『국제관계이론-국가간의 갈등원인과 질서유지-』, (t서울: 박영사, 1999), pp. 124-125 참조.

직도 많은 국가들이 상호간의 분쟁을 국제법에 의하기보다 개별적으로 수완껏 해결하는 경향을 보이고 있다. 따라서 국제법에 의한 질서유지 방안은 현재 부분적으로만 효과가 있을 뿐이다.[16]

셋째로 경제적 안녕의 극대화이다. 이는 세계 부의 80% 정도가 20% 정도의 인구밖에 되지 않는 선진공업국가에 쏠려 있고, 세계인구의 3분의 2 정도가 영양불량 상태에 놓여 있다는 사태를 뜯어 고치자는 것이다. 즉 빈곤의 박멸, 국가 간 및 국가 내에서의 1인당 소득의 불균형을 개선하는 일, 착취와 의존이라는 경제패턴을 바꾸는 일, 더 이상 자원을 낭비하지 말고 이를 보다 유용하게 이용하는 것 등등이 그 내용을 이루고 있다. 이것은 격차의 해소에 그 역점을 두고 있는 것이다. 따라서 국가 간 격차의 해소는 당연히 달성되지 않으면 안된다. 그러나 그것만으로는 불충분하고, 국내적인 부의 배분도 평등하게 이루어져야 한다고 본다. 역점을 그런 것에 두고 있기 때문에 발전도상국의 급작스런 공업화도 여기에서는 큰 지지를 못 받는다. 오히려 국가 간의 경제적 평등을 달성하려고 하는 '신국제경제질서' 구상을 민중의 구체적인 생활에서 필요한 것을 충족시키려는 것에 역점을 두어야 한다. 최종적으로 각각의 사회 내지 국가의 '자립'을 목표로 한다는 방향성이 내재되고 있는 것은 물론이다.

넷째로 환경밸런스의 극대화이다. 세계 각 지역이 계속 공업화됨에 따라 천연자원이 고갈되고, 지구의 생태계가 변화하며 인간의 생존에 필요한 지구환경을 유지하기가 어렵게 될 때 환경문제가 발생한다. 인간이 편안하게 생존할 수 있는 지구환경을 유지하는 문제가 바로 환경문제의 핵심이다. 현재 지구상 대부분의 주요 자원은 고갈상태에 빠져 있고, 지구 온난화 등 현상이 심각하다. 환경파괴는 새로운 현상이나 국제정치적 이슈가 아니다.

---

16) 朴俊英, 『國際政治學』(박영사, 1994), pp. 113-114.

1972년 스톡홀름에서 개최된 환경에 대한 유엔회의에서는 첫 번째 국제문제로 환경파괴 문제를 내놓았다. 오늘날 새롭게 제기되는 환경퇴화 이슈는 과거부터 논의된 문제로서 범지구적 차원에서 그 문제점을 시정하기 위한 것으로서, 이 시대에 환경보존은 국제정치에서 매우 중요한 문제이다. 이는 모든 당사자들이 관련되어 영향을 주고 있는 것이며, 국제사회의 합의와 노력에 의하여 함께 해결해 나가야 할 인류의 공동과제이다.

물론 앞에서 언급한 가치들은 현재 존재하는 것도 있고 선택된 규범에 지나지 않는 것도 있다. 즉 이러한 상황을 달성하는 것을 목표로 하고 있는 것이다.

현실적으로 볼 때, 새로운 세계질서는 단기적으로는 단극적 다극체제의 성격을 띨 것으로 전망된다. 즉 탈냉전 후 미국의 동등한 경쟁자 부재, 경제상호의존성의 증대와 민주주의의 확산은 정교한 미국정책의 성공으로 보아야 하며, 반면에 대규모 테러리즘의 출현과 지구온도의 상승들은 의도하지 않는 부산물로서 나타난 것이다. 미국이 소련에 대한 봉쇄는 소련을 와해시키는 데 기여했으며, 지금 미국에게 동등한 경쟁자가 없도록 하는 상황을 가져오게 한 것이다.[17] 하지만, 중장기적으로는 세계질서가 세력균형의 동학에 점차적으로 지배될 가능성이 큰 것으로 판단된다. 1990년대 초반에 벌어진 국제체제 변화의 논쟁에서 많은 전문가들은 다극체제를 전망하였다. 이러한 전망의 주요 근거는, 탈냉전으로 군사력보다 경제력이 국제질서에 주요 동인으로 작용할 수밖에 없는데, 미국이 이미 경제적으로 쇠퇴의 국면에 접어들었다는 것이었다. 그래서 경제력의 측면에서 미국 · 일본 · 유럽(독일 중심)이 3극체제를 형성할 것이라는 견해가 다수였다.

그러나 다극체제론은 다음 몇 가지 이유로 반박될 수 있다. 첫째, 국제질

---

17) 로버트 J. 아트 저, 김동신 · 이석중 공역, 『미국의 대전략: 외교정책과 군사전략』(나남출판, 2005), p. 94.

서에서 군사적 중요성이 아직도 줄어들지 않고 있으며, 지역분쟁에서 다자간 협상을 통한 해결보다는 초강대국의 군사적 개입이 더 효과적이다. 걸프 전쟁과 유고슬라비아 내전에서 알 수 있듯이, 초반에는 UN이나 EU와 같은 국제기구를 통한 다자간 협상이 시도되었으나 대부분 효력을 발휘하지 못하고 결국에는 미국을 주축으로 하는 다국적군의 파병을 통해 해결되었다. 아직도 국제관계에서 가장 효과적인 수단은 군사력인 것이다.[18]

둘째, 미국이 경제적으로 쇠퇴한다는 주장은 미국의 경제회복으로 인하여 그 적실성을 상실하였다. '제국의 과잉팽창' 부정적 효과를 강조하던 케네디(Paul Kennedy) 등 미국쇠퇴론자들은 미국의 경제적 쇠퇴가 군사적 쇠퇴로 이어져 종국에는 영국과 같은 몰락의 길을 걸을 것이라는 비관적 전망을 제시하면서 일본과 독일의 경제적 부상을 대비시켰다. 이러한 미국쇠퇴론은 미국의 쇠퇴가 일시적·상대적 현상이며 동시에 권력의 원천이 변화하고 있다는 점을 간과한 문제점을 가지고 있었다. 나이(Joseph Nye, Jr)는 경성권력(hard power)에서 미국이 상대적으로 약화된 것이 사실이지만 연성권력(soft power)의 측면에서는 절대 우위에 있다는 반론을 제기했으나 당시에는 제대로 평가되지 못했다.[19] 그러나 만성병으로 여겨졌던 쌍둥이 무역적자 문제가 1990년대 해결되면서 미국은 경제순환론을 의심케 할 만큼 연속적인 성장을 이루었고 첨단 지식산업에서는 그 어느 나라도 추월할 수 없는 압도적인 우위를 지키고 있다. 현재 일어나고 있는 국제금융위기도 같은 맥락에서 이해할 수 있겠다.

---

18) Charles Krauthammer, "The Unipolar Moment," Foreign Affairs, Vol. 70, No. 1(1991)참조.
19) Pall Kennedy, *The Rise and Power of the Great Powers: Economic Change and Military Conflict from 1500 to 2000*(New York: Random House, 1987); Joseph S. Nye, JR., *Bound to Lead: The Canging Nature of American Power*(New York:Basic Books, 1990).

셋째, 미국의 패권에 도전할 만한 세력으로 평가되었던 유럽과 일본의 국제적 영향력이 군사력과 경제력에 있어서 아직도 미국 수준에 이르지 못했다는 사실이다. 유럽은 대외적 영향력의 확대보다는 지역 내 통합에 중점을 두고 있고, 일본은 대외적으로 미국과의 분쟁을 원하지 않고 있으며 대내적으로는 정치경제적 구조조정의 문제에 봉착해 있다. 따라서 유럽과 일본이 미국에 대항할 만한 세력으로 등장하고 있다고 결론 내리기에는 아직 이르다.

넷째, 삼극체제론은 경제적 갈등이 심화된다는 전제에 있다는 점에서 문제를 가진다.[20] 왜냐하면 경제의 블록화 경향은 세계경제의 대세인 세계화·지방화 경향의 산물이지 목표가 아닐 수 있기 때문이다. 일본과 독일이 아직도 미국에 정치·군사적으로 의존하고 있기 때문에 경제적 갈등이 정치군사적 갈등으로 전화될 필연적인 근거가 없다.

삼극체제의 적실성에 문제가 제기된다고 할 때, 대안으로서의 일극체제의 지속 여부가 관심의 대상이 된다. 세력균형이론의 관점에서 보면, 국제체제에서 힘의 집중은 새로운 강대국들의 부상을 자극하게 되며, 나아가 지배국가를 견제하자 하는 이들 간의 연합을 형성시키는 역할을 한다. 이러한 세력균형 논리는 오랜 국제정치사에 의해 경험적으로 지지되고 있다. 그러나 이 글의 목적상 중요한 것은 세력균형의 움직임이 '언제' 형성되는가이다. 주지하듯이 국가들의 세력균형 행위는 '위협에 대한 반응'으로 이해되어야 한다. 힘을 가지고 있다 해도 그것을 사용하지 못하거나 사용하지 않을 수 있다. 이 경우 그것은 심각한 위협을 형성하지 않으며, 따라서 지배자에 대한 견제심리를 불러일으키지 않을 수 있는 것이다. 이 논리를 현실에 적용시켜 보면, 미국이 현재 지배적 힘을 보유하고 있더라도 이를

---

20) Robert B. Reich, *The Work of Nations: Preparing Ourselves for 21st Century Capitalism*(New York: Alfred Knopf, 1991).

사용하고자 하는 의도가 없다고 타국들에 의해 판단되면 미국을 견제할 동기는 형성되지 않을 것이다. 이것이 위협균형론의 골자이다. 그러나 중장기적 관점에서 보면, 세력균형의 동학이 결국 작동하지 않을 수 없을 것으로 생각된다.

첫째, 미국이 자신의 힘이 타국에게 전혀 위협으로 인식되지 않도록 중장기적으로 관리하는 데 성공할 수 있겠는가 하는 문제이다. 지배적인 힘의 사용에 대한 유혹을 뿌리칠 수 없는 것은 미국의 경우에만 해당되는 것은 아닐 것이다. 미국의 자의적인 힘의 사용을 가리키는 사례는 지금도 적지 않다.

둘째, 설사 미국이 힘의 관리에 성공한다 하더라도 체제 자체가 지니는 구조적인 수탈성으로 인해 일극체제는 오래 지속되기 어려울 것이다. 일극체제를 미국이 유지하고자 한다면 이는 "자신에 대한 안보위협을 최소화하고 외교정책상의 자율성을 최대화할 수 있기 때문"일 것이다.[21] 따라서 미국이 자신의 힘이 위협으로 전환되는 것을 성공적으로 차단할 수 있다 하더라도, 국제체제에 무정부성을 전제할 때 미국의 안보위협의 최소화와 외교정책적 자율성의 최대화는 타국의 안보와 외교정책상의 제한으로 이어질 가능성이 높을 뿐 아니라, 그에 대한 타국의 인식은 그보다 더 왜곡, 증폭될 수 있다. 더구나 소위 패권안정 하에서 무임승차한 강대국들의 증가된 능력과 기존 세계질서 간의 불일치는 체제적 불안정 요인으로 전환될 가능성이 높은 것이다.

요컨대 현재의 세계질서는 미국 중심의 이른바 단극적 다극체제를 형성하고 있다. 즉 미국에 의한 정치·군사 분야의 단극구조, 미국의 달러화·

---

21) Michael Mastanduno, "preserving the Unipolar Moment: Realist Theories and U.S. Grand Strategy after the Cold War," Internationl Security, Vol. 21, No. 4(Spring 1997), p. 60.

일본의 엔화 · 유럽의 유러화에 의한 경제 분야의 3극 구조, 그리고 사회 · 문화영역의 다극구조 등이 그것이다. 미래의 세계질서는 단기적으로는 미국이 자신의 힘을 어떻게 절제하는가에 크게 달려있다. 중장기적으로는 세력균형을 향한 움직임이 필연적으로 형성될 것으로 보인다. 물론 세력균형에 대한 위의 논의는 역사가 '단순반복' 될 것임을 의미하지는 않는다. 이러한 움직임이 대규모 무력동원을 동반하게 될지, 그리고 그 결과가 현재 형태의 지정학에 입각한 국제체제 변화로 나타날지의 여부는 불분명하나 중국의 위상변화, 미국 국력의 상대적 쇠퇴와 일본 · 독일의 지속적 경제성장, 그리고 유럽 통합의 진전 등의 변수에 의해 크게 달라질 것이다.[22]

3. 탈 냉전기 동북아지역의 새로운 질서

이 부분에서는 동북아지역의 새로운 질서 변화를 살펴보고자 한다. 동북아 새로운 질서를 논하기 전에 동북아 질서의 과거를 되돌아볼 필요가 있다. 전통 시대의 아시아에는 중화 제국을 중심으로 하는 세계질서 또는 동아시아 질서가 있었다. 통일된 중국 전통 시대 국가들은 당시의 허다한 주변 중소국들을 속국으로 하는 종주국으로서 동아시아에 대한 지배 체제를 확립하였다. 중국이 여러 국가로 분열되었을 경우에는 종주국-속국 관계가 종식된 적도 있었고 그렇지 않은 경우도 많았다고 전문가들은 평가하고 있다.[23]

근세에 들어와서 전통적 동북아 질서는 해체되었다. 조기 자본주의화에 성공한 일본은 중화 제국의 쇠락과 서방 제국주의 열강의 대 아시아 침략을 계기로 제국으로의 전환을 추구, 자기 나름대로의 세계질서 또는 동아

---

22) 박현모, 『국제정치학』(인간사랑, 2003), p. 479.
23) 박창근, 『세계화와 한국의 대응』, (백산자료원, 2003), p.246.

시아 질서를 수립하려고 '대동아 공영권'을 창도하면서 대외 침략 전쟁을 발동하여 어느 정도의 성공을 거둔 적도 있었지만 결국 참패하고 말았다.[24]

제2차 세계대전 이후 동북아지역은 국제정치의 중심에서 벗어나 있었으면서도 냉전의 한 중심에 위치했었다. 그 이유로는 여러 가지가 지적될 수 있겠지만, 무엇보다 이 지역의 중심에 위치한 한반도의 분단과 여기에 결부된 주변4강의 이해관계에 비롯되었다고 할 수 있다. 아울러 한반도를 비롯한 동북아 국제질서는 미국과 소련의 주도하에 일본과 중국이 제한된 역할을 수행하고, 그 밑에서 남북한 분단체제가 작동하는 3중구조의 틀 속에서 이루어져 왔다. 전후 40년간 지속되었던 양극체제 가운데 한 축의 붕괴는 곧 바로 동북아지역의 국제정세에도 영향을 미치게 되었다. 주지하는 바와 같이 동북아지역이란 아시아지역의 동북부를 가리키며, 그 중심지대에 한반도가 위치하고 있다. 동북아지역의 지정학적 위치는 과거 흔히 국제정치·경제의 반영이라 인식되어져 왔던 것으로부터 오늘날에는 세계 4대 강대국의 이해관계가 가장 첨예하게 교착되고 중첩되는 매우 중요한 지역으로 변화되었다. 특히, 지난 반세기 동안 한반도가 남북으로 분단된 상황에서 4대 강국들은 각기 북방삼각관계(소련-중국-북한)와 남방삼각관계(미국-일본-한국)의 대립속에서 이 지역을 세계에서 분쟁발생 가능성이 가장 높은 곳 가운데 하나로 인식되도록 만들어 놓았다. 그리하여 어떤 사람들은 이 지역을 '극동의 발칸지역'이라 부르기도 했던 것이다.

냉전체제 종식 이후 전 지구적 차원의 세계질서가 변화된 상황에서 동북아 국제질서는 어떤 특징을 보이는가?

첫째, 독립국가연합 세력의 급격한 약화와 미국 영향력의 상대적 감소를 들 수 있다. 구소련 해체로 새롭게 태어난 러시아는 이미 지난날 미국과 더

---

24) 위와 같음.

불어 세계질서를 논의하고 패권(hegemony)을 다투던 초강국(super-power state)이 아니다. 그들의 관심은 이미 국내 인민의 의식주를 해결하는 데 있고, 극도로 혼란스러운 정치를 안정시키는 데 있으며, 분리를 추구하는 소수 민족을 통제하는 데 집중될 수밖에 없게 되었다. 그들은 지난날 초강대국으로서의 지위를 유지하기 위해 세계 전략적 차원에서 우방국들에게 제공했던 경제·군사적 원조를 더 이상 제공할 수 없게 되었음은 물론이고, 이제는 그들 자신의 어려움을 극복하기 위해 미국을 비롯한 자본주의 국가들로부터 원조를 받지 않으면 안 될 처지에 직면하게 되었다. 전후 40년간 지속된 분단국 독일의 통일에 쉽게 동의한 것이나, 전통적인 우방국인 북한의 강력한 항의에도 불구하고 남한과 국교를 맺게 된 것은 모두 그들의 경제적 필요성에서 비롯된 것이었다. 독립국가연합의 정치·경제적 위상 저하에 따라서 동북아에서 행사하는 그 영향력도 크게 약화되었다.

둘째, 미국은 구소련의 해체 이후 세계에서 유일한 초강대국으로 남게 되었지만, 그들 또한 이미 지난날의 미국은 아니다. 걸프전쟁을 비롯하여 곳곳에서 발생한 분쟁에 그들 자신의 힘만으로 대처하기에는 이미 역부족이고, 여기서 다국적군과 같은 이른바 다자간 협력기구의 필요성이 증대되게 되었다. 즉 오늘날 미국은 지난날과 같이 독자적인 힘으로 세계의 분쟁을 해결하는 경찰국가로서의 역할이 아니라, 분쟁 당사국과의 사전 협의와 협상을 통해 분쟁의 요소를 사전에 제거하거나 분쟁이 발생하면 공동으로 개입하는 형태의 외교정책을 보여주고 있다. 이와 같은 형태의 대표적 경우는 지금까지 지루하게 전개되고 있는 북한과의 협상이라 하겠다. 따라서 이 지역에서 미국은 '중대한 국가이익'(vital national interest)과 직접적으로 관련되지 않은 문제에 가급적 리더십을 발휘하는 것을 주저하고 있다. 탈냉전기 동북아 국제질서 변화의 가장 핵심적인 사항은 한국과 일본에 있는 미군의 주둔문제이다. 미국은 1991년 9월 전 세계에 배치한 전술 핵무기를 일방적으로 철수·폐기할 것을 선언하고 그 일환으로 한반도로 부터 전술핵을 철수시켰다. 아울러 미국은 탈냉전적 국방비 삭감 압력에 반응하여 1990년 4월 'EASI(*A Strategic Framework for the Asian-Pacific Rim: Looking Toward the 21st Century*)'라고 불린 '아태지역 전략지침'에 입각해 동아시아에 주둔하고 있는 미군의 3단계 철수를 제시 하였고, 실제로 총 15,250명 병력의 제1단계 철수를 1992년 12월까지 완 료하였다. 특히 클린턴 행정부의 윈-홀드-윈 전략[25]은 과거와 달리 미국이 동북아 안보에 대해 보다 선별적으로 개입하려는 의도하에 수립된 것이다.

셋째, 중국은 1978년 이후 개혁·개방을 지속적으로 추진한 결과 약 30 년에 이르는 기간 동안에 연평균 9% 수준의 고도 경제성장을 이룩해왔고 향후 일정기간 동안 안정적인 고도성장이 지속될 것으로 전망된다. 오늘날 중국은 그 국력 면에서 이미 명실상부한 강대국의 위치에 올라섰으며, 특 히 아시아문제를 논의함에 있어서 중국의 발언권은 매우 증대되었다. 그러 나 중국의 국력 신장과 대외적 영향력의 증대는 필연적으로 국제정치와 여 타 국가와의 관계에서 중국의 역할과 책임을 증가시키고 있다. 중국은 이 제 그 무역규모가 증대된 만큼 보다 더 국제정치경제질서에 적응할 것을 요구받고 있다.

넷째, 경제대국 일본의 국제적 지위는 버블경제의 붕괴 등으로 인한 국 내경제의 애로, 고도경제성장을 시현하고 있는 중국의 부상 등으로 위축된

---

25) 클린턴 행정부 제2기에서는 "한반도와 걸프지역 등 두 군데서 동시에 전쟁이 일어날 경 우 이를 동시에 제압할 수 있는 규모의 전력을 항구적으로 유지하는" 윈윈전략(win-win straegy)보다 "두 군데서 동시에 도발이 일어날 경우 한 곳의 전장에서 우선 승리하는 동 안 나머지 한 곳에서는 보다 적은 병력을 파견해 적의 발을 묶은 뒤 나중에 물리친다"는 윈홀드윈(win-hold-win)전략을 채택할 것을 심각하게 고려한 것으로 알려졌는데, 이는 국방예산의 대폭삭감을 위한 국방계획에 따른 것이다.

듯이 보인다. 그러나 일본은 여전히 세계 2위의 국민총생산, 수입과 수출
을 포함한 총 무역액에서 미국, 독일, 중국에 이은 세계 4위를 점하고 있
다. 일본의 군사력은 '평화국가' 라는 구조적 제약에도 불구하고 세계 4위
의 국방비를 지출하고 있고 해상자위대의 경우 세계 2, 3위의 견고한 전력
을 보유하고 있다. 일본의 경성권력은 동북아 지역 강국으로서의 위상을
보유하고 있다.[26] 문제는 일본 보수우파의 조류가 아시아 국가들에게 새로
운 군국주의의 출현을 걱정하게 하고 있다는 것이다. 잘 알려진 바와 같이
막강한 경제력과 고도의 과학기술을 보유한 일본이 군사적 역할을 증대시
키려 할 때, 지난날 그들로부터 많은 피해를 당했던 주변국의 반응이 악화
될 수밖에 없을 것은 명백한 사실이다.

이처럼 동북아지역은 이른바 세계 4대강국의 입장과 이해관계가 첨예하
게 중첩되는 세계에서 거의 유일한 지역으로서, 어느 한 국가의 역할에 따
라서 정세가 변화되고 상황이 설정되는 곳이 아니라는 특성을 지니고 있
다. 특히 남북한문제는 남북한 당사자뿐만이 아니라 주변강대국들의 의견
이 조율되지 않고서는 실마리를 풀기 어려운 전형적 경우에 해당된다.

현재 사람들이 갈망하는 향후 하나로 된 동북아는 외형상의 모습일 뿐,
그 이면에서는 각 사안별로 주요 국가들 간의 경쟁과 협력이 병존하는 구
조가 다층적·다변적으로 형성되어 있을 가능성이 크다. 이러한 경쟁과 협
력의 이중구조는 미국, 중국, 일본의 3개 주변국 간의 관계를 중심으로 형
성될 것이다. 우선, 미국은 중기 혹은 보다 장기적인 시점을 상정하더라도
여타 주변국에 비해 동북아 내에서 상대적으로 우월한 위상을 유지할 가능
성이 크다. 현재 EU와 중국의 약진이 두드러지기는 하지만, 미국은 현재
에도 IT를 비롯한 핵심 선도사업에서 세계적인 우위를 유지하고 있으며,

---

26) 조성환, "탈·탈냉전기 동북아의 세력경쟁질서:구조와 전망", 한국 국가안보전략연
　　구소:『국제문제연구』(2007가을, 제7권, 제3호), p.13.

군사능력에서도 가장 먼저 미래 군사력의 건설에 돌입한 상태이기 때문이다.

　세계 및 지역 차원에서 일본의 경제적 위상은 EU의 지속적 능력 확충과 중국의 부상으로 인해 상대적으로 약화될 것이나, 이것이 현재 진행되고 있는 일본의 정치·군사적 확충에 영향을 미칠 만한 정도는 아닐 것으로 판단된다. 오히려 일본은 미일 동맹의 강화와 자국의 경제적 이익을 보호 확장하는 한편, 동북아뿐만 아니라 세계적 주요 행위자로서의 입지를 보다 공고히 하려 할 것이다.

　미국과 일본의 이러한 접근은 미국과 중국, 중국과 일본 사이의 잠재적 긴장의 지속적 원인이 될 것이다. 지나친 '중국 부상론'이 지니는 거품을 감안한다고 하더라도 즈비그뉴 브레진스키가 그의 저서 『The Grand Chessboard』에서 지적한 바와 같이 중국은 미래에도 세계적인 장기판에서 미국과 경쟁하기에는 미흡하나 최소한 아시아 지역을 놓고 경쟁을 벌일 만한 역량은 확보할 가능성이 크기 때문이다.

　그러나 이러한 협력과 대립의 구도가 미·일의 연합과 중국의 반발이라는 단선적인 관계로만 고착될 것이라고 보는 시각에는 한계가 있다. 미국과 중국이 아시아 자본주의체제 내에서의 시장분할을 통해 각자 이익의 극대화를 모색할 가능성 역시 얼마든지 존재한다. 외교적 차원에서나 군사적 차원에서도 미·중 관계를 반드시 대립 일변도로만 파악할 이유는 없다. 중국의 미국에 대한 태도는 이미 과거 냉전시대와는 판이하게 달라졌기 때문이다. 미·중 관계에는 잠재적 견제와 갈등만이 존재하는 것은 아니다. 양국은 통상 및 투자, 그리고 정치협력부분에서 상보적인 관계에 있음을 충분히 인식하고 있다. 아울러 북한 등 지역 내 불안정한 구성원의 관리를 통한 지역적 안정이 자신들의 국익에 부합한다는 사실을 누구보다 더 잘 알고 있다.

중·일, 미·중 관계 이외에 동북아에 긴장을 자아내는 또 하나의 요소는 북한의 포괄적인 취약성에 기인한 불안정성이다. 생존의 수단으로 개발되었다고 추측되는 북한의 핵문제는 동북아 전체를 경악과 긴장으로 몰아넣었으나, 결국 6자회담이라는 틀 속에서 어느 정도 문제의 해결책을 찾고 있지만 핵 포기까지는 아직도 상당한 우여곡절을 겪을 것으로 예상되며, 아울러 미사일 개발 등 활동은 남한 및 일본을 자극하여 동북아 지역의 평화와 안정을 훼손할 수 있는 요소로 인식되고 있다. 김대중, 노무현 정부의 대북정책으로 남북한 관계에서 어느 정도 관계 발전을 가져왔으나 이명박 정부가 들어선 후 남북관계가 급속하게 냉각되고 있고 모종의 사건으로 이성을 잃으면 남북한 간 국부적인 충돌가능성도 배제할 수 없는 상황이다. 아울러 동북아의 안전과 안정을 위협하는 주요 요인으로 간주되고 있다.

이러한 점들을 종합할 때, 향후 역내 안보구도를 결정할 최대 변수라 할 수 있는 미·중·일 관계에 있어 미국은 일단 가장 우월한 행위자로서의 위상을 확보할 것이다. 또한, 이 지역에 있어 미·중의 전략적 경쟁관계는 유지될 것이나 이것이 군사력 사용을 불러올 만한 노골적 분쟁이나 갈등으로 연결될 가능성은 그리 크지 않다.

그러나 이러한 구도가 반드시 미국의 독주를 보장하지는 않을 것이다. 일방적 정책추진은 지역 국가들의 집단적 견제와 함께, 세계적 차원의 비난과 역풍을 초래할 위험이 있기 때문이다. 이에 따라, 미국은 아시아 지역에서의 절대적 우위를 추구하는 대신, 주요 강대국과의 전략적 협력관계를 통해 역내 문제를 공동 관리하는 방안에 보다 매력을 느끼게 될 것이며, 이에 따라 군사적 측면에서는 역내 질서의 유지에 주도적 역할을 행사하되, 정치·경제적 차원에서는 중국과 일본 혹은 여타 국가들의 협력을 유도하려 노력할 것이다.

사실 동북아에는 북미·유럽과 견줄 수 있는 좋은 여건들이 있고 이 지역은 무한한 경제적 가능성을 가지고 있다. 미래 동북아시대의 모습에 장 밋빛 구상이 가능한 가장 큰 이유의 하나는 이 지역 내의 지리적 구성원들이 차지하고 있는 경제적 지위에서 찾을 수 있다.

동북아지역은 세계 인구의 23.6%를 차지하고 있으며, 한국·중국·일본의 경제규모는 2007년 현재 약 8조 6,266억 달러로서 전 세계 GDP의 약 15.1%를 차지한다. 한·중·일의 경제적 비중은 NAFTA(29.5%)나 EU(30.8%)의 수준에는 못 미치지만, 전 세계 총 교역에서 차지하는 비중은 꾸준히 증가하여 NAFTA(16.2%, 4조 5,569억 달러)의 수치에 육박하였다. 특히 동아시아권은 세계인구의 31%를 차지하며 구매력 기준 GDP 비중 29%에 해당하는 경제권으로, WTO 체제하의 지역간 경쟁으로 그 영향력이 확대되고 있다. 이에 중국의 산업화와 경제성장을 배경으로 동북아 경제권은 2010년대 세계 GDP의 30%를 차지하는 세계 3대 경제권(EU, NAFTA, 동북아)의 하나로 부상할 전망이다. 이처럼 한·중·일 등 동북아 국가의 경제적 위상이 높아지고 있는 것은 무엇보다도 상호간의 무역확대를 통해 경제성장을 촉진하는 대외지향적인 성장전략을 택했으며, 산업내교역이 활성화됨에 따라 주력 수출부문의 대세계 경쟁력이 강화되었기 때문인 것으로 보인다. 이와 동시에 동북아 국가 사이의 역내 교역도 빠른 속도로 활발해지는 등 동북아의 역할이 과거보다 훨씬 커지고 있다.

예컨대, 2007년 한·중·일 3국의 동북아 수출입 통계를 분석해보면, 한국의 대중 수출과 수입은 각각 819억 달러, 632억 달러이며, 한국의 대일 수출입은 각각 263억달러, 562억 달러이다. 또한 중국의 대일 수출입은 각각 1,020억 달러, 1,339억 달러인 것으로 나타난다.[27]

---

27) 최낙균 외, 『한·중·일 3국의 FTA 비교분석과 동북아 역내국간 FTA 추진방안』, 한국 대외경제정책연구원 연구보고서 08-04 pp. 66-67참조.

북핵 문제를 보더라도 이제는 동북아 주변국들의 협력 없이는 해결하기 어려운 정도로 군사적으로 가깝게 연결돼 있다. 이러한 현재적 능력을 바탕으로 역내 각국이 기회를 적절히 살릴 수 있다면 '세계의 공장이자 거대한 시장'인 중국, '기술대국'인 일본, '활력과 혁신력'을 지닌 한국, '자원대국'인 러시아의 잠재력이 결합됨으로써 엄청난 시너지 효과를 발휘할 수 있을 것이다.

이러한 4개국의 경제력에 현재 세계 최대의 경제대국인 미국의 협력, 지역 내 경제적 분업관계에서 공조 가능성이 큰 ASEAN의 동참, 그리고 미국과 함께 세계경제질서의 핵심적 행위자인 EU 제국들과의 교류가 보장될 수 있다면 미래 동북아가 세계경제의 핵심으로 부상하게 될 것이라는 전망은 단순한 행복한 상상 이상의 가능성을 가지게 될 것이다.

이런 점을 보면 동북아는 분명 상호 협력할 수 있는 새로운 기회를 맞은 것이다. 그러나 동북아는 그동안 정치, 군사, 경제적인 갈등과 대립의 역사를 반복할 뿐 서로 협력하려는 노력을 게을리 했다. 하지만 우리는 이런 현실 속에서 상호 이익이 되는 협력의 이니셔티브를 잡을 수 있다고 본다. 동북아는 유교, 한자 문화의 공동권이다. 이런 장점을 살려 협력체제를 제대로 구축하면 각국이 윈-윈(win-win)할 수 있는 가능성이 크다. 아울러 이 지역내 국가들에게는 지금까지 제각기 다지고 굳혀온 경제사회 시스템을 어떻게 조화시키며 발전시킬 수 있느냐를 국제적인 측면에서 생각해 볼 수 있는 안목이 필요한 것이다.

국제적으로는 그러한 방법의 하나로써 지역경제권 형성을 생각해 볼 수 있다. 동북아의 평화체제를 확보하기 위해서는 이 지역의 모든 국가들이 보다 깊은 상호 의존성을 지니게 되어야 한다는 점이다. 의존성은 협력을 가져오게 된다. 서로간에 필요성을 느끼게 될 때만이 공존의 필요성을 인식하게 되며, 나아가 협력을 도모하게 만드는 것이다. 상호 의존성을 심화시키기 위해서는 우선 경제적 측면에서의 협력이 증대되어야 한다.

그 동안 동북아지역이 유럽 등지에 비교하여 상호 협력체제의 형성이 뒤떨어 졌던 것도 따지고 보면 경제적 측면에서 상호 교류가 적었던 데에서 비롯된 것이라 할 수 있다. 더욱이 오늘날은 국제경제에서 이른바 지역주의가 그 위세를 떨치고 있는 실정으로, 이와 같은 경제지역주의를 극복하고 살아남기 위해서는 동북아지역도 브다 깊은 경제협력체저를 출범시킴으로써 상호 유대의 필요성을 깊게 할 필요가 있다. 동북아의 지역경제 협력체제가 구축되어 이를 통해 역내 국가들이 상호이익을 얻게 되고, 따라서 협력의 당위성이 더욱 확고해지면 동북아 국가들은 아직도 채 가시지 않은 이 지역의 정치·군사적 대립과 갈등관계를 해소하고 평화와 협력의 길을 모색해 나갈 수 있을 것이다.

4. 새로운 동북아질서와 한국의 대응

새로운 동북아의 구조적 변화는 한반도의 평화와 안정에 중요한 의미를 갖는다. 어떠한 형태의 동북아지역 협력체제라 할지라도 지정학상 그 물적·인적 교류의 중심지는 바로 한반도가 되기 때문이다. 다라서 남북한 관계 발전에 중요한 출발점이 될 것이라는 전제하에 한국은 보다 전략적 사고와 능동적 자세로서 동북아의 구조적 변화에 참여해야 할 것이라는 결론과 함께 동북아 경제발전과 국제협력의 새로운 가능성과 전개방향을 제시해 보고 이를 기초로 하는 남북협력 정책을 검토해 보기로 한다.

21세기 동북아 국제정치를 자주적으로 헤쳐나가기 위한 한국의 구상은 어떤 것이어야 하는가? 여기서 학자로서의 개인적인 소견을 피력하고자 한다. 필자는 이 문제가 향후 한국외교의 철학적 기조와 목표를 어떻게 설정해야 하느냐의 문제라고 생각한다. 대체적으로 향후의 한국외교는 남북

분단을 효과적으로 관리하면서 궁극적으로 통일된 한국을 전제로 한 외교의 다변화 · 다차원화를 추구해나갈 수밖에 없을 것이다. 따라서 통일한국을 전제한 한국외교는 분단을 전제한 기존의 외교정책과는 달리 주변 4강과 한반도 남북관계를 조화시키는 철학적 기조 위에 수립되고 추진되는 것이 바람직하다.

남북한관계를 잘 다지는 것은 향후 한반도 통일과정에서 남북한의 정치 · 경제적 분단을 극복하는 순기능뿐만 아니라 남북한 사회 내에 존재하는 사회적 · 심리적 · 문화적 갈등을 극복하고 해소하는 기능을 함으로써 통일한국의 토대를 다지게 하는 일차적 요소가 된다. 지난 2002년 남북한 정상회담을 통해 양자사이에는 교류의 돌파구가 마련되었으나, 이명박 정부가 들어 선후, 남북 관계에는 경색국면이 나타났으며, 조만간 호전될 기미가 보이지 않고 있고 현재로서는 새로운 전기를 맞을 수 있는 돌파구가 보이지 않고 있다. 남북관계 성격 자체가 과거로 되돌려지는 것은 한국 국내 상황으로 놓고 보나 혹은 주변국과의 관계 및 지역 안정 모두 부담이 너무 커진다. 따라서 현 남북한 관계의 경색국면을 하루 빨리 양화로 전환시키는 것은 한국 외교의 자주적 입지를 확대시키는 이득으로도 될 수 있다.

여기에서 언급하고 싶은 것은 통일을 실현해나가는 한국은 주변 4강과 대등한 관계를 발전시켜 나가는 원칙으로서, 주변국과의 균형된 '다자외교협력', '평화공존외교', '우호선린외교'를 유지하고 강화해 나가야 한다. 이와 같은 원칙을 고수해 나가는 것은 한반도의 지정학적 위치에 기인하는 것이다.

이런 철학적 기조를 토대로 한국 외교정책의 목표는 다음과 같이 설정될 수 있을 것이다. 우선 남북한 간에 이미 형성된 현상유지의 분위기가 더욱 확대되어야 한다. 지난날 남북한 간에는 극도의 적대관계가 존재했고, 그것은 항상 동북아지역의 평화에 부정적 요인으로 작용해 왔다. 냉전체제의 해소와 함께 남북한 관계도 적지 않는 갈등양상을 보이고 있다. 현상유지란 기본적으로 공존의 의식이 있을 때에만 가능한 것이며, 어느 한쪽이라도 현상변경의 의지가 있을 때는 불가능한 것이다. 여기서 짚고 넘어갈 것은 현상유지는 최선의 방법은 아니며 동북아 평화를 위한 하나의 소극적인 조건이라고 할 수 있다.

따라서 향후 남북한은 단순히 평화를 유지하기 위한 것으로부터 평화를 증진하기 위한 조치들을 만들어가야 한다. 지금 남북한 간에는 형식적으로는 정전협정이라는 제도적 장치에 의해 평화가 유지되고 있는 셈이다. 그러나 이와 같은 정전협정은 종종 무시되고 있으며, 때때로 평화가 파괴될 수도 있다는 불안감을 불식시키지 못하고 있다. 여기서 제기되고 있는 것이 이른바「평화협정」의 체결이다. 물론 이러한 평화협정이 체결되기 위해서는 논의되고, 극복되어져야 할 많은 문제점이 존재하고 있으며 정전협정이 체결된다고 하여 곧바로 평화가 보장되는 것도 아니다. 그러나 한반도의 평화를 위한 가장 확실한 제도적 장치는 정전협정이 평화적으로까지 발전되어야 한다는 데 이의를 제기할 수는 없을 것이다. 따라서 한반도의 안정을 추구하려면 주변 국가들의 협력과 지지를 동시에 획득해야 한다.

둘째, 안보영역에서의 정책목표는 자체의 자주국방력을 계속 발전시키고 주변 4강과의 쌍무적 협력체제를 구축하고 다자간 집단안보체제에 참여하는 3차원적 목표를 추구하는 것이어야 할 것이다. 먼저 통일이 이뤄질 때까지는 한국의 방어와 전쟁의 억제가 최우선 목표가 되어야 한다. 안보유지를 위한 조건에서 남북한 관계와 주변 4강과의 관계 역시 매우 중요하다. 냉전기 군사균형을 유지해 온 북방3각체제와 남방3각체제는 탈 냉전기를 맞아 점차 적실성을 상실해 가고 있는 만큼 지역 국가 상호간 정치적 신뢰 구축을 통해 그 기능을 보완해야 한다. 동북아 지역의 안정 없이는 한반도 안정이 있을 수 없고, 그 역의 경우도 마찬가지다. 그런 만큼 동북아

지역의 안보유지를 위해 한국은 주변국가와의 쌍무적 안보협력체제와 지역국가 간의 다자간 안보협력체제를 동시에 수용하여 보완적으로 추구해야 한다.

셋째, 경제영역에서의 정책목표는 건강한 경제력을 바탕으로 대외경쟁력을 확보하고 경제협력을 확대하는 것에 그 목표가 두어져야 할 것이다. 21세기는 경제와 문화가 점차 국제관계의 핵심요소로 작용하고 있는 점을 감안할 때 외교의 중점이 경제로 모아지는 것은 당연하다. 특히 상품수출과 무역을 통해 경제적 부를 축적하고 있는 한국으로서는 통상외교와 시장개척을 더욱 강화시켜 나가는 것이 급선무다. 이를 위해서는 적극적 구조조정 등을 통해 한국경제를 국제적 수준에 적응시키고 경쟁력을 확보하는 한국 경제의 국제화, 세계화가 급선무이며, 나아가 자원의 안정적 공급, 자본과 과학기술협력을 위한 외교에 총력을 기울임으로써, 통상을 위한 긍정적 환경 조성에도 적극 나서야 할 것이다. 실질적으로 한국은 에너지 및 물류 네트워크 구축을 통해 대륙세력과 해양세력을 통합하는 역할을 수행할 수 있을 것이고, 지역 내 금융ㆍ물류ㆍ관광의 허브 역할을 통합하는 역할을 담당할 것이다. 이러한 경제적 위상은 정치ㆍ외교적 측면과 군사적 측면에도 그대로 확장될 수 있다. 즉 한국은 동북아지역 내에서의 새로운 질서 창출의 가교 국가일 뿐만 아니라 역내 평화와 안정을 위한 동북아 국가 간 협력의 촉매자인 협력국가가 될 수 있을 것이다. 이러한 동북아 지역내의 새로운 질서로 인해 남북한 화해와 협력을 바탕으로 한 공존관계는 더욱 심화되고 발전될 것이고, 남북한은 지속적인 교류와 협력을 통해 남북연합단계가 한층 강화될 것이다.

넷째, 문화영역의 정책목표는 한국적 가치를 세계의 보편적 가치와 조화시킴으로써 국가 이미지와 문화경쟁력을 제고하는데 두어야 할 것이다. 국위선양이나 한국적 전통에 대한 국제적 이미지 고양, 국가 이미지 제고와 같은 고전적 의미에서의 문화외교 이외에 추가적 목표를 추구해 나가야 할 것이다. 가장 한국적인 것이 가장 세계적인 것이 될 수 있다는 점을 고려하여 한국적 문화를 적극 발굴하고 그것을 국제화시켜 가야 할 것이다. 동시에 국제적으로 공유되고 있는 보편적 가치들에 대한 적극적 수용과 참여가 이뤄져야 할 것이다.

5. 맺음말

지난 50여년 동안 한국외교는 편향성에서 보편성과 다양성으로, 단순성에서 다차원과 다변화의 방향으로 그 내용과 폭이 전환되고 발전되어 왔다. 이런 발전에도 불구하고 21세기를 주도적으로 열어가기 위해서는 한국의 기존 외교 행태에 일대 재편성이 불가피하다. 특히 대미(對美)일변도적인 외교 행태, 안보중심의 외교접근, 가시적 실리위주의 경제외교, 북한과의 영합게임(zero-sum game)적 외교 등의 문제점은 많은 부분 수정되고 있기는 하지만 보다 자주적이고 보편적인 외교철학의 기조 아래 재수립되어야 한다.

그러나 한국외교정책의 목표와 기즈, 그리고 철학적 기초와 원칙을 '자주적인 입장'에서 포괄적으로 재수립하여 장기적인 대응을 해 나가는 일은 잘못하면 혼란과 비효율성만 야기할 수도 있는 어려운 과제다. 그럼에도 불구하고 21세기 세계질서와 동북아 국제질서는 점차 피아 구별이 어려워 단순외교로는 풀기 어려운 복합구조로 변모하고 있어 자주적인 입장에서 적응하지 않고는 국익의 수호가 어렵게 되어 있다. 따라서 보다 중요한 것은 '자주외교'의 철학적 기조와 정책목표를 보다 정교하게 재수립하는 것을 전제로 그것을 관철시키는 방법과 정책수단으로서의 외교 능력을 뒷받침해 나가는 문제인 것이다.

　　원래 정책이란 동기 및 구상의 순수성과 당위성 못지 않게 오히려 효과적인 결과를 더 중요시해야 한다. 특히 외교정책의 경우 수단으로서의 능력이 전제되지 않을 경우 단순히 의도했던 결과를 얻지 못하는 데 그칠 뿐만 아니라 외교의 효율성을 저하시켜 국익마저 손상시키는 결과를 낳을 수 있다. 이런 점에서 21세기 한국외교도 외교 능력의 구성요소가 되는 군사능력, 경제능력, 정치 및 행정능력, 국민의 국제화 능력 등에 대한 고려와 이를 토대로 한 외교전략과 정책 수립이 전제되어야만 효과적으로 달성할 수 있는 것이다. 단순한 의지의 천명이나 구호보다는 외교수단으로서의 능력에 기초한 정교한 외교실천 전략이 있어야 한다는 것이다.

　　이런 외교능력과 관련해 지적하고 싶은 것은 특히 외교능력으로서의 정치력과 행정력이다. 여기서 외교능력으로서의 정치력은 국민의 동의와 자발적 참여에 근거하여 국력요인을 조직화하여 국가목표 달성에 효율적으로 투입하는 능력을 말한다. 이런 정치력은 국내정치과정에서 국민의 참여와 창의성이 발휘될 때 고양되고 외교능력으로 강력하게 작용하는 것이다. 한국의 경우 국내 여건의 문제는 단지 민주화가 진전됨에 따라 외교정책문제에서 국내적 합의와 설득이 전례 없이 중요해진다는 단순차원을 넘어 본질적인 문제로 다가온다. 냉전구조의 해체와 통일을 지향하는 한국의 외교정책은 궁극적으로 국내차원에서 '현상유지'보다는 '현상재편'의 성격을 강하게 가질 수밖에 없고, 따라서 국내적 합의와 그것을 이끌어내는 지도력은 곧 한국외교의 강력한 외교능력이 되는 것이다.

　　이제부터가 시작이라는 마음가짐을 가지고 시작부터 지나친 의욕이나 결과에 집착하기보다는 중장기적인 시각에서 하나하나 벽돌을 쌓듯이 추구해 나가는 자세가 바람직하다. 철학적 기조를 다지고 정책목표를 보다 분명하게 설정하면서 풍랑과 암초에 대한 위기관리에도 만반의 준비를 갖추어야 하고, 풍향과 조류를 기회로 이용할 줄 아는 지혜와 유연성을 잃지 않으면서 나아가야 하는 것이다. 이를 위해서는 외교정책의 능력기반이 되는 국내적 합의를 형성하고 다지는 일이 무엇보다 중요하다. 이 모든 것이 유기적이고 체계적으로 추진될 때 냉전구조를 해체하고 통일을 앞당기기 위한 '자주외교'는 효과적으로 추진될 수 있을 것이다.

우리나라 생명과학과 바이오테크놀로지의 발전 현황과 전망

한 인 규

전 한국과학기술한림원장, 서울대 명예교수

1. 들어가면서 – 21세기는 바이오경제 시대 –

우리는 지금 세계 경제 패러다임의 급속한 변화에 직면하고 있다. 이는 산업사회가 지식기반 서비스사회로 전환하고 있으며, 마침내 바이오(BT) 경제 시대가 도래하고 있기 때문이다. 인류의 수명은 점점 연장되고 있고 따라서 우리는 이른바 고령화 사회로 진입하고 있는 것 또한 사실이다. 지난 세기까지 우리는 먹고 사는 문제로 혈투를 벌이다시피 하였으나 이제 21세기는 건강하게 오래 사는 것과, 삶의 질을 향상시켜야 하는 명제를 안고 있다. 거기다가 기후 변화, 환경과 에너지 문제는 날이 갈수록 심화되고 있는데 과학기술분야도 IT와 BT의 기술융합 시대를 맞고 있는 실정이다.

흔히 21세기를 생명과학과 바이오테크놀로지의 시대(Biotech Century)라고 일컫는다. 타임지에 의하면 현재 정보 경제 시대는 앞으로 2020년이 되면 바이오 경제 시대로 전환된다고 주장했다. 빌 게이츠는 하늘엔 정보통신, 땅에는 생명공학이 번창할 것이라고 한 것도 이와 같은 맥락에서 살펴보면 이해가 될 것이다. 생명공학 기술은 고부가가치, 두뇌 기술 집약, 탈공해, 자원 · 에너지절약 기술로 인정되고 있으며 보건의료, 식량, 환경,

에너지 등 21세기 인류가 해결해야 할 어려운 기술적 문제의 핵심이라고 할 수 있다. 뿐만 아니라 BT산업은 다른 첨단산업(반도체 9.4%, 신소재 6.9%)을 능가하는 연평균 22%(1995~2008)의 고도성장을 하고 있는 차세대 핵심 산업이라고 할 수 있다.

지난 2009년 3월 9일에 미국의 오바마 대통령은 배아줄기세포 연구를 막는 연방정부의 지원 제한 규정을 완전히 철폐하고 나아가서 과학을 정치와 이념으로부터 해방시키겠다고 선언했다. 그는 기후 변화, 대체에너지, 생명공학을 미국의 3대 신 성장동력으로 삼겠다고 역설했다. 미국이 바이오 경제 시대의 세계적 중심 세력이 될 것이라는 것을 예고한 것이다. 우리가 그냥 듣고 흘리기에는 너무나 충격적인 조치라고 하지 않을 수 없다.

이 원고에서는 우리나라 생명과학 및 BT분야에 대한 국내의 연구동향, 국내외 바이오테크놀로지 발전 현황, 우리나라 정부의 BT 육성 정책, 세계 주요 국가의 BT 육성 정책과 생명과학 및 BT분야의 이슈와 전망의 순으로 21세기 우리나라 생명과학과 바이오테크놀로지의 현황과 전망을 살펴보기로 한다.

2. 생명과학 및 BT분야의 국내외 연구동향

1) 생명과학의 발전 양상

먼저 유전체 해석의 급속한 진전을 들 수 있다. 생명현상의 궁극적 설계도, 유전자의 총체인 유전체 구조해석이라는 1차 경쟁 최종국면, 즉 애기장대 · 벼 · 인간의 유전체 연구가 완성되었다. 제1차 경쟁에서 얻은 유전자의 기능을 해석, 특허화하고 바야흐로 산업적으로 응용하는 제2차 경쟁 시대로 돌입하고 있으며 나아가서 타기술(정보기술, 물리화학 등)과 생명공학의 융합을 시도하는 경지에 도달하였다. 유전자는 생명설계도, 생명 프로그램이라 할 수 있으며, 생명공학은 유전정보를 주체로 하는 정보집약형 산업이라고 할 수 있다. 그리하여 정보처리, 물리화학 지식을 수단으로 생체기능을 유전자, 단백질 등의 레벨로 해석하고, 산업화 목적에 따라 생체분자 구조와 기능을 재설계하기에 이르렀다.

2) 연구동향

생명과학은 생물, 기초의약학 및 농수산의 세 분야로 대별된다. 세 분야는 각각 광범위한 분야로 이루어져 있으며 우리나라에서도 현재 매우 다양한 연구가 이루어지고 있는 중이다. 아래에서 생물분야 연구동향, 기초의약학분야 연구동향 및 농수산학분야 연구동향에 대하여 간략하게 살펴보기로 한다.

(1) 생물분야 연구동향

도시, 항만, 도로, 주택의 개발과 생태 환경의 파괴로 인한 생물의 멸종위기가 높아짐에 따라 우리나라에서도 생물종의 다양성과 생물종의 보존을 위한 대책을 마련 중에 있다. 이에 따라 생물종의 유전적 다양성 분석, 멸종위기 생물종의 생물학적 및 생태학적 특성, 근연 종과의 유연관계의 파악, 생물 종의 분화 및 진화연구를 통한 생물자원의 확보 및 보존 대책 수립을 위한 연구들이 활발히 진행되고 있다.

한편 미생물계는 인체건강 및 농수산물의 생산성과 밀접한 관계가 있는 미생물에 대한 생리적 유전적 연구를 통해 질병예방과 치료의 응용 및 효용가치가 높은 산업 균주의 개발을 통한 산업생산성 향상을 위한 연구도 활발히 진행되고 있다.

미생물분야에서는 현재 100여 종의 미생물에 대한 유전체 염기서열이 해독됐거나 분석이 완료 단계에 이르렀으며 수백여 종에 대한 유전체 해독 및 기능연구가 현재 진행 중이다. 미국, 영국, 일본, 프랑스 등이 이 분야 연구 흐름을 주도하고 있는데 최근 브라질, 중국 등도 신흥주도 국가로 급부상하고 있으며 모델 미생물도 병원미생물에서 토착미생물 및 산업미생물 중심으로 연구방향이 바뀌어가고 있는 중이다.

식물학의 경우 산업화에 따른 생태계의 환경오염으로 식물의 환경 스트레스 방어기작이 식물생리학의 연구주제가 되고 있다. 또한 약품 및 기능성 식품이 될 가능성이 높은 식물의 2차 산물의 분자생물학적 연구 및 식물체내에서의 영양소의 생성 기작과 그 운반체계에 대한 연구도 활발하게 이루어지고 있다. 미국의 경우, 미국과학재단(NSF)주도로 개화식물 10여종의 유전체 연구를 진행하고 있으며 토마토와 옥수수의 게놈 프로젝트도 진행 중이다. 일본은 벼 게놈 연구 성과로 얻어진 돌연변이 벼 및 관련 특허가 세계적 수준의 연구자원이라는 인식 아래 지금은 그 활용방안을 모색하고 있으며 이미 포플러나무 등 게놈 크기가 큰 다른 식물체에 대해서도 기능유전체 연구에 착수했다. 형질전환(GM) 식물체의 재배도 크게 늘어 2008년 현재 세계 전체 GM작물 재배면적은 1억 2,500만ha로 매년 10% 이상 증가세를 유지하고 있는 실정이다.

동물학은 2003년 인간 게놈 프로젝트의 완성에 힘입어 genomics와 proteomics가 연구의 주류를 이루고 있으며 이와 함께 전통적인 발생, 행동 생리, 유전 및 분자생물학에 대한 연구도 지속적으로 이루어지고 있다. 특히 유전자 조작을 통한 발생생물학은 새로이 주목받는 분야로 발전하고 있다.

(2) 기초의약학분야 연구동향

기초의약학분야의 연구는 주로 각종 질병의 원인 규명을 통한 질병의 직접적인 이해와 치료제 개발 쪽으로 나아가고 있다. 최근에 암 연구는 분자생물학적 기술의 도움으로 암의 조기발견에 대한 연구가 중요시되어 유전자 검사를 통한 암 검사 방법의 개발 연구와 함께 새로운 항암 효과를 나타 내는 천연물질을 탐색하는 연구도 계속적으로 진행되고 있다. 또한 유전성 질환 연구역시 분자생물학과 유전체학의 도움으로 유전자 진단, 유전자 치료 등의 분야와 함께 활발히 진행되고 있다. 그렇게 되고 보니, 그동안 많은 치료제가 개발되었고 아울러 여러 가지 신약이 개발되고 있다.

인체의약분야에서는 인간 유전체(게놈)지도가 완성된 이후 이를 산업화하기 위한 포스트-게놈(Post-Genome)시대로 진입했다. 이미 미국과 영국, 일본, 캐나다, 중국 등 5개국의 9개 연구팀은 지난 2002년 10월부터 1억 달러를 투자해 심장마비, 당뇨, 비만 등의 질병 연구를 위한 유전자지도(HapMap)작성을 목표로 뛰고 있는 실정이다. 이 프로젝트의 종료기간은 지난 2005년으로 일본인, 중국인, 아프리카인의 유전자를 연구대상으로 삼고 있는 것이 특징이라 하겠다. 또한 생명공학을 이용한 신약개발 연구 및 상품화도 가속화하고 있다. 올해 하반기까지 미국 식품의약국(FDA)에 승인된 바이오·의약백신은 모두 155개로 이 중 70% 가량이 최근 6년 동안에 승인이 이뤄진 것은 이 분야의 발전을 단적으로 말해주는 것이다. 현재 임상 중인 바이오·의약백신만 해도 모두 370개를 넘고 있는 것으로 알려지고 있다. 사람의 장기를 대체하거나 질병을 치료하기 위한 바이오장기(줄기세포)분야에서도 연구가 매우 활발하게 진행중이다. 이 분야는 오는 2010년 세계에서 약 400억 달러의 시장을 형성할 것으로 추산되고 있는 유망 BT분야라고 할 것이다.

(3) 농수산분야 연구동향

농수산분야는 생태, 진화, 해부, 생화학, 분자생물학적 접근 방식을 이용하여 환경적 측면을 고려하면서 식량자원의 확보와 경제적 생산성 향상을 목적으로 하는 연구들이 다양하게 진행되고 있다. 특히 유전자재조합, 형질전환 동식물 등을 이용한 신품종, 신작물의 창출과 자연 자원에서의 신기능성 물질 개발 쪽으로 많은 연구가 진행되고 있다.

식물연구분야에서는 2000년 12월 아기장대의 유전체가 완전 해독된 뒤 2001년에는 벼의 유전체가 완전 해독되었고, 포플러, Lotus japonicus, 포도, 오이 등의 유전체가 해독되어 완성 직전에 있으며, 배추, 토마토, 감자, 대두 등 세계적으로는 약 40여종의 식물 유전체 해독연구가 진행되고 있다.

수의과학에서는 실험동물생산 및 관리와 가축전염병에 대한 미생물학적 및 분자생물학적 특성과 숙주동물의 면역반응 등에 대한 종합적인 연구가 진행되고 있다. 세계적으로 형질전환 동물을 이용한 주요 의약물질 생산연구가 임상실험단계에 진입하고 있는 것도 매우 다행스러운 일이라 하겠다. 영국 PPL사의 경우, 형질전환 면양의 우유에서 염증을 가라앉히는 작용을 하는 '안티트립신' 단백질을 생산하는 3단계 임상연구를 진행하고 있다. 한편 미국 GTC사는 신경계 질환치료제인 '알파-4-베타인테그린'에 대해 2단계 임상연구를 계속되고 있는 중이다. 이밖에 네덜란드의 파밍 (Pharming)사는 지난 2002년 형질전환 젖소의 우유에서 재조합 인체 락토페린을 최고 2g/l 가량 생산할 수 있다고 발표하기도 했다. 동물복제과정에서 여러가지 문제점이 제기되고 있는 것도 사실이다. 그러나 2002년에는 동물복제에 있어서 빈번히 나타나는 초기유산의 원인이 규명되었다. 2003년 2월에는 세계 최초로 체세포 복제양 '돌리'가 죽어 동물복제기술의 한계를 느끼게 했을 뿐만 아니라 여러 가지 문제점에 대한 논란이 일기도 했다.

국내외에 크나큰 파문을 일으킨 이른바 '황우석 사태' 이후 우리나라에서는 동물복제연구가 주춤하고 있는 것이 사실이나, 2007년에 들어서서 외국뿐만 아니라 국내에서도 새로운 연구환경이 조성되고 있어서 그나마 다행이라고 할 수 있겠다. 우리나라 BT산업의 큰 비중을 차지하는 식품산

업측면에서는 가공식품 개발과 그에 대한 최소가공기법 등을 개발하기 위
한 연구가 진행되고 있는 중이다.

따라서 생명과학분야에서는 포스트 게놈시대를 맞으면서 세계적으로 연
구 환경이 급속히 변화하는 점을 감안하여, 한정된 재원 내에서 국가경쟁
력을 제고시키기 위한 연구규모별, 성격별, 학문세대별 차별적 연구지원체
계의 확립이 무엇보다도 중요한 과제라고 할 것이다.

3. 국내외 바이오테크놀로지 발전 현황

1) 생명과학의 발전 현황 및 전망

(1) 과학기술 발전

우리나라를 비롯한 세계 주요 국가에는 신개념 과학기술이 출현하는가
하면 새로운 응용분야 역시 확대·발전되고 있다. 예를 들면 Post-
genome 신기술이 한 나라의 생명과학 경쟁력의 관건으로 등장하는 것과
같다. 곧 기능유전체학(Functional Genomics), 단백질체학(Proteomics)
등이 그것이다.

생명과학은 첨단 과학기술분야와 융합할 때 기술혁신은 가속화된다고
할 것이다. 즉 IT, NT, ET 등 첨단 기술과 융합해야 신기술 창출의 기회가
그만큼 높아진다. BT와 IT(BIT)가 융합하면 생물정보학, 유전자분석 기
술 등이 발전하고 BT와 NT(BNT)가 융합하면 바이오칩(DNA칩, 단백질
칩) 및 나노바이오텍 등이 발전한다. 그리고 BT와 ET(BET)가 융합하면
환경정화, 바이오에너지, 환경복원 등의 기술혁신이 가속화 되는 것이다.
IT, NT, ET 등 기술융합화와 기술혁신이 가속화되면 예컨대 유전체 서열
분석 속도가 1990년대에는 15년 걸리던 것이 2008년에는 불과 31일이

소요될 뿐이고 그 분석 비용도 1/1000르 감소한다는 것이다. 그 뿐이 아니라 생명현상에 대한 총체적 연구(Gene to Life)나 맞춤형 의약개발 사업 등이 활성화되기도 한다. 예방의학, 맞춤의약, 재생의학 등 다양한 분야가 출현함으로써 Pharmacogenomics, 세포치료 기술 등의 발전이 촉진되기도 한다. 한편 뇌과학을 이용한 다양한 분야의 연구개발에 대한 중요성이 증대하여 뇌질환의 원인규명 및 분자세포 수준의 기초연구 등이 활발해지는가 하면 뇌의 구조생물학, 화학유전체학을 활용한 의약품 개발연구 사업 등이 확대되기도 한다.

한편 연구개발 사업 대형화로 국경을 초월한 전략적 협력을 강화할 수 있게 된다. 많은 관련 연구자와 연구기관이 유기적으로 결합된 대규모 국제협력 프로그램이 등장해야 한다. 인간유전체연구(HGP), 인간프로테움연구(HUPO), 침팬지유전체 국제컨소시엄(HCCGP), 벼게놈해독국제공동연구(IRGSP), 휴먼 프론티어사이언스프로그램(HFSP) 등이 그 좋은 예가 될 것이다.

바이오산업 성장동력의 필수소재로서 관련 국가간 생물자원 활용 및 확보 방안이 강화되어야 한다. 세계 각국은 생물다양성협약(CBD), 생물다양성정보기구(GBIF), OECD 생물자원센터네트워크 등 국제협약을 통해 생물자원 확보를 위한 전략화를 노리고 있다. 한편 생명공학 기술의 산업화가 진전되면서 유전자 정보의 중요성 또한 증대되고 있다. 유용 유전자 정보의 선점이 곧 응용 연구와 BT산업화의 관건으로 인식하고 있다. 비근한 예를 들면 미국은 식물유전자 분석 프로그램을 2004년에 완료하였고(국가과학기술위원회) 2005년에는 대규모 해양자원 유전자 분석 프로그램을 출범시켰다(과학재단). 또한 2006년에는 차세대 통합형 유전자 분석 프로그램 사업을 기획하였다(에너지국).

(2) BT산업 발전 현황과 전망

세계 생명공학 산업의 시장규모는 2015년에는 3,090억 불에 이를 전망이다. 이 시장규모의 연평균 증가율 역시 2000년에서 2010년까지는 11% 정도였으나 2015년에 이르면 15%를 상회할 것으로 전망된다. 만일 생명공학 제품개발의 응용범위가 계속 확대되고 기술융합화와 산업화를 진전시킨다면 이 시장 규모는 더욱 크게 확대될 전망이다.

현재 바이오테크놀로지는 앞에서도 언급한 바 있듯이 IT혁명 이후 세계경제를 선도할 핵심 전략산업으로 급부상하고 있다. 이는 그동안 이룩한 학문적(생명과학) 및 기술적(생명공학) 발전성과의 축적으로 '산업적' 응용이 더욱 확대되고 있기 때문이다. 미국 BT산업은 세계시장 총수입(상장)의 76%와 고용 인력의 75%를 점유하고 있을 뿐만 아니라 미국은 세계 생명공학 기업(상장＋비상장)의 34%를 차지하고 있는 BT 강국이다.

의약학분야 BT산업은 보건의료산업 중심에서 최근에는 새로운 응용분야로 확대 발전되고 있음을 알 수 있다. 생명공학 제1의 물결인 의약분야에서 제2·3의 물결인 농업, 환경, 전자, 에너지, 해양 등 전 분야로 산업화가 다양하게 이루어지고 있다. 즉 Red Bio인 보건의료, 건강 분야 등으로부터 Green Bio 즉 농업, 식량, 자원 분야 등과 White Bio인 환경, 공정, 에너지 분야 등으로 다양하게 확대 발전하고 있다는 것이다.

여기서 바이오산업분야 중 보건의료(치료, 진단)분야의 최대 시장 점유율은 55%에 이른다는 것을 강조하고 싶다. 2005년 분야별 비중을 보면 치료 43%, 진단 12%, 유전체-단백체 17%, 기타 28%에 이르는 것으로 조사되었다(Ernst & Young's Global Biotechnology Report).

제약산업에서 바이오기술이 경쟁력 형성의 핵심 요소로 부상한 것은 오래전 얘기이다. 2003년 이후 바이오신약이 기존 합성신약 승인 건수를 상회함에 따라 제약기업과 바이오 기업간 전략 제휴나 협력이 확대되고 있는 추세이다. 빠른 기술진보에 대한 대응력을 높이고 실패위험을 줄이는 효과적 수단으로 전략적 제휴 관계를 증가시키는 것은 매우 중요한 일이라고 할 것이다. 또한 대형제약사와 바이오텍 기업간의 제휴가 활발해지고 나아가서 다국적 제약기업의 M&A를 통한 사업 영역을 확대하는 것도 시급한 당면과제라 하겠다.

4. 우리나라 정부의 BT산업 육성 정척

1) 정부의 생명공학육성 기본계획의 추진 경과와 실적

정부는 생명과학과 BT의 발전을 촉진하기 위하여 제1차 생명공학 기본계획(1994~2006)을 수립하고 연구기반 조성사업을 본격적으로 추진하였다. 이어 제2차 기본계획(2007~2016) 기간 동안에는 원천기술의 확보와 BT산업 인프라를 구축할 사업들을 강력하게 추진하고 있다. 제1차 기본계획 기간 중에 정부는 창의적 연그개발의 저변확대, 기술개발 주체와 지원시스템 육성 및 제도적 뒷받침을 가져오도록 노력하였다. 이 기간 동안(13년간) 정부의 BT분야 투자는 총 4조 3천억 원으로서 연 증가율로 볼 때 23%에 이르러 전체 과학기술 예산 증가율 11%를 크게 웃돌은 것이 사실이다. 이 기간 동안 우수논문 발표 실적은 1994년에 세계 29위이던 것이 2006년에 12위로 껑충 뛰어올랐고 특허의 경우에는 1997년에 세계 21위이던 것이 2006년 14위로 발전하였다. 그러나 21세기의 전략수출산업으로 BT산업을 육성하겠다는 당초의 기븐계획은 제2차 기본계획으로 넘길 수밖에 없게 되었다.

제2차 BT산업육성 기본계획(2007~2016)은 10년의 계획 기간 중 이제 겨우 2년만 지났을 뿐이다. 이 기간 동안 정부의 BT분야 투자는 총 1조

8천억 원이었고 2008년 초 정권 교체가 있었으나 다행스럽게도 BT분야 정부 투자 규모는 조금도 감소하지 않았다. 제2차 기본계획이 만료되는 2016년에는 생명과학분야 SCI 우수논문 발표 편수나 특허 취득 건수 모두 세계 7위에 진입하여 명실상부하게 바이오 G7 BT 강국으로 발돋움 할 것이 예상된다. 연구인력과 생산인력을 합친 생명공학분야 종사자의 수도 1998년에는 3,300명에 불과하던 것이 2006년에는 17,316명으로 대폭 늘어난 것을 보면 우리나라 BT산업의 강한 내일을 보게 하는 것이 아닌가 싶다.

이 기간 동안 BT분야 연구 성과는 양호한 반면에 사업화 성과는 다소 미흡하였고, BT분야 R&D 투자에 대한 정부의 관리능력이 부족하였다는 비판을 받아야 했다. 하향식 연구과제가 지나치게 많아 원천기술을 개발할 기초 연구가 위축되기도 하였고 각 부처 및 지자체간에 연구비의 경쟁적 지원으로 중복투자 문제가 발생한 것 등은 앞으로 반드시 시정되어야 할 일이라고 사료된다. BT 관련 중장기계획 총 18개 는 교육과학기술부 3개, 농림수산식품부 4개, 보건복지가족부 7개, 농촌진흥청 2개, 식품의약안전청 2개 등으로 분산되어 있고 관련부처간 연계부족으로 사업간 중복과 효율성 문제가 제기되고 있는 것은 어쩔 수 없는 일이라고 할 수 있겠다.

2) 정부의 BT산업 육성 정책

앞에서 언급한 바와 같이 정부의 제1~2차 BT 육성 기본계획이 수립된 이후 범부처적 R&D 투자 기반이 확충되었고 또한 부처별로 BT 육성 정책이 추진되면서 한편으로는 종합·조정의 필요성 또한 증가되었다. 2000년 이후 관련 부처가 생명공학육성 정책을 경쟁적으로 추진하게 되자 생명공학에 대한 관심이 고조되면서 개별 부처간에도 응용 영역별 육성 계획의 수립이 활성화되었다. 그 후 2004년 BT 기술 혁신본부가 출범된 이후에는 종합조정 노력 또한 가속화되었다. 부처별 연구비 투자의 중복을 방지하고 연구개발 예산의 효율적 집행을 위한 조정 작업도 본격화 되었다. 예컨대 이 무렵 바이오연구개발 효율적 추진전략(2005) 및 생물자원 통합관리 방안(2005) 등이 강구되었다. 아울러 범부처적 대형 BT연구사업의 추진이 확대되었고 부처간 협력 필요성 역시 증대되었다. 앞으로도 차세대 성장동력사업 등 범부처적 공동연구사업이 확대될 전망이고 핵심 이슈에 대한 부처간 종합전략이 추진될 것으로 기대된다(줄기세포 종합 발전전략, 2006).

3) 연구개발 전략의 변화

국가 발전전략 핵심 기술로서 생명공학의 육성 강화가 절실하게 요청되고 주요 국가계획의 수립 과정에서 생명공학을 국가 전략적 집중분야로 지정하는 노력 또한 중요할 것으로 생각된다. 과학기술 기본계획에서는 국가 전략과학기술의 선택적 집중 개발 분야가 다루어져야 하고 국가기술지도(NTRM)에는 건강한 생명사회 지향 핵심기술(비전-Ⅱ)이 포함되어야 할 것이다. Total Road Map에는 차세대 성장유망산업의 지정이, 그리고 차세대 성장동력 기술개발사업에는 바이오 · 신약 장기사업 등이 10대 사업으로 포함되어야 한다.

다음은 Post-genome 연구개발의 활성화를 중요한 연구개발 전략의 변화로 들 수 있다. 1980년대 생물공정 중심의 연구개발 전략이 1990년대에는 바이오 신약 · 소재 중심으로, 2000년 전후에는 유전체, 단백체, 세포체 등의 분야로 연구개발 전략이 달라지고 있다.

근년에 들어와서 융합기술 관련 BT 육성 정책이 강화 일로에 있다. 지난 2001년 국가과학기술위원회의 BT · IT 융합 추진 전략이 발표된 이후 2006년까지 총 1,402억 원 규모의 범부처 종합발전계획이 수립되어 현재 추진 중에 있다. 그 내용을 보면 융합기술 인력양성 지원비 206억 원(교육과학기술부), 미래 융합기술 지원비 256억 원(교육과학기술부), IT기반 융합기술 지원비 470억 원(정보통신부), 원천 융합기술 지원비 305억 원(지식경제부), 융합신기술 지원비 165억 원(국토해양부와 환경부) 등이다.

한편 정부에서는 생명공학 특정 분야의 대형 및 중장기 국가계획도 추진 중에 있다. '뇌연구촉진법'(1998)을 근거로 하여 '뇌연구촉진 기본계획'(1999)을 추진 중에 있으며 그 성과로 2007년까지 뇌연구 일부 분야에서는 세계적 경쟁력을 확보하기에 이르렀다. 나아가서 차세대 성장동력사업인 '바이오 신약 및 장기사업'(2004) 또한 추진 중에 있어서 그 결과가 기대되는 바이다.

우리 정부에서는 위에서 말한 여러 가지 BT분야 R&D 투자로 2012년까지 수출 200억 불, 세계 7위의 바이오산업강국으로 도약하려는 야심찬 계획을 추진 중에 있다. 한편 국가적 기술 주도권을 확보하기 위한 '줄기세포 종합발전계획'(2006)을 수립, 추진 중에 있는바 2015년까지 줄기세포 연구분야에 있어서 세계 랭킹 3위에 진입하려는 목표도 세워 놓고 있는 중이다.

4) 산업화 발전 추세

정부는 2000년을 전후하여 바이오벤처가 바이오산업 구조의 한 축을 형성하도록 노력해 왔다. 그런 결과 현재 중?대규모 45개의 바이오산업체와 소규모 벤처기업 600여개가 활동하고 있다. 그러나 제약기업은 2005년까지 12건의 신약이 개발되었음에도 불구하고 그 경쟁력은 매우 취약한 편이다. 이는 제약기업 중 85%가 매출액 100억 원 미만의 영세업체라는 사실만 보아도 짐작할 수 있는 일이다. 목하 바이오벤처는 자금 압박을 해소하기 위해 활로 개척을 본격적으로 모색 중이다. 예컨대 2001년 이후 벤처는 자금부족 해소를 위한 M&A, 제휴 사례가 급격히 증가하고 있는 실정이다. 한편 제약분야 벤처는 저위험, 조기 이윤창출이 가능하다고 알려진 기능성식품 개발로 업종을 전환하고 있는 사례가 늘고 있다. 다행스러운 일은 기술력을 바탕으로 생존한 벤처기업들의 코스닥 상장이 확대되고 있다. 2000년 이전에는 코스닥상장 바이오벤처의 수가 6개뿐이었으나 2000년 이후에는 36개에 이른다.

정부가 바이오클러스터 지원을 강화하고 각 지자체의 바이오산업 유치 경쟁도 활발해지고 있다. 정부가 1998년 이후 지역별 바이오벤처 지원센터 설립을 추진하였으며, 2002년 이후 지역별 특성에 적합한 생물산업 클러스터 조성사업을 지원하고 있다. 현재는 전국 12개 시·도에 바이오벤처 지원센터 또는 특화센터가 구축되어 운영 증에 있다. 더욱 눈에 띄는 것은 최근 어떤 지자체에서는 생명공학 지원정책을 더욱 활발하게 추진하고 있다는 것이다.

5. 주요국가의 BT 육성 정책

21세기에는 바이오 경제 시대가 도래할 것이라는 예측하에서 세계 여러 바이오 선진국들은 생명과학 연구와 3T산업 육성을 위하여 보이지 않는 전쟁을 하고 있는 중이다. 세계 과학기술분야 R&D의 50% 이상을 투자하고 있는 미국이 바이오테크놀로지 산업에 있어서도 단연 타국의 추종을 불허하고 있다. 여기서는 미국을 비롯한 EU(영국, 독일, 프랑스), 일본과 중국 등 여러 나라의 BT산업 육성 정책 경쟁을 간단히 소개하기로 한다.

1) 미국

미국은 세계 1위의 기초 연구력을 바탕으로 BT분야에서도 기술우위를 유지하기 위하여 연방정부가 나서서 BT 육성 정책을 적극적으로 추진하고 있다. 세계 바이오 경제 시장의 패권을 견인하기 위하여 미국은 2007년 전체 연구개발 예산 1,368억 불 중 생명공학 및 보건의약분야에 307억 불(전체 R&D의 22%)을 투입한 바 있다. 다국적기업 및 바이오벤처와 투자기관을 총 집결하여 첨단기술의 개발과 새로운 BT산업개발을 위한 투자를 계속하고 있다. 2006년 신약 및 치료기술개발 R&D예산 규모는 국방예산에 이어 최대 규모인 296억 불을 배정하였다. 즉 인간유전체 연구결과를 활용하여 NIH를 중심으로 미국인의 건강을 증진시키기 위한 미래지향적 의학연구 등에 주력하는 이른바 NIH 로드맵을 작성하여 강력히 추진하고 있다. 물리학과 바이오인포매틱스 등 다학제의 연구수단을 활용하여 기능 유전체 연구, 기초생의학 및 행동과학 연구, 질병과 장애의 예방, 진단, 치료 방법을 위한 연구, 의료기술 및 생물학적 치료기술의 개발 등에 역점을 두고 투자를 활성화하고 있다. 또한 임상연구를 촉진하기 위한 임상검사의 표준화 및 임상연구 의사 양성을 위한 경제적 지원 대책도 강구하고 있다.

줄기세포 연구 지원에 대한 국민적 합의가 확산되면서 앞에서 이미 언급한 바와 같이 오바마 정부는 줄기세포 연구를 가로막는 각종 규제를 완화하기로 결정하였다. 또한 연방의회 및 주정부 차원의 배아줄기세포 연구에 대한 생명윤리 규제를 완화하는 정책을 병행하고 있다. 뿐만 아니라 주정부 차원의 줄기세포 연구자원 및 예산지원이 활성화되고 있는 중이다. 예컨대 캘리포니아주의 경우 줄기세포 연구에 향후 10년간 30억 불을 지원하기로 결정하였고 위스콘신주에서는 3억 8천만 불, 뉴저지주도 3억 8천만 불을 줄기세포 연구에 지원하기로 공약하였다. 연방정부는 줄기세포 연구증진법(HR 810 등)을 제정하였는가 하면 캘리포니아주, 뉴저지주, 매린랜드주 등에서도 줄기세포 연구 지원법을 제정, 공포한 바 있다. 미국은 또한 전세계 유전자변형작물(GMO)의 생산을 위한 연구를 주도한 나머지 미국은 현재 세계 GMO 작물의 55%를 점유하고 있다(생산면적 1억 2,500만ha). 어떻든 미국은 NIH와 같은 대규모 공공연구기관이 중심이 되어 생명공학의 종합적이고 포괄적인 연구를 추진하고 있는 것이 특색이다.

2) EU

EU차원의 BT산업 육성을 위한 종합 발전전략을 수립한 것은 물론 소속국가간 치열한 경쟁을 동시에 병행하고 있다. EU는 제4차 FP부터 제7차 Framework Program(2007~2013)을 추진하여 보건 생명공학, 식품, 농산품에 9,520백만 유로를 투자하여 협력, 혁신, 창의, 인간을 4대 목표로 정하고 융합생물학 육성을 추진하기로 결정하였다. 이외에도 자원활용, 바이오에너지 생산 및 지식기반의 바이오경제를 강력히 추진하고 있다.

이런 목적을 효율적으로 달성하기 위하여 ① The Biomass Action Plan(2005), ② EU Strategy for Biofuels(2006), ③ The Knowledge-Based Bio-Economy(2005) 등 여러가지 전략을 수립한 바 있다.

유럽의 바이오산업 육성 정책은 한마디로 클러스터 정책이 그 핵심이다. 성공적인 바이오클러스터의 예로는 옥스퍼드, 캠브리지, 스톡홀름과 독일의 Bio-Region(Munich, Rhine/Neckar, Rhineland)과 프랑스 몇몇 핵심 연구기관을 묶어서 운영하는 것이다. EU는 바이오 연료 개발기술을 보유함으로써 에너지 외교 경쟁력을 강화할 가능성이 크고 또한 정부차원에서 집중적으로 바이오산업을 육성하기 위하여 정부와 기업, 지역간 협력시스템을 구축하려는 움직임이 돋보인다. 여기서 유럽의 바이오테크놀로지를 끌어가고 있는 영국, 독일 및 프랑스의 경우를 살펴보기로 한다.

(1) 영국

강력한 정부의 지원으로 영국은 세계수준의 과학기술 기반과 산업적 배경을 이미 구축하였다. 그리하여 영국은 유럽 생명공학을 리드하고 있고 임상(3상)은 유럽 전체의 40%이상을 점유하고 있는 실정이다. 또한 영국은 세계 2위권의 세계적 선도자적 위치의 유지를 위하여 장기 발전 전략을 이미 수립한 바 있다. 그 대표적인 것이 2003년에 수립한 영국 바이오사이언스 2015 장기 발전 전략이다.

(2) 독일

독일은 1990년대부터 이미 생명공학을 21세기 핵심 산업분야로 예견하고 바이오산업개발 프로그램 추진 계획(1차:1989~2000, 2차:2001~2005)을 수립하였다. 기초 연구개발분야를 육성함은 물론 전략적 기술 플랫폼을 구축하여 연구개발 성과와 상업화를 연계하는 작업을 추진하여 왔다. 바이오클러스터 개발 계획(Bio Regio, Bio Profile).

(3) 프랑스

프랑스는 BT산업을 육성함에 있어서 민간참여의 활성화와 유도로 바이오산업의 진흥을 도모한 나라이다. 한편 프랑스 정부에서도 2006년까지 '유럽 최고의 바이오산업국가' 건립을 목표로 연간 1억 500만 유로를 투입(Plan Biotech 프로그램)하기로 결정하였다. 프랑스 정부는 기업 지원자금 9,000만 유로를 저금리로 지원하고 앞으로 신생 바이오벤처 육성을 위한 펀드로 60만 유로를 조성할 계획이라고 한다.

3) 일본

일본은 BT 관련 연구결과를 산업화하기 위하여 바이오 산업화 전략을 강력히 추진하는 이른바 산업화 연계를 가속화하고 있다. 일본은 2004년에 제정한 '신산업창조전략'에서 BT기술의 산업화를 위한 전략을 수립하고 이를 강력히 추진 중에 있다. 일본 정부는 생명공학분야에 대한 연구개발비를 늘려서 지원하고 세금제도의 개선, 지적 재산권 보호 강화 등을 강력히 추진하고 있다. 일본은 제3기 과학기술기본계획을 수립 (2006~2010)하고 생명공학분야의 중점 핵심 과제를 선정하여 신약개발, 의료기술개발 등의 실용화를 강화하고 생명정보 및 융합연구를 강화하기에 이르렀다. 또한 일본정부는 생명 프로그램의 재현, 실용화를 위한 중개, 식료생물 생산기술 실현, 세계적 연구 기반 정비 등 4대 전략을 중점적으로 추진하기로 하였다. 이런 목적을 달성하기 위하여 일본 정부는 2006년의 경우 생명공학 관련 예산을 전년 대비 15% 증가하여 의회에 요구하였다(3,475억 엔). 일본 정부가 BT산업분야 7가지 전략 중점 과학기술을 선정하고 이를 강력히 추진 중에 있는 것은 생명과학 연구 전체를 구성하는 기초 연구과제를 추진함으로써 보다 나은 삶의 영위, 보다 잘먹고 보다 편안한 생활에 공헌하는 연구과제를 추진하겠다는 의도로 보아야 할 것이다.

4) 중국

중국도 정부가 나서서 BT산업을 육성하기 위하여 먼저 중점 분야를 선정하여 목표를 달성함으로써 생명공학 강국의 건설을 도모하고 있다. 정부 차원에서 추진하는 생명공학 육성 계획을 보견 국가첨단기술 연구개발사업(863계획), 기초과학 연구사업(973계획) 등을 들 수 있다. 중국은 2001년부터 2005년 사이에 생명공학 연구개발을 위하여 정부예산 총 120억 위엔을 투자 하였다. 이 액수는 1996~2000년 대비 8배 이상 증가한 것이다(1억 위엔=한화 128억 원). 또한 중국 정부는 바이오산업의 4대 중점 분야로 신약개발, 바이오 정보기술, 전통의학과 생명공학의 결합, 환경연구를 위한 DNA칩 개발 등으로 결정하였다. 중국정부가 2005년에는 생명공학 강국 건설을 위한 마스터플랜을 발표하였다. 즉 중국도 2020년에 이르면 생명공학 기술 강국과 바이오산업 대국으로 발전하겠다는 것이다. 중국의 9개 BT분야 중점 분야는 농업, 의약, 식품, 에너지, 환경, 중의약, 생

물자원, 해양, 생물테러방지 등이다. 중국 정부는 풍부한 생물자원과 인적
자원을 기반으로 생명공학 강국 건설을 위한 기술혁신을 가속화하고 있으
며 생물시장 확산을 목표로 BT산업 연구결과의 제품화를 위한 응용연구
에 지속적인 지원을 추진하고 있다.

6. 마무리하면서 —이슈와 전망—

미국 MIT에서 2001년부터 매년 초에 자국의 10대 유망기술을 선정 ·
발표하고 있다. 즉 10년 이내에 국가 사회나 비즈니스에 큰 영향을 미칠
것으로 전망되는 기술을 선정하는 것인데 2001년에는 BT기술 중
Biometrics와 Brain-machine Interface 등 2개 분야가 선정되었으나
2007년에는 Neuron Control, Single-cell Analysis, Medical Monitor,
Nano Healing 등 4개 분야가 10대 유망기술로 선정되었다. 해가 갈수록
BT산업의 중요성이 심화되고 있다는 전망이다.

그러나 BT산업은 장기간의 R&D 투자가 필요하고, 고위험-고수익산업
으로 알려져 있을 뿐만 아니라 신약개발의 경우에는 엄격한 임상시험의 규
제를 받아야 하는 등의 어려움도 있다. 더욱이 국내 바이오산업은 아직 성
장 초기 단계에 있어서 실용화 및 산업화를 위해서는 많은 시간이 소요될
전망이다. 그럼에도 불구하고 현재 BT산업은 R&D 투자의 거시경제 파급
효과 · 평가면에서 3위를(1위는 IT, 2위는 ET) 차지하고 있으며 GDP 증
가에 대한 기여도 역시 3위를 차지하고 있다. 일자리 창출이 무엇보다 시
급한 과제인 현시점에서 BT산업의 고용창출 효과가 9대 분야 중 2위라는
것이 또한 우리의 주목을 끈다.

여기서 우리나라 생명과학과 BT산업의 발전을 저해하고 있는 몇 가지
이슈 즉 문제점을 살펴보기로 한다.

첫째, 정치 지도자 및 국회의원들의 BT산업에 대한 인식이 미국의 경우와 비교하면 크게 모자란다는 것이다. 미국의 국립보건연구원(NIH)은 2009년도 예산을 2008년과 같은 수준인 295억 불을 요청하였으나 상원에서 3%를 증액하여 305억달러를 승인한바 있다. 오바마는 향후 10년간 NIH 예산을 2배로 증액하겠다는 것을 그의 선거공약으로 제시한 바 있다. 세계 BT 최강국의 국회의원과 대통령의 이런 모습이 우리는 부러울 뿐이다.

둘째, 우리나라 정부의 BT산업에 대한 R&D 투자는 전체 투자 규모 중 22%로서 상당히 높은 편이지만 그 R&D 총액이 턱없이 부족하다는 사실을 우리는 인정하지 않을 수 없다. 일예를 들면 우리나라 국립보건연구원의 금년도 예산이 0.12조 원인데 비하여 미국 NIH의 예산은 45조 원으로 그 규모를 비할 바가 못된다. 이러니 미국은 저속 뛰어가고 우리는 그저 걸어가고 있다고 말할 수밖에.

셋째, 우리나라 BT분야 연구 성과는 상당히 양호한 편이나 사업화 성과는 크게 미흡하다는 것을 지적하고 싶다. 설령 특정 BT기술을 산업화한다 해도 시장규모가 영세하여 끝내 도산하는 경우를 자주 보게 된다.

넷째, 국내 BT산업 중 상당히 활발하게 추진되고 있는 분야가 기능성 건강보조식품 산업이다. 수백 종에 이르는, 더욱이 사용효과가 검정되지도 않은 건강보조식품이 이 분야 시장을 혼란스럽게 하고 있다.

다섯째, 우리 정부는 ① 맞춤의료 R&D 저고를 위한 전략적 · 장기적 계획 수립, ② 혁신적 의료기기의 개발과 바이오 의약품 개발을 위한 협력체계 수립, ③ 질환모델 동물 인프라(GEM), ④ 뇌과학 연구조직의 육성 · 발전 계획, ⑤ 줄기세포, 바이오매스 · 에너지, 바이오테러 대응에 대한 정책추진과 예산 지원책을 강화해야 할 것으로 믿는다.

이밖에 우리나라는 BT산업의 국제 경쟁력이 약하고, 아직까지도 혁신

신약의 개발이 눈에 뜨이지 않고 첨단 BT기술의 사업화를 위한 제도, 허가 및 관련 인프라 구축의 부족을 통감하고 있는 실정이다.

세계 각국은 현재 미래 새 동력산업으로서의 BT산업 고지를 선점하기 위하여 눈에 보이지 않는 치열한 전쟁을 하고 있는 중이다. 그 대열에서 낙오되지 않기 위하여 우리나라 정부도 최선을 다하고 있는 중이다. 과학기술분야 R&D 투자면에서 세계 8위에 이르고 있는 우리나라가 10년 이내에 BT 강국 건설을 위하여 최선의 노력을 다하고 있다. 머지않은 장래에 우리나라는 우수 논문 발표 편수와 특허 취득 건수 면에서 세계 7위에 오르고 연간 10,000명에 달하는 연구 인력을 양성할 계획이다. BT산업을 통한 수출목표 200억 불과 13조 원에 이르는 국내 산업화 시장도 창출할 전망이다. 머지않아 세계 생명과학과 바이오산업의 시장은 3,000억 불을 상회할 것이 틀림없다. 그러나 아직도 우리나라의 생명과학과 BT산업의 발전 수준은 미국 같은 나라와는 20년, 일본과는 10년의 격차를 가지고 있다는 우려의 목소리가 들리는 것도 인정해야 한다. 이를 극복하기 위하여 정부·학계·국민들의 인식의 전환과 특단의 노력이 소요되는 일이라 하겠다.

끝으로 다시 한 번 21세기는 생명과학과 바이오 경제 시대라는 것과 어느 나라가 먼저 바이오테크놀로지를 신 성장동력으로 선점하느냐에 따라 미래 국가 경제 순위가 결정된다는 사실을 재강조하면서 이 글을 마무리할까 한다.

기상이변과 수자원 관리

박 중 현 대한민국학술원 회원
김 영 오 서울대학교 건설환경공학부 교수

1. 세계의 수자원 현황과 21세기 물 관련 재해

1) 세계의 수자원의 현황

20세기에 전 세계인들의 국제적인 관심은 빈곤의 탈피와 복지실현을 위한 경제 성장이었으며, 이는 급속한 인구성장, 도시화 및 산업화, 자연환경에 대한 압력으로 나타났다. 수자원 관리에서 이러한 압력은 급격히 증가하고 있는 수요에 대응하기 위한 것으로 수자원 개발, 하천수질의 악화와 이에 따른 건강의 위험, 자연환경의 교란, 홍수와 가뭄피해의 증가 문제 등을 야기 시켜왔다.

지구상의 물은 대기, 지표, 그리고 지하에 존재하고 있으며, 물은 한 지역에서 볼 때 강우(precipitation)에 의해 생성되고 증발(evaporation)로 인해 소멸되는 과정을 거치면서 일정한 양을 유지하기 위한 순환활동을 계속 하고 있다. 그동안 인류는 크고 작은 저수지의 건설을 통해 전 세계에 8,000㎦의 수자원을 저장하는 등 물의 순환을 조절하여 수자원을 효율적으로 이용하기 위한 노력을 하고 있다(그림 1. 참조).

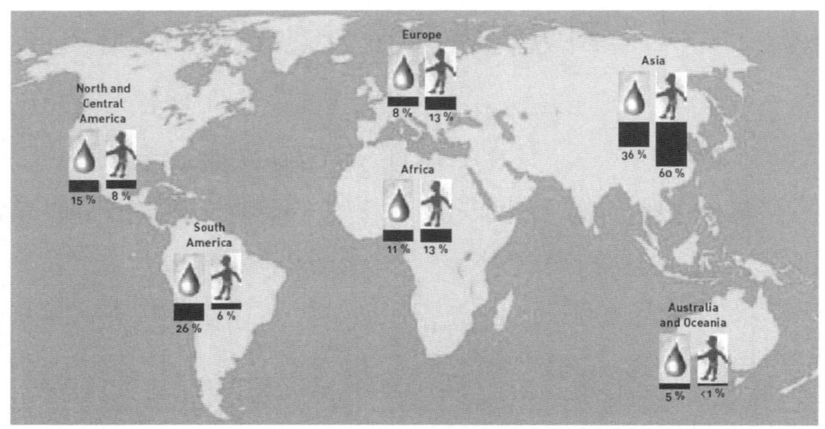

그림1. 세계 담수(freshwater)의 지역적 분포
자료: Water for People, Water for Life(UNESCO, 2003)

현재 지구 면적의 70% 이상이 물로 뒤덮여 있으며, 그 물의 96.5%가 바다, 1.74%가 빙하로 존재하는 등 사용할 수 없는 곳에 존재하는 물이 99% 이상을 차지하고 있고, 하천에 존재하는 물은 0.0002%에 불과하다.

지구 전체 인구가 증가함에 따라 일인당 물 사용량이 점점 증가할 뿐만 아니라 수질오염까지 더하여 물 부족 현상이 점점 심각해지고 있다. 매일 약 200만 톤에 해당하는 생활·공업·농업 쓰레기가 유출되어 하천 및 호수를 오염시키고, 약 1,500㎢의 하수가 생성되고 있다. 이렇듯 수질오염은 개발도상국가에서 더욱 심각한 문제가 되고 있으며 개발도상국 국민의 약 50%가 오염된 수자원에 노출되어 있다는 통계도 있다.

2) 세계의 물 관련 재해

지난 20세기에 해수면은 약 0.1m~0.2m 상승하였고 이러한 속도는 점점 빨라져 2100년 전지구 평균 해수면이 1990년에 비해 0.9m까지도 상승할 수 있다는 전망이 나오고 있다. 1m를 생각할 때 둑을 크게 쌓으면 아무 문제가 없으리라 생각할 수도 있지만 국토 평균 해발고도가 1m 정도이고 최고 고도가 4~6m 정도인 나라들을 감안하면 국가의 운명이 좌우되는 문제이다.

(1) 기상변화

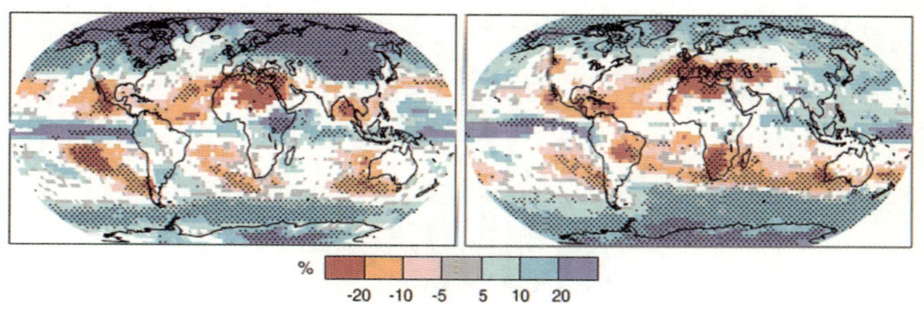

(a) 12월~2월   (b) 6월~8월
그림 2. 21세기말 강수량의 상대적인 변화량(1980~1999년 대비)

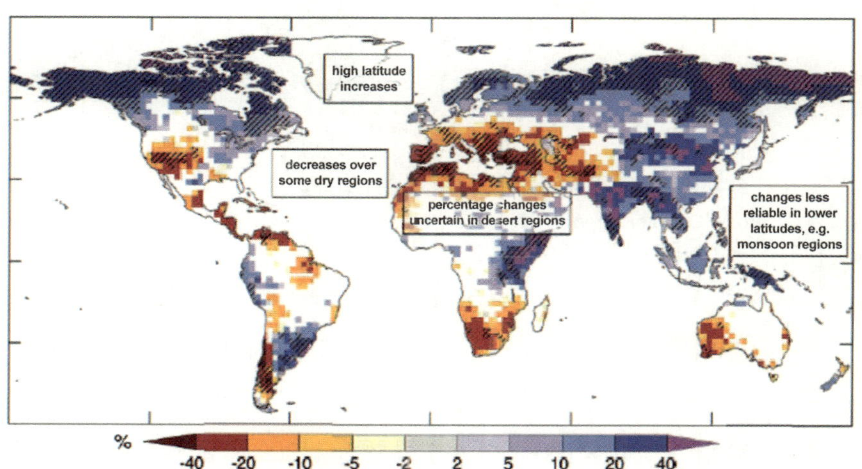

그림 3. 21세기말 유출량의 상대적인 변화량(1980~1999년 대비)

기후변화는 인구증가 및 토지이용도의 변화 등 도시화와 더불어 수자원
관리를 더욱 어렵게 만들 것이다. 뿐만 아니라 기후변화는 산에 쌓인 눈이
나 빙하에 의한 담수를 이용하는 지역의 수자원관리 패턴을 적설지역 및
빙하의 감소를 가속화 시키는 방법 등으로 변화시키고 있다(그림 2., 그림
3 참조).

국제적십자회에서 발간된 World Disaster Report 2002(Walter, 2002)
에 보고된 자연재해별 전세계 인구의 피해 비율에 의하면 1992년부터
2001년까지 홍수재해에 의해 피해를 받은 인구수(18%)가 가뭄과 기근
(51%)에 이어 2위를 차지하고 있다(그림 4. 참조).

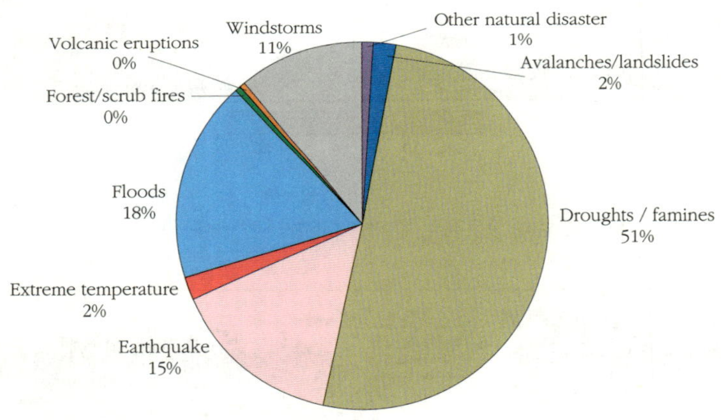

그림 4. 전 세계 인구의 자연재해별 피해보고사례의 비율
자료: World Disaster Report '02(Walter, 2002)

1990년대 발생한 가뭄과 홍수 등의 기상재해에 의한 경제적 손실은
1950년대에 비해 10배 이상 증가하였다. 국제적십자사에 의하면 1971년
에서 1995년까지 지난 25년 동안 홍수로 인해 세계 전역에 걸쳐 총
318,000 명이 죽고 8,100만 명 이상이 집을 잃었으며 25억 명이 피해를
입은 것으로 추정되고 있다(Walter, 2002)(표 1. 참조). 이중 경제적 손실

<표 1> WDR(World Disaster Report)에 보고 된 대륙별, 인간개발수준별 각종 재해건수

	Africa	Americas	Asia	Europe	Oceania	Total
Avalanches/landslides	12	40	101	25	5	183
Droughts/famines	113	39	77	13	11	253
Earthquakes	10	48	112	37	8	215
Extreme temperature	6	30	35	51	4	126
Floods	207	216	362	153	25	963
Forest/scrub fires	11	55	18	39	9	132
Volcanic eruptions	3	23	16	2	6	50
Windstorms	49	283	322	71	58	783
Other natural disasters	4	4	14	1	2	25
Subtotal hydro-meteorological disasters	402	667	929	353	114	2,465
Subtotal geophysical disasters	13	71	128	39	14	265
Total natural disasters	415	738	1,057	392	128	2,730
Industrial accidents	37	55	225	67	2	386
Miscellaneous accidents	57	45	178	53	5	338
Transport accidents	437	233	663	186	11	1,535
Total technological disasters	531	333	1,071	306	18	2,259
Total	946	1,071	2,128	698	146	4,989

자료: World Disaster Report 2002(Walter, 2002)

이 10억 달러 이상이거나 1000개 이상의 건축물을 파괴한 홍수는 1990년대에 전 세계에 걸쳐 20건에 이르렀으며, 이는 1950년부터 1984년까지 35년 동안 발생한 홍수 발생횟수와 맞먹는다(Berz, 2001). 최근 가장 위력적인 피해를 몰고 온 폭우는 1991년 4월 이틀 동안 사망자만 140,000명을 발생시킨 방글라데시의 홍수와 1998년 300억 달러의 경제적 손실을 가져온 중국의 홍수를 들 수 있다(Kundzewicz, 2003). 2002년만 살펴보더라도 유럽대륙의 여름 폭우는 최악의 피해를 기록하였으며, 한반도의 해안도시 강릉에서는 연평균 강우량의 2/3을 초과하는 강우가 하루에 쏟

〈표 2〉 지역별 주요 기상재해

구분		주요 내용
중 국	호우 홍수	- 2002년 6월~8월초 후난성 등 중국 내륙지역의 홍수로 900여명 사망 - 피해 약 4조5,000억 원(24개 성), 홍수 피해자 1억 명
	호우 홍수	- 2003년 5월~7월초 창강유역, 안후이성 등 중국전역의 홍수로 300여명 사망 - 피해액 1조5,000억 원, 직·간접 피해자 1억 명
	가뭄	- 2003년 3월 허베이성 등 가뭄, 식수부족 인원 1천만 명, 피해면적: 1,600만ha
유 럽	홍수	- 2002년 체코, 오스트리아 등 중부 유럽에 100년만의 폭우로 체코 수도 프라하와 오스트리아의 찰스부르크가 물에 잠김
독 일	호우 홍수	- 2002년 8월 드레스텐, 작센주 일부지역 침수. - 8. 18 엘베강 수위: 9.39m(최고치) 피해액 150억 달러
유 럽	폭염	- 2003년 40℃가 넘는 폭염으로 프랑스를 비롯한 유럽 전역에서 2만 여명이 사망
미 국	폭염	- 2002년 뉴욕 낮기온 35℃로 100년만에 최고 - 오리건주 대규모 산불 발생으로 3만3,590ha 피해
호 주	가뭄	- 2002년 10여년만의 가뭄으로 농업·축산업 수피해 급증 20만달러의 경제 손실 발생
남아공	가뭄	- 2003년 1월 콰줄루-나탈 지역 등 가뭄으로 농사 불가, 비급수 인구 650만명
인 도	홍수	- 2004년 여름(6월~7월) 770명 사망, 70만채 가옥 파손, 3,300만명의 수재민 발생(WMO집계)
유 고	폭염	- 2001년 7월 114년만의 폭염, 수도 베오그라드 43.5℃ 기록
한 국	태풍 호우	- 2002년 집중호우와 태풍 루사로 262명의 인명과 약 6조원이 재산피해 발생 - 2003년 태풍 매미에 의한 영향으로 130명의 인명과 4조원 이상의 재산피해 발생
	설해	- 2004년 3월 4~5일 폭설 (대전·문경 49.0㎝, 울릉도 44.6㎝, 보은 39.9㎝, 영주 35.8㎝, 청주 32.0㎝ 등) - 일부 내륙지역 50㎝에 가까운 적설량(기상관측 이래 최대 적설량 기록)
	이상 고온	- 2004년 평균기온 13.4℃(평년 12.5℃ 보다 0.9℃ 상승) • 1973년을 기준으로 할 때 '98년 13.7℃,' 94년 13.5℃에 이어 3번째로 고온 • 4.17: 포항 29.4℃(평년대비 9.5℃ 고온), 울진 28.7℃(평년대비 10.9℃ 고온)

자료: 제13회 세계 물의 날 자료; 물과 미래(건설교통부·한국수자원공사, 2005)

아져 속수무책의 피해를 당할 수밖에 없었다(표 2. 참조).

기상재해의 근본적인 이유는 앞서 언급한 기후변화 및 변동은 물론 도시화로 불투수층이 증가하고 산업시설 및 자본이 밀집되어 피해양상이 증폭되고 있기 때문이다.

기후변화 및 변동으로 인한 강우양상의 변화와 홍수위험의 증가는 IPCC에서 2001년 실시한 3차 평가보고서에 가장 중요한 이슈 중 하나로 주의 깊게 검토되었다(IPCC, 2001a,b). 지구온난화로 지표면 온도가 높아지면 증발이 가속화되고 이로 인해 대기 중의 수증기가 농축되어 강우가능량과 홍수위험이 증가하며, 겨울철 적설량이 많은 지역에서는 온도의 상승으로 해빙이 보다 빨리 이루어져 융설에 의한 봄철 홍수가 앞당겨지는 것이 일반적인 현상이다. IPCC(2001a)에 의하면 북반구 중북부 대부분의 지역에서 강우량이 실제로 10년마다 0.5~1%씩 증가하고 있으며 특히 가을과 겨울 강우량이 두드러진 증가추세를 보이고 있다(IPCC, 2001b)고 한다. 그러나 홍수를 일으키는 메커니즘은 매우 복잡하기 때문에 평균강우량의 증가가 반드시 홍수를 유발하는 폭우의 양과 빈도를 증가시킨다고 단정할 수는 없으나 광범위한 지역에서 폭우와 홍수위험의 변화가 감지되고 있는 것이 사실이다.

2004년 12월에 아르헨티나에서 열린 UN기후변화협약 당사국총회에서 세계기상기구(WMO)는 「연례지구온난화보고서」에서 기상기록을 시작한 1861년 이후로 2004년에 지구의 연평균 기온이 네 번째로 높았다고 했다.

전세계적의 기상재해로 인한 2004년 한해의 피해액은 약 959억 달러(약 100조원)에 달하고, 연평균 해수면은 1.4~2.6㎜씩 상승하여 2100년에는 31~65㎜가 더 상승할 것으로 예상하였다.

(2) 가뭄과 물 부족

Shiklomanov(1997)에 의하면 현재 전세계 물 수요량의 70% 가량이 농업용수이며, 나머지 20%와 10%가 각각 공업과 가정부문에서 발생한다. 공업용수수요 대부분은 수력발전용으로 약 60~70 %이며 나머지는 제조업에서 사용된다. 가정용수는 일반적으로 농업이나 공업용수 수요에 비하면 작지만 적절한 가정용수 공급은 국민의 건강과 직결되는 문제이기 때문에 매우 중요하다고 할 수 있다.

물 부족은 물 수요가 물 공급을 초과할 때 발생하나 물 부족의 원인과 대처방안에는 크게 3가지 관점이 있다. 첫 번째 관점은 물 수요는 주어진 것으로 물 공급은 물 수요를 만족시켜야 한다는 관점이다. 이러한 관점에서 물 부족이란 공급의 문제가 되기 때문에 수자원정책은 물리적인 수자원시스템의 적절한 관리에 초점을 맞춘다. 이러한 정책은 세계 여러 나라에서 시행되고 있으며, 사용가능한 수자원의 양과 질에 대한 분석과 물 공급 기반시설의 건설에 집중하게 된다. 또 다른 관점은 잠재적 물 공급량은 제한되어 있고 수요는 계속 증가할 수 없다는 관점이다. 물 부족은 따라서 수요의 문제가 되며, 물 부족에 대한 해결책은 어떻게 수요와 인간활동을 관리하는가로 결론지어진다. 따라서 물 관리 시책은 물 공급을 증가시키는 것보다 물 이용의 효율성을 높이는 방향으로 이루어지며, 최소한의 물 필요량은 반드시 만족시키되 나머지 물 필요량은 줄여야 한다.

미래 물 수요의 예측을 위해 많은 연구자들이 1970년대부터 이후 몇 십년간의 물 수요를 다양한 방법으로 예측해 왔다. 1970년대에 행해진 많은 물 수요 예측들이 1980년대와 1990년대의 실제 물 수요량을 과대평가를 하기도 하였으며, 최근 몇몇 연구들은 특히 선진국에서의 물 수요 증가율의 감소를 예견하고 있으나 물 수요의 예측은 아직까지도 상당히 큰 불확실성을 내포하고 있음은 분명하다.

가장 최근에 수행된 세계 물 이용에 대한 예측으로 러시아 State Hydrological Institute의 연구결과는 주목할 만하다. 이 연구소에서는

〈표 3〉 Dynamics of water use in the world by continents.
First line = water withdrawal, second line = water consumption (km3 year-1)

| | Assessment | | | | | | | | Forecast | | | | | |
| | | | | | | | | | CS | | | SDS | | |
Continent	1900	1940	1950	1960	1970	1980	1990	1995	2000	2010	2025	2000	2010	2025
Europe	137.5	96.1	136	226	325	449	482	455	463	535	559	444	416	353
	13.8	38.1	50.5	88.9	122	177	198	189	197	234	256	193	198	201
North America	69.6	221	287	410	555	676	653	686	705	744	786	669	634	527
	29.2	83.8	104	138	181	221	221	237	243	255	269	237	234	223
Africa	40.7	49.2	55.8	89.2	123	166	203	219	235	275	337	232	259	292
	27.5	32.9	37.8	61.3	87.0	124	150	160	170	191	220	165	176	182
Asia	414	682	843	1163	1417	1742	2114	2231	2357	2628	3254	2310	2476	2487
	249	437	540	751	890	1084	1315	1381	1458	1593	1876	1428	1509	1470
South America	15.1	32.6	49.3	65.6	87.0	117.0	152.0	167.0	182.0	213	260	175	190	201
	10.8	22.3	31.7	39.6	51.1	66.7	81.9	89.4	96.0	106	120	92	97	99
Australia & Oceania	1.60	6.83	10.4	14.5	19.9	23.5	28.5	30.4	32.5	35.7	39.5	30.5	30.8	29.1
	0.58	3.30	5.04	7.16	10.3	12.7	16.4	17.5	18.7	20.4	22.3	17.9	18.9	18.8
Totals (rounded)	579	1088	1382	1968	2526	3175	3633	3788	3973	4431	5235	3860	4006	3889
	331	617	768	1086	1341	1686	1982	2074	2182	2399	2764	2133	2233	2194

〈표 4〉 Number of population on the earth inhabiting region of different rates of water use

Kw, %	Population Number							
	1950		1995		2025CS		2025SDS	
	Number		Number		Number		Number	
	106	%	106	%	106	%	106	%
≤10	1197	46.4	1032	18.1	1236	15.7	1412	17.9
10-20	752	29.1	1582	27.7	2587	32.8	2411	30.6
21-40	580	22.5	722	12.7	426	5.4	936	11.9
41-60	51.4	2.0	1914	33.6	510	6.5	2363	30
〉60	0.0	0.0	451	7.9	3118	39.6	755	9.6

1997년에 수행한 초기 연구결과를 Convential Scenario(CS)라는 이름으로 발표하였으며, 2003년에는 Sustainable Development Scenario(SDS)라는 이름의 새로운 연구결과(Shiklomanov & Balonishnikova, 2003)를 발표하였다(표 3. 표 4. 참조).

전세계 평균 물 이용량에 있어 CS는 2025년까지 꾸준한 증가를 보이고 있는 반면 SDS는 2010년까지 6%의 증가를 보이다가 그 이후 감소하여 안정화 국면을 맞이한다는 낙관적인 예측을 제시하고 있다. 그러나 대륙별로 살펴보면, 우리나라가 속해있는 아시아의 물 이용량은 2010년 이후에도 계속적으로 증가하여, 2025년이 되면 1995년보다 12%나 증가할 것으로 예측하였다.

물 이용량에 대한 낙관적인 예측에도 불구하고 물 부담율에 대한 예측은 그리 밝지 못한 것이 사실이다. 물 부담율(Kw)이란 물 이용량(water use)을 가용수량(water availability)으로 나눈 비율이다.

1950년도에는 very high load 이상에 오직 2%만의 세계인구가 해당되었으나 1995년에는 40% 이상의 인류가 very high load 이상의 물 부족을 겪고 있는 것으로 나타났다. 더욱 중요한 것은 CS와 SDS 모두 very high load 이상의 비율이 40% 이하로 떨어지지 않고 있음을 전망하고 있다는 사실이다. 그러므로 물 이용량이 감소 또는 그 비율이 둔감해진다고 하더라도 물 부족에 시달리는 세계인구는 2025년까지 큰 변화가 없을 것으로 우려된다. 이를 극복하기 위해 각국은 자국에 알맞은 용수확보 방안을 꾸준히 마련해야 할 것이다.

(3) 홍수 및 폭우

지구 곳곳에서는 가뭄과 물 부족 현상과는 반대로 홍수가 빈번하게 일어나 피해가 끊이지 않으며, 세계 상당지역이 홍수에 대한 위험이 증가하고

<표 5> 세계 대규모 수자원 관련 자연재해

(년, 명, 백만$)

연도	날짜	사건	지역	사망자수	경제손실	비 고
1994	여름	홍수	중국 전역	1,000	7,800 이상	200만 명 이상의 주거지 파괴, 작물 피해 50,000㎢, 피해인원 8천5백만명
1995	5월~7월	홍수	중국 남부	1,390	6,700	390만 명 피해, 사회기간시설 파손
1996	6월 27일~8월 13일	홍수 부유물	중국 중부, 남부, 서부	2,700	2,400	150년 만에 최악의 홍수. 교량, 댐 파손. 5백여 만 동의 빌딩 파괴. 사회기반시설 파손
1997	7월 15일~9월 15일	홍수	미얀마 중부, 남동부, 남부	1,000		가옥 6천여 동 파손. 피해인원 2백만 명
1997	10월~11월	홍수	케냐 동부, 소말리아 중·남부	1,850	2	가옥 9천 동 이상 파손. 광범위한 지역에 정전 및 단수. 이재민 25만 명 이상 발생
1998	6월 9일~11일	사이클론	인도 서부, 구자라트, 칸디아	10,000	1,700	시속 185km 강풍, 10m 파도. 17만 가옥 파손
1998	6월 10일~9월 30일	홍수	방글라데시, 인도 북부, 북동부, 네팔 동부, 서부	4,750	5,020	6만㎢ 침수. 120만 가구 파손. 전염병으로 수백명 사망. 피해인원 66백만 명
1998	9월 15일~10월 1일	허리케인	푸에르토리코, 도미니카, 아이티, 미국 플로리다 등	4,000 이상	10,000	시속 260km 강풍. 수십만 가구 파손. 전력 등 기간시설 파손
1998	10월 22일~11월 5일	사이클론	온두라스, 니카라과, 엘살바로드, 과테말라, 멕시코, 코스타리카, 파나마, 미국			시속 340km. 온두라스와 니카라과 사회 기반시설 70%가 심하게 파손
1999	10월 28일~30일	사이클론	인도 동부			100년 만에 최악의 폭풍우. 1만8천 개 마을 파손. 17천㎢의 논 황폐화
1999	12월 13일~16일	홍수 사태	베네수엘라 북부, 서부			산사태로 유실. 폭우 이후 9일간 부유물질 발생. 수천명 행방불명
2000	8월~10월	홍수	인도 동부, 북부, 네팔 중부	1,550	1,200	수천 개의 마을 범람. 가축 피해 극심. 350만 명 이재민 발생
2004	12월26일	쓰나미	인도양 일대	15만 명	미확인	
2004	7월	홍수	인도 등 서남아시아	381명	2조 2천억원	실종(98명), 이재민(4,574만 명), 농지 300만ha 침수, 가옥 20만 여 채 파손
2004	7월	홍수	인도 등 서남아시아	1,282명		이재민(2,500만 명), 사망자수(인도:770명, 방글라데시 394명, 네팔 113명)

자료: Munich Re(2001)

있다(표 5. 참조).

통계에 의하면 미국의 경우 면적의 7%가 100년 빈도 홍수범람지역이고 인구의 10%가 이곳에 살고 있으며, 일본은 전체면적에 약 10%에 해당하는 홍수터에 자산의 70%가 집적되어 있으며 국민의 절반이 이곳에 살고 있다. 개발도상국의 경우 홍수취약지구에 사는 인구의 비율은 더욱 높아 방글라데시의 경우 1998년 홍수로인해 국토의 2/3이 범람되는 피해를 입기도 하였다.

이처럼 폭우와 홍수는 향후 강도와 빈도가 더욱 증가하게 될 것이다. 더욱이 과거의 자료로는 예측이 불가능하고 현재와는 판이하게 다르다는 것이 우리를 불안하게 하는데, 이에 대처하기 위한 전략으로 가능한 모든 과학기술로 방어(protect)하는 방안과 홍수와 더불어 사는 방안을 고려해볼 수 있다.

홍수방어대책은 우리가 취할 수 있는 일차적인 전략으로 매우 중요하지만 인간의 능력으로 조절할 수 없는 천재까지 모두 방어하겠다는 발상은 마치 바벨탑을 쌓았던 인류의 오류를 되풀이하는 결과일 뿐이다. 더 큰 홍수를 막기 위해 제방만을 무한히 높이 쌓는 과거의 전략은 기술적으로도 궁극적으로 불가능할 뿐만 아니라 오히려 하류의 부담을 가중시켜 더 큰 홍수를 유발할 수 있다. 반면에 최근 부각되고 있는 홍수와 더불어 사는 (living with floods) 새로운 패러다임은 원래 하천의 일부였던 강변 저지대를 하천으로 돌려주어 홍수 발생시 홍수류가 머물고 세력을 줄임으로써 홍수위가 내려가게 한다는 개념이다.

물론 모든 전략이 모두 불가능할 경우 마지막 선택은 대피(retreat)지만, 홍수는 대피할 수 있는 시간적 여유가 있는 것이 일반적이므로 국가차원의 비상대책을 수립하고 첨단기술을 이용한 홍수예경보시스템 등을 마련하는 것이 필요하다.

2. 한국의 수자원 현황과 21세기 물 곤련 재해

1) 한국의 수자원의 현황

우리나라는 타 부존자원에 비해 수자원이 비교적 풍부한 지역에 속하여 예로부터 물은 필요에 따라 언제든지 손쉽게 얻을 수 있는 자연재로 여겨 왔다. 그러나 기상학적인 특성상 수자원의 시간적 불균형이 심할 뿐 아니라 근래에 와서는 경제성장과 산업구조의 변천과 더불어 각종 수요가 급증함에 따라 수자원은 경제자원으로서 중요한 부분을 차지하게 되었다.

우리나라의 수자원은 전 국토면적 99,450k㎡에 내리는 1,283㎜의 연평균강수량으로 정의된다. 이는 세계 평균 973㎜의 약 1.3배이나 인구밀도가 높기 때문에 인구 1인당 연강수 총량은 (그림 5.)에서와 같이 2,705㎥로 세계 평균 26,800㎥의 약 1/10에 블과하다.

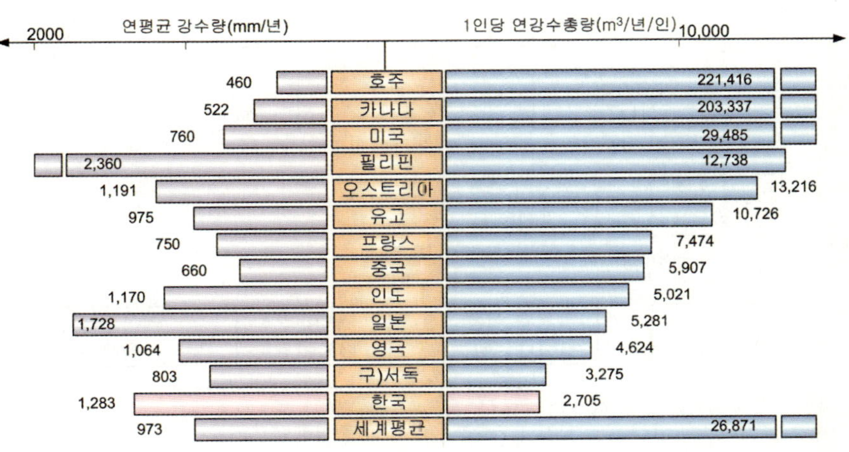

그림 5. 세계 주요 국가별 연평균강수량 및 1인당 연강수총량

<표 6> 재생가능한 수자원의 1인당 총량

1인당 기준	분류	국가	현상
1,000㎥ 미만	물 기근 국가	싱가폴, 중동지역 등	만성적인 물 부족 경험
1,700㎥ 미만	물 부족 국가	영국, 벨기에, 한국 등	주기적인 물 부족 경험
1,700㎥ 이상	물 풍요 국가	미국, 일본 등	지역적 물문제만 경험

자료: 수자원장기종합계획 2020(수자원공사, 2001)

실질적으로 이용 가능한 한반도 수자원은 연간 731억㎥으로 1인당 1,550㎥로서 (표 6.)에서와 같이 영국, 벨기에 등과 함께 물 부족 국가로 분류된다. 또한 가용 수자원의 지역적(유역별) 편중이 심하고, 연간 지하수 함양량은 130~140억㎥ 정도로 추정되나 대부분 갈수기에 하천유량으로 공급되고 대수층의 발달이 빈약하여 대규모 지하수 개발이 어렵다. (그림 6.)에서는 우리나라 연간 수자원 총량(1,276억㎥) 중 74 %가 바다, 증

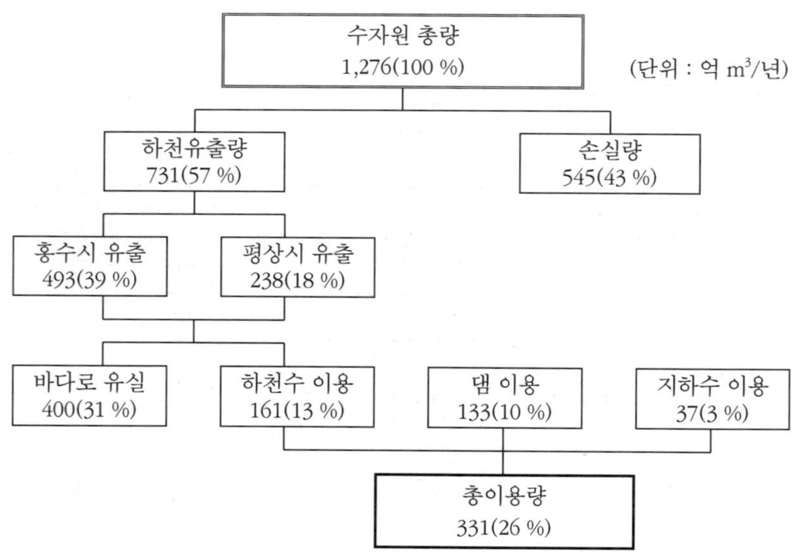

자료: 수자원장기종합계획 2020(수자원공사, 2001)
그림 6. 우리나라 수자원 이용현황 (' 98년 현재)

발, 지하침투 등으로 손실되고 나머지 26 %(331억m³)만이 이용되고 있음을 나타내고 있다.

이에 덧붙여 수자원백서(한국수자원공사, 1996)에 따르면 1996년 기준으로 우리나라의 이용률 26 %는 일본(이용률: 19 %, 이용수량: 867억m³), 미국(이용률: 18 %, 이용수량: 4472억m³), 영국(이용률: 9 %, 이용수량: 109억m³), 프랑스(이용률: 16 %, 이용수량: 264억m³)에 비하여 높음을 알 수 있다.

2) 한국의 물 관련 재해

우리나라의 물 관련 재해에 따른 인명 및 피해액의 변화추이를 살펴보면 1980년대 이후부터 재산피해액이 급증하고 연간 변동폭이 크게 움직인다. 최근 우리나라는 10년간(1994~2003년) 물 관련 자연재해에 의한 피해액이 연평균 1,665,613백만 원(2003년 기준)정도이며, 교통사고 및 화재에 의한 재산피해액은 연평균 424,511백만 원과 141,113백만 원을 능가

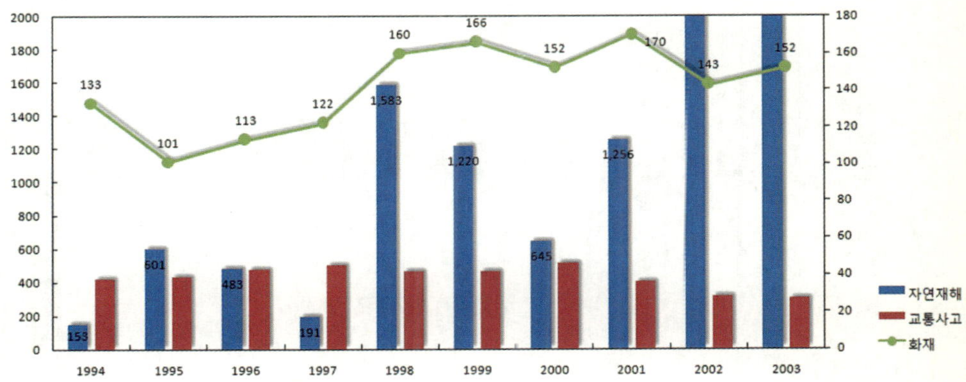

자료: 2003년 재해백서(국립방재연구소, 2003)

그림 7. 자연재해, 교통사고, 화재 등 물 관련 재해

하고 있다(그림 7. 참조).

(1) 기상변화

IPCC의 연구결과에 따르면, 지난 한 세기 동안 지구평균기온은 약 0.6℃상승했고, 산업혁명 이전과 비교하였을 때 CO_2의 농도는 280ppm에서 2000년에는 370ppm으로 약 30%가량 증가한 것으로 나타났다. IPCC 제4차 보고서 WG1~2에 의하면, 화석연료에 대한 의존이 커질수록 평균온도 및 해수면의 상승은 불가피할 것이라고 전망하고 있다.

이러한 기상변화는 우리나라도 예외가 아니다. 특히 서울은 도시화로 인한 녹지 감소, 지표면의 포장률 증가, 하천 친수공간 감소는 열섬현상 등을 비롯한 생활환경의 건조화가 가속화되고 있어 주변 외곽지역과 다른 기후대를 형성하고 있다고 해도 무방하다. 실제로 '기후변화에 대응한 서울시 물관리 전략(서울시정개발연구원, 2008)' 연구에 따르면 영등포와 경기도 사능의 기온차는 8℃로 도시화로 인한 기온상승 현상이 뚜렷하다(그림 8. 참조).

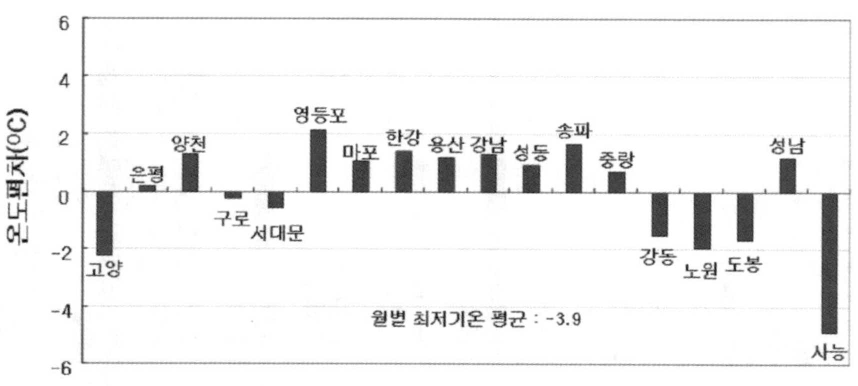

자료: 기후변화에 대응한 서울시 물관리 전략, 서울시정개발연구원(2008.04)

그림 8. 서울시와 외곽지역의 일최저기온 분포 비교(2006.01)

최근 100년 동안 평균기온은 약 1.5℃가량 상승하였고, 1990년대의 겨울은 1920년대에 비하여 한 달 정도 짧아졌으며, 꽃의 개화기가 빨라지는 등 여름과 봄이 길어졌다. 제주도 고산지대 CO_2의 농도는 1991년 357.8ppm에서 2000년에 373.6ppm으로 증가하였으며, 기상연구소에 의하면 100년 후 서울은 제주 서귀포의 기후대와 비슷하게 변하게 될 것이라 예측하고 있다. 기온 상승으로 인한 기후대의 변화는 생물종 다양성에 위기를 가져오고 폭염으로 인한 사망자가 증가하게 될 것이며, 2081~2080년에는 전국 벼수확량이 평균 14.9%가 감소할 것으로 예측하고 있다.

(2) 가뭄

가뭄은 여러 가지 요인이 복합적으로 작용하여 발생하나 원천적으로 강수량 부족이 원인인데, 한반도는 몬순지대에 놓여 있기 때문에 6월 하순부터 9월까지는 우기를 맞이하여 장마철이 되나, 이 장마전선이 늦게 도달하는 기압배치가 될 때에 주로 가뭄이 온다.

우리나라의 과거 가뭄기록에 의하면, 1939년도의 기록적인 한발은 해양성 열대기단(보통 북태평양 고기압이라고 함)의 지나친 발달에 의한 것이고, 1949년도 중부 이북 지방의 기록적인 한발은 해양성 한대기단(보통 오호츠크해 고기압이라고 함)의 지나친 발달에 의한 것이며, 1982년도의 기록적인 한발은 초기에는 해양성 한대기단의 지나친 발달에 의해서였고, 후기에는 북태평양 고기압의 지나친 발달에 의해서였다.

최근 20년 간 가뭄지수는 음의 절대값이 클수록, 특히 -1.5 이하인 경우에 심한 가뭄을 의미한다. (그림 9.)에서 보는 바와 같이 비교적 최근의 가뭄은 1994~1995년의 가뭄과 2000~2001년 가뭄으로 1967~1968년의 가뭄과 비교될 정도로 극심한 가뭄이었다.

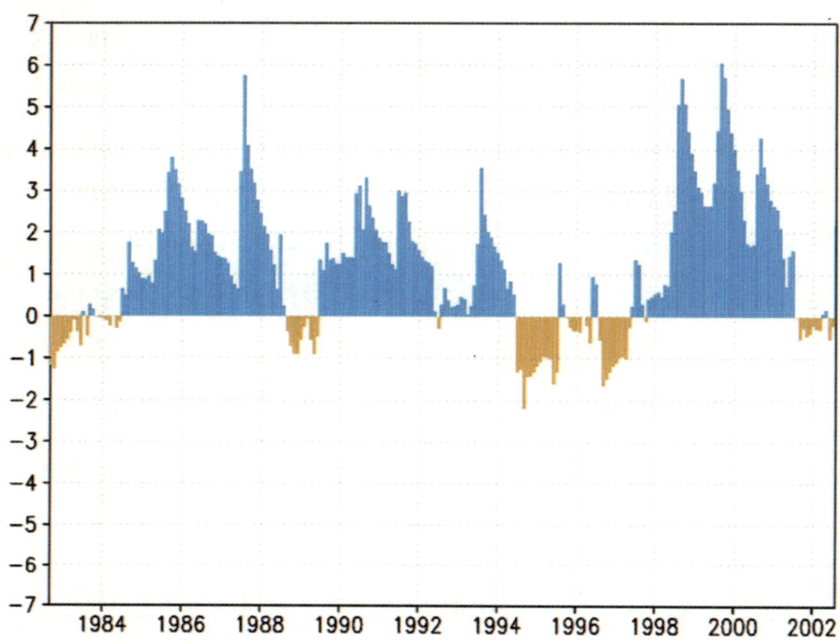

자료: 21세기 물문제의 전망과 극복대책, 학술원 개원50주년기념(2002)
그림 9. 최근 20년간 가뭄지수

1995년 가뭄기간 중에는 49개 시·군의 약 36만 명이 제한급수를 받고 가뭄대책비로 4,827억 원이 지원되었다. 공업용수 부족에 의한 피해조사 (국토개발원, 1992)에서는 1990년 울산지역 345개 현장의 물 부족량은 2.2~21.7만에 이르고 가동률은 15~30%, 경제적 손실은 2.4조 원~4.8조 원으로 추정되었다.

1994년 가뭄은 6월부터 시작되어 여름철 장마가 실종되고 저수율도 물이 가장 필요한 7월 말 현재 28 %로 평년 76%보다 크게 부족하여 전국적으로 고갈된 저수지만 6,963개 소였다.

1994년에 이어 겨울가뭄으로 계속된 1995년 2월 합천댐 23%, 안동댐 22%, 영천댐 16% 영산강 4대호 24% 등 남부지방의 저수율은 20% 정도였다. 이 기간에 제한급수지역은 전국 49개 시, 군 특히 중부이남지역에서 생활용수 부족을 겪었다. 또한 공업용수 부족으로 조업단축 및 중단의 어려움을 겪었는데 포항지역의 경우 1일 공업용수 수요량은 33.4만㎥, 공급량은 24.2만㎥에 불과하여 9.2만㎥가 부족하였다. 농업용수의 부족으로 벼의 경우 총 20,370ha의 가뭄피해를 입었으며 쌀 생산량은 3,260섬으로 전년대비 250만 섬이 감소되었고 가뭄대책비로 4,827억 원이 지원되었다. 이 중 922억 원을 투자하여 저수지에서 3천4백만㎥을 준설하고, 암반관정 1,100개 공을 개발하여 5월 영농에 지장이 없도록 추진하였다. 다행히 2년에 걸친 가뭄은 1995년 7월 말 홍수로 전국에 걸쳐 해갈되었다.

21세기를 시작하는 2001년은 최악의 봄 가뭄을 가져온 해였다. (그림 10)에서는 이를 극명하게 보여주고 있으며 (그림 10(a)~(d))까지를 살펴보면 예전과 크게 차이가 없음을 알 수 있으나 농업용수 수요가 집중되는 2001년 5월 강수량의 지속기간 3개월에 대한 예년 대비 현황은 (그림 10(e))와 같이 전국적으로 예전의 20~40%의 분포를 보이고 있어 강수량이 매우 적음을 알 수 있다. 전반적으로 볼 때 2000년 하반기에서 2001년 5월까지의 강수량 현황은 경기북부 지역에서부터 강수량 부족이 발생하기 시작하여 전국적으로 확산되는 현상을 보이고 있음을 알 수 있다.

시대별 가뭄발생에 현황에 의하면 가뭄피허액은 1967~1968년에 실제 발표된 가뭄피해액을 기준으로 1992년 미곡수매가에 의거한 추정치이고, 1994년의 경우는 논 5,389ha와 밭 705ha의 고사면적에 수확량을 가격으로 환산한 나머지 면적 107,206ha는 감소로 추정하여 산출한 금액이다 (표 7. 참조).

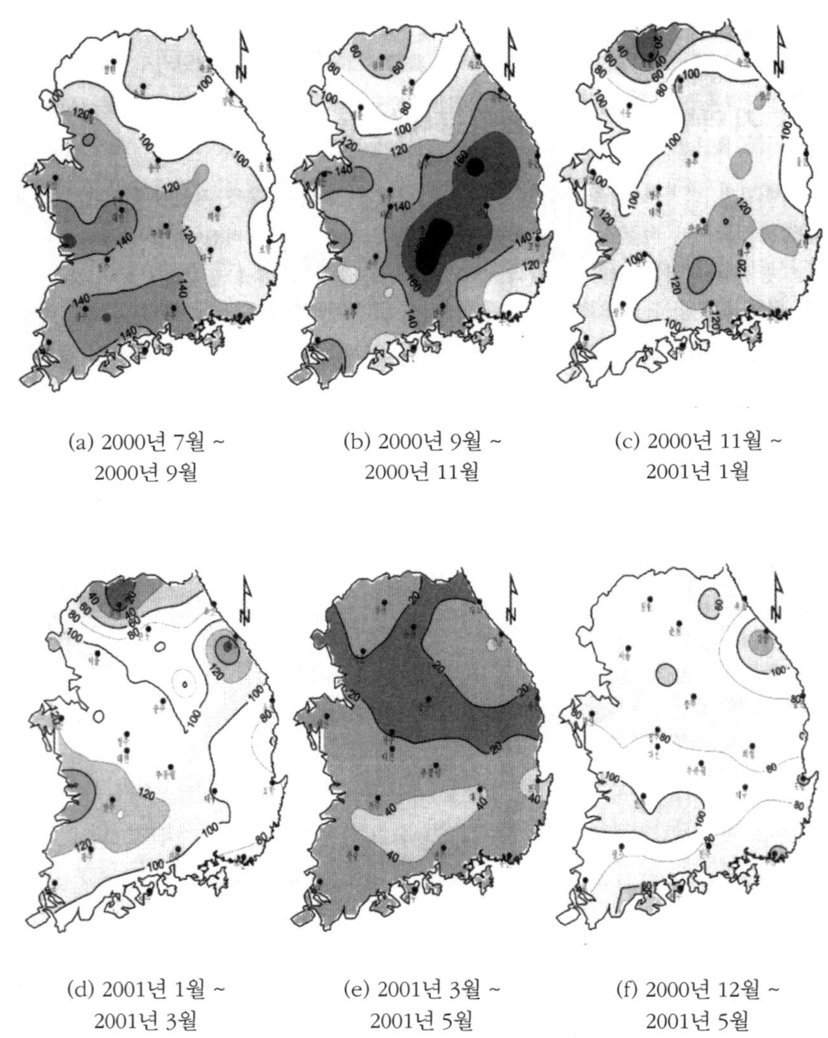

그림 10. 예년 대비 2001년도 강수량의 공간적 분포 (단위: %)

<표 7> 과거 가뭄피해 상황

(단위: mm, 일수, ha, 백만 원)

연도	강우량 5~7월	과우일수	가뭄면적	가뭄피해액	가뭄대책비	2000년 가격기준 가뭄피해액
1967	307	56	420,547	626,615	5,758	822,244
1968	122	72	470,422	700,928	5,558	919,578
1976	369	32	28,218	42,044	2,548	55,170
1977	288	54	60,222	89,370	13,920	117,271
1981	658	50	145,457	216,730	51,783	284,393
1982	301	54	231,224	344,533	48,257	452,096
1992	392	65	31,523	46,969	21,400	61,633
1994	231	68	231,569	249,281	61,866	313,745

자료: 가뭄관리 종합대책 수립연구(한국수자원공사한국건설기술연구원, 2002)

(3) 홍수와 태풍

지가상승으로 인해 재해에 취약한 도시하천 주변, 저지대 및 급경사지 등에 대한 토지이용 증대나 방제개념을 고려하지 않은 도시계획 및 토지이용계획이 재해의 확대 요인이 되고 재해예방을 어렵게 하고 있으며, 또한 과도한 개발과 도시화로 홍수유출이 증가하고, 첨두홍수량이 크게 늘어나

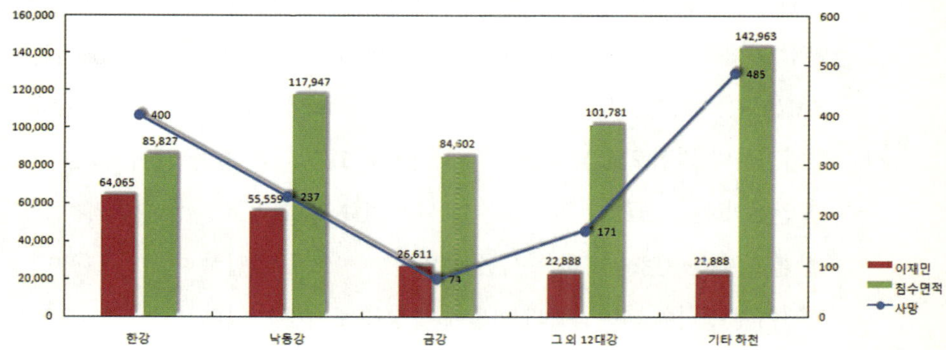

자료: 2003년 재해백서(국립방재연구소, 2003)

그림 11. 10년간 수계별 인명피해 및 침수면적(1994~2003년)

고 있어 홍수가 짧은 시간에 하류로 도달되는 등 개발로 인한 재해 발생 잠
재력이 크게 늘고 있다(그림 11. 참조).

1994~2003년 동안 하천별로 살펴본 우리나라의 물 관련 피해규모 중
사망·이재민 등의 인명 피해는 한강유역이 가장 많았으나, 재산피해는 낙
동강 유역이 전체 피해액의 25.4%(43,716억 원)로 가장 높은 비율을 나
타냈다(그림 12. 참조).

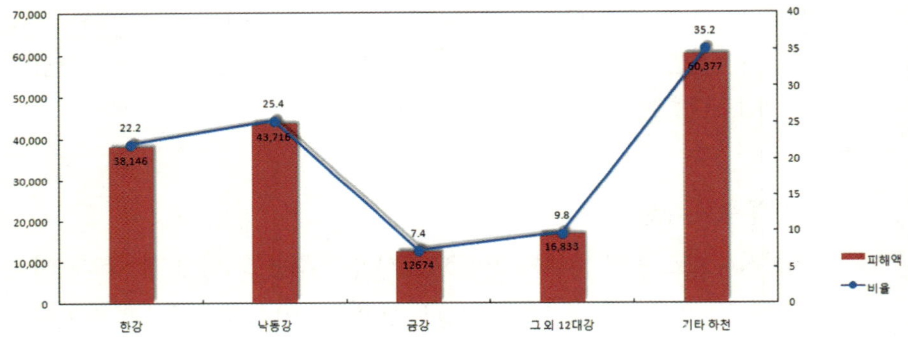

자료: 2003년 재해백서(국립방재연구소, 2003)
그림 12. 수계별 재산피해액(1994~2003년)

우리나라는 여름철 홍수기에 장마와 태풍의 영향으로 집중적인 재산과
인명 피해를 입고 있다. 순위별 태풍재해에서 재산피해의 경우 1959년의
SARAH를 빼고는 모두 근래에 발생한 것으로 급격한 도시팽창 및 각종
산업시설의 밀집으로 피해도 점차 대형화되고 있다는 점을 알 수 있는 반
면 인명피해는 1972년 BETTY, 1984년 JUNE, 그리고 사상 최대의 피해
를 몰고 온 2002년 태풍 루사를 제외하고는 모두 공업화 이전인 60년대
이전에 발생하여 피해양상의 변천에 특징을 보여주고 있다.

태풍이 대규모의 호우를 한반도 전역에 발생시킨다는 점은 태풍 통과시
일 최대강수량의 순위를 통해 알 수 있으며, 1999년 8월 말 경기 북부지방

a) 경북 김천시 황금동 감천철교   b) 강원도 강릉시 포남동 일대
그림 13. 태풍 루사의 피해 모습   자료: http://www.yesu.kimc.net

에서는 우리나라가 그 동안 겪은 바 있는 자연재해 중 최악의 물난리를 겪은 바 있다.

2002년에는 그 동안의 호우 성향과 다른 두 개의 호우의 발생으로 전국이 사상최악의 홍수재해를 경험하는 등 최근에 들어 홍수로 인한 격심한 피해가 빈번하게 일어났다. 그림 13.은 태풍 루사에 의한 피해상황을 나타낸 그림으로 태풍 루사의 피해가 얼마나 심각했는지 잘 보여주고 있다. 태풍 루사는 1959년 9월에 849명의 인명피해를 냈던 태풍 사라에 버금가는 초대형 태풍으로서 전국적으로 246 명의 인명과 5조 1,479억 원의 기록적인 재산손실을 입혔고 복구비용만도 7조 1,452억 원이 소모되었다. 이는 주택, 농경지 등 주민생계관련 사유시설과 도로·제방 등 공공시설 피해 및 복구비로서 산업, 경제적, 사회적 간접 피해를 더하면 몇 배나 더 많을 수도 있을 것이다. (표 8. 참조)

<표 8> 우리나라에 영향을 미친 주요 태풍   (hPa, 명, 백만 원)

태풍명	중심기압	발생기간	인명피해	이재민	재산피해	주요 피해 지역
MAEMI (매미)	910	2003. 9.12~9.13	131	61,844	4,222,486 (4,222,486)	전국
SOUDELOR (소델로)	955	2003. 6.18~6.19	2	-	10,905 (10,905)	부산, 울산, 경북, 경남
RUSA (루사)	950	2002. 8.30~9.12	46	63,085	5,262,201 (5,147,917)	전국
SAOMAI (사오마이)	925	2000. 9.12~9.16	2	990	148,296 (146,249)	전국
PRAPIROON (프라피룬)	965	2000. 8.27~9.1	28	1,927	255,579 (252,050)	전국
OLGA (올가)	970	1999.7.23~8.4	67	25,327	1,085,451 (1,049,049)	전국
YANNI (예니)	965	1998. 9.29~10.1	67	574,827	278,445 (274,872)	영호남지방
OLIWA (올리와)	915	1997. 9.15~9.17	11	368	6,103 (5,369)	영호남, 제주
JANIS (재니스)	992	1995. 8.19~8.30	65	24,146	556,080 (456,252)	전국(부산, 광주 제외) 호우와 동시발생
FAYE (페이)	950	1995. 7.23~7.24	42	4,524	112,003 (91,896)	영호남 지방
ROBYN (로빈)	955	1993. 8.8~8.12	6	2,500	115,078 (87,839)	전국(서울, 경기, 제주 제외)
TED (테드)	985	1992. 9.19~9.25	-	433	6,980 (5,245)	강원, 전남, 경북
GLADYS (글래디스)	975	1991. 8.22~8.26	103	20,757	320,393 (235,722)	영남
CAITLIN (캐틀린)	970	1991. 7.28~7.30	2	154	10,882 (8,006)	부산, 영호남, 제주
ABE (에이브)	995	1990. 9.1~9.2	8	46	1,789 (1,256)	전국
JUDY (쥬디)	975	1989. 7.28~7.29	20	22,103	176,799 (119,193)	영호남, 중부지방
DINAH (다이너)	962	1987. 8.30~8.31	73	12,486	170,992 (110,603)	남부지방
THELMA (셀마)	955	1987. 7.15~7.16	345	99,156	604,947 (391,298)	남부, 영동지방

자료: 재해연보(2003), 2003년 재해백서

주) ( )는 당해연도 피해액, (인명피해=사망자 수+실종자 수)

3. 지구온난화와 수자원 영향

1) 지구온난화의 원인

(1) 기상이변이란?

일반적으로 기상이변이라 하면 일반적으로 '과거에 경험한 기상상태와 크게 차이가 나는 기상현상이 발생하는 경우'를 일컫는다. 하지만 세계기상기구(WMO; World Meteorological Organization)에서는 '기온과 강수량을 대상으로 정량적인 통계분석에 의한 이상기상의 발생수와 변화를 취급하는 경우에는 월평균기온이나 월강수량이 30년에 1회 정도의 확률로 발생하는 기상현상을 이상기상 또는 기상이변'이라고 정의하고 있다(표

〈표9〉 이상기후의 원인과 현황에 대한 기관별 발표 내용

구분	주요 내용
기후변화에 관한 정부간 패널 (IPCC)	• 20세기 100년간 전지구 연평균 지표면 온도는 약 0.4~0.8℃ 정도 상승 • 1990년~2100년 기간 동안 평균 지표면 온도는 1.4~5.8℃ 정도 오르고, 해수면은 9~88㎝ 정도 상승할 것으로 예측
세계기상기구 (WMO)	• 2003년의 지구표면온도가 1961년~1990년 동안의 평균온도보다 0.45℃ 증가 • 1998년의 지구 표면온도는 평균온도보다 0.55℃가 높은 최고치를 기록함
세계수자원회의 (WWC)	• 기후변화로 인한 자연재해가 50년대에 6건, 60년대 7건, 70년대 8건이었으나, 80년대 18건과 90년대 25건으로 최근 급증함
미국국립기상연구소(NCAR)	• 과거 특정지역의 혹서현상을 모델로 미래 기상변화 예측 • CO2 등으로 인한 온실효과로 혹서를 겪은 지역은 재발생 우려 • 유럽 일부지역과 북미대륙의 21세기 후반에 더욱 격렬한 혹서 발생 예상
유럽환경청 (EEA)	• 20세기중 유럽의 기온은 1.7℉ 오르고 21세기에도 3.6~11.3℉ 오를 것으로 전망 • 2050년 이전에 스위스 알프스의 빙하지역 ¾이 녹아 없어질 것으로 예상
기상청	• 우리나라의 2003년 하절기(6-8월) 전국 강수량 평균은 999.5㎜로 예전의 699.7㎜에 비해 증가

자료: Water for the Future, Statement of the Secretary - General of the World Meterologica Organization for World Water Day, 2003

9. 참조).

또한 월평균기온을 정규분포로 고려할 때 평균값으로부터 편차가 표준편차의 2배 이상 차이가 나는 것을 "이상고온" 또는 "이상저온"이라 하고, 월강수량이 과거 30년간의 어떤 값보다 많을 때를 "이상다우", 또는 "이상과우"라고 한다.

(2) 지구온난화란?

지구는 태양열을 받아들이는 동시에 일정량의 복사열을 적외선의 형태로 우주로 유출한다. 그러나 적외선 복사열 중 일부는 대기와 구름에 의해 반사되어 다시 지표 쪽으로 내려옴으로써 기온을 높이는 역할을 하며 이를 온실효과(greenhouse effect)라고 한다. 이러한 온실효과의 중요한 역할을 담당한 기체는 대기 중의 수증기인데, 산업혁명 이후 인간이 배출한 CO_2, CH_4, N_2O 등의 온실기체(greenhouse gas)의 증가로 인해, 지구의 기온을 일정한 수준으로 유지해주던 유입 에너지(태양열)와 유출 에너지(지구를 식혀주는 적외선 복사) 사이의 균형이 깨지고 지구의 평균기온이 올라가는 '지구온난화'가 시작되었다.

이는 기상이변의 여러 종류 중 현재 우리가 피부로 느끼고 있는 대표적인 현상으로 증가하고 있는 화석연료의 사용은 대기 중 온실기체 농도를 상승시켜 지구 온난화에 따른 악기상의 발생을 더욱 빈번케 하고 있다.

예를 들면, 세부적이고 국지적인(regional) 변화의 예측은 사용된 예측기법에 따라 아직까지 상당한 차이가 있으나, IPCC는 가장 최근 수행한 3차 평가보고서(IPCC, 2001a,b)에서 지구의 평균 지표면온도는 20세기 동안 0.6±0.2℃ 상승하였으며, 2100년에는 1990년에 비하여 온실기체의 배출 정도에 따라 1.4~5.8℃의 지표면온도 상승과 0.09~0.88m의 평균 해수면 상승을 예측하였다.

지구온난화는 지구가 전체적으로 똑같이 더워지는 것이 아니고, 지역에 따라 다른 양상을 띠게 되며 지구온난화로 급격한 온도 증가를 겪고 있는 곳은 주로 극지방이다. 남극대륙의 평균 기온은 1940년 이후 이미 2.5℃ 이상 올라간 상태인 데 이로 인해 1974년 이후 거대 빙붕에서 소실된 얼음의 총 면적이 1만 3,500㎢에 이른다. 북극의 경우도 비슷해서 빙하의 두께가 이미 40% 이상 얇아졌으며 매년 네덜란드 면적의 빙하가 사라지고 있다. 과거에는 찾아볼 수 없는 규모로 남극의 얼음이 녹기 시작하여 해수면 상승이 우려되고 있다. 표 10에서와 같이 한반도의 기온변화도 예외가 아니다.

〈표 10〉 한반도의 예상 연평균 기온변화

(년, ℃)

연대	2000	2010	2020	2030	2040	2050	2060	2070	2080	2090
연평균	14.2	14.5	15.0	15.9	16.5	16.8	17.6	18.1	18.9	19.5

자료: 기상청 근대기상 100주년 기념 '한반도 기후 100년의 변화와 미래전망'

그뿐 아니라 그린란드를 덮고 있는 북극 주위의 얼음 역시 기록적으로 줄어들고 있다. 2000년 7월 미국항공우주국(NASA)은 지구온난화로 인해 그린란드의 빙원이 녹기 시작해 지난 100년 동안 해수면이 약 23㎝나 상승하였다고 전했다. NASA 연구팀은 또한 그린란드의 빙원이 녹아 1년에 500억 톤 이상의 물이 바다로 흘러들어 해수면을 0.13㎜씩 상승시키고 있으며, 이러한 해수면 상승작용에 의해 그린란드 빙하의 두께는 매년 2m씩 얇아지고 있다고 했다(그림 14. 참조).

한편 이러한 기후변화에 의한 지구온난화의 심각성을 경고한 영화 '엘고어의 불편한 진실'에서는 지구온난화가 얼마나 빠른 속도로 진행되고 있는지에 대해 바다와 산, 빙하 등이 변화하고 있는 것을 구체적인 데이터로 설명하여 지구온난화로 인한 기후변화 위기의 심각성을 나타냈다.

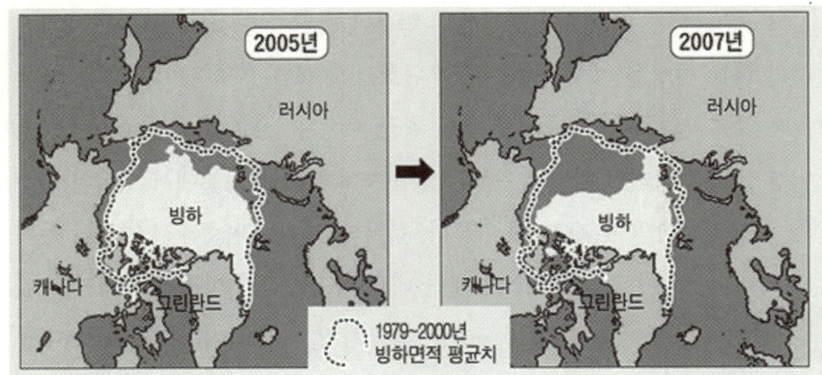

자료: http://news.joins.com
그림 14. 지구온난화에 의한 그린란드의 기상이변

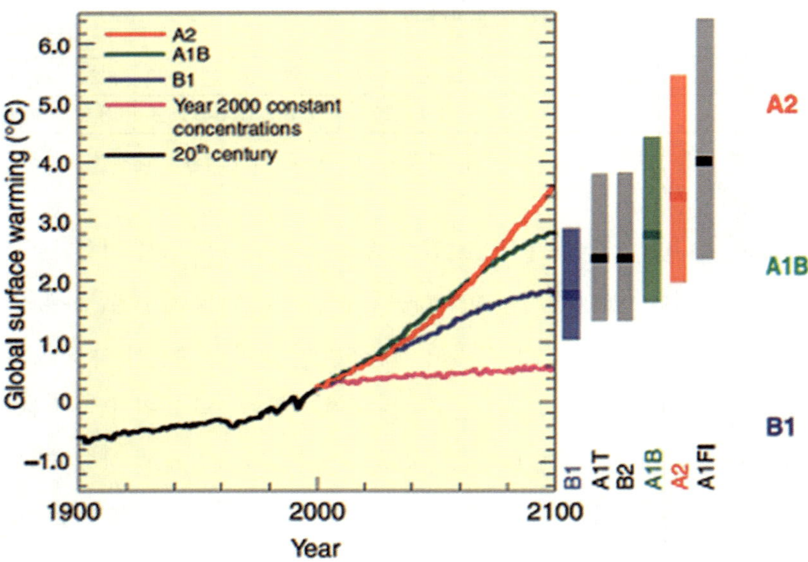

그림 15. 대기-해양 대 순환 모델 (AOGCM)을 통한 지표 온난화 전망

[설명] 1) 실선은 20세기 시뮬레이션에 연장하여 SRES 시나리오 A2, A1B, B1에 따른
        (1980~1999년 대비)의 다중 모델 지구 평균 지구온난화.
      2) 주황색 실선은 농도를 2000년 수준으로 일정하게 유지한 실험 결과.
      3) 우측 막대는 6가지 시나리오에 대해 평가된 최적 추정치와 가능 범위.
자료: IPCC(2007), Climate Change Synthesis Report

(3) 엘니뇨/라니냐

　자연적 기후변동(Climate variability)인 엘니뇨와 라니냐 현상도 인해 해수온도 이상 등에 영향을 미치고 있는 것으로 알려지고 있다.

　엘니뇨가 발생하면 북동방향의 무역풍이 해류의 흐름에 영향을 주어 열대 서태평양의 따뜻한 물이 동쪽으로 이동함에 따라 서태평양의 대류운동이 약해지고 동부와 중앙 태평양의 해수면의 온도가 상승한다. 다시 말해,

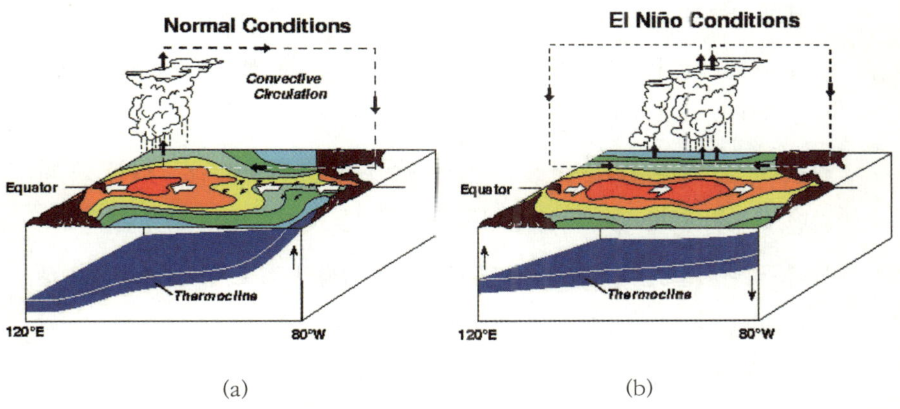

(a)　　　　　　　　　　　　(b)

(a)평년과 (b)엘니뇨해의 태평양의 대기와 해양의 순환

자료: http://www.pmel.noaa.gov/tao/elnino/nino-home.html

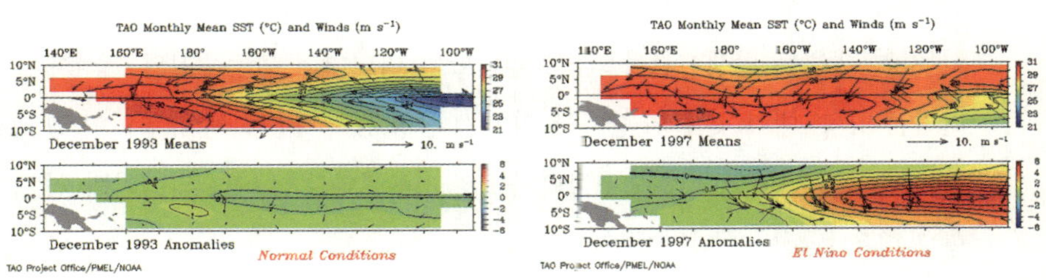

(a) 1993년 12월　　　　　　　　(b)1997년 12월

자료: http://www.pmel.noaa.gov/tao/elnino/el-nino-story/html

그림 16. (a)평년과 (b)엘니뇨해의 서태평양의 해수면 온도 변화

동태평양의 해수면 온도가 평년보다 상승하는 현상을 가리켜 엘니뇨라고
한다(그림 16. 참조).

엘니뇨는 2~7년의 주기로 발생하는데 평균적으로 3~4년마다 발생한
다고 알려져 있다. 발생지역은 열대 태평양 적도 부근에서 남미 해안으로
부터 중부 태평양에 이르기까지 매우 광범위하며 해류의 순환뿐만 아니라
대기의 순환에도 많은 영향을 미치고 있다. 예를 들어, 엘니뇨에 의해 변화
된 해수면의 온도와 대기의 대규모 순환은 태풍과 같은 열대성 저기압의
생성과 경로를 바꾸어 해일, 홍수와 같은 피해를 입게 한다.

라니냐는 엘니뇨의 현상과는 반대로 동태평양 부근의 해수면의 온도가
평상시보다 낮아지게 되는 현상으로 라니냐와 엘니뇨는 서로 떼어놓고 고
려될 수 없다. 라니냐는 항상 그런 것은 아니지만 일반적으로 엘니뇨가 나
타난 다음해에 발생하는 것을 볼 수 있으며 보통 9~12개월 정도 지속되
는데, 라니냐도 엘니뇨와 마찬가지로 열대 태평양 적도 부근에서 남미 해
안으로부터 중부 태평양에 이르기까지 매우 넓은 지역에 영향을 주고 있으
며 주기도 비슷하여 평균적으로 3~4년 정도마다 발생하고 있다.

해수면의 온도 변화로 인하여 대기의 온도 및 순환을 변화시키는 엘니뇨
와 라니냐의 발생은 자연현상의 일종이지만 이로 인하여 대기의 순환에 의
한 물의 순환에도 많은 영향을 미쳐 각 지역에 홍수, 가뭄, 태풍과 해일 등
의 자연 재해를 발생시킨다. 물론 엘니뇨와 라니냐의 활동주기와 기상에
미치는 영향, 대기 및 물의 순환에 미치는 영향 등이 뚜렷하게 규명되어 있
지 않은 실정이지만, 많은 기상학자들은 기후변화로 엘리뇨/라리냐의 영
향도 더욱 증폭되고 있다고 추정하고 있다.

Case	Temperature change (°C at 2090-2099 relative to 1980-1999) [a, d]		Sea level rise (m at 2090-2099 relative to 1980-1999)
	Best estimate	*Likely* range	Model-based range excluding future rapid dynamical changes in ice flow
Constant year 2000 concentrations[b]	0.6	0.3 – 0.9	Not available
B1 scenario	1.8	1.1 – 2.9	0.18 – 0.38
A1T scenario	2.4	1.4 – 3.8	0.20 – 0.45
B2 scenario	2.4	1.4 – 3.8	0.20 – 0.43
A1B scenario	2.8	1.7 – 4.4	0.21 – 0.48
A2 scenario	3.4	2.0 – 5.4	0.23 – 0.51
A1FI scenario	4.0	2.4 – 6.4	0.26 – 0.59

Notes:
a) These estimates are assessed from a hierarchy of models that encompass a simple climate model, several Earth Models of Intermediate Complexity, and a large number of Atmosphere-Ocean General Circulation Models (AOGCMs) as well as observational constraints.
b) Year 2000 constant composition is derived from AOGCMs only.
c) All scenarios above are six SRES marker scenarios. Approximate CO_2-eq concentrations corresponding to the computed radiative forcing due to anthropogenic GHGs and aerosols in 2100 (see p. 823 of the WGI TAR) for the SRES B1, AIT, B2, A1B, A2 and A1FI illustrative marker scenarios are about 600, 700, 800, 850, 1250 and 1550ppm, respectively.
d) Temperature changes are expressed as the difference from the period 1980-1999. To express the change relative to the period 1850-1899 add 0.5°C.

그림 17. 21세기말 지구 평균온도변화 및 해수면 상승
자료: IPCC(2007), Climate Change Synthesis Report

2) 지구온난화와 수자원 변화

최근 IPCC에서 발간한 제4차 보고서를 살펴보면, 향후 100년 동안 1980~1999년보다 지구의 평균온도는 1.1~6.4℃, 해수면은 평균 최대 0.6m까지 상승할 것으로 전망했다(그림 17.). 지구의 일면에 나타나고 있는 살인적인 폭우로 인한 대홍수와 그 반대편에서 발생하는 극심한 가뭄 등은 최첨단 과학문명의 시대에 살고 있는 인류도 막을 수 없는 기상재해 이다.

이렇듯 현재도 진행되고 있는 지구온난화 현상은 미래의 기후현상과 물 순환 과정에 큰 변화를 불러일으키게 될 것이다. 기후변화에 대한 수자원 의 변화를 고찰하는데 있어서 중요지표는 기온, 강수량, 일조량, 증발량 등 의 경년변화가 주로 이용되고, 유역의 물순환 혹은 물수지의 실체를 파악 하기 위해서는 유역의 물수지를 고려한 장기간의 유출을 정량적으로 나타 내는 것이 필수적이며, 특히 수자원 변화에 직접적인 영향을 미치는 기후 요인은 기온상승과 강우량 및 강우강도 증가, 강우패턴의 변화 등을 고려

해볼 수 있다.

우리나라처럼 국토면적이 협소하고 인구밀도가 높은 경우에는 다른 나라에 비해 지구온난화에 의한 기후변동에 더 민감하게 반응할 것이며, 이러한 변화에 의해서 더욱 심각한 수자원변화의 문제를 겪게 될 것이다.

4. 한반도 지구온난화 현황

1) 지구온난화가 한반도에 미치는 영향

지난 90년간 우리나라의 평균기온은 지속적으로 상승하는 경향을 보였고, 특히 1990년대에는 이전과 비교하여 기온 상승폭이 크게 두드러졌다. "우리나라 기후변화의 과거와 미래." (권원태 외, 2003)에 의하면 20세기 우리나라의 기온은 약 1.5 ℃ 상승하였으며, 이중 20~30%는 시대의 발달로 인한 도시화에서 초래된 것으로 추정하였다. 또한 우리나라의 일 최고기온과 일 최저기온에 나타난 극값은 겨울 저온일의 발생빈도가 현격하게 줄어들고 있는 반면, 여름 고온일이 증가하는 경향을 띄었으며 이러한 온난화로 인하여 계절의 변화가 나타나 1920년대에 비하여 겨울은 1990년대에 한 달 정도 짧아졌으며, 여름과 봄은 길어졌다고 보고하였다. 강수량은 장기적으로 증가하는 추세가 나타났으며, 특히 최근 20년 간 강수량은 증가하였으나 강수일수가 감소함에 따라 강수강도가 증가하는 경향이 뚜렷하다고 시사하였다. "대청댐 운영에 대한 기후변화 영향평가"(김영오 외, 2000)의 연구에서는 기후변화에 대한 대청댐 유역의 월별 유량의 변화를 평가하였다.

이 연구에서는 기존에 수행된 5가지 GCM결과를 이용하여 이들 중 최대와 최소 강우량 예측을 이용한 시나리오를 각각 '2CO$_2$-High' 와

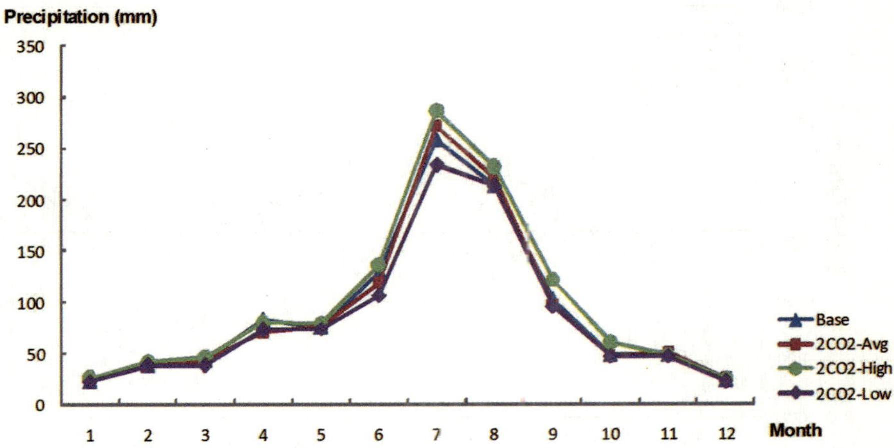

그림 18. 대청댐 유역 2100년 월별 유량 예측
자료: 대청댐 운영에 대한 기후변화 영향평가(Kim et al., 2000)

'2CO2-Low' 시나리오로, 이들의 평균을 '2CO$_2$-Average' 시나리오로 설정하였다. 여기서 2CO$_2$는 이산화탄소가 2배가 된 상태를 의미하며, 'Base' 시나리오는 이산화탄소의 변화가 없을 경우이다(그림 18. 참조).

여기서 가장 주목해야할 부분은 갈수기인 겨울과 봄의 유량을 비교해 볼 때 Base 시나리오가 2CO$_2$-High 시나리오와 유사하다는 점이다. 즉 유량이 가장 풍부한 시나리오(즉, 갈수기에 가장 낙관적인 시나리오)를 가정한다고 하더라도 이산화탄소가 2배가 되면 대청댐 유역의 유량은 많아야 현재의 수준을 유지할 것이란 결론을 내릴 수 있다. 이는 지구온난화가 지속될 경우 대청댐 유역의 갈수기 수자원 관리가 더욱 어려워짐을 의미한다.

수자원장기종합계획(건설교통부, 2001)에 의하면 지난 100년간의 연강수량은 통계적 유의성은 없으나 약간 증가하는 경향이 있으며 그림 2-6과 같이 1960년대 이후 연강수량의 변동폭이 커져 가뭄과 홍수의 크기가 번갈아 가며 발생하며 갈수록 증가하는 추세도 기존 수자원 시설물의 용수공

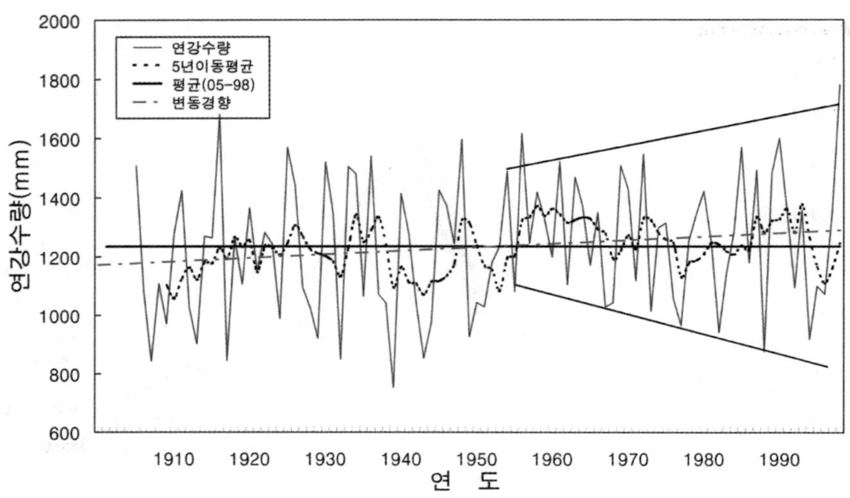

그림 19. 우리나라 연평균 강수량의 경년변화
자료: 수자원장기종합계획 2020 (한국수자원공사, 2000)

급과 홍수방어능력을 취약하게 하는 원인으로 작용하고 있다는 우려를 낳고 있다(그림 19.).

2) 지구온난화에 의한 재해 특성

오늘날 우리나라의 재해의 특성은 과거의 상황과는 많은 차이점을 갖고 있다. 첫째로 재해의 1차적 요인인 강우는 기상이변에 의한 집중호우로 과거기록을 상회하는 경우가 많고, 2차 요인인 홍수량은 유역내 도시개발 등 토지이용의 변화로 점차 증대하고 있다. 둘째, 하천의 통수기능을 저해하는 도로, 교량, 하천복개 등 시설물의 설치로 홍수위가 상승하고 있고, 하천정비사업의 투자가 강우와 홍수량의 증가를 따르지 못하고 있다. 또한 하천의 범람지역은 인구와 자산이 집중되고 사회경제 활동의 중심지를 포함하고 있어 피해가 증폭되고 있다. 이와 같은 특성들을 고려하여, 2001년

7월 건설교통부에서 발표한 수자원장기종합계획(Water Vision 2020)은 최근의 기후변화와 급격한 도시화로 인한 극심한 홍수재해로부터 국민을 보호해야함을 명시하였다. 또한 최근 10년 간 8회에 걸친 가뭄 등으로 인해 기존 용수공급시설의 물 공급 안정성이 저하되어 용수공급능력을 확충해야 한다는 점도 그 수립의 필요성으로 들었다. 2001년과 2002년만을 예로 들더라도 2001년 겨울과 2002년 봄까지 이어진 극심한 가뭄이 끝난 그해 8월 낙동강을 비롯한 영남지역에 대규모 홍수피해가 발생하였고 태풍 루사에 의해서는 강원도 지역이 그야말로 초토화되었던 사태는 전 국민들에게 한반도 물문제의 심각성을 깊이 인식시키는 계기가 되었다고 할 수 있다. 수자원장기종합계획(건설교통부, 2001)에서 밝힌 우리나라 물문제의 현안을 요약하면 다음과 같다.

(1) 수자원의 보전과 물 부족 피해경감을 위한 다양한 수요관리 정책이 확대되고 있으나 성과달성을 의한 체계적인 관리가 부족하다.

(2) 지구온난화와 토지이용의 고도화 및 난개발로 계획홍수량을 초과하는 홍수의 빈번한 발생피해가 심화되고 있다. 홍수피해액의 경우 1970년대에 1.323억 원/년이었으나, 1980년대에서는 3,554억 원/년으로 증가하고 1990년대에 이르러 6,288억 원/년까지 증가하여 그 피해가 커지고 있다. 80mm/일 이상의 집중호우 역시 1930년대 이전에 2.2회이었던 것이 1980년대에 이르러 8.8회까지 상승하였다.

(3) 환경기초시설 미흡과 비점오염 증가 그리고 하천유지용수 부족으로 인하여 수질환경기준의 달성이 미흡하다. 특히, 겨울과 봄의 적은 하천수량으로 인한 수질악화는 개발된 수자원의 활용도를 낮추고 하천 생태계에 악영향을 초래한다

(4) 하천을 홍수배제 및 하수처리 위주로 관리하여 하천이 직강화 · 건
천화 · 복개되어 친수공간 감소 및 생태서식 환경이 악화되었다.

(5) 댐 건설에 따른 환경문제, 취수장 건설 또는 용수원의 이전에 따른
상 · 하류간 물분쟁, 하류지역의 수질악화 등으로 수자원개발 여건
이 악화되었다.

(6) 지하수 부존특성을 고려하지 않는 무분별한 지하수 개발과 많은
폐공의 발 생으로 지하수의 고갈과 수질악화가 초래되고 있다.

5. 지구온난화 대비 수자원 적응대책

1) 선진국의 수자원 적응 대책

(1) Intergovernmental Panel on Climate Change(IPCC)

계속되는 지구온난화 현상으로 연평균 강수량이 줄어들고 있으며 또한
여러 나라에 극심한 폭우 현상이 증가하고 있다. 유엔 정부간 기후변화위
원회(IPCC)도 '기후변화에 관한 종합보고서'를 통해서 금세기 안에 지구
표면 온도가 섭씨 1.8~4.0℃ 상승할 것으로 전망하였으며, 폭우와 해빙 ·
가뭄 · 폭염 · 해수면 상승 등의 현상이 더욱 심화될 것이라고 경고하였다
(그림 20.). 지구온난화는 지구 평균기온 및 해수온도의 상승, 광범위한 눈
과 빙하의 융해 및 지구 평균 해수면 상승의 관측 자료에서 나타난다.

기후변화도 현실적이고 체계적인 적응대책을 수립한다면 이에 의한 피
해를 최소화 할 수 있다. 여러 나라들이 과거에 발생한 홍수, 가뭄, 폭풍 등
을 극복할 수 있는 기본 체계가 갖추어져 있으므로 이를 잘 활용하고 또한
지역적이고 국부적인 수준의 추가적인 적응대책이 추가적으로 마련된다
면, 기후변화에 의한 여러 피해들을 잘 극복할 수 있을 것으로 사료된다.

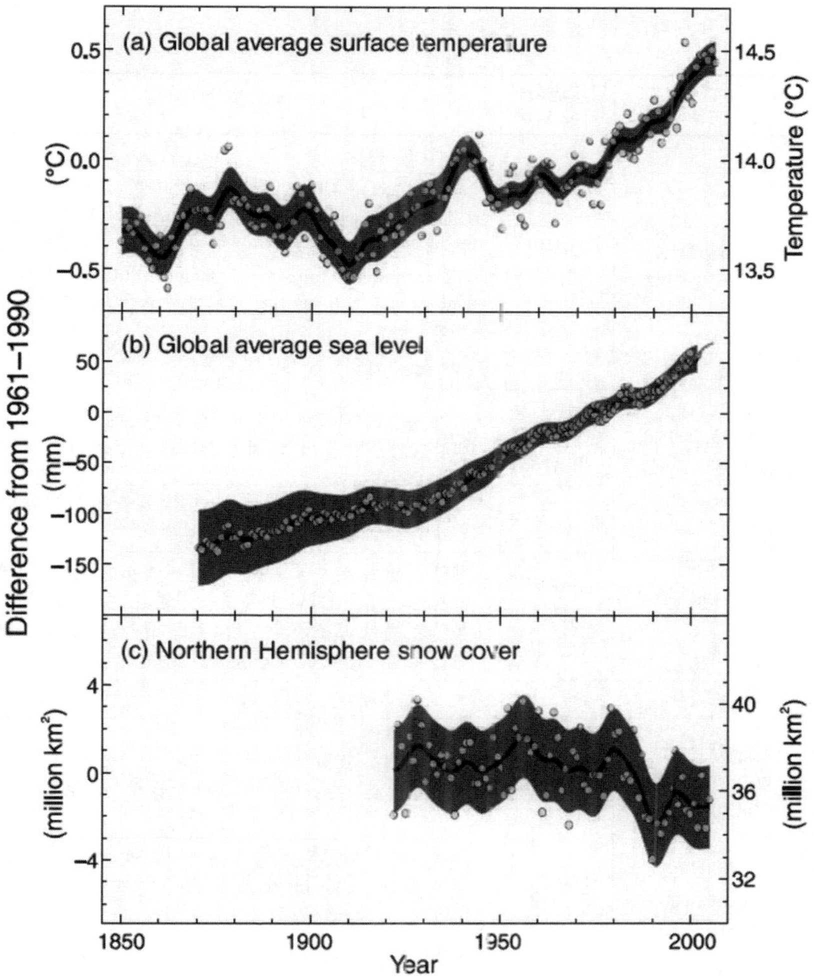

그림 20. 기온, 해수면 및 북반구 적설 변화
자료: Climate Change 2007:Synthesis Report, IPCC:2007)

    표 12는 각국의 기후변화에 의한 피해사례와 이를 극복하기 위한 적응
대책을 정리한 표이다.

    기후변화에 의한 피해를 최소화하기 위해서는 적응대책이 매우 중요하

<표 12> 각 나라별 기후변화 피해와 적용대책

국가 (참고문헌)	기후변화에 의한 피해	적용대책
아프리카		
이집트 (El Raey, 2004)	해수면 상승	• 기후변화의 문제들을 국가정책에 통합하는 National Climate Change Action Plan 채택; 해안 기반 시설에 대한 계획안 승인과 방위구역 규정을 위해 환경영향평가(Environmental Impact Assessment, EIA)에 부합하는 Law 4/94를 적용; 해안침식 위험지역에 강한 구조물을 설치
아시아와 오세아니아		
방글라데시 (OECD, 2003a; Pouliotte, 2006)	해수면 상승, 소금물의 침투	• 국가 물관리 계획에 기후변화의 측면 고려; 해안 둑에 범람 조절장치 설치; 대체 농작물과 물 여과기 사용
필리핀 (Lasco et al., 2006)	가뭄, 홍수	• 가뭄에 내성 있는 작물들로 변경; 물부족 기간 동안 관개시설의 교대; 저수지 건설
	해수면 상승, 폭풍해일	• 해안선 방위 시스템설계를 위한 수용시설; 참여 피해 평가의 도입; 해안의 회복력을 강화와 기반 시설들의 복구를 위한 보조금의 준비; 건축 규약의 재검토; 개선된 위험기준에 맞춰 건물들을 보수
아메리카		
캐나다 (Ford and Smit, 2004)	영구동토 측의 녹음, 빙하의 변화	• 사냥 지역을 변화하는 것 등 생활 방식의 변화; 사냥 종의 다양화; GPS 기술의 이용; 식량 할당 장려
캐나다 (Mehdi, 2004)	극한 온도	• 토론토의 폭염경보 계획 시행; 지방 대중매체를 통한 정보 전달; 공공기관을 통한 식수공급; 폭염 정보망 구축
미국 (Easterling et al., 2004)	해수면 상승	• 기후변화를 고려한 토지 습득 프로그램 진행; 해안 토지소유자들의 해수면 상승 경보정책 마련
유럽		
네덜란드 (Goverment of the Netherlands, 1997 and 2005)	해수면 상승	• 기후변화에 의한 홍수방지 정책과 해안방위 정책 채택; 50cm의 해수면 상승을 고려한 해일 방지벽 건설; 준설과 제방확장을 통한 수위관리능력 향상; 저수지와 보호구역 증설
영국 (Defra, 2006)	홍수, 해수면 상승	• 해안지역 재정비; Thames Estuary 2100 프로젝트를 통한 Thames Barrier 계획의 유지와 실행; 기후변화와 보험관련 분야의 정책 집행자, 주요 실무자, 의회를 위한 지침서 마련

지만 사회적·경제적 발전과 긴밀하게 연관되어 있어 사회전체에 골고루 분배되지 못할 수 있다. 따라서 재정, 기술, 사회, 제도, 문화를 모두 고려하여 그 사회에 최대한 효율적으로 성공할 수 있도록 적응대책이 마련되어야 한다.

하지만 효율적으로 적응대책이 마련되어도 기후변화에 대한 취약점은 발생할 수 있다. 2003년 폭염 때문에 유럽에서 많은 사람이 죽었으며, 2005년 태풍 카트리나에 의해 많은 인적·경제적 손실이 발생하였다.

(2) 캐나다

수자원은 캐나다에서 매우 중요한 자원 중 하나이며, 수자원과 관련된 비용이 매년 75억에서 최대 230억 달러에 달할 정도로 캐나다의 경제·사회에 미치는 영향은 매우 크다고 할 수 있다. 기후변화는 지표수뿐만 아니

〈표 13〉 기후변화로 인하여 발생할 수 있는 주요 수질문제

지역	주요 수질문제
대서양	• 지하수의 대수층에 해수유입 • 홍수증가로 인한 물관련 질병
Quebec	• St. Lawrence의 Gulf 지역에서 해수경계가 하천상류로 이동
Ontario	• 하천생태계의 감소 • 수질관련 질병 • 휘발성 독성 화학물질로 인한 문제
Prairies	• 여름철 도시 수자원공급 시 발생되는 맛과 냄새문제 • 하천생태계의 악화
British Columbia	• 해수면 상승으로 인한 해수의 유입 • 홍수증가로 인한 물관련 질병 • 산사태와 침식작용으로 인한 물의 탁도증가
북극해와 북부지방	• 영구동토층의 감소로 인한 먹는 물 공급의 감소 • 영구동토층의 감소로 인한 하수정화능력 감소와 하수를 저장하는 개펄로부터 하수의 침투 • 먹는 물에 침전물발생과 탁도 증가

라 지하수에도 영향을 미치며, 캐나다 모든 지역이 어느 정도 지하수에 의존하고 있기 때문에 물공급 문제가 심각한 실정이다. Ontario 지역 인구의 90%가 거주하고 있는 Prince Edward 섬의 모든 인구는 물공급을 지하수에 의존하고 있지만, 기후변화에 의한 지하수 연구는 거의 미비한 수준이다. 앞으로도 기후변화에 의한 수질악화가 계속될 것으로 전망되고 있으며, 수질악화로 인하여 음용수의 양이 줄어들게 되고, 수처리에 많은 비용이 발생할 것으로 예상된다. 표 13은 기후변화에 의해 발생할 수 있는 지역별 문제를 정리한 표이다.

캐나다에서는 이러한 기후변화에 의한 피해를 최소화하기 위하여 분야별 적응대책을 수립하고 이를 수행하고 있으며 담수에서는 구조물을 이용한 방안과 제도적 방안으로 나누어 수립하였다.

구조물을 이용한 방안으로는 댐, 위어, 배수로 등 기초수공구조물을 건설하는 방법이다. 이 방법은 많은 경제적 · 사회적 비용을 초래하는 단점이 있으나 수자원관리를 효율적으로 할 수 있도록 해주며 기후변화의 수문학적 영향을 저감시킬 수 있다. Prince river의 하천구조물은 겨울철 기온상승으로 인한 피해를 완화시켜주었으며, 남부 대초원의 마을들은 작은 규모의 수리구조물을 이용한 물 관리를 통해 수자원 저장량을 높여서 가뭄에 취약한 지대의 피해를 줄이고 있다. 하지만 기후변화에 대비하기 위해서는 새로운 구조물을 건설하는 것보다 현존하는 기초구조물을 변형하여 활용하는 것이 더 효율적이다. Grand river 유역의 수자원관리를 위해 극심한 기후변화를 극복할 수 있고, 저수지 수용능력을 늘릴 수 있도록 수공구조물을 개선하였다. Vancouver 북부의 배수시설은 파이프 중 주요부분을 점차로 개선시킴으로써 더 많은 집중호우에 대비할 수 있도록 하였다.

제도적 방안으로는 수자원보존과 수자원관리 프로그램들을 이용하는 것이며, 이미 많은 지방자치단체에서 널리 활용되어왔다. Grand river 유역에서는 물수요, 저장, 공급을 더 효율적으로 하기 위한 수자원관리 프로그램들을 개발하기 시작했다. 하지만 동시에 많은 지방자치단체들이 법적·제도적으로 미비하여 수자원관리 프로그램을 활용하지 못하고 있다. 또한 수자원보존과 수자원절약의 필요성에 대한 인식을 널리 알리는 것이 중요하다. 65개 캐나다의 지방자치단체들 중 63군데에서 수자원보호제도를 이미 시행하고 있으며, Ontario는 가정에서의 물 절약과 같은 수자원보호 정책을 수행하고 있다. 경제적인 측면에서 살펴보면, 물 사용료의 증가를 들수 있다. 이러한 제도적 방안을 수행하고 이와 관련된 논란들을 해소시키려면 현행 정책과 법률을 변화시켜야 할 것이다. 현재 캐나다에는 수자원 관련 법안에 기후변화에 대한 내용이 없으므로 국제간 물 협약기구들은 유수기간과 수위의 잠재적 변화가능성을 포함하여 정책과 법안을 개정하거나 신중히 검토하고 있다.

해안분야에서의 적응대책은 방어, 조절, 피난으로 크게 세 가지로 나눌수 있다. 첫 번째, 호안과 방파제 같은 구조물을 통한 해안선 방어(hard protection)는 세계 여러 지역에서 해수면상승에 대비하여 시행하고 있는 방법이다. 방어의 목적은 해수면이 상승해도 지속적으로 토지를 이용할 수있게 하려는데 있다. 이러한 방법들은 큰 규모의 공공주택단지에서부터 작은 규모의 개인소유토지까지 포함된다. 하지단 이 방법은 비용이 많이 들기 때문에 해변조성과 습지복구와 생성을 포함한 soft protection의 이점에 대한 인식이 지난 몇 년간 증가되어 왔다. 이러한 방법들은 해수면 상승을 조절하는데 사용되고 호안보다 더 유동적이다.

두 번째, 조절(accommodate)은 해수면 변화를 저감할 기초구조물과 인간활동을 통제하여 전체적인 심각한 영향을 저감하는 역할을 한다. 조절에 적용되는 전략들을 살펴보면, 기존 구조물들의 재정비, 적절한 토지사용 권장관련 법안의 수립, 토지의 기복이 있는 지역들의 개발, 해안 모래언덕을 통한 자연치유력 향상과 습지재생 등이 해당된다. 예를 들어 해수에 견딜 수 있는 작물의 생산, 지지대 위에 건물 건축, 해안의 모래 유실방지와 제어, 그리고 홍수와 침식, 해수면상승과 같은 자연재해의 경보시스템 개발을 포함한다. 마지막으로 피난(retreat)은 직접적인 영향에 의한 피해를 피하기 위한 방법이다. 피난은 해양으로부터 육지에 미치는 영향을 막지 않는 대신, 해수면 상승에 영향을 받는 지대가 더 이상 견딜 수 없는 상황이거나 복구가 어려울 때 그 지역을 버리고 이동하는 것이다.

(3) 유럽

전세계는 지구온난화로 인해 지난 100년 동안 0.76℃ 상승하였으며, 1990년대에 이르러서는 지난 150년간 동안 최고의 온도상승을 기록했는데, 유럽의 경우에 1.1℃상승하였으며 여름보다 겨울의 기온 상승이 더 컸다. 특히, 남동 유럽과 발트 3국 그리고 이베리아 반도의 온도 변화가 제일 컸다.

근래 몇 십 년 동안 더 빈번히 폭우가 발생했으며 유럽의 여러 지역은 반복되는 홍수, 가뭄 그리고 거친 풍랑 등으로 피해를 입었다. 온도 상승, 적설량 감소 그리고 강수량 변화는 수질과 수량에 영향을 줄 것이므로 미래 기후변화에 대비한 수자원분야에 대한 대응대책이 필요하다.

유럽에서 기후변화에 대한 적응전략은 2006년에 European Climate Change Programme(ECCP II)의 일부분으로 수립되었으며, 적응전략의 목표는 유럽지역의 기후변화 영향에 대한 취약성을 감소시키고, 다른 여러 국가들과의 공존을 통하여 유럽전체의 통합적인 대책을 수립하는 것이다. 특히 ECCP II에서는 Water Framework Directive(WFD)를 세워 기후변화에 의한 수자원분야 대응대책을 수립하였다.

WFD 주요목표가 직접적으로 기후변화 결과를 제시하는 것은 아니지만

WFD의 점차적이고 순환적인 접근방법은 장기간에 걸친 기후변화를 통제하는 데 매우 적당하다고 할 수 있다. WFD의 프로그램을 살펴보면 기후모형을 통한 기후변화의 정보와 이해의 향상, 위험과 재난관리의 향상, 홍수방지 프로그램 등을 포함하고 있다.

WFD를 보완하는 다른 유럽 연합 정책 기구들도 있다. Assessment and Management of Floods는 기후변화에 의한 홍수위험을 제시하여 WFD를 보완한다. Marine Strategy Directive에서는 기후변화에 대비한 해양 전략을 개발하여 전체적인 틀을 제공한다. Maritime Policy Green Paper는 기후변화를 주요한 위협으로 인정하고 유럽의 해안의 위기를 바

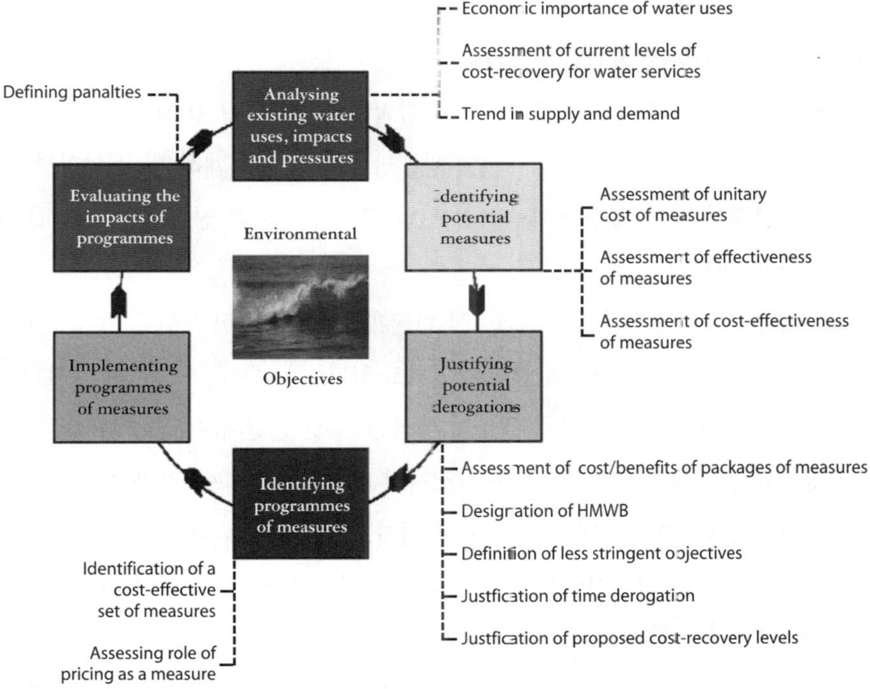

그림 21. WFD 의사결정과정 중 통합적 경제 분석

꾸기 위한 적응대책에 대하여 토의할 수 있는 장을 제공하고 있다.

WFD에서는 경제적인 분석을 통하여 적응대책에 대한 의사결정을 할 수 있도록 하고 있다. Cost-Effective Analysis(CEA)를 통하여 각 분야 적응대책의 경제적인 효과를 분석하고 수자원 전체에 어떠한 역할을 하는지 판단한다. 특히 경제적 분석을 할 수 있는 가이드라인을 제시하고 있다(그림 21.).

(4) 미국

현재 기후변화와 관련해서 가장 적극적으로 대응정책을 수립하고 있는 나라가 미국과 EU 국가들이다. EU 국가들의 경우에는 강제 감축을 통한 온실가스 배출 규제를 주장하고 있으나 미국은 자발적 노력을 통한 감축을 주장하고 있다(건설교통부, 2008). 미국은 1990년대 초반부터 기후변화 영향평가 및 적응대책에 대한 연구가 활발하게 진행되어 왔으며, 기후변화 시나리오를 이용한 21세기 기후전망뿐만 아니라 자연재해 및 해양환경, 수문환경에 대한 영향을 예측하기 위한 연구가 활발히 진행 중이다(건설교통부, 2008).

미국은 국가조직인 CCCSTI에서 기술개발의 통합추진을 위해 범국가적 차원에서 기후변화 대응 방안을 종합하고 있다. 이 기관은 CCSP와 CCTP로 나누어 관리되고 있다. CCSP의 목적은 과거 및 현재의 지구기후 및 환경변화를 분석하여 기부변화를 발생시키는 요소에 대하여 정량적으로 입증하기 위함이며, CCTP의 목적은 온실가스 배출저감을 위한 보다 실질적이고 효율적인 기술개발을 위해 미국의 국가 R&D를 종합하여 기후변화 대응체제로 통합하기 위함이다.

국가와 연방정부 차원에서 기후변화 영향평가 뿐만 아니라 적응대책에 대하여 적극적으로 행동하고 있으며, 이에 주도적인 역할을 하는 지역이 캘리포니아이다. 캘리포니아에서는 아놀드 슈왈츠제네거 주지사가 기후변화에 대한 성명을 발표한 이후, 2010년까지 2000년 대비 온실가스 11% 감축, 2020년까지 1990년 대비 온실가스 25% 감축, 2050년까지 1990년 대비 온실가스 80%이상 감축을 목표로 하고 있다.

2050년까지 이산화탄소 배출을 80% 줄여서 1990년대 수준까지 맞추기 위하여   캘리포니아에서는 B1시나리오에 따라 정책을 진행하여 medium warming range는 피하도록 느력하고 있다. B1 시나리오는 환경과 공동체를 위하는 인식이 높은 수준이어야만 가능하다. 이에 따라 최대한 이산화탄소를 적게 배출하는 에너지 시스템으로 전환하고 있으며, 대체에너지 개발을 위해 많은 투자를 하고 있다(Nakicenovic et al., 2000).

특히 캘리포니아 수자원국에서는 기후변화에 대비한 자원관리 전략으로서 생·공용수와 농업용수, 담수화, 지하수, 성태계 복원, 도시 유출관리, 유역관리 등으로 나누어 기후변화에 따른 방법과 전망 그리고 잠재적 비용까지 산출하여 기후변화에 대한 적응대책을 수립하였다.

2) 우리나라의 기후변화 대비 수자원 적응 전략

기후변화에 대비하여 추진 중인 국내 수자원분야의 향후 대책 및 정책방향에 대해 살펴보면 우선 댐 치수능력증대 및 설계기준 강화 및 체계개선 등을 들 수 있다. 최근 소양강댐의 경우 가능최대강수량(PMP)이 632mm에서 810mm로 약 13배증가하는 등 극한홍수발생에 대비하고자 2000년 12월 가능최대강수량(PMP)을 재산정하여 보강대책이 필요한 23개댐에 대하여 2010년까지 '기존댐 치수능력증대사업'을 단계적으로 추진 중에 있으며, 수공구조물의 안정성확보를 위해 '수공구조물 설계기준 개선 연구('05~10, 건기평)'를 추진 중에 있다. 또한 기후변화에의한 "수자원영향 평가체계"를 구축하고 중장기적으로 "국가 물안보 확보"를 위한 연구개발을 위해 "수자원의 지속적 확보기술 개발"('01.8~ '11.3) 및 "기후변화 대비 국가물안보 확보방안연구"('07~ '10, 건설기술기연구원)를 추진 중에 있다.

기후변화에 대비한 수자원확보와 홍수 예방을 위한 향후 수자원정책에서는 우선 수자원관련 계획 수립시 용수공급전망에 대해 과거자료의 통계분석에 의존하는 기존의 방법에서 벗어나 장래 기후변화를 예측하고 분석할 수 있는 정책을 수립하는 것이 필요하며, 유역단위별 기후자료의 생산과 수자원 영향평가 체계 구축과 함께 가뭄·홍수 조기예보체제를 구축하여 극한 가뭄 및 홍수에 대비한 위기관리계획을 수립해야 한다(표 14. 참조).

안정적인 수자원확보를 위해서 기후변화로 인해 유발되는 하천유량의 감소를 정량적으로 예측하여 기존 댐의 용수공급 능력을 재평가하고, 관리가 다원화된 댐(다목적댐, 수력댐, 농업용댐)의 통합연계운영 시스템을 구축하며, 광역 및 지방상수도의 권역별로 홍수범람 전경('02 루사 가뭄에 따른 수원고갈 통합운영을 통해 시설능력을 최대한 활용하여 가뭄 등 비상시 안정적인 용수공급 및 지역간 수급불균형을 해소할 계획이다. 아울러 지하수염수화가 우려되는 제주도 해안도서지역을 중심으로 해수담수화, 빗물이용, 지하댐 등 대체 수자원확보를 추진할 계획이다. 홍수 피해 예방을 위해 유역통합 관리에 의한 종합적 홍수관리를 추진하고 설계빈도를 재검토하여 기존댐 치수능력 증대사업을 지속적으로 추진할 계획이다. 그리고 기존에 대하천의 수위를 기준으로 시행하던 홍수예보를 중소하천단위로 개선하고 돌발홍수에 대비하여 강우레이더 및 위성영상을 이용한 실시간 홍수예보시스템을 구축하여 예보간격을 단축하고 신속한 정보제공을 위해 휴대폰 전광판 등 다양한 시스템을 구축할 계획이다. 하천환경 및 생활환경 개선을 위해 하천유량감소·수온변화·동식물상 변화 등의 환경변화에 대비한 하천생태계 보전방안을 수립하고 강우강도증대·국지성호우 등으로 홍수시 댐 및 하천으로 유입되는 홍수의 고탁도 흙탕물 현상이 장기간 지속되는 것에 대비하여 모든 유역에 대하여 탁수 발생메커니즘을 분석하여 수계단위의 종합대책을 수립함으로서 하류하천영향 최소화를 추진할 계획이다.

기후변화에 대비한 유역통합관리 기법 및 극한홍수예측·방어기술을 개발할 계획이며 이·치수행정 조직 및 관련법도 검토할 계획이다. 또한 기후변화 기초연구를 주관하는 기상청과 협력체계를 강화하고 전문가중심으로 일반인 및 이익단체 등이 참여하는 수자원분야의 "기후변화연구협의체"를 구성하여 수자원분야 기후변화네트워크를 구축할 계획이다.

21세기 한국의 과학기술 현황과 전망

이 종 호
한국과학기술연구원 초빙과학자

머리말

수만 년 동안 인류는 스스로를 위해 과학기술을 발달시켜왔다. 특히 19, 20세기의 과학기술은 인류가 수만 년 동안 이룬 업적과는 비교가 되지 않을 정도로 엄청나게 발전했다. 그런 점에서 21세기 과학기술이 20세기의 그것보다 훨씬 빠르게 더욱 높은 성과를 올릴 것으로 예상하는 것은 쉬운 일이다. 그렇지만 과학기술의 발달이 구체적으로 어떤 모습의 미래사회를 그려낼지를 상상하는 것은 간단한 일이 아니다.

학자들은 인류 최초의 발명품은 이쑤시개라고 믿는다. 180~200만 년 전까지 인류의 조상들은 초식동물이었다. 이들 인류의 조상들은 정확히 어떠한 연유에서인지는 알 수 없지만 육식을 시작했는데 짐승의 고기를 물어 뜯기에 적당한 치아구조를 갖고 있지 않았다. 이와 이 사이의 틈새를 디아스테마타라고 한다. 개는 위턱 맨 앞에 디아스테마타가 있다. 그래서 아래 어금니와 앞니 사이를 위쪽으로 내밀 수 있다. 또한 동물들은 아래 어금니가 길게 비스듬히 튀어나오기 때문에 위 어금니와 앞니 사이에는 일정한 틈이 생긴다. 이 틈새 때문에 먹이를 잡아먹는데, 결정적으로 필요한 어금니가 충분히 자랄 수 있고, 이 사이에 찌꺼기가 끼지도 않는다.

반면에 인간은 이 디아스테마타가 없이 모든 이가 붙어 있다. 아직 불을 발견하지 못한 고대 인류가 음식물을 날로 먹고 찌꺼기가 이 사이에 끼었을 때, 매우 불편을 느꼈을 것임은 틀림없다. 이 불편함을 없애기 위해서 이쑤시개가 발명되었다고 추정하는 것이다. 학자들은 네안데르탈인, 유럽과 아시아에 살았던 슬기사람(호모 사피엔스)의 치아에서도 공통적으로 이쑤시개를 사용한 흔적을 발견할 수 있다고 설명한다. 이쑤시개를 발명한 이후, 인간은 끊임없이 자신에게 유익한 도구를 만드는 데 열중해 왔다. 인간이 스스로 만든 도구는 보다 더 편리한 것이 나타나면 곧바로 과거의 것은 사라지고 새로운 것으로 대치되었다. 바로 이러한 새로운 것에 대한 욕망과 그 욕망을 충족시키기 위한 노력이 인간을 지구상에서 독보적인 존재로 만든 요체라 할 수 있다.

과학자들이 연구하는 것은 대부분 미지의 분야이다. 그럴 경우에 가장 중요한 것은 과거의 지식을 토대로 적절한 가정을 세우는 것이다. 예를 들어 과거의 사람들은 지구가 평평하다고 생각했다. 그러나 자연과 우주에 대한 지식이 쌓이자 학자들은 지구가 둥글지 모른다는 생각을 하게 되었다. 여기에서 어떤 학자가 대담한 아이디어를 제시했다. 지구가 정말 둥글다면 누구든 같은 방향으로 계속 걸어가면 자신이 처음 출발했던 위치로 돌아오게 된다. 그들의 예측대로 용감한 항해자가 먼 항해를 했고 결국 지구가 둥글다는 것이 증명되었다.

고대사에 종사하는 학자들의 연구도 이와 같은 경우가 많다. 고대 인류를 연구하는 학자들은 이빨 몇 개와 소량의 뼈를 갖고 그들이 어떻게 생겼으며 심지어는 그 생활상까지 추정한다. 적은 자료를 갖고도 많은 추정이 가능한 것은 과거의 전문지식과 새로운 증거로 보다 정확한 추론을 할 수 있기 때문이다. 즉 과거에 수많은 학자들이나 전문가들이 쌓아 놓은 지식의 문제점을 보완하고 수정하면서 새로운 지식으로 발전한다는 뜻이다.

인류가 이쑤시개로부터 과학의 여명기에 들어갔다고 생각하지만 인간에게 과학이 본격적으로 접목되기 시작한 것은 고작 1만여년 밖에 지나지 않았다. 장구한 구석기를 거쳐 신석기로 들어와서야 비로소 과거와는 다른 생활 패턴으로 넘어갔기 때문이다.

그러나 이러한 변화도 단 200~300년 전에 시작된 변화에는 미치지 못하고 앞으로는 그 속도가 더욱 빨라질 것으로 생각한다. 특히 컴퓨터라는 예상하지 못한 문명의 이기가 태어난 이후 인간들은 과거와 다른 세계를 실감하지 않을 수 없다. 사실 오늘에는 첨단 기술이라 알려진 것도 몇 년이 지나지 않아 구문이 될 수 있다는 것은 잘 알려진 사실이다.

1. 21세기 한국의 과학기술 현황과 도전

급변하는 세상에서 미래를 엿본다는 것은 여러 가지 장점을 가져다 준다. 내가 원하는 미래, 즉 나에게 적합한 분야가 무엇인가를 알려주고 자신의 미래를 현명하게 설계할 수 있으며 적응 여하에 따라 새로운 기술을 선용할 경우 수많은 부산물을 가져온다. 특히 정보 홍수 속에서 다른 사람들이 원하는 것을 보다 빨리 찾아낸다면 경제적인 이득까지 얻을 수 있다. 윌리엄 캘빈(William Calvin) 박사는 인간이 선천적으로 미래를 엿볼 수 있는 능력을 갖고 있다고 말한다. 그는 자신의 미래에 대해 이야기하고자 하는 것은 인간의 고유한 욕구이며 이는 언어를 구사하는 능력과 밀접한 관계가 있다고 말한다.

우리는 끊임없이 미래를 예측하고 계획을 세우며 이를 실천하려고 노력한다. 그러나 이러한 정보를 정확하게 알아낸다는 것은 간단한 일이 아니다. 세계 석학들이 5~10년 미래를 앞서서 예견하여 발표하지만 이들의 예견이 정확하게 맞아 떨어지는 경우가 많지 않은 것으로도 알 수 있다. 다양한 전문가 등 수십 만 명이 근무하는 회사가 파산하는 경우도 정확한 미래를 알아내기 어렵기 때문이다.

세계 어느 국가보다 근래 비약적인 발전을 이룩한 한국의 목표는 지속가능한 발전을 이룩하는 것이다. 이러한 발전을 이룩하기 위해서는 과학기술이 필수적이다. 한국의 경우 한정된 자원 때문에 과학기술 분야에서의 혁신이 쉽지 않다고 말한다. 그러나 이런 문제점은 현재의 우리를 정확히 알면 나름대로 대안을 마련할 수 있다는 점을 간과한 것이다.

한국은 미래의 실현 가능한 예측 즉 계획적인 국가의 발전을 위해 발 빠른 행보를 보였다. 2005년 「국가과학기술위원회」는 2003년 7월부터 본격적으로 추진된 '2005~2030년 과학기술예측조사(2003~2030)' 를 발표했고 2007년에는 '토탈로드맵(Total Roadmap) 국가중점특성화기술 33' 을 발표했다.[1] '과학기술예측조사' 는 21세기 한국의 과학기술 미래를 설계하기 위해 국가과학기술위원회가 국내 과학자 5,400명을 동원하여 앞으로 한국에 직간접으로 미칠 문제점 즉 해결해야 할 문제점을 예시한 것이다. 반면에 토탈로드맵은 2005년에 발표된 '과학기술예측조사' 를 토대로 국가 R&D사업을 보다 효율화·특성화하기 위한 중장기 발전전략이다. 즉 '과학기술예측조사' 에서 도출된 국가중점육성기술(90개) 중에서 한국이 이끌어 가야할 우선적인 33개를 선별한 것이다. 한국이 세계를 향해 총체적으로 투입하는 아이디어라고 볼 수 있다.[2] 물론 토탈로드맵을 한국의 국지적인 면만 고려한 것이 아니다. 토탈로드맵 33개가 선별되기 까지 중점적으로 검토된 것은 한국을 비롯한 세계 각국이 앞으로 헤쳐 나가야 할

---

1) 『미래사회 전망과 한국의 과학기술』, 과학기슬부, 2005.
2) 『국가 중점 육성 특성화 기술 33』, 과학기술부, 2007.

지구적 문제는 물론 한국만이 갖고 있는 특수성이 무엇인가이다. 그러므로 지구적인 문제점이 고려된 아이템은 한국의 고유한 문제는 아니지만 한국의 과학기술이 나아가야할 길을 예시한 청사진이라는데 중요성이 있다. 즉 이들 숙제를 충실히 이행할 경우 선진국으로 도약하는 방안이 될 수 있다는 뜻이다.

토탈로드맵을 설명하기 전에 이들 숙제가 선정되기 위한 기본 조건 즉 한국을 비롯한 세계가 갖고 있는 큰 틀의 과학기술계가 해결해야 할 몇 가지 대 전제는 다음과 같다. 한국과 세계의 문제를 혼합하여 설명한다.

제일 먼저 우리나라는 에너지 다소비 산업 구조를 갖고 있기 때문에 기후변화협약의 의무감축 규정에 따른 온실가스 저감정책의 이행시 우리나라의 주력 산업인 철강, 석유 화학 등 에너지 다소비산업은 생산 활동에 부담이 될 수 있다.

또한 2100년 한반도의 기온이 현재보다 2도 정도 상승하게 되어 강수량의 심한 변화로 인한 극심한 가뭄과 홍수가 빈발될 것으로 예상되며 온대(溫帶) 수종(樹種)과 아한대(亞寒帶) 수종은 온도 상승에 따라 급속히 감소하여 사과 등의 온대 과일은 생육에 위협을 받을 것으로 예측했다.

현재 인류가 사용하는 물의 70%는 농업을 위해 사용되고 있는데 유엔의 『세계수자원보고서』는 2050년 20억 이상의 인류가 물 부족에 이를 것으로 추정했다. 그런데 한국은 국민 1인당 확보된 연간 담수량을 기준으로 볼 때 '물부족국가군'으로 분류되어 있다. 이는 풍부한 강수량에도 불구하고 인구밀도가 높기 때문이라는 설명도 있다. 그러나 2002년을 기준으로 할 때 우리나라의 연간 1인당 이용할 수 있는 재생 가능 수자원의 양(연평균 자연하천유출량/인구)은 1,493m³로 예측했고 2025년에는 1,341m³이다. 이 숫자는 물기근 국가의 기준인 1,000m³보다는 높지만 물부족(압박) 국가로 인식되는 1,700m³에도 훨씬 하회한다.

한국의 과학기술 발전을 위한 빈부 격차 해소도 관건이라고 지적되었다. 상위 5%의 평균소득과 하위 5%의 평균소득 비율 격차는 1980년 6 : 1에 서 2005년 200 : 1로 벌어졌다. 이는 지난 반세기 동안 유래 없는 경제성 장을 이룩했지만 분배문제에 상대적으르 소홀했다는 것이다. 그러므로 이 런 문제점을 조정 개선하는 방안을 도출하는 더 과학기술의 역할도 큰 몫 을 요구한다는 설명이다.

인간에게 당면한 문제점은 질병인데 전 세계적으로 감염성 질병으로 인 해 사망하는 사람은 전체 사망 원인의 30%에 달한다. 20년 동안 조류독 감, 에볼라, 에이즈, 사스 등 극히 감염성이 높은 질병들이 세계적으로 나 타났는데 이들 중 대부분은 아직 치료 방법이 없는 상태다. 나아가 폐결핵 이나 말라리아 등 이미 알려진 20여개의 질병들이 항생제가 듣지 않는 변 이를 이루었으며 콜레라나 페스트, 뎅기열 등 이미 사라졌던 질병들이 다 시 나타나고 있다. 이는 항공기를 통한 국제여행의 증가와 영양결핍과 열 악한 위생 상태 등과 같은 요인들이 톤합적으로 적용한 결과이며 기후변 화, 원거리 주거환경 등으로 질병에 노출될 가능성이 더욱 높아진다는 설 명이다.

한국의 미래는 이들 청사진에 제시된 과학기술 개발이 성공적으로 달성 되느냐에 달려있다고 볼 수 있는데 이를 음미하면 현재 한국의 과학기술 수준 즉 한국과학기술의 현황을 파악할 수 있다. 한국이 미래의 과학강국 으로 떠오르기 반드시 집고 넘어가야 할 숙제를 제목만 적으면 다음과 같 다.

1) 차세대 네트워크 기반 기술
2) 휴대인터넷 및 4세대 이동통신 기술
3) USN 기술

4) 정보 보호 기술

5) 차세대 시스템 S/W 기술

6) 줄기세포 응용 기술

7) 신약개발 前 臨床/臨床 기술

8) 신약 타켓 및 후보물질 도출 기술

9) 약물전달 기술

10) 농수축산물 고부가가치화 가공 및 생산기술

11) 지능형 서비스 로봇 기술 형식

12) 환경친화형 자동차 기술

13) 초정밀가공 공정 및 장비 기술

14) 지능형 생산 시스템 기술(機械, 工程, 纖維 등)

15) 수소에너지 생산 저장 기술

16) 차세대 전지(2차 전지, 연료전지) 기술

17) 事前 親環境 제품 및 공정 기술

18) 光·電子 融合 素材

19) 에너지 이용 고효율화 기술

20) 나노급 素材 工程 기술

21) 400km/h 급 고속열차 기술

22) 尖端輕電鐵 및 都市間磁器浮上列車 기술

23) 尖端 物流 기술

24) 암 조기 진단 기술

25) 인체 안전성·위해성 평가 기술

26) 新再生 에너지 기술

27) 衛星體(본체, 탑재체) 개발 기술

28) 海洋領土 管理 및 移用 기술

29) 해양환경 연구 및 관리 보전 기술

30) 대기오염 低減 및 처리 기술

31) 자원순환 및 폐기물 안전 처리 기술

32) 환경보전 및 복원 기술

33) 자연재해 · 재난 예방 및 대응 기술

위에 예시된 것은 인류가 당면한 수많은 문제점 중에 일부분에 지나지 않지만 이들 모두 과학기술이 다루어야 할 분야임에는 틀림없다. 즉 이들 한국이 풀어야 할 과제를 역으로 생각하면 한국의 과학기술 현황을 파악할 수 있다고 볼 수 있다. 각 주제를 음미하기 바란다.

2. 21세기 과학기술이 가지고 올 한국의 미래

한국을 비롯한 세계적인 변화를 기츠로 한국의 과학자들은 25년 후인 2030년을 예측했다. 그러나 단 25년 흐임에도 불구하고 한국의 과학자들은 한국이 얼마나 빠르게 변화할 지 상상조차 할 수 없다고 지적했다.

나노기술(Nanotechnology), 생명공학(Biotechnology), 정보화기술(Information Technology), 인지과학(Cognitive Science)의 융합화로 인한 시너지화(NBIC)는 개인과 집단의 성과를 극적으로 증대시키고 인류문명에 대한 지원 시스템을 급격하게 향상시킬 것으로 예상했다.

특히 NBIC제품은 바이오매트릭스부터 대 테러방지시스템에 이르기까지, 그리고 두뇌의 기억저장기능에서부터 시각기능의 획기적 개선이 이루어진다고 예측했다. 안테나와 광전지, 컴퓨터 센서, 초음파 감지, 보온기능을 가진 나노 실로 직조된 전자직물로 만들어진 옷이 개인적인 조기경고 또는 대응 시스템의 일환으로 착용된다. 컴퓨터 칩이나 통신대역, 신물질,

유전체와 생명과학, 컴퓨터 과학, 국제기준, 공용소프트웨어 등의 과거를 변화시킨 것처럼 앞으로도 변화시킬 것으로 예상했다.

미래 전망이 거의 장밋빛으로 그려졌으므로 이들 목표가 100% 실현된다고 믿을 수 없다고 생각하는 사람들이 많이 있는 것은 사실이다. 그만큼 미래를 예상할 수 있는 전망에 따른 불확실성이 많기 때문이다. 그러나 이들 전망은 미래를 실현 가능성이 있게 만들어주는 과학기술이 예상대로 뒷받침해준다면 불가능한 일도 아니다. 한국의 과학자들이 예측한 미래, 즉 한국이 구상하고 있는 미래는 불가능한 일을 전제로 만든 것은 아니기 때문이다. 한국인이 기대할 수 있는 모든 것 즉 궁극적인 한국인의 미래를 분야별로 간략하게 적는다. 미래의 한국인들이 겪게 되는 변모된 한국을 그려본다는 것은 정말로 즐거운 일이다.

1) 유비쿼터스로 생활패턴이 바뀐다

미래 한국은 '유비쿼터스' 시대가 된다. 유비쿼터스는 물이나 공기처럼 시공을 초월해 '언제 어디에나 존재한다'는 뜻의 라틴어이다. 사용자가 컴퓨터나 네트워크를 의식하지 않고 장소에 상관없이 자유롭게 네트워크에 접속할 수 있는 환경을 뜻하는 말로 유비쿼터스 컴퓨팅의 준말이다. 유비쿼터스가 실현되면 각종 사물들과 물리적 공간에 눈에 보이지 않는 소형 컴퓨터칩들이 곳곳에 배치되므로 오늘날 사용되는 노트북이나 PDA들은 사라진다고 볼 수 있다. 한마디로 유비쿼터스는 현재 사용되고 있는 컴퓨터들이 사라지는 환경 즉 컴퓨터가 없던 때와 같은 생활 공간을 확보하면서도 궁극적으로는 모든 생활기기를 컴퓨터로 활용할 수 있는 환경에서 살게 된다는 것을 뜻한다. 즉 인간이 살고 있는 모든 환경이 인간의 손발처럼 움직이는 시대가 열리는 것이다. 이는 모든 공간이 똑똑해진다는 것을 의미한다.

모든 생산품은 UC 컴퓨터 내장형으로 출하된다. 가전, 통신기기, 센서들이 네트워크에 연결돼 모든 일상생활이 언제 어디서나 네트워크로 연결된다. 이전에 대부분 제품에 부착되어 있던 바코드는 사라지고 무선주파수 식별용 전자태그(Radio Frequency Identification)가 등장한다. RFID는 바코드를 대신해 등장한 무선 꼬리표(태그)로, 주파수를 이용해 정보를 주고받는 물류관리 시스템을 말한다.

전자태그의 작동방법은 간단하다. 전자식별 태그 안에는 기본적으로 무선 통신이 가능한 안테나와 배터리, 기억 기능을 가진 부품이 들어 있다. 배터리가 내장돼 있지 않은 태그는 판독기가 보내주는 전파로 전기를 만들어 작동해 저장된 정보를 무선으로 전송한다. 거기에 걸리는 시간은 한 순간이다.

전자식별 태그는 물건의 종류를 가리지 않고 적용할 수 있으므로 바코드보다 장점이 많다. 바코드는 그것을 붙일 수 있는 상품에만 쓸 수 있다. 쇠고기, 물 자체에는 붙일 수 없기 때문에 겉포장에 바코드를 붙인다. 또 계산대에 가서 하나하나 바코드 판독기에 닿게 해야 그 안에 들어 있는 정보를 읽을 수 있다. 그러나 전자식별 태그는 물속 또는 쇠고기 살 속에 엄지손톱만한 태그를 넣어 놓기만 해도 전자식별 판독기는 몇 미터 떨어진 곳에서도 그게 쇠고기인지, 얼마인지, 어느 나라 산인지 판별할 수 있다. 전자식별 태그와 그 판독기는 서로 무선으로 정보를 주고받기 때문이다.[3]

쇼핑을 할 때 카트에 물건을 담으면 카트에 달린 RFID 인식기가 물건 값을 계산하고 신용카드 결제까지 자동적으로 한다. 공항에서는 화물 추적이 가능하고 박물관에서는 소장품을 잃어버릴 염려가 없다. 심지어는 놀이공원에서는 미아방지용은 물론 고령자들의 위치 추적으로 급작스러운 불

---

3) 「성큼 다가온 전자식별 태그 시대」, 박방주, 중앙일보, 2006.10.20.

상사를 미연에 방지할 수 있다.

가전기기도 획기적으로 바뀐다. 자동인식 냉장고는 네트워크로 연결되어 있는 가전기기들을 제어하고 인터넷을 열어 요리 관련 정보를 주방에서 바로 확인할 수 있고 TV도 시청할 수 있다. 구입한 식품을 냉장고에 넣으면, 그 식품의 전자태그를 읽어 냉장고의 저장식품 리스트에 뜨고 생산일자, 유효기간도 나타나고, 유효기간이 만료되기 전에 먹도록 알려주기도 한다. 그만큼 식품을 효율적으로 관리할 수 있다. 컵은 언제나 내가 원하는 대로 내용물의 온도를 올리고 낮춰주며 화분은 흙과 식물의 상태를 정확하게 알려줄 정도이다.

유비쿼터스의 특징은 사물들에 내장된 컴퓨터 칩이 모두 네트워크로 연결된다는 것이다. 어떤 사물에도 컴퓨터 칩이 들어 있기 때문에 바로 네트워크에 접속할 수 있다. 빈 몸으로 다녀도 언제 어디서나 홈 네트워크에 접속해 집안일을 할 수 있다. 예를 들어 세탁기에 세탁물을 넣어 두고 깜박 잊고 집을 나왔더라도 길거리 가게의 냉장고에서 세탁기를 돌릴 수 있다. 가스불 끄는 것을 깜빡 잊어버렸을 경우에도 가스레인지나 연기 및 열 탐지기 안에 장치된 컴퓨터가 스스로 인식해 가스불을 자동으로 꺼지게 한다. 또 고장이 나서 그와 같은 과정이 제대로 이루어지지 않으면 주택관리 컴퓨터가 소방관리센터에 연락하여 조처를 취한다.

그뿐이 아니다. 집 밖에서도 집안의 모든 사물과 소위 ‘의사소통’이 가능하다. 이를테면 귀가 시간이 지체될 경우 된장찌개를 좀 더 있다가 끓이라고 조리기에 메시지를 전달할 수 있다. 외국에 전 가족이 나갈 때도 언제든 주택 내장 컴퓨터에 연락해 집에 무슨 일이 일어났는지를 확인할 수 있다.[4]

---

4) 『미래 속으로』, 에릭 뉴트, 이끌리오, 2001.

유비쿼터스의 가장 매력적이고도 환상적인 부분은 타인과의 교제가 매우 자연스러워진다는 점이다. 모르는 사람과 악수만 하면 '보디넷'으로 연결되어 곧바로 상대방의 나이, 이름, 직장, 사무실전화, 취미 등 각종 개인정보를 척척 알려준다. 물론 공개된 정보 이외의 내용을 알려주려면 비밀을 해제시키면 된다. 거의 모든 사람들이 보디넷으로 자기 이상에 맞는 반려자를 찾아 결혼할 수 있을 것이다.

유비쿼터스는 정보통신 관점에서 모든 사회분야에 혁명을 일으킨다. 어느 제품의 결함이 발견되어도 리콜되지 않는다. 네트워크에 접속되어 있는 자사제품의 프로그램을 모두 교체해주기 때문이다. 제품의 기능이 향상되면, 네트워크에 접속된 제품의 기능을 업그레이드 해주기만 하면 된다. 유비쿼터스는 이 같은 방식으로 제품의 수명과 효용가치를 더욱 길게 해줄 수 있기 때문에 생산량이 줄어들게 된다. 이것이 소비자에게는 오히려 이득이 된다. 소비자가 새로운 제품을 구매할 필요가 없기 때문에 생산자들은 최고의 제품을 생산하기 위해 최선을 다해야만 한다. 좋은 제품만 살아남기 때문이다.

그러므로 유비쿼터스 환경에서는 선진국일수록 저성장사회로 이행될 거라는 생각이 지배적이지만, 오히려 소모성자원의 활용도를 높이는 등, 순환형 사회시스템이 구축되는 효과를 가져올 수도 있다. 대량생산을 통한 제품판매방식은 소비자 개개인에 대한 맞춤형 제품으로 바뀌면서 마케팅 분야가 훨씬 증대되어 그만큼 지속성장이 가능해지는 것이다.

유비쿼터스가 실제로 가능한 것은 유비쿼터스 실용화에서 가장 큰 걸림돌이었던 두 가지 문제가 해결될 것으로 예상되기 때문이다. 첫째는 앞에서 설명한 RFID를 모든 제품에 부착하려면 그 가격이 만만치 않고 두 번째는 대형컴퓨터가 필요한데 기존의 컴퓨터 개념으로는 유비쿼터스 환경의 전산이 불가능하다.

그런데 RFID가 파격적으로 저렴한 가격으로 생산될 것이고 기존 컴퓨터와는 완전히 다른 양자컴퓨터가 실용화될 예정이다. 2000년대 초를 기준으로 하여 슈퍼컴퓨터로 해독하는데 수백 년 이상 걸리는 암호체계도 양자컴퓨터는 불과 4분 만에 풀어낼 수 있다고 한다.

양자컴퓨터는 하나의 CPU만 가지고도 병렬 처리할 수 있는 장점이 있다. 즉 CPU는 하나지만 量子係의 성질에 의해 중첩되어 들어오는 입력 데이터를 동시에 처리할 수 있기 때문이다. 비트가 10개 있어서 210＝1,024개의 숫자를 표현하는 경우 고전전산에서 1,024개의 입력에 대해 연산하려면 모두 순서대로 처리해야 하지만 양자전산에서는 각 비트를 모두 중첩시켜 한꺼번에 처리할 수 있다. 즉 1,024개의 데이터를 동시에 병렬 처리하기 위해서는 10비트를 가진 양자컴퓨터 한 대면 되지만 현재의 컴퓨터로 똑같이 병렬 처리하려면 1,024개의 컴퓨터가 필요하다. 더욱이 비트 수가 100이 되면 이를 병렬 처리하는 데 필요한 컴퓨터의 수는 상상할 수 없이 커진다.

2) 잡일은 로봇이 해결한다

현재 급속도로 발전하는 로봇 관련 기술로 볼 때 로봇 산업이 급격히 성장할 것으로 전망된다. 로봇은 산업용 로봇과 지능형 로봇(휴먼 로봇)으로 나뉜다. 지능형 로봇이란 이름은 인간이 주입하는 정보에만 의존하는 로봇이 아니라 나름대로 정보를 판단하여 인간과 같은 기능을 갖고 있을 때 붙여준다. 휴먼 로봇은 또 다시 사이보그와 자율형 로봇(안드로이드 포함)으로 나뉜다.

산업용 로봇은 간단하게 말하여 산업체에서 인간의 노동력을 대체할 수 있는 기계를 의미한다. 컴퓨터로 하여금 반복적인 일을 지시하는 프로그램을 기계에 입력시키는 기술이 도입되자마자 대량 생산을 하는 산업체에서 곧바로 로봇을 도입하기 시작했다.

로봇의 세계는 무한하다. 가정용 로봇이 실생활에 접근하게 되는 직접적인 요인은 컴퓨터의 발달 때문이다. 산업체에서 기계적인 단순 작업을 주로 하는 로봇을 제1세대라고 부른다면 가정용 로봇은 제2세대라고 부를 수 있다. 주부들의 가사 일을 도와주는 청소로봇 등이 등장하여 폭발적인 인기를 끌고 있지만 보다 지능적인 가정용로봇의 보급이 더욱 활기를 띠게 될 것이다.

지능형 가정용 로봇은 인공지능과 홈오토메이션 제어기능을 갖고 있다. 이들은 집안에서의 기능성은 물론 주인의 음성명령을 인식하고 무선 인터넷 검색으로 날씨와 주식정보에서 최신 유머까지 말해주는 지적인 처리능력을 갖추게 된다.

로봇은 열악한 환경에서 그 진가를 발휘한다. 지구 밖 궤도상에서 돌고 있는 우주정차장에서는 로봇이 우주인을 대신하여 고장 난 부분을 수리하기도 하는데 인간이 직접 하는 것보다 효율이 높기도 하지만, 경비 면에서도 비용을 획기적으로 줄일 수 있는 장점이 있다. 군사용으로도 로봇의 활용도는 더욱 높아진다. 평화 시에는 병력의 감축효과가 있으며 전투 시에는 정찰용, 재급유용, 지뢰탐지용, 기타 인간이 쉽사리 들어갈 수 없는 곳에 소형 로봇이 들어가 현장을 생생하게 컴퓨터로 전송하여 군 작전 수립에 활용하기도 한다. 로봇은 인간을 대신하여 위험한 폭발물 등을 취급하는 일에 사용되며 포로의 감시 등 인간이 하기에는 지루하거나, 정밀성에 한계가 있는 분야에 감시용으로 사용되고 있다.

로봇이 가장 활발하게 활용되는 분야는 인간의 생명과 관련된 의료분야이다. 지극히 정밀성을 요구하는 최소 침습 수술(외과 수술 중 적절한 도구나 방법을 이용해서 절개 부위를 최소화하는 수술)을 위한 복강경 수술 로봇의 개발, 고관절 전치환술용 수술(사고나 질병으로 고관절(엉덩이 관절,

골반과 대퇴골을 연결)이 손상되었을 때 인공 관절로 고관절을 치환)로봇, 로봇 수술을 위한 지능형 수술 도구 개발, 원격진료로봇의 개발은 물론 로봇이 환부에 정확한 양의 방사선을 쬐어주기도 한다.

가정용 로봇은 노약자 및 장애인을 위한 지능형 침대, 휠체어, 그리고 침대와 휠체어를 잇는 보조 로봇 등 주로 주거공간에서 거동이 불편한 사람들을 대상으로 개발되기 시작했다. 교육용 로봇과 엔터테인먼트 로봇도 개발되었는데 보모에서부터 교육을 담당하는 로봇과 로봇축구로 시작해서 오락용 로봇 등 많은 분야에서 로봇이 활용된다.

3) 학교는 배우러 가는 곳이 아니라 노는 곳

미래의 어린아이들은 일주일에 하루나 이틀 학교에 가게 될 것이다. 학교 수업은 대개 집안에 설치된 학습방에서 받는다. 학습방에는 크기조절이 가능한 스크린과 터치스크린 전자장갑(커뮤니케이션 도구들 : 음성인식기, 문자인식기), 녹음, 녹화기능 등과 같은 도구들이 구비되어 있다. 원격교육이 가능한 것은 실제 환경과 거의 차이가 없는 체험시뮬레이션 학습 프로그램이 개발되어 사용될 것이기 때문이다. 물론 모든 장비는 정부에서 무료로 지급할 수 있게 될 것이다.

언제, 어디서나, 누구든지 쉽고 편리한 방식으로 지식과 정보에 접할 수 있는 유비쿼터스 시대에는 오프라인과 온라인을 넘나드는 교육환경이 된다. 그러므로 학교에 가고 안 가고를 떠나서 언제 어디서나 학교의 교육을 제공받을 수 있다. 정부의 각 기관에서 다양한 교육 콘텐츠를 무상으로 제공하기 때문에 배우려고 맘만 먹으면 언제든 무엇이든 배울 수 있다. 사람들은 남녀노소를 가리지 않고 원하기만 하면 다양한 교육 기회를 얻을 수 있다는 점이 현재와 다른 점이다.

체험 시뮬레이션 학습 프로그램으로 이집트 고대문명을 배우는 과정을 예상해 보자. 먼저 스크린을 통해 선생님과 학생들은 인사를 하고 학습내용이 간략하게 소개된다. 학생들은 VRH(Virtual Reality Headset)을 쓴 후 프로그램이 실행되도록 준비한다.

프로그램이 시작되면서 이집트의 고대문명에 대한 여행을 시작한다. 학생들은 지금 선생님과 이집트의 피라미드 앞에 서있다. 학생들은 선생님이 들려주는 설명에 귀 기울이며 유물들을 관찰한다. 피라미드를 만들 때 사용된 딱딱하고 거대한 돌들을 만져보며 돌의 질감도 느낄 수 있다. 여러 가지 유물과 유적들을 둘러본 후 선생님의 지시에 따라 이집트의 옛 수도 멤피스로 순식간에 이동한다. 그곳에서는 나일 강의 범람으로 인한 축제가 열리고 있다. 학생들은 고대 이집트인들의 축제와 의복, 음식, 주거 환경 등을 생생하게 살펴보면서 자신이 고대이집트인이 된 것 같은 착각을 느낀다.

시험도 집에서 친다. 모든 학생들이 학습방으로 들어가 선생님이 제출한 시험을 본다. 옆에 앉은 학생의 답안지를 볼 수도 없고 엄마와 아빠가 도와줄 수도 없으므로 커닝은 생각할 수도 없다. 시험 시간이 지나면 자동적으로 프로그램이 종료되므로 답을 제대로 쓰지 못하면 0점 맞기 십상이다.

일주일에 하루나 이틀 학교에 가는 것은 원격교육의 부족함을 보완하기 위해서이다. 학교에서의 수업은 사회성과 협동성 등에 초점을 맞추며 주로 팀 프로젝트나 클럽 활동 등으로 이루어지고 운동시간도 포함될 것이다. 학습 선택권도 크게 확대되어 다양한 학습자원을 활용할 수 있다. 원격 교육이 실질적인 교육의 대부분을 차지함에 따라 교과목을 자유롭게 선택할 수 있을 뿐만 아니라, 개인의 능력과 진도에 따른 학습이 가능하다.

어린아이들이 제일 좋아하는 미래의 게임은 21세기 초와는 완전히 달라진다. 가상현실(Virtual reality) 오락 시스템은 체험 시뮬레이션과 유사하다. 가상공간을 이용한 야구 시합을 한다고 하자. 유저는 가상공간으로 들어가 자신이 원하는 팀을 선정하고 그동안 자신의 야구 게임 정보를 입력하면 자신에게 알맞은 포지션과 타순이 정해진다. 포수로 지정되면 야구장과 같은 공간에 자기 팀 9명이 선수로 들어가 상대방의 타자와 맞선다. 일일이 투수에게 사인을 주면서 현장에서와 다름없이 야구를 할 수 있다. 공격으로 바뀌면 자기 타석에서 상태 팀 투수의 공을 때리기 위해 노력한다. 가상공간에서 두각을 나타내는 선수는 현실에서의 야구 선수와 맞먹는 인기를 누릴 수도 있다.

컴퓨터 게임을 손으로만 하는 것은 아니다. 자동차 경주용 게임만 하더라도 미래의 컴퓨터 화면에는 흔히 오락실에서 볼 수 있는 자동차 경주용 게임 화면이 나타나고 경주가 펼쳐진다. 화면 한구석에는 시속 31㎞, 100㎞ 등으로 수시로 변하는 자동차의 속도가 표시되는 것은 현재의 그것과 같지만 기존 게임처럼 자동차를 컴퓨터 자판이나 조이스틱으로 조정하지 않는다. 뇌파로 자동차의 속도를 조절하기 때문이다. 게임을 즐기는 사람의 이마와 양쪽 귀 뒤편에는 뇌파를 감지하기 위한 전극이 붙여져 있어서 단지 무엇인가에 집중하면 자동차의 속도가 급속하게 증가하고, 집중력이 아주 높아지면 자동차가 날아간다. 그렇지 않으면 자동차의 속도는 급속하게 줄어들게 된다. 생각만으로 움직이는 게임은 그만큼 빠르게 전개되어 박진감이 훨씬 높아진다.

이러한 바이오피드백 게임은 생체정보를 게임에 활용하기 때문에 기존 게임처럼 게임 중독이나 돌연사 등의 부작용을 상당부분 없앨 수 있다. 게임하면서 자신의 몸 상태를 파악할 수 있기 때문에 과도하게 게임에 몰입하지 않고, 몰입하더라도 몸이 너무 긴장돼 있으면 이완할 때가 됐다는 것을 알 수 있기 때문이다.

손바닥 땀샘을 이용하여 게임을 할 수 있는 것은 손바닥이나 발바닥에 많이 분포하는 에크린이라는 땀샘은 심리변화에 민감하게 반응하기 때문이다. 얼굴이나 몸에 있는 땀샘이 체온에 주로 반응하는 것과는 대조적이다. 에크린은 긴장하면 땀이 나며 손바닥의 저항값을 변화시킨다. 게임은 이런 변화를 감지해 이용하는 것이다. 조이스틱의 손잡이에 손바닥이나 손가락의 저항 변화를 측정해 게임에 이용할 수도 있다.

맥박이나 심전도도 바이오피드백(Bio feedback) 게임 소재로 사용될 수 있다. 사람이 긴장하거나 풀어졌을 때 그 영향이 심전도와 맥박에 그대로 반영되기 때문이다.[5]

4) 양치질로 질병을 알아본다

미래에 의료분야는 그야말로 획기적으로 개선된다. 생명공학 분야에서 획기적인 진전을 이룰 수 있게 된 것은 인간 게놈이 분석되어 수많은 유전병을 원천적으로 치료할 수 있는 길이 열렸기 때문이다. 그에 따라 재조합 단백질 기술이 확대되고 유전자 치료가 활성화되며 줄기세포 사용에 대한 윤리문제가 해결되면 세포치료제의 처방이 보편적인 치료법으로 정착될 것이다.

암을 완전히 치료하기 위해서는 조기 발견이 중요하지만 그것이 어려웠던 것은 암의 전이기전 규명이 명확하게 알려지지 않았기 때문이다. 그러나 앞으로는 약국에서 약에 해당하는 바이오칩 중에서 단백질칩을 구입해, 혈액 한 방울만 떨어뜨리면 곧바로 암 발병 여부를 확인할 수 있게 된다.

과거에는 몸에 이상이 있을 경우 병원을 방문하여 질병 유무를 확인했으나 유비쿼터스 시대에는 이런 불편함이 사라진다. 칫솔이나 변기에도 국가 의료전산망과 연결되는 무선주파수 식별용 전자태그(Radio Frequency Identification)가 부착되기 때문이다. 그러므로 양치질하는 동안에도 이상

---

5) 「뭐, 뇌파로 게임한다고?」, 박방주, 중앙일보, 2006.7.7.

이 있으면 곧바로 의료전산망을 통해 자신이 속해 있는 병원의 컴퓨터에 알려주어 정밀 진단을 받으라는 정보를 받게 된다. 이에 따라 치료기법도 달라진다. 지금까지는 일반적인 사람 즉 표준형 인간에 맞춘 치료가 이루어져왔다. 예를 들면 당뇨병 환자는 거의 비슷한 치료를 받게 된다. 그러나 인간 게놈 지도의 완성으로 3만여 개에 이르는 인간 유전자의 정상형과 변질형을 완벽하게 분석할 수 있게 된다. 따라서 DNA 칩만 있으면 지구상에서는 그 어떤 질병에 걸렸다 하더라도 발병 여부를 확인할 수 있다. 뿐만 아니라 몇 살쯤에 어떤 병에 걸리게 될지를 미리 알 수도 있어 질병의 예방과 치료에 도움을 받게 될 것이다.

보건의료시스템이 국가전산망에 연결되면 국내외 어느 곳을 가든 어떤 병원을 가든 자신의 몸 상태에 대해 설명할 필요가 없어진다. 설사 쇼크가 일어나 의식을 잃어도 이름만 대면 별다른 검사를 다시 해야 할 필요가 없어 그만큼 신속하게 치료받을 수 있다. 각자의 신체에서 일어나는 이상 징후는 모두 사전에 데이터로 종합전산망에 들어있으므로 병원은 질병 유무를 확인하는 곳이 아니라 병이 있는 사람에 한하여 정밀진단을 하고 치료하는 곳이 될 것이다.

또한 병원의 모든 진단은 의학영상시스템을 통해 이루어지기 때문에, 의사가 아니라도 눈으로 보면 몸 속에 어떤 질병이 생겼는지 알 수 있을 정도로 의학은 쉬워질 것이다. 세계의 모든 환자는 전자의무기록과 보건의료정보카드에 기록되어 각국 정부가 관리한다. 그러므로 조그마한 질병이 나타났다고 하여 곧바로 병원을 방문하는 것이 아니라 사이버 병원에 접속하여 쉽게 치료를 받는다. 엄밀한 의미에서 병원은 더 이상 질병을 치료하는 곳이 아니라 질병을 없애는 곳이 된다. 뿐만 아니라 어떠한 신체장애도 병원을 찾으면 정상인으로 되돌아갈 수 있게 된다.

한국도 고령화사회에 접어들면서 고령자의 치매현상이 큰 문제가 되고 있지만 미래에는 이 역시 과거의 질병으로 인식될 전망이다. 유전공학의 발달로 이러한 병도 일반 감기와 같은 병으로 전락하게 될 것이기 때문이다.

5) 장애자라는 단어가 사라진다

SF 영화 중에서 사상 최고의 흥행에 성공한 작품의 하나인 「슈퍼맨」의 주인공 크리스토퍼 리브는 다음과 같이 말했다.

"1995년 승마 도중 말에서 떨어져 입은 척추 부상으로 하반신 불구가 되었을 때는 정말 살고 싶지 않았습니다. 그러나 제가 출연한 '슈퍼맨'을 본 어린이들을 실망시키지 않기 위해 재활훈련을 열심히 했습니다. 그리고 얼마 전 키보드나 마우스에 손을 대지 않고 생각만으로 사용할 수 있는 컴퓨터가 개발되었다는 소식을 듣고 얼마나 기뻤는지 모릅니다. 살아있기를 잘했다는 생각이 들더군요."

사람의 뇌를 컴퓨터에 연결해 뇌로부터 나오는 전기신호로 컴퓨터를 작동시키는 제품들을 두고 한 말이다. 뇌에서 나오는 미약한 전류를 뇌파라 한다. 뇌파는 0.5~50헤르츠의 주파수 범위에 집중되어 있는 느리고 연속적인 전자파이다. 뇌의 활동 상태에 따라 알파파, 베타파, 델타파 등 주파수가 다른 뇌파가 발생한다. 이러한 뇌파의 특성을 이용하여 생각만으로 컴퓨터를 제어할 수 있다는 원리에 기반하고 있다. 뇌파를 이용하면 장애인의 재활도 가능하고 유비쿼터스 사회가 되면 감정을 원거리에 전송하고 로봇을 원격조종할 수 있다. 또 손을 대지 않고 생각만으로 어떤 기기를 조종할 수 있다는 것은 가장 간단하고 편한 입력 방식을 필요로 하는 차세대 컴퓨터에도 활용된다.

뇌파는 특정 행동이나 감정에 따라 다른 파형으로 나타난다. 어떤 물건을 왼쪽으로 민다거나 낚싯줄을 감는 등의 생각을 할 때 뇌에서 나오는 뇌파도 각각 달라진다. 슬픔이나 기쁨 등 감정 상태에 따라서도 역시 파형이 다르다. 이런 다른 파형을 전자칩으로 인식한 뒤 원하는 동작을 하도록 하는 것이다. 뇌파를 이용하려는 시도는 20세기 말에 많은 연구가 있었지만 뇌파를 정형화하기 어렵기 때문에 답보상태였는데 양자컴퓨터가 등장하게 되면 획기적인 개선이 이루어질 것이다.[6]

머리에 쓸 수 있는 헤드디스플레이로 뇌파를 잡아 컴퓨터로 보내면 컴퓨터가 뇌파를 분석해 적절한 반응을 일으키게 할 수도 있다. 즉 컴퓨터가 사람의 마음을 읽어서 스스로 작동하는 것으로 BCI(Brain-Computer Interface) 지능형 네트워크 커뮤니케이션이라고도 한다. 뇌파만으로 무언가를 작동시킬 수 있다는 것은 그야말로 미래생활을 획기적으로 바꿀 수 있다는 것을 의미한다. 크리스토퍼 리브처럼 하반신 마비 환자들이 손을 사용하지 않고 생각만으로 컴퓨터를 조정할 수 있고 비디오 게임도 즐길 수 있다 맹인의 경우도 길 안내를 위한 네비게이션 로봇이 이미 발명되기도 했지만, 맹인의 얼굴이 움직이는 방향에 따라 컴퓨터가 받아낸 영상정보가 맹인의 뇌에 시각정보로 전달되기 때문에 눈으로 보는 것과 전혀 차이가 없다. 청각장애자의 경우도 마찬가지로 자신의 주변에서 들리는 모든 소리를 들을 수는 없지만 뇌가 인지할 수는 있다. 말을 할 수 없거나, 손짓으로도 의사표시가 불가능한 환자도 BCI를 통해 의사 전달이 가능하다.

BCI를 가장 많이 사용하는 사람들은 작가들이 될 것이다. 머릿속의 생각만으로 컴퓨터 모니터에 글이 적혀져 나오며 마음에 들지 않는 문구는 다시 생각만으로 교정하거나 지울 수 있다. 일부 작가들은 직접 손으로 원

---

6) 「생각만으로 전등을 끈다?」, 박방주, 중앙일보, 2005.9.16.

고지에 쓰거나 적어도 컴퓨터 자판을 두들겨야 좀 더 좋은 생각이 난다고 하지만 BCI를 이용한다면 수월하게 글을 쓸 수 있게 된다. 근전도 이용기술이 개발되면 휠체어를 관자놀이 근육이 움직일 때 나오는 전기신호로 조종할 수도 있다.

원리는 생각보다 간단하다. 즉 왼쪽 이를 깨물면 왼쪽 관자놀이 근육에서 전기가 발생한다. 그러면 머리띠처럼 두르고 있는 근전도 감지 장치에 미약한 전기신호가 잡힌다. 이런 신호가 오면 휠체어가 '앞으로 간다'라는 명령어로 알아들어 작동하게 기계장치를 구성해 놓는 식이다. 왼쪽 이를 깨물지 않고 오른쪽 이를 깨물거나 양쪽 이를 동시에 깨무는 등의 방법으로 여러 가지 명령을 휠체어에 내릴 수 있다. 손목 움직임 또는 호흡을 감지해 기기를 작동하는 기술도 개발될 전망이다.[7]

생각만으로 의사소통이 가능한 텔레파시 장치도 기초적으로 개발된다. 상대방에게 다이얼을 돌리고 말을 해야만 의사를 전달할 수 있었던 과거와는 달리 무선 텔레파시 장치는 마음속으로 연인을 떠올리기만 하면 그 느낌이 상대방에게 전달된다. 갑자기 애인이 보고 싶을 때 혹은 갑작스런 사고를 당해 위험에 처했을 때 무선 텔레파시 시스템을 통해 자신의 상황을 전달할 수 있다. 텔레파시는 인류의 의사소통 체계를 송두리째 바꿀 수 있는 뇌관과도 같다. "열길 물 속은 알아도 한 길 사람 속은 모른다"는 속담은 옛말이 된다.

물론 텔레파시 시스템은 애인과의 의사전달어만 사용할 수 있는 것은 아니다. 부모와 자식이 서로 텔레파시 장치를 갖고 있으면 실시간으로 상대방의 상황을 알 수 있다. 회사의 회의에서도 텔레파시 시스템을 이용하면 자신의 생각을 곧바로 전달할 수 있다. 언어도 의사소통하면서 상대방의

---

7) 「생각만으로 전등을 끈다?」, 박방주, 중앙일보, 2005.9.16.

말을 오해하게 되는 부작용을 막을 수 있어 대단히 효율적이다.

그러나 텔레파시 시스템은 많은 장점이 있음에도 불구하고 다소의 부작용 때문에 적극적인 개발은 다소 미루어질 전망이다. 남에게 알리고 싶지 않은 생각이 도청되어 개인의 사생활이 위협받을 수도 있기 때문에 사생활이 완전히 노출되기 때문이다.

일반사람들은 장애자의 고민에 대해서 생각하지 않는 경우가 많지만 불의의 사고에 의해 1급장애자 특히 시각장애인의 경우 보지 못한다는 고통은 무엇에도 비견할 수 없다. 이런 고통도 미래에는 사라진다. 망막은 안구 내부에서 가장 중요한 신경 조직이며, 그 표면에는 광신호를 전기신호로 변환하는 '광수용체'라는 세포가 많이 있다. 그곳으로부터 나오는 전기신호는 망막 내부의 신경절 세포 등을 거쳐 뇌의 시각 중추에 영상신호로 전달되어 우리가 지각할 수 있게 만든다. 그러나 노인이 되면 망막의 병으로 실명하는 사람이 많아진다. 망막 스캐닝 장치(retinal scanning device)를 장착한 헤드셋(headset)이 개발되면 직접 관찰자의 눈에 글이나 도표를 비추어주어 시각장애자가 전혀 불편 없이 보통 사람과 마찬가지로 글을 읽게 할 수 있다. 헤드셋을 쓰면 시각장애자들도 불편 없이 어느 곳이나 걸어 다닐 수 있게 될 것이다.

시각장애자가 볼 수 있도록 도와주는 마이크로칩 인공보형물(microchip implant)을 눈에 이식하는 방법도 보편화된다. 이런 연구는 이미 동물 실험에서 성공했다. 연구팀은 고양이의 눈이 인체의 눈과 크기 및 구조가 유사하고 수술에도 같은 기구와 기술을 이용하며 인간과 비슷한 많은 안질환을 앓는다는 점에 착안하여 유전성 망막세포변성 질환을 가진 고양이를 대상으로 연구를 진행하여 고양이의 시력을 복구하는데 성공했다. 미래에 시각장애자라는 단어는 사라질 전망이다.[8]

6) 안전하고 더 빠른 교통이 지배한다

미래의 운전자가 운전을 위해 하는 일기라고는 목적지와 희망 도착시간 정도를 입력하는 것뿐이다. 그것도 음성으로 말하거나 생각만 하면 된다. 자동차 운전자가 하는 일은 자동 운전 모드를 선택해 위성항법 장치의 목적지를 설정할 것을 명령하는 것 외에 자동차와의 커뮤니케이션은 더 이상 필요 없다. 나머지는 자동차가 다 알아서 한다. 앞 차와의 거리를 유지하는 것을 비롯하여 모든 주행은 각국에서 운용하는 '교통안전시스템'에 연결되기 때문에 완전히 자동화될 전망이다. 그러므로 주행 중에 영화를 볼 수도 있으며 심지어는 일도 할 수 있다.

스마트 타이어는 기존 고무 타이어에 각종 안전센서가 장착되어 운전자에게 위험상황을 경고하는 기능까지 해주는 미러형 타이어로 실제 주행 중에 펑크가 나기 전에 타이어 공기압 정브를 운전자에게 알려 느면 조건을 감지하고 타이어 외부형태를 바꾸기도 한다.

궤도를 이용하는 열차와 하늘을 나는 항공기에도 획기적인 개선이 이루어진다. 서울에서 부산까지 빠르게 달리는 KTX는 자기부상열차로 진화되어 떠 있는 상태에서 바퀴 없이 달리기 때문에 소음과 진동이 거의 없고, 선로를 이용한 고속철보다 훨씬 빠르게 달리게 된다. 또 마모가 없어 유지보수가 거의 필요 없는 것도 장점이다.

'물 위를 나는 배'로 불리는 위그선(Wing-in-Ground Effect Ship)은 초고속으로 달리는 해상 운송선인데 물 위를 떠서 날아간다. 보통 배는 물 위의 저항 때문에 쾌속선을 제외하고 30km/h 이상의 속도를 내기 어렵다. 그러나 위그선은 날개가 해수면에 가까워질 때 선체를 밀어 올리는 양력

---

8) 「美 연구팀, 눈 뜨게 하는 '마이크로칩 임플란트' 개발 중」, 이동근, 메디칼투데이, 2007.1.12.

(揚力)이 커지는 '지면 효과'를 기본원리로 하기 때문에 빠른 속도를 낼 수 있다. 위그선은 배로 17시간, 비행기로 1시간 30분 정도 걸리는 인천과 중국 칭다오 간 항로를 2시간 만에 갈 수 있다.

하늘을 나는 초경량 항공기도 개발되는데 짧은 활주로를 이용해 하늘로 뜬다는 것이 장점이다. 집 근처의 공용 활주로를 이용해 날아오르고, 직장 내 활주로를 이용하면 바로 주차장으로 연결되기 때문에 출퇴근 시간이 훨씬 줄어들 수 있다. 지구대기권 내에서 마하 4이상으로 달리는 극초음속 비행기도 개발된다. 엔진도 로켓엔진이 아니라 스크램제트 엔진을 사용하게 되는데 이것은 대기권에서 산소를 흡입해서 산화제로 쓴다. 기존의 로켓에서 산소통을 없앤 것이라고 생각하면 된다. 근간 서울에서 아침에 뉴욕으로 출발하여 회의에 참석한 후 다시 서울로 돌아와 저녁 식사에 참석할 수 있는 세상이 될 것이다.

7) 환경 친화형 자동차만 달린다

환경 보호의 명분은 간단하다. 우리들이 살고 있는 지구환경은 일단 파괴될 경우 복원이 불가능한 경우가 많기 때문에 명백히 예상되는 문제들은 사전에 만들지 않도록 조치해야 한다는 것이다. 가능한 한 환경으로 인한 피해를 예방하여 미래의 후손들에게 떳떳한 지구를 물려주자는 뜻이다.

문제는 인간이 사용하는 에너지는 원천적으로 현재 지구 안에 부존되어 있는 자원으로부터 얻어진다는 점이다. 자동차와 같이 화석연료를 태워서 가동시키는 경우 배기가스로 인한 공해 유발은 물론 언젠가 화석연료를 공급할 수 없는 시대가 도래하면 더 이상 사용할 수 없게 된다.

환경규제를 슬기롭게 극복하는 방법으로 아예 기존 화석연료를 전혀 사용하지 않는 무공해자동차가 개발된다. 휘발유와 디젤 등 화석연료로 움직이던 자동차나 비행기는 바이오연료로 해결한다. 옥수수나 사탕수수, 해바라기, 코코넛 등을 원료로 만드는 에탄올(에틸알코올 또는 곡류알코올)이나 바이오디젤(식물기름으로 제조 가능) 등으로 만든 바이오연료는 친환경적인 연료이다. 바이오연료의 장점은 성능 면에서 기존 화석연료와 전혀 뒤떨어지지 않으면서 온실가스 배출량을 최대 90퍼센트까지 줄일 수 있으며 기존 엔진을 그대로 사용할 수 있다는 점이다.

그러나 바이오연료는 대량 농작물을 생산할 수 있어야 하는 등 생산지가 한정되는 단점이 있으므로 이들과 함께 전기자동차와 연료전지자동차가 개발되고 있다. 이들 자동차는 내연기관 자동차와는 달리 화학에너지를 전기에너지로 변환시키는 전기화학반응을 이용한다. 연료전지자동차와 전기자동차의 차이는 전기를 자동차에 저장하는가 아니면 자동차에서 만들어내는가에 따라 구분된다. 전기자동차는 우리가 사용하는 충전이 가능한 소형카세트녹음기와 동일하다. 전기를 발생시키기 위해서 필요한 반응물이 들어있는 전지를 장착해 사용한다. 반면에 연료전지자동차는 연료탱크에 수소를 갖고 다니면서 연료전지로부터 전기를 발생시키고 이렇게 발생된 전기가 모터를 돌리고 결국 축에 달려있는 바퀴를 돌리면서 움직인다.

연료전지자동차는 본질적인 연료가 수소이지만 사용되는 초기 원료에 따라 수소연료전지자동차, 액체연료전지자동차, 그리고 연료전지와 전지를 동시에 사용하는 하이브리드연료전지자동차로 나뉜다. 연료전지에서 발생된 전기는 모터를 구동시키는 과정에서 기계적 에너지로 변환돼 바퀴를 돌리므로 보통 자동차와 마찬가지로 핸들을 돌리면 된다. 하이브리드카란 일반적으로 전기와 화석연료를 함께 사용하는 혼합 연료형 차량을 의미한다. 시동을 걸 때와 저속으로 달릴 때는 전기 모터를 이용하고 고속으로 주행할 때는 내연엔진을 사용하므로 배기가스가 적고 연비가 뛰어나다.

연료전지자동차는 물을 전기분해하면 수소와 산소가 발생하듯이 이를 역으로 이용하여 수소와 산소를 화학 반응시켜 전기를 얻는 원리로 일반

화학 전지(건전지, 축전지 등)와 달리 수소와 산소가 공급되는 한 계속 전기를 생산할 수 있다. 즉 연료전지는 수소와 산소가 갖고 있는 화학에너지를 전기화학반응에 의해 전기에너지로 변환시키는 고효율 발전장치로 미국의 제미니와 아폴로 우주선에 탑재되어 그 성가를 높였다. 이 전지는 알칼리 수용액을 전해질로 하며 순수한 수소와 산소를 사용하므로 전혀 공해가 없고 전기를 사용하므로 소음을 일으키지 않는 장점도 있다. 연료전지로 가는 기차도 운행된다. 연료전지를 사용할 경우 연비는 기존 디젤 열차에 비해 10% 이상 좋아지며 질소산화물 등 유해가스 배출량도 기존 열차에 비해 60%까지 감축된다. 또 열차를 처음 시동할 때 연료전지를 쓰기 때문에 소음도 크게 줄어든다.[9]

8) 한국도 자원 부국이 된다

한국은 그동안 자원빈국으로 고통을 받아왔다. 한국에서 필요한 에너지의 거의 대부분을 해외에서 수입해야 했기 때문이다. 그러나 정부의 부단한 에너지 자립 정책의 일환으로 이제 한국도 세계적인 에너지 자원부국으로 부상할 것이다. 우선 각지에 보급될 재생에너지의 역할도 크다.

도시의 주요 전력은 조력, 파력과 태양광이 담당하고 일부는 수력(소수력 포함), 풍력, 동식물의 폐기물인 바이오매스를 태우거나 발효시킨 에너지를 통해 조달된다.

가까운 미래에는 재생에너지로 충당하는 에너지는 20%에 이를 전망이다. 나머지 80% 가운데 원자력발전소가 50%를 해결하고 30%를 화력발전소 등이 해결할 수 있을 것으로 예상하는데 화력발전소의 연료인 화석연료를 메탄하이드레이트로 해결할 수 있게 될 것이다. 더구나 원자력발전소

---

9) 「일본선 열차도 나왔다」, 김현기, 중앙일보, 2007.7.14.

의 원료인 우라늄도 현재에는 해외에서 수입하고 있으나 국내에 부존되어 있는 저급 우라늄으로도 발전소 연료로 사용할 수 있다는 설명이다.

21세기 초에 그토록 난리를 피웠던 방사능폐기물에 대한 논란은 아예 없어질 것이다. 원자력발전소의 핵폐기물 처리 기술도 크게 발전해서 방사능폐기물로 인한 문제는 아예 사회적으로 이슈가 되지 못할 것이다. 방사능폐기물을 유리고화하여 로켓에 실어 표면온도 6,000도의 태양으로 발사하여 완전 소각시킬 수 있기 때문이다.

한국이 에너지 자원국으로 발돋움하는 데 큰 기여를 하게 될 것은 메탄하이드레이트이다. 메탄하이드레이트는 천연가스 주성분인 메탄을 함유하고 있는 얼음 상태의 물질로, 메탄 등의 가스 분자가 물 분자 안으로 들어가서 만들어지는 기포 모양의 결정체인데 '불타는 얼음(fire ice)'이라는 별칭으로도 불린다.

메탄하이드레이트는 2%만 육지에 매장되어 있고 98%가 바다에 분포되어 있는데 알래스카, 캐나다, 러시아 등 북극권 영구 동토지역과 수심 500미터 이상의 해저 심층부에 주로 매장되어 있다. 그러나 지하로 내려가면서 압력의 증가효과보다 지온 상승효과가 크기 때문에 메탄하이드레이트의 안정조건은 곧바로 사라진다. 따라서 메탄하이드레이트가 존재할 수 있는 지층의 두께는 일반적으로 해양에서는 해저면에서 수백 미터, 영구 동토 지역에서는 지표에서 1,200~1,300m를 넘지 않는다.

전 세계에 매장되어 있는 메탄하이드레이트는 천연가스로 환산할 때 1,000조㎥에서 5경㎥로 추정하고 있는데 이는 현재 세계에서 사용되고 있는 에너지의 200~500년에 해당하는 엄청난 양이다. 한국지질자원연구원에서 2000년부터 동해 전역을 조사하여 9천㎥에 달하는 지역에서 메탄하이드레이트를 발견했다고 발표했다. 메탄하이드레이트의 매장지역으로 추정되는 곳은 해저면 아래 400~1천m 지역이다. 현재까지 약 6억 톤의 메탄하이드레이트가 매장돼있는 것으로 추정되는데 이 매장량이 모두 개발된다면 2004년도 가치로 따져 무려 약 200조 원의 수입대체효과를 얻을 수 있다고 설명했다.

9) 환경문제 해결된다

스마트 세상에서는 재난 사고가 거의 없어질 전망이다. 지진과 화재 등 재난을 감지하는 스마트 철근과 균열을 스스로 복원하는 스마트 콘크리트, 담배 연기와 음식 냄새 등 오염 물질을 흡수하는 스마트 페인트, 강풍과 소음을 완벽하게 차단하는 스마트 유리 등이 개발될 것이기 때문이다.

스마트 건물은 위험을 스스로 감지하고 알려주는 생각하는 건물이다. 물론 스마트 물질은 건물에만 사용되는 것은 아니다. 스마트 물질로 만들어진 비행기는 균열이나 부식을 알아서 감지해 조종사에게 알려주고 스마트 변기는 사용자의 소변에서 질병과 관련된 물질이 섞여 있으면 즉시 의사에게 알려준다. 자동차 운전 중에 노면이 아무리 엉망이어도 진동과 소음이 전혀 생기지 않는다. 스마트 타이어가 진동과 소음을 알아서 조절하기 때문이다.

한국은 지형적으로 봄에는 가뭄, 곧이어 여름에는 태풍, 홍수가 자주 일어나기 십상이다. 이들 자연 재난을 원천적으로 사라지게 할 수는 없지만 IT관련 기술의 급속한 발달로 신고 접수 및 지령, 현장출동, 정확한 상황관제 등의 신속하고 효율적인 작전수행을 위한 종합적인 정보시스템이 국가적인 재난방재시스템으로 운용될 것이다.

이 시스템에서 가장 중요하게 사용되는 기술 중의 하나가 지리정보 시스템(GIS)이다. 이것은 위성 · 항공 · 이동차량 · 휴대용단말기 등을 이용하여 재난 발생 이전에 예측하여 대비하는 것이다. 태풍이 발생하는 순간부터 소멸될 때까지 철저히 추적하여 태풍 자체를 억제할 수는 없지만 인명

피해를 최소화할 수 있다.

지구는 하나뿐이라는 생각이 전 인류의 머릿속에 각인되고 지구를 소중히 가꿔야 인간이 훨씬 더 잘 살 수 있게 된다는 사실을 알게 되면서 지구를 살리자는 운동이 국제적 관심을 끌면서 한국도 지구를 살리는 여러 가지 방법들에 동참하고 있다. 과거의 사람들이 자신이 살던 미래의 한국에 온다면 제일 먼저 각 가정에 쓰레기통이 없다는 점에 놀라게 될 것이다. 쓰레기는 아예 발생하지 않는다. 음식물을 포함하여 폐기물에 따라 분리된 포장지에 넣어 각 집에 설치된 쓰레기 분해기에 넣으면 자동적으로 완전 분해되어 재활용 장치로 넘어가기 때문이다.

모든 물건은 친환경 소재로 재활용된다. 20세기의 골칫거리였던 비닐과 플라스틱과 같은 수지도 모두 생분해 수지로 바뀐다. 플라스틱은 조물주가 세상을 만들 때 유일하게 빼먹은 물질이라는 평가를 받을 정도로 인간에게 유용하게 쓰이고 있다. 많은 학자들은 플라스틱이 발견되지 않았다면 지구상의 산림과 철의 매장량이 반으로 줄어들었거나 인구가 반으로 줄었을 것으로 추정하고 있다.

이것은 우리들 주변에 있는 여러 가지 물건들이 대부분 플라스틱 제품으로 대체되어 있다는 점에서도 알 수 있다. 그러나 플라스틱의 원료는 거의 대부분 탄화수소 즉 석유에 의존하고 있으며 쓰레기가 되면 분해되지 않아 공해의 주범이 되었다. 플라스틱을 분해하는 미생물도 발견되었지만 학자들은 보다 근원적인 대책에 눈을 돌렸다. 화석연료가 아닌 광합성하는 식물에서 플라스틱 원료를 찾아내자는 것이다.

식물을 플라스틱으로 만드는 원리는 식물에 있는 탄수화물을 변화시키는 것이므로 원리상 매년 생산이 가능하며 공해를 유발하지 않고 생분해된다. 식물을 이용하는 제품은 적용 범위가 상상할 수 없을 정도로 많아 플라스틱은 물론 잉크, 디젤연료, 윤활유 등에도 사용될 수 있다. 산업혁명 이후 화석연료가 대량으로 사용되면서 필연적으로 등장하는 문제점은 화석연료가 고갈되면 재생산되지 않는다는 것이지만 보다 큰 문제는 지구환경을 크게 오염시켰다는 점이다. 자동차는 물론 각종 공장이나 산업시설이 증가하면서 대기오염은 극도로 악화되기 시작했지만 미래에는 이런 문제가 해결된다.

대량재배를 위해 화학비료의 대량살포와, 생활하수와 공장 폐수 등에 의해 하천과 농업용지의 오염이 심각했지만 미생물을 이용한 토양의 복원과 무공해 재배기술로 더욱 건강한 농산물이 생산되고 있다. 토양에 맞는 미생물 조합을 찾아내어 공급하고 자연재배를 하는 농산물들이 시장에 대량으로 유입되면서 유기농산물을 특별히 찾을 이유가 없게 된다. 모든 농산물이 유기농산물이기 때문이다.

수자원 문제만 해도 그렇다. 지구 표면적의 71%는 바다로 덮여 있다. 물의 깊이는 장소에 따라서는 가장 깊은 곳은 11km나 되는 곳도 있지만 지구를 공같이 표면이 완전히 매끈하다고 생각하면 약 2,440m의 물이 덮여 있다고 추정할 수 있다. 인간이 직접 사용할 수 있는 물은 민물뿐이다. 그러나 민물의 양은 지구의 물 중 3%에 지나지 않는다. 그 중에서도 민물의 69%는 얼음이며 그것도 90%가 남극 대륙에 있다. 이 민물이 바로 지구에서 이용되는 가장 값진 수자원이 되는데 전체 물의 양은 많지만 분포가 고르지 못하여 문제가 되는 데다 각종 요인에 의해 수질이 오염이 되어 이대로 가면 소위 인간이 살 수 없을 정도로 악화될 수도 있다.

수질오염의 주원인은 생활 하수, 공장폐수, 축산폐수 등이며 그 중에서도 가정에서 버려지는 생활하수가 큰 문제다. 생활하수에는 음식 찌꺼기, 합성세제, 분뇨까지 포함되어 있어 이런 물질들은 탁도의 심화, 부영양화, 물속 산소량 부족 현상 등을 일으키며 미생물의 혐기성 분해 작용에 의한 유해물질까지 발생시킨다.

한편 산업화에 따라 계속적으로 증가하는 산업폐수는 생활하수와는 달리 일반적으로 고농도의 중금속 등 유해성 물질을 많이 함유하고 있다. 산업폐수 배출량의 증가는 수질오염에 상당히 큰 영향을 주는데 특히 산업체가 모여 있는 산업단지는 일시에 다량의 폐수를 한 지역에 계속 배출시키기 때문에 더욱 피해가 심했다.

병충해 방제를 위한 농약사용은 식량생산의 안정화를 가져왔으나 병충해의 저항력 증대 등으로 생태계를 위협하고 수질오염에도 큰 영향을 미쳤다. 국토의 생태환경 변화 감시를 위한 식생성장, 대기오염, 수질오염, 토양오염 등을 통합하여 모니터링하고 분석하는 기술이 개발되었고 수계별 용수 이용량이 실시간 평가되는 수자원 통합 관리 기술도 개발될 전망이다. 수질환경이 악화되는 문제를 해결하기 위해 투수성 도로 포장재료 및 도로의 빗물 배수의 저장과 재활용기술도 혁신되어 소중한 자원인 하천과 바다, 그리고 지하수가 보호될 것이다.

감자에 플라스틱 생산 유전자를 도입하여 감자를 생분해성 플라스틱 생산의 원료로 쓰는 것도 꿈이 아니다. 플라스틱 원료 중 하나인 폴리하이드록시 뷰틸레이드를 생산하는 미생물로부터 유전자를 분리하여 이를 감자가 생산토록 하기만 하면 된다.

콩으로 플라스틱을 만드는 것도 어려운 일이 아니다. 미국의 캔사스 주립대학은 스파게티 국수와 같이 얇고 긴 콩 단백질 플라스틱 시제품을 공개하면서 '탄성과 강도에 있어 기존 석유화학 플라스틱을 능가한다'고 강조했다. 이 경우 플라스틱을 생산하는 콩과 감자가 공산품인지 또는 농산품인지 구분할 수 없다고 비명을 지를 것이다.

맺음말

과학기술이 만들어주는 한국의 미래는 화려하다. 앞으로 10년 정도면 가사 로봇과 함께 노인과 장애인을 돕는 지능형 로봇이 개발돼 인기를 끌게 될 것이다. 거리에는 연료전지 자동차와 수소자동차가 굴러다니며 주유소에서는 수소에너지를 충전할 수 있다. 이들 자동차는 공해를 일으키는 배기가스가 없어 도심 공기가 공해로 찌들었다는 말을 완전히 사라지게 할 것이다.

외국어 때문에 고심하던 것도 옛말이 될 것이다. 외국어를 자유자재로 통역하는 초소형 입는 컴퓨터가 개발되기 때문이다. 시계 모양의 통역 컴퓨터만 있으면 어느 나라의 외국인도 두렵지 않게 된다. 암을 조기에 찾아내는 기술이 개발돼 암은 더 이상 무서운 질병에서 그 이름을 지워야 할 것이다. 고령화 시대를 맞아 마을 전체에 로봇과 유비쿼터스 시스템이 구축되어 노인들의 건강을 돌보는 실버 케어 타운도 조성된다. 고장 난 신체장기도 동물의 몸에서 만든 인체장기로 대체한다. 줄기세포 치료에도 한발 더 다가가 복제에 필요한 난자를 아예 줄기세포로 만들어내는 기술이 개발되어 윤리문제를 원천적으로 사라지게 할 수 있다. 뇌혈관 질환은 물론 고혈압과 당뇨병의 원인이 규명되어 치료에 박차를 가한다. 유전자를 고쳐 난치병을 치료할 수 있고 유전자에 따른 맞춤의학도 등장한다.

곤충이나 새처럼 나는 소형 비행체도 개발된다. 이들의 크기는 실제 벌과 나방과 같은 소형이므로 추적되지 않고 공항이나 항만에서 수상자들을 체크할 수 있으며 테러리스트들이 있는 본부에 잠입하여 정보를 테러 진압본부에 알려줌으로써 테러리스트들을 무력화 시킨다.

한국을 고민에 빠뜨렸던 자원문제도 서서히 해결될 실마리가 보인다. 동해에 매장된 메탄하이드레이트를 뽑아낼 수 있는 기술이 개발되고 대체에너지 사용으로 국내 에너지의 10% 이상 해결할 수 있다.

골머리를 썩이던 방사능핵폐기물도 유리고화하여 태양으로 발사해 소각시키는 방법이 개발되고 고질적인 가뭄도 인공강우로 해결되고 태풍 등 재해도 실시간 지리 정보시스템과 매핑(Mapping)을 통하여 예상될 수 있는 최적 조건을 유추하여 설사 재난은 일어나더라도 인명피해를 최소화할 수 있는 대비책이 마련된다.

이러한 미래는 과학기술 분야에서 지속적인 성장을 전제로 한다. 우리나라의 경우 지난 세기 동안의 압축 성장의 경험과 새로운 것을 쉽게 수용하고 활용하는 국민성을 감안할 때 앞으로 과거보다 훨씬 빠른 속도는 물론 몇 배에 달하는 변화를 겪을 것으로 전망된다. 그러나 이러한 변화 역시 한국인들은 무리 없이 소화하면서 미비점을 찾아낼 수 있을 것으로 생각한다. 한국인이야말로 미래를 만들어내는 탁월한 능력이 있기 때문이다.

獨島의 韓國領土主權에 관한 法的 考察

박 주 환

전 법제처장, 변호사

｜목 차｜

---

1. 序言

1) 獨島는 韓國의 領土로서 50年 이상 實效的 支配를 하고 있는데도 불구하고, 2005. 2. 22. 日本이 시마네현에서 「다케시마의 날」(竹島の日) 條例를 制定하여 독도를 자기 나라 땅이라고 주장하고 있다.

그때부터 이에 反論을 제기하고자 獨島 關聯 國內外 文獻과 자료 등을 수집하고, 조선, 동아·중앙 등 여러 보도매체에 게재된 독도관련 일체 기사를 현재까지 스크랩하여 모아 오고 있다.

독도가 한국의 領土임이 분명하고, 일본이 자기의 영토라고 주장하는 것은 法的으로도 심히 不當하다는 것을 널리 알리고자 함에 있다

2) 2008. 11. 1. 처음으로 독도에 가기 위해 울릉도에 간 바, 풍랑으로 독도에 가지 못하였으나, 그 다음달 고 이종학이 평생 동안 모은 독도관련 자료를 기증하여 삼성문화재단에서 준공한 독도박물관을 방문하게 되었다. 박물관을 안내하는 학예사가 독도 관련 연구를 할 때에 2가지 사항을 지적해 주었다.

첫째는 울릉도, 독도가 있는 바다는 朝鮮時代부터 1900年代 초반까지 '朝鮮海', '大韓海'로 되어 있었는데, 언제부터 어떤 연유로 '日本海'로 바뀐 것인지 심히 不當하므로, 바다 지도상에 '日本海'(Sea of Japan)로 되어 있는 것을, 빨리 '東海', '韓國海'(Sea of Korea)로 복구, 시정되어야 한다고 지적해 주었고,

둘째, 우리나라에서는 '독도는 우리땅'이라고 널리 말하고, 노래까지 불러지고 있는데, 外國사람들에게는 무슨 말인지 피부에 닿지 않으므로, '우리땅'이라고 부르는 것으로는 부족하고, 전세계를 향하여 '독도는 한국땅'(Korea Territory)이라고 널리 홍보해야 할 때가 왔다고 말해주었다. 위 2가지 지적 사항에 동감하고, 많은 것을 느끼게 하였다.

3) 일본의 독도영유권 주장 논리에 대한 부당성 검토와 다케시마(竹島, 獨島)가 일본 고유영토라고 주장하는 「다케시마문제에 관한 조사연구 최종보고서」(2007. 3.)를 면밀히 검토하게 되었다.[1]

4) 2008. 11. 17~19. 동북아역사재단 및 인하대학교가 공동주최한 국제학술회의 「Dokdo : Historical Appraisal and International Justice, 독도:역사적 인식과 국제법적 정의」에서, 日本人 Wakamiya Yoshibumi(若宮啓文, 아사히신문 컬럼니스트)가 「21C 독도문제에 대한 단상」을 발표하면서, "일본은 대폭 양보하여 영토권을 포기하고, 한국은

---

1) 2008. 9. 26. 영산대학교 법률연구소 · 영남대학교 독도연구소 주최 「독도공동학술세미나」 자료집 「역사적 · 국제법적으로 본 독도영유권」 참조

반 양보해서 독도를 일본과 共同領有하자"고 '和解案'을 제시하였다.[2]

우리나라에 대해서 영토권을 포기하고 독도를 일본과 공유하자고 하는 안을 제시한 것으로, 독도는 우리나라 땅으로서 한치도 양보할 수 없다는 통상 우리나라 국민들이 생각하는 바와 현격한 차이가 있음을 알 수 있다.

5) 그래서 獨島의 유래 및 임야대장 등 등재와 關聯 法令을 살펴보고, 韓·日 간 독도관련 重要 年表와 독도관련 리앙쿠르(Liancourt) 命名 및 국제회담·조약 등을 대비해 보아, 독도(竹島)가 일본영유권이 있다고 주장하는 일본측의 부당성을 지적하고 향후 우리나라의 대책을 논하고, 독도가 한국영토인 법적근거 등을 깊이 있게 살펴서, 독도의 영토주권(Territorial Sovereignity)이 한국에 있음을 분명하게 밝히고자 本稿를 쓰게 되었다.

2. 獨島의 유래 및 林野臺帳 등 등재와 關聯 法令

1) 돌섬 · 독도[3]

1416년, 조선 태종은 강원도 삼척의 전 만호 김인우를 울릉도와 독도의 안무사로 파견했다. 멀리 바다 가운데 있어 정부의 감시가 미치지 못하는 허점을 노린 군역(軍役) 기피자들이 숨어들거나 왜인의 침탈 우려가 있었기 때문이다. 당시에도 울릉도·독도가 우리땅이고 거기에 거주하는 사람들이 우리 백성임을 최고 통치자가 챙기고 있었음을 짐작케 한다. 하지만 당시의 지명이 울릉도와 독도였던 건 아니다. '무릉도(울릉도)와 그 곁의

---

2) 2008. 11. 17~19. 동북아역사재단·인하대학교 공동주최 국제학술회의 'Dokdo : Historial Appraisal and International Justice', 「독도 : 역사적 인식과 국제법적 정의」 자료집 25쪽 참조.
3) 2008. 7. 31. 문화일보, 오후여담 돌섬·독도 기사 참조.

소도(小島)'라고 했다.

일찍이 독도는 우산국(울릉도)의 땅이었으나 울릉도와 함께 신라 지증왕 13년(512) 6월 신라의 땅이 됐다. 이후 고려-조선을 거치는 동안에도 우리의 섬으로 확인받아 왔다. 당시의 이름들도 증거가 될 것이다. 고려 태조 때는 우릉도(930), 우왕 때는 무릉도(1379)라고 했다. 조선조의『세종실록지리지』에는 우산도(1454)로 기록되어 있고, 세종 때는 요도(蓼島, 1445), 성종 때는 삼봉도(1471), 중종 때는 울릉도(1511), 숙종 때는 자산도(1693)라고 불렀다. 그만큼 중앙의 관심권 내에 있었다는 말이다.

또 정조 때는 가지도(可支島, 1794)라고 했는데, 울릉도 주민들이 독도에서 사냥하던 '강치'(물개)를 '가재'라고 했기 때문에 이와 발음이 비슷한 '可支'라고 표기했던 것이다. 한동안은 돌로 이뤄진 섬이라는 뜻에서 '독섬' 또는 '돌섬'이라고 불렀다. 순 우리말 이름이다. 이를 대한제국 칙령 제41호에서는 한자로 '石島'(1900)라고 적었다. 지금의 독도(獨島)라는 이름이 공문서에 처음 등재된 것은 1906년 3월 5일 자 심흥택 울릉군수의 보고서 중 '본군 소속 독도'라고 한 대목이다. 돌섬이란 뜻의 독도(石島)의 음차 표기다.

나라 밖에서는 주로 처음 본 군함이나 외양선의 이름을 따서 불렀다. 리앙쿠르(프랑스,1849)를 비롯해 부솔(프랑스,1787) 팔라다(러시아,1854) 호닛(영국,1855) 또는 호네스트 등이 있다. 반면 일본이 부르는 다케시마(竹島,1905)는 본디 울릉도를 가리키는 지명이었다. 그런데 19세기 중엽에 이르러 울릉도와 독도의 이름이 뒤바뀌었다. 다케시마라고 부르던 울릉도를 마쓰시마(松島)로, 마쓰시마라고 부르던 독도를 다케시마로 바꿔 부른 것이다. 그랬든저랬든 독도는 '돌섬'이지, '소나무섬'도 '대나무섬'도 아니다.

2) 독도 지도 및 거리

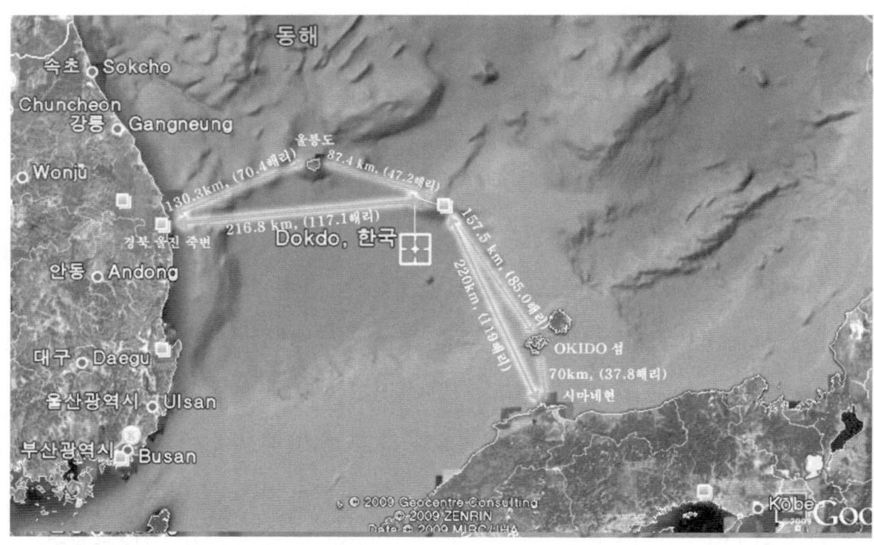

3) 독도현황

(1)독도현황 고시

동북아의 평화를 위한 바른역사정립기획단 고시 제2005-2호

행정자치부 고시 제2005-7호

건설교통부 고시 제2005-164호

해양수산부 고시 제2005-30호

독도현황을 다음과 같이 고시합니다.

2005년 6월 28일

동북아의평화를위한바른역사정립기획단장

행정자치부장관

건설교통부장관

해양수산부장관

(2) 독도현황

항목	내용	비고
울릉도와 독도 간 거리	87.4km(47.2 해리)	간조시
경북 울진 죽변과 독도 간 거리	216.8km(117.1 해리)	해안선
경북 울진 죽변과 울릉도 간 거리	130 3km(70.4 해리)	기준
독도와 오키섬 간 거리	157.5km(85.0 해리)	최단거리
독도의 면적	187.453㎡	
동도, 서도, 부속 도서의 면적	73,297㎡, 83,639㎡, 25,517㎡	
동도와 서도간 거리	151m	간조시 해안선 기준 최단거리
부속 도서의 수	동 · 서도 외 89개	
독도 좌표(동도 좌표)	북위 37도14분 26.8초 동경131도 52분 10.4초	최고위점
서도 좌표	북위 37도 14분 30.6초 동경131도 51분 54.6초	최고위점
독도 높이(서도 높이)	168.5m	
동도 높이	98.6m	
독도의 둘레	5.4km	
동도와 서도의 둘레	2.8km, 2.6km	

4) 임야대장 및 등기부등본

정부는 독도에 대하여 1961. 4. 1. 울릉군 도동 산 67 등으로 임야대장에 등재하고, 1968. 3. 13. 울릉군 을릉읍 독도리 1. 國 소유로 소유권보존등기를 하였다.

(1) 독도 임야대장

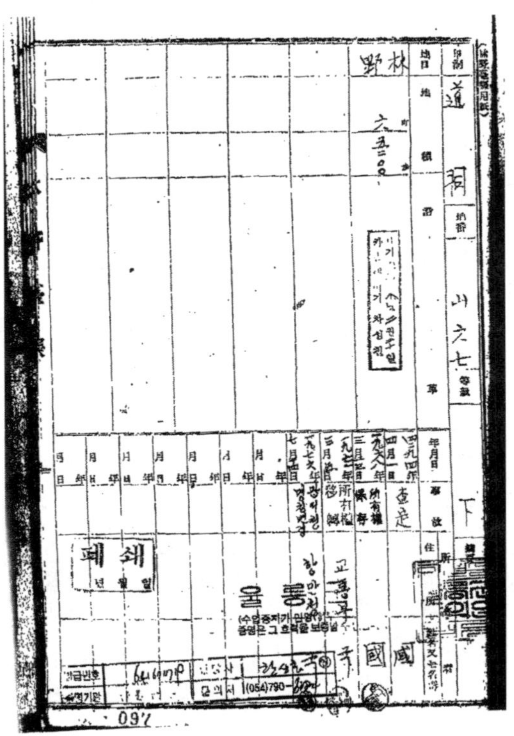

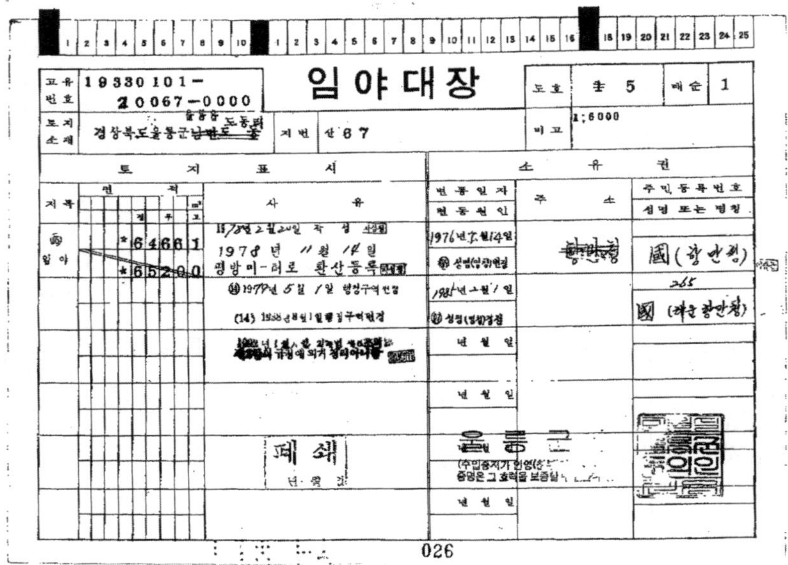

임야대장
고유번호 19330101-20067-0000
토지소재 경상북도울릉군남면도동
지번 산67
도호 生5   매순 1
1:6000
토지표시
소유권
지목 면적 사유
변동일자 변동원인 주소 주민등록번호 성명또는명칭
임야
폐쇄
년 월 일
울릉군
(수입증지가 인영)
증명은 그 효력을 보증함
國(항만청)
265
國(해운항만청)

(2) 독도 토지 등기사항

등기부 등본 (말소사항 포함) - 토지 [제출용]

[토지] 경상북도 울릉군 울릉읍 독도리 1

고유번호 1758-1996-029014

【 표　제　부 】 (토지의 표시)

표시번호	접　수	소 재 지 번	지 목	면 적	등기원인 및 기타사항
~~1~~ ~~(전 2)~~	~~2000년5월26일~~	~~경상북도 울릉군 울릉읍 독도리 산1~~	~~임야~~	~~3074㎡~~	
					부동산등기법 제177조의 6 제1항의 규정에 의하여 2002년 06월 10일 전산이기
~~2~~	~~2005년7월8일~~	~~경상북도 울릉군 울릉읍 독도리 산1~~	~~임야~~	~~3320㎡~~	~~면적경정~~
3	2005년10월7일	경상북도 울릉군 울릉읍 독도리 1	임야	3320㎡	축척변경

【 갑　　구 】 (소유권에 관한 사항)

순위번호	등 기 목 적	접　수	등 기 원 인	권 리 자 및 기 타 사 항
1 (전 1)	소유권보존	1968년3월13일 제56호		소유자 국 관리청 해운항만청
1-1 (전 1-1)	1번등기명의인관리청변경	1996년11월13일 제1406호	1996년8월8일 명칭변경	~~관리청 해양수산부~~ ~~등록번호 275~~
				부동산등기법 제177조의 6 제1항의 규정에 의하여 1번 내지 1-1번 등기를 2002년 06월 10일 전산이기

[인터넷 발급] 문서 하단의 바코드를 스캐너로 확인하거나, 인터넷등기소(http://www.iros.go.kr)의 발급확인 메뉴에서 발급확인번호를 입력하여 위·변조 여부를 확인할 수 있습니다. 발급확인번호를 통한 확인은 발행일부터 3개월까지 5회에 한하여 가능합니다.

발행번호 17520017508199038010960301791029011671611414141112　　1/2　　발급확인번호 AAMW-KLQL-0146　　발행일 2009/03/30

[토지] 경상북도 울릉군 울릉읍 독도리 1

고유번호 1758-1996-029014

순위번호	등 기 목 적	접　수	등 기 원 인	권 리 자 및 기 타 사 항
1-2	1번등기명의인표시변경	2008년7월11일 제1026호	2008년2월29일 정부조직법 개정	관리청 국토해양부 등록번호 275

-- 이 하 여 백 --

관할등기소 대구지방법원 울릉등기소 / 발행등기소 법원행정처 등기정보중앙관리소

수수료　800원 영수함

이 등본은 부동산 등기부의 내용과 틀림 없음을 증명합니다.

서기 2009년 3월 30일

법원행정처　등기정보중앙관리소

전산운영책임관

＊ 실선으로 그어진 부분은 말소사항을 표시함. ＊ 등기부에 기록된 사항이 없는 갑구 또는 을구는 생략함. ＊ 등기부는 컬러 또는 흑백으로 출력 가능함.

[인터넷 발급] 문서 하단의 바코드를 스캐너로 확인하거나, 인터넷등기소(http://www.iros.go.kr)의 발급확인 메뉴에서 발급확인번호를 입력하여 위·변조 여부를 확인할 수 있습니다. 발급확인번호를 통한 확인은 발행일부터 3개월까지 5회에 한하여 가능합니다.

발행번호 17520017508199038010960301791029011671621414141112　　2/2　　발급확인번호 AAMW-KLQL-0146　　발행일 2009/03/30

주요 등기사항 요약

[토지] 경상북도 울릉군 울릉읍 독도리 1 임야 3320㎡

고유번호 1758-1996-029014

1. 소유지분현황 (갑구)

등기명의인	(주민)등록번호	최종지분	주　　　소	순위번호
국 (소유자)		단독소유		1

2. 소유지분을 제외한 소유권에 관한 사항 (갑구)
- 기재사항 없음

3. (근)저당권 및 전세권 등 (을구)
- 기재사항 없음

※ 본 주요 등기사항 요약은 등기부상에 말소되지 않은 사항을 간략히 요약한 것으로 증명서로서의 기능을 제공하지 않습니다.

실제 권리사항 파악을 위해서는 발급된 등기부를 필히 확인하시기 바랍니다.

5) 關聯 法令

(1) 1997. 12. 13. 법률 제5447호로 독도 등 도서지역에 다양한 자연생태계·지형 또는 지질 등을 비롯한 자연환경의 보전에 관한 기본적 사항을 정함으로써 현재와 장래의 국민 모두가 깨끗한 자연환경 속에서 건강하고 쾌적한 생활을 할 수 있도록 함을 목적으로 제정한 독도 등 도서지역의 생태계보전에 관한 특별법 및 그 시행령(1997. 12. 13. 제정 법률 제5447호, 일부개정 99. 5. 24. 제5982호, 1998. 6. 20. 제정 대통령령 제15814호, 일부개정 2007. 11. 15. 대통령령 제20384호)이 있다.

(2) 독도와 독도 주변해역의 생태계보호 및 해양수산자원의 합리적인 관리·이용방안을 정함으로써 독도와 독도 주변 해역의 지속 가능한 이용에 이바지 한 것을 목적으로 만들어진 독도의 지속가능한 이용에 관한 법률 및 그 시행령(2005. 5. 18. 제정, 일부개정 2008. 2. 29. 법률 제8852호, 2005. 11. 16. 제정, 일부개정 2008. 9. 26. 대통령령 제21046호)이 있다.

(3) 독도의용수비대 기념사업회를 설립하여 독도를 수호하기 위하여 특별한 희생을 한 독도의용수비대의 대원과 유족 등에 대하여 국가가 응분의 예우와 지원을 함으로써 그 명예를 선양하고 국민의 애국정신함양에 이바지함을 목적으로 만들어진 독도의용수비대지원법 및 그 시행령(2005. 2. 29. 제정 일부개정 2008. 2. 29. 법률 제8852호, 2005. 10. 26. 제정 대통령령 제19105호 참조)이 있다.

(4) 동북아역사재단을 설립하여 동북아시아의 역사문제 및 독도관련 사항에 대한 장기적, 종합적인 연구 분석과 체계적, 전략적 정책개발을 수행함으로써 바른 역사를 정립하고 동북아시아지역의 평화 및 번영의 기반을 목적으로 만들어진 동북아역사재단설립, 운영에 관한 법률 및 그 시행령(2006. 5. 19. 제정, 일부개정 2008. 2. 29. 법률 제8852호, 2006. 8. 17.

제정, 일부개정 2008. 2. 29. 대통령령 제20897호)이 있다.

(5) 2008. 7. 24. 제1차 국가정책조정 회의에서 독도문제연구 및 조사업무강화를 위해 동북아역사재단 산하에「독도연구소」를 설치, 운영하고 있다.

(6) 우리나라의 독도영토관리와 환경보전 관련사항에 효율적으로 대응하기 위하여 정부부처 간 공조체제를 유지하고, 각 부처 관련대책을 협의 · 조정하기 위하여 국무총리실에 정부합동 독도영토관리대책단을 두고 있다.(제정 2008. 8. 4. 국무총리훈령 제517호)

(7) 그 외 국회에 독도영토수호발전우원회가 구성되어 활동하고 있다.

3. 韓 · 日 獨島 관련 重要 年表와 國際 會談 · 條約 등

이 重要 年表 등은 필자가 2009. 3. 현재까지 수집한 독도관련 文獻과 언론기사 등 資料를 총 망라하여 독창적으로 만든 것이다.[4]

1) 韓 · 日 獨島 관련 重要 年表

韓 國		日 本	
年度	重要內容	年度	重要內容
512年 新羅 智證王 13년	異斯夫 于山國 복속 獨島와 鬱陵島 新羅 領土 歸屬		
930年 高麗 太祖 13년	芋陵島에서 高麗에 來朝하다		
1145年 高麗 仁宗 23년	金富軾『三國史記』에 서 신라 지증왕 때의 징벌내용 언급		

---

4) 內藤正中, 朴炳涉『竹島＝獨島論爭』337~342쪽, 第Ⅴ章 資料, 竹島＝獨島 關連年表, 新幹社 2007. 3. http://www.cybertokdo.com. 독도의 역사연표 각 참조

1432年 世宗 14年	朝鮮王祖『新撰八道地理志』編纂("울릉도에서 독도가 보인다")		
1481年 成宗 12年	『東國輿地勝覽』 편찬 울진현, 우산도, 울릉도 표기	1618年 (元和 4)	'다께시마 渡海免許' 독도 일본 영토 주장
1531年 中宗 26年	『新東國輿地勝覽』 편찬	1620年 (元和 6)	幕府, 對馬府「다케시마는 울릉도이고, 조선국의 속 도」라는 보고로 울릉도 거 주 이소다케야자에몬 체포
		1625年 (寬永 2) 頃	도쿠가와 막부, 오야, 무라 카와가에게 다케시마(울 릉도) 渡海免許를 내린다
		1667年 (寬文 7)	사이토호센 (齊藤豊仙)은 「隱州視廳合記」에 마쓰시 다(松島), 다케시마(竹島) 記述.(독도, 울릉도 고려에 속한다)
		1693年 元錄 6 (3.20)	오야가의 배, 鬱陵島에서 安龍福 등을 연행「다케시 마 일건」
1696年 肅宗 22年 (5.18)	安龍福 渡日, 다케시마(鬱 陵島), 마쓰시마(자산도, 獨島)는 朝鮮領이라 호소. 「元錄九丙子年朝鮮舟着岸 一券之覺書」 안용복이 휴 대한 지도 참조.「朝鮮之八 道 기술 후 울릉도, 독도, 강원도 소속 명기」(2005. 일본오키섬에서 발견, 안 용복 관련 조사보고서)	1696年 元錄 9 (1.28)	도쿠가와 막부, 다케시마(鬱陵島) 島海禁 止 發令
		1697年 元錄 10	도쿠가와 막부, 안용복의 활약으로 울릉도, 독도 불 법출항도금지하였다는 문 서를 조선에 보냄.

		1785年 (天明 5)	일본 하야시 시헤이(林子平) 『三國通覽圖說』에서 鬱陵島 와 獨島를 朝鮮 領土로 表記
		1876年 (明治 9)	일본 해군성에서 재발행한 「朝鮮東海岸圖」에서 獨島를 朝鮮 領土로 表記 (일본의 전국 地籍 조사) 시마네현 은 獨島를 시마네현 地圖에 포함시켜야 할지를 내무성에 문의. 일본 내무성은 "독도는 조선 의 영토이다"라는 결론
1808年 純組 8年	『萬機要覽』「軍政篇」 "鬱陵于山皆于山國地于 山則倭所謂松島也"		
		1877年 明治 10 (3.29)	太政官지령, "일본해 내 다케 시마 외 일도를 판도 외로 정 한다"(日本海內竹島外一島ヲ 版圖外ニ定ム) "독도는 우리 와 관계없다" 지령문 만들어 내무성에 보냄
1882年 高宗 19年	조선정부, 檢察使 李奎遠 을 鬱陵島에 파견 조사. 조선정부, 울릉도개척령.		
1898-9年 光武 2年	「대한여지도」, 「대한전도」, '독도' 조선해		
1900年 光武 4年 (10.25)	大韓帝國 勅令 제41호 '鬱陵島, 竹島 外 石島(獨 島)'를 '郡'으로 昇格		
		1904年 明治 37 (9.29)	나카이 요사부로(中井養三郎) '리앙크르 영토편입 및 대하 원 제출'

		1905年 明治 38 (1.28)	독도는 無人島로서 리앙크르의 영토편입을 閣議 결정하여 '다케시마' 로 命名
		1905年 明治 38 (2.22)	시마네현 告示 제40호 "다케시마(獨島)를 시마네현(島根縣) 오키도사(隱岐島司) 소관으로 한다"
1906年 高宗43年 (3.5)	울릉군수 심흥택, 의정부 외사국(各觀察道案) 제1책 보고, 공문서, 돌섬을 독도라고 처음 등재		
		1951年 昭和 26	총리부령 제24호(1951. 6. 6.),대장성령 제4호 (1951.6.13.)일본관할 섬에서 獨島 제외
1952年	미공군, 독도 훈련구역 해제 독도:한국의 방공식별구역 (KADIZ-Korea Air Defense Identification Zone) 내에 있음	1952年 昭和 27	독도 주일미군 폭격훈련구역 지정
1952年 (1.18)	韓國「海洋主權선언」 평화선(이승만 라인)설정	1952年 昭和 27	일본정부, 獨島 領有權을 주장하며 韓國에 항의
1953年	한국, 독도의용수비대 창설	1953年 昭和 28 (6.18.)	시마네현, 독도어업허가권 발부 일본 영유표지 설치
1958年	한국경찰, 독도경비 시작	1959年 昭和 34	시마네현 총무부장, 독도인광채굴에 광구세와 연체금을 일본국민에 부과
1961年	독도,한국토지대장 등재		
1965年	韓·日회담: -일본의 독도문제 의제 설정을 거부, 한국의 집요한 침묵이 독도를 지킴	1965年 昭和 40	日·韓條約 發效 獨島에 대한 언급 없음

	-분쟁해결에 관한 교환공문 *양국간의 분쟁은 외교상의 경로를 통해 해결 *독도 문제의 해결은 우리나라와 협의 없이는 미해결의 문제로 남음 - 한국의 실효적지배를 굳힌 결과		
1982年	獨島를 천연기념물 336호로 지정		
1997年	법률 제5447호 "독도 등 도서지역의 생태계 보전에 관한 특별법" 제정		
1999年	韓·日新漁業協定 독도:중간수역, 독도영유권, 영해와 관련없음. (憲法裁判所, 2007 헌바 35(2009. 2. 26. 결정)	1999年 平成 11	日·韓新漁業協定 독도는 잠정수역임
2003年	독도에 우편번호 부여	2000年 平成 12 (5.9)	일본외무성, 2000년판 외교청서 , 독도 고유영토설 주장
2005年 3月	외교통상부. 독도조례즉각폐기요구.(해방 역사부인, 과거 침탈 정당화)	2005年 平成 17 (2.22)	시마네현,「다케시마의 날」 條例 制定
2005年 5月	법률 제8852호. "독도의 지속가능한 이용에 관한 법률" 제정		
2006年 (3.31)	외교통상부. 독도 왜곡 용납 불가 강력 항의	2006年 平成 18 (3.29)	문부과학성, 고교교과서 출판사에 '독도는 일본땅' 으로 명기 요구
		2007年 平成 19 (5.28)	일본 다쿠쇼쿠대(拓殖) 교수 시모조마사오 (下條正男)「다케시마 문제에 관한 조사 연구 최종보고서」 "다케시마, 일본고유영토라고 주장"

		2007年 平成 19 (7.6)	일본방위백서, 2005년 이후 3년 연속 , 독도를 일본 영토라고 기술
2008年 (5月)	동북아역사재단 독도연구소, 반박 자료 배포	2008年 平成 20 (2月)	일본외무성 홈페이지에 독도가 자국영토라는 주장을 담은 소책자 발간. 10개국어로 전세계 배포
2008年 (7.5)	정부, 일본대사 불러 항의. 영토국 침해 시정 강력 요구 권철현 주일대사 귀국 조치	2008年 平成 20 (7.14)	문부과학성, 중등교과서 학습지도요령 해설서에 독도영유권 명기 공식 표명
2009年 (1.3)	1951. 公布된 日本 총리부령 24호, 대장성령 4호, 일본관할섬에서 독도 제외, 최초 발견.		

2) 獨島 관련 리앙크르(Liancourt) 命名 및 國際 會談 · 條約 등

1849年	프랑스 포경선, 竹島(獨島)를 확인, Liancourt Rocks로 命名
1854年	러시아 "1854년 독도 첫 발견 이래", "분명한 한국땅"
1943年 (12.1)	카이로선언 "탈취한 지역은 원래 소유국에 반환해야 한다"
1945年 (7.25)	포츠담회담 "카이로 선언의 이행 보장"
1946年 (1.29)	연합국총사령부(GHQ)각서 SCAPIN(Supreme Commander for the Allied Powers Memorandum Indx Instruction Note) 제677호 "독도, 북방 4도를 일본에서 분리"
1946年 (6.22)	연합군최고사령관 제1033호 "일본 선박 및 승무원의 독도 12해리 접근금지"

1949年 (12.29)	제6차초안(W.J SEABALD) 독도, 하보마이 · 시코단을 日本令
1951年 (3月)	영국 제2차 초안, 울릉도, 독도로 한국령으로 선긋기
1952年 (4.28)	센프란시스코조약 발표 발효. "8조에서 일본은 포츠담선언을 포함한 연합국과의 합의사항 을 전적으로 인정한다"고 확인.

· 1977. 이전 미국 국립지리원 지명위원회(U.S Board Geographic Names)
  Liancourt Rocks(BGN Standard)
  Takeshima(Variant)
  Tok island(Variant)

· 1977. 7. 14.(BGN)
Tok island→Liancourt Rocks로 변경

· 2007. 12. 미국의회도서관에 독도주제어 "Tok island(KOREA)"에서
"Liancourt Rocks" 변경하는 제안서 제출.

– 2008. 7. 15. 캐나다 한국인 司書 김하나 美議會 항의.
　미국의회 독도주제어 변경 중단

· 2008. 7. 23. BGN, Liancourt Rocks를 주권미지정지역(Undesignated
Sovereignty)으로 분류.

· 2008. 7. 30. (BGN)
Liancourt Rocks(BGN Standard)
Dokdo(variant)
Takesima(variant)

– 조지 W 부시 미국 대통령, 콘돌리자 라이스 국무장관에게 지시
　South Korea, Oceans로 원상회복

4. 日本側 獨島 領有權 主張의 不當性

1) 일본의 독도침탈에 대한 단계적 추진[5]

일본은 제1단계로 일본의 명분축적용 독도영유를 계속 주장하고, 제2단계(현단계)로 일본의 독도문제, 본격화 추진 여건을 조성하고, 제3단계로, 일본의 독도문제, UN총회 상정을 추진하고, 제4단계로 군사위기 야기 후 UN안보리개입, 유도하고, 제5단계로 독도문제, 국제사법재판소(ICJ)회부하고, 제6단계로 패소국의 ICJ불복과 향후 군사분쟁화 등 단계적추진을 획책하고 있다.

2) 일본 외무성은 홈페이지에 다케시마, 竹島가 자국영토라는 주장을 담은 「竹島, Takeshima를 이해하기 위한 10 포인트」라는 小冊子를 발간하여, 10개국어로 번역 전세계에 배포하고 있다.[6]

이 '다케시마를 이해하기 위한 10포인트' 의 '목차' 의 내용을 보면, 아래 〈자료 1〉에서와 같다.

3) 동북아역사재단, 일본외무성의 독도홍보 팜플렛에 대한 반박문[7]

동북아역사재단 독도연구소에서 만들은 일본외무성 홈페이지에 게시된 홍보팜플렛에 대한 반박문을 아래와 같이 게재한다.

(1) 일본이 옛날부터 독도를 인식했다는 주장과 관련하여,

가. 일본의 주장

o 일본은 옛날부터 독도의 존재를 인식하고 있었다.

---

5) 2007. 4. 23. 조선일보. 동북아역사재단 제3연구실장 배진수 기고, "일본, 독도침탈 6단계 중 이미 2단계에" 기사 참조.

6) 일본 외무성 아시아대양주국 북동아시아과, http://www.mofa.go.jp/참조.

7) 2008. 5. 동북아역사재단 발행, "일본외무성의 독도홍보 팜플렛에 대한 반박문" 인용

목 차

다케시마는 역사적사실에 입각해봐도, 국제법상으로도 명백한 일본 고유의 영토입니다.

■한국측으로부터 일본이 다케시마를 실효적으로 지배하여 영유권을 확립하기 이전에 한국이 이 섬을 실효적으로 지배하고 있었다는 명확한 근거는 제시되어 있지 않습니다.

■한국은 다케시마를 불법점거하고 있으며, 일본은 엄중하게 항의를 하고 있습니다.

■일본은 다케시마 영유권에 관한 문제를 국제사법재판소에 회부할 것을 제안하고 있습니다만, 한국이 이를 거부하고 있습니다

2

〈자료 1〉 일본 외무성 홈페이지에 다케시마, 竹島가 자국영토라는 주장을 담은 「竹島, Takeshima를 이해하기 위한 10 포인트」라는 小冊字에 우리말로 소개되어 있는 목차의 내용.

- 경위도선을 표시한 일본지도로서 가장 대표적인 나가구보 세키스이 (長久保赤水)의 「개정 일본여지노정전도」(1779년) 등 일본의 각종 지도와 문헌이 이를 확인해 주고 있다.

나. 일본 주장의 허구성

o「개정 일본여지노정전도」는 사찬(私撰) 지도로서 1779년 원본에는 울릉도와 독도가 조선 본토와 함께 채색되지 않은 상태로 경위도선 밖에 그려져 있어서 일본 영역 밖의 섬으로 인식하고 있다.

o 더욱이 일본 해군성의 「조선동해안도(1876년)」〈자료 2〉와 같은 관찬 (官撰) 지도들은 오히려 독도를 한국의 영토에 포함시키고 있다.

o 1696년 도쿠가와(德川) 막부정권이 일본 어민들의 울릉도 도해를 금지한 이후 두 섬에 대한 인식이 흐려져 독도를 마츠시마(松島), 리양코도(リヤンコ島), 랑코도(ランコ島), 다케시마(竹島) 등으로 혼란스럽게 불렀을 뿐만 아니라 지리적 위치도 완전히 망각하게 되었다.

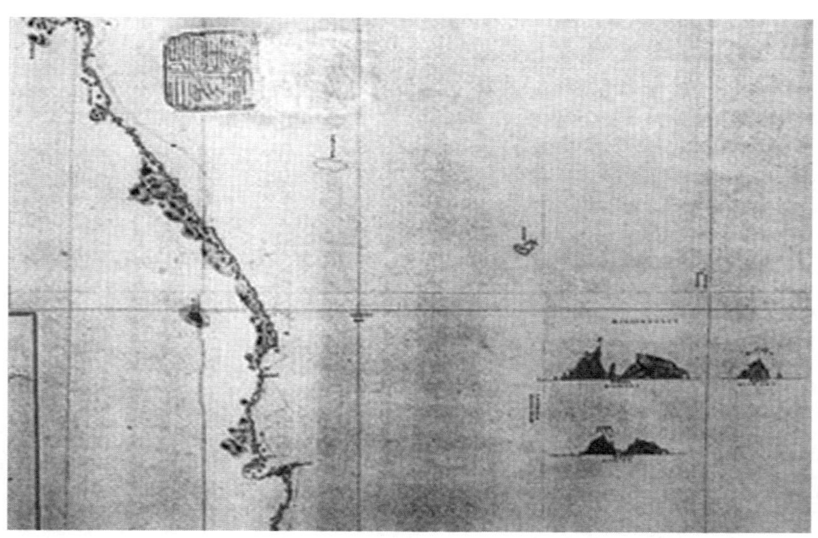

〈자료 2〉 일본 해군성의 「조선동해안도」(1876년) : 일본 해군성은 독도를 조선의 소속으로 표기하고 있다

(2) 한국이 옛날부터 독도를 인식하지 못했다는 주장과 관련하여

가. 일본의 주장

 o 한국이 옛날부터 독도를 인식하고 있었다는 근거는 없다.

  - 한국측이 주장하는 우산도가 독도라는 것을 뒷받침하는 명확한 근
   거가 없으며, 우산도는 울릉도의 다른 이름이거나 가상의 섬이다.

나. 일본 주장의 허구성

o 독도는 울릉도에서 육안으로도 바라볼 수 있어서 울릉도에 사람이 거
   주하기 시작한 때부터 인식할 수 있었다 〈자료 3〉. 이러한 인식의 결
   과 『세종실록지리지』(1454년), 『신증동국여지승람』(1530년), 『동국
   문헌비고』(1770년), 『만기요람』(1808년) 등 한국의 수많은 정부 官
   撰 문서에 독도가 명확히 표기되어 있다.

  - 특히 『동국문헌비고』(1770년), 『만기요람』(1808년) 등에는 "울릉도
   와 우산도는 모두 우산국의 땅이며, 우산도는 일본인들이 말하는 송
   도(松島)"라고 명백히 기록하고 있다. 송도는 당시 일본인들이 부르
   는 독도의 명칭이다. 우산도가 독도라는 것을 명확히 알려주고 있다.

o 2005년 일본 오끼섬에서 발견된 안용복 관련 조사보고서인 「원록9
   병자년 조선주착안일권지각서」(元祿九 丙子年 朝鮮舟着岸一券之覺
   書)에는 안용복이 휴대한 지도에 울릉도와 독도를 조선의 강원도에 부
   속된 섬으로 명기하고 있다.(아래 〈자료 5〉 참조)

o 오늘날과 달리 지도제작 기술의 부족으로 고지도 중 독도의 위치나 크
   기를 잘못 그린 것이 있으나, 이것이 독도의 존재를 인식하지 못했다
   는 증거가 되는 것은 아니다.

- 한국의 고지도는 관찬 지도이든 사찬 지도이든 언제나 동해에 두 섬,
   즉 울릉도와 독도를 함께 그리고 있어 독도의 존재를 명확히 인식하고
   있었음을 보여주고 있다.

〈자료 3〉 울릉도에서 바라본 독도 : 독도는 울릉도로부터 육안 관측이 가능하다

(3) 17세기 중엽에 독도의 영유권을 확립했다는 것과 관련하여

가. 일본의 주장

o 일본은 울릉도로 건너갈 때의 정박장이나 어채지로 독도를 이용하여 늦어도 17세기 중엽에는 독도의 영유권을 확립했다.

- 에도(江戶)시대 초기(1618년), 돗토리번의 요나고 주민인 오야(大谷), 무라카와(村川) 양가는 막부로부터 도해(渡海)면허를 받아 울릉도에서 독점적으로 어업을 하며 전복을 막부에 헌상했다. 독도는 울릉도로 도항하기 위한 항행의 목표나 도중의 정박장으로서, 또 강치나 전복포획의 좋은 어장으로서 자연스럽게 이용되었다.

나. 일본 주장의 허구성

o 도해면허는 내국섬으로 도항하는 데는 필요가 없는 문서이므로 이는 오히려 일본이 울릉도 · 독도를 일본의 영토로 인식하지 않고 있었다는 사실을 입증하는 것이다.

o 17세기 중엽의 일본 고문서인『은주시청합기(隱州視聽合記)』(1667
년)는 "일본의 서북쪽 한계를 오키섬으로 한다"고 기록하여 일본인들
스스로 독도를 자국의 영토에서 제의하고 있다.

o 1877년 일본 국가최고기관인 태정관은 17세기 말 한일간 교섭결과를
토대로 "…품의한 취지의 죽도(竹島, 울릉도)외 일도(一島, 독도)의 건
에 대해 일본은 관계가 없다는 것을 명심할 것"이라고 하면서 독도가
일본의 영토가 아님을 공식적으로 인정하였다.

o 한편 일본 외무성도『조선국교제시말내탐서(朝鮮國交際始末內探書,
1870년)』〈자료 4〉에서 '죽도(울릉도)와 송도(독도)가 조선부속으로
되어 있는 시말' 이라는 보고서를 작성하였으므로 송도(독도)가 한국땅
임을 자인하였다.

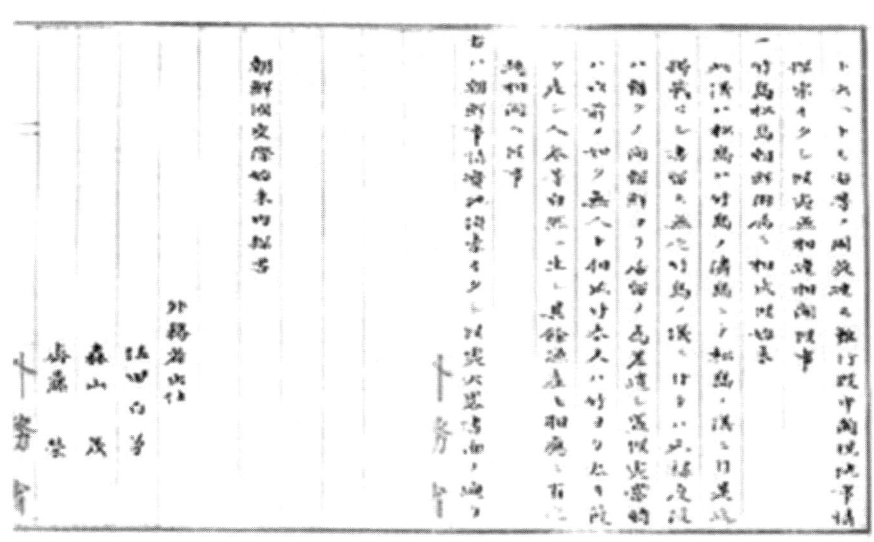

〈자료 4〉『조선국교제시말내탐서(1870)』:일본 외무성 문서로서 울릉도와 독도를 조선의 영토로 밝히
고 있다

(4) 독도 도항은 금지하지 않았다는 것과 관련하여

가. 일본의 주장

o 일본은 17세기 말 울릉도 도항을 금지했지만, 독도 도항은 금지하지
않았다.

 - 1696년 울릉도 주변 어업을 둘러싼 한일간의 교섭 결과, 막부는 울
릉도로의 도항을 금지했지만, 독도로의 도항을 금지하지는 않았다.
이는 당시부터 일본이 독도를 자국의 영토라고 생각했음이 분명하다.

나. 일본 주장의 허구성

o 17세기 말 막부정권이 울릉도 도항을 금지할 때, '죽도(울릉도) 외 돗
토리번에 부속된 섬이 있는가' 라는 에도 막부의 질문에 대해 돗토리번
은 '죽도(울릉도), 송도(독도)는 물론 그 밖에 부속된 섬은 없다' 고 회
답하면서, 울릉도와 독도가 돗토리번 소속이 아님을 밝히고 있다.

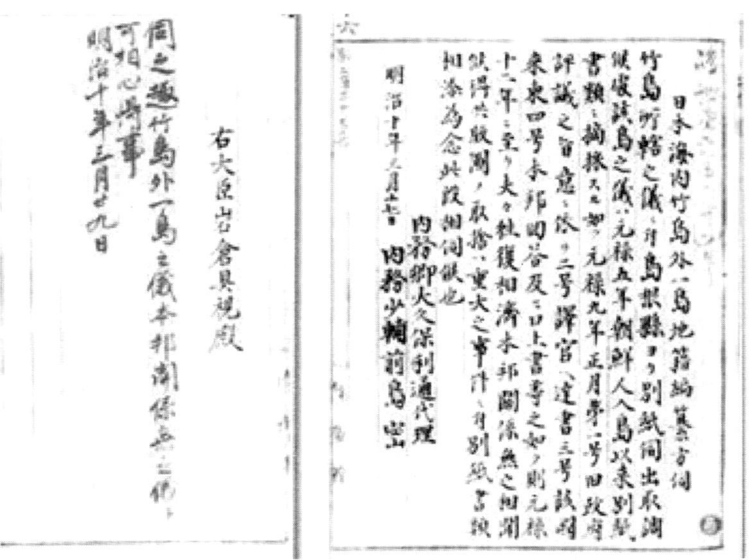

〈자료 5〉 일본 「태정관 지시문」(1877년):일본 메이지(明治)정부의 국가최고기관인 태정관은
17세기 말 일본막부가 내린 울릉도 도해금지조치 등을 근거로 "울릉도와 독도가 일본
과 관계없다는 것을 명심하라"고 내무성에 지시하였다

o 또한 일본 자료(오야가(大谷家) 문서)에서 보이는 '죽도(울릉도) 내의 송도(독도)'(竹嶋內松嶋), '즉도 근변의 송도'(竹島近邊松嶋) 등의 기록이 잘 설명해 주는 바와 같이 '독도는 울릉도의 부속도서(屬島)'로 간주되었다. 그러므로 1696년 1월 울릉도 도해금지조치에는 독도 도해금지도 당연히 포함되어 있었다.

o 도해금지조치 이후 있은 일본의 득도 명칭 혼란은 일본이 독도 도항은 커녕 독도에 대해 제대로 인지조차 못했다는 것을 입증하고 있다.

(5) 안용복의 진술내용과 관련하여

가. 일본의 주장

o 한국이 자국 주장의 근거로 인용하는 안용복의 진술 내용에는 많은 의문점이 있다.

- 안용복의 도일(渡日)활동은 자신의 불법 도일죄를 감하기 위하여 과장한 것으로 일본의 기록과도 부합하지 않기 때문에 사실이 아니다.

나. 일본 주장의 허구성

o 안용복의 도일활동에 관해서는 조선의 비변사에서도 철저한 조사가 이루어졌으므로 그것을 기록한 조선의 관찬서 기록이 진실이 아니라고 하는 일본측 주장은 받아들이기 어렵다.

- 또한 일본의 기록에 없는 것이 조선의 기록에 있다고 하여 조선의 기록이 잘못이라고 판단하는 것은 일본측의 독단에 불과하다.

※ 안용복의 도일활동은 『숙종실록』, 『승정원일기』, 『동국문헌비고』 등 한국의 관찬서와 「죽도기사」(竹島紀事), 「죽도도해유래기발서공」(竹島渡海由來記拔書控), 「이본백기지」(異本伯耆志), 「인부연표」(因府年表), 「죽도고」(竹島考) 등 일본 문헌에 기록되어 있다.

o 안용복의 활동으로 인해 울릉도, 독도에 관한 논의가 일본에서 있었으

며, 결과적으로 두 섬을 조선의 영토로 인정하게 되었다.

- 일본측은 안용복 사건으로 양국간에 영토문제가 대두되자 1695년 울릉도, 독도가 돗토리번(鳥取藩)에 귀속한 시기를 문의하는 에도막부의 질문에 대해 "돗토리번에 속하지 않는다"는 돗토리번의 회답이 있었다.

o 1696년 1월에 내린 막부의 도해금지령은 같은 해 8월 요나고(米子) 주민에게 전달되었으므로 요나고 주민이 그 기간 독도에 갈 수 있었으므로, 같은 해 5월 울릉도에서 일본인을 만났다는 안용복의 진술을 거짓으로 보는 일본측 주장은 타당하지 않다.

o 2005년 일본에서 발견된 안용복관련 조사보고서인 「원록9 병자년 조선주착안일권지각서」(元祿九 丙子年 朝鮮舟着岸一券之覺書)는 그 말미에 안용복이 휴대한 지도를 참조하여 조선 팔도의 이름을 기술하면서 울릉도와 독도가 강원도에 소속됨을 명기하고 있어 당시 안용복이 독도를 조선 땅이라고 진술한 사실을 명백히 입증하고 있다.

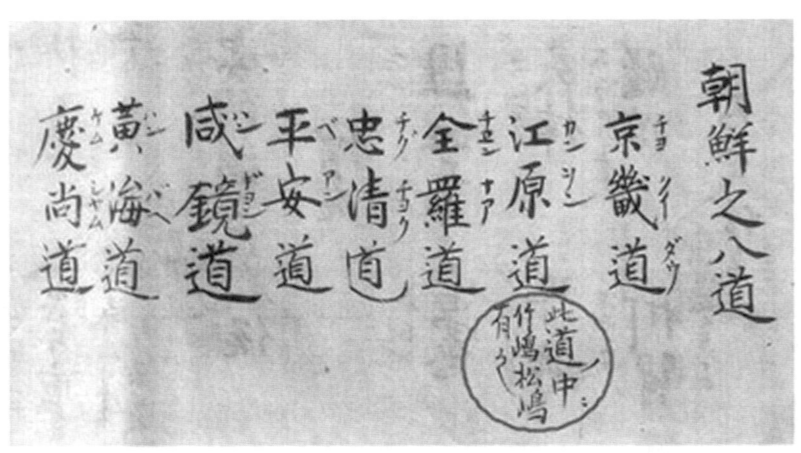

〈자료 6〉 1696년 안용복 관련 조사보고서 : 안용복의 2차 도일시 활동상황을 기록한 문서로 '죽도'(울릉도), '송도'(독도)가 강원도에 속한 조선의 영토임을 명기하고 있다

(6) 1905년 시마네현 편입과 관련하여

가. 일본의 주장

o 일본 정부는 1905년 독도를 시마네현에 편입하여 독도 영유의사를 재확인했다.

 - 시마네현 오키도민인 나카이 요사부로의 독도 영토편입 청원을 접수한 일본 정부는 1905년 1월 각의결정으로 독도를 영유한다는 의사를 재확인하였으며, 2월 시마네현 지사는 독도가 오키도사의 소관이 되었음을 고시함과 동시에 당시 신문에도 게재되어 널리 일반에게 전해졌다.

 - 일본은 독도를 관유지대장에 등록하고 강치포획을 허가제로 하여 1941년 제2차 대전으로 중지될 때까지 강치포획을 계속하였다.

 - 1900년 대한제국 칙령 제41호의 석도를 독도라고 하는 데는 의문이 있으며, 의문이 해소된다고 하더라도 한국이 독도를 실효적으로 지배했던 사실은 없다.

나. 일본 주장의 허구성

o 독도가 일본의 고유영토라고 하면서 1905년에 편입시켰다고 하는 것은 억지에 불과하다. 그 주장이 사실이라면, 다른 고유영토에 대해서도 똑같은 편입조치를 해야 할 것이다.

 - 자국의 영토에 대해서 영유할 의지가 있다는 것을 재확인한다는 것은 국제법상 있을 수 없는 변명에 불과하며 그러한 전례도 없다.

 - 그리고 1950년대 이후 일본의 외교문서 등을 보면 1905년 편입조치를 처음에는 '무주지 선점'이라고 주장했다가 나중에는 '영유의사의 재확인'으로 말을 바꾼 것은 그 만큼 근거가 박약하다는 증거이다.

o 1905년 시마네현 편입조치는 러일전쟁 중인 한반도 침탈과정에서 이루어진 것이며, 이미 확립된 대한민국의 독도 영유권에 대해 행해진

불법, 무효한 조치이다.

- 대한제국 칙령 제41호(1900년)를 통해 독도의 행정구역을 재편하는 등 한국의 독도에 대한 영유권은 확고하였는 바, 1905년 당시 독도는 무주지가 아니었으므로, 일본의 독도편입조치는 국제법상 불법이다.

- 한국은 일본의 조치 사실을 안 즉시 독도가 한국의 영토임을 재확인하였으나(1906년), 을사늑약(1905년 11월)에 의해 외교권이 박탈된 상태였으므로 단지 외교적 항의를 제기하지 못하였을 뿐이다.

o 독도 편입 청원서를 제출한 나카이 요사부로는 처음에 독도가 한국 영토라는 것을 알고 일본정부를 통해 한국에 임대청원서를 제출하려고 했다. 그런데 해군성과 외무성 관리(기모쓰케 가네유키, 야마자 엔지로) 등의 사주를 받고 영토편입 청원서를 내었던 것이다.

- 당시 내무성 관리(이노우에 서기관)는 "한국 땅이라는 의혹이 있는 쓸모없는 암초를 편입할 경우 우리를 주목하고 있는 외국 여러 나라들에

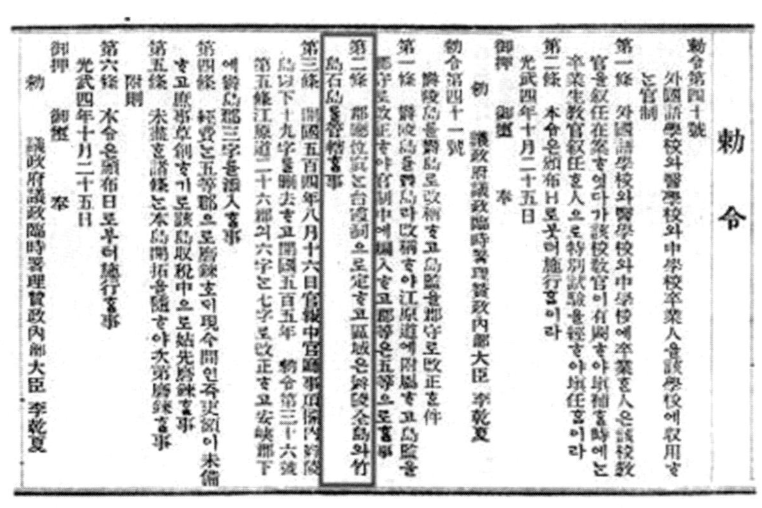

〈자료 7〉 대한제국 칙령 제41호(1900년) : 대한제국은 '석도'(독도)를 울릉군의 관할구역으로 규정하고 있다

게 일본이 한국을 병탄하려고 한다는 의심을 크게 갖게 한다"고 독도 영토편입 청원에 반대하였다.

o 1900년 대한제국 칙령 제41호는 그 자체가 독도에 대한 한국의 실효적 지배의 증거를 명확히 보여주고 있다.

- 울릉도 주변도서의 지리적 현황과 독도를 독섬(돌섬)이라고 호칭한 울릉주민들의 생활상을 고려하면 '석도'(石島)가 독도라는 것은 의심의 여지가 없다.

- 1947년 울릉도 개척민(홍재현)의 증언 및 1948년 독도폭격사건 등에서 보는 바와 같이, 1905년 이전뿐만 아니라 그 이후에도 독도는 계속해서 울릉도 주민들의 어로작업지로 이용되었다.

(7) 전후 연합국의 조치와 관련하여

가. 일본의 주장

o 대일강화조약 기초과정에서 한국은 일본이 포기해야 할 영토에 독도를 포함시키도록 요구했지만, 미국은 독도가 일본의 관할 하에 있다고 해서 이 요구를 거부했다.

- 1951년 대일강화조약에서 일본이 그 독립을 승인하고 모든 권리, 권원 및 청구권을 포기한 '조선'에 독도가 포함되지 않았다는 사실은 미국기록공개문서 등에서도 명백하다.

나. 일본 주장의 허구성

o 당초에 미국은 독도를 한국의 영토로 인정했으며, 일시적인 미국의 태도 변화는 일본의 로비에 의한 것이다.

o 일본이 대일강화조약상 남쿠릴열도(북방 4개섬)를 러시아의 영토로 인정한 조항을 거부하면서 명시적 규정이 없는 독도를 자국의 영토로 확정되었다고 하는 것은 논리적 일관성이 없는 주장이다.

o 연합국총사령부는 일본 점령 기간 내내 다른 특정한 명령을 내린 바

없이 연합국총사령부 훈령(SCAPIN) 제677호를 적용하였으며, 대일
강화조약 체결 직후 일본 정부도 당시 독도가 일본의 관할구역에서 제
외된 사실을 확인하였다.

- 1951년 10월 일본 정부는 대일강화조약에 근거하여 일본 영역을 표
시한 「일본영역도」를 국회 중의원에 제출하였는데, 그 지도에 분명하
게 선을 그어 독도를 한국의 영역으로 표시하였다.

※ SCAPIN 제677호는 독도를 울릉도와 함께 일본의 통치대상에서 제
외되는 지역으로 규정하였다.

- SCAPIN 제677호 : 3. 이 훈령의 목적을 위하여, 일본은 일본의 4개
본도(홋카이도, 혼슈, 큐슈, 시코쿠)와 약 1천 개의 더 작은 인접 섬들
을 포함한다고 정의된다. (1천 개의 작은 인접 섬들에서) … 제외되는
것은 ⓐ울릉도 · 리앙쿠르암(Liancourt Rocks; 독도) … 등이다.

o 연합국이 제2차 대전 후 대일강화조약 체결 때까지 독도를 일본에서

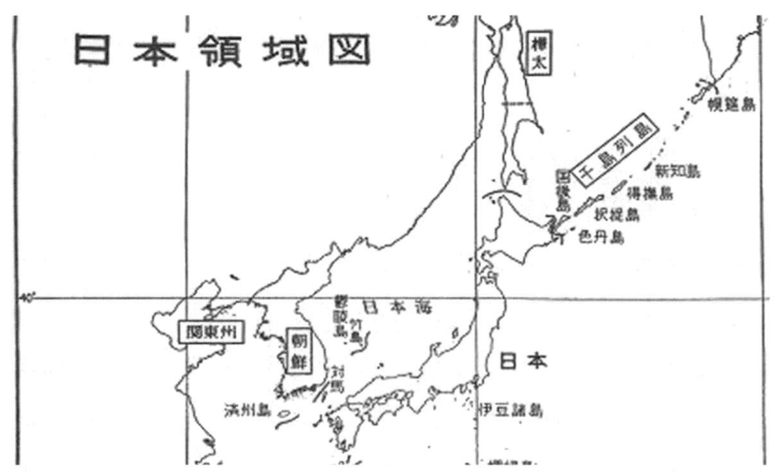

〈자료 8〉「일본영역도」(대일강화조약(마이니치신문사편, 1952)) : 대일강화조약 체결 직후 일
본 정부도 당시 독도가 일본의 관할구역에서 제외된 사실을 확인하고 있다.

분리, 취급한 것은 카이로 선언(1943년) 및 포츠담 선언(1945년) 등
에 의해 확립된 연합국의 전후 처리정책을 실현한 것이다.

- 즉 독도는 일본의 본격적인 영토침탈전쟁인 러일전쟁 중에 폭력
  과 탐욕에 의해 약취된 한국의 영토이기 때문에 당연히 일본이 포기해
  야 하는 지역이었다.

o 독도는 전후 연합국 결정에 의해 일본에서 분리되어 미군 통치하에 있
  다가, UN결의에 따라 1948년 8월 15일 대한민국 정부가 수립되자
  다른 모든 섬들과 함께 한반도 부속도서로서 한국에 반환되었다. 대일
  강화조약은 이를 확인한 것에 불과하다.

(8) 미군의 독도폭격연습지 지정과 관련하여

가. 일본의 주장

o 독도는 1952년 주일미군의 폭격훈련구역으로 지정되었으며, 일본
  영토로 취급되었음은 분명하다.

- 미일행정협정에 입각하여 주일미군이 사용하는 폭격훈련구역의 하나
  로 독도를 지정하는 동시에 외무성에 이를 고시하였다.

나. 일본 주장의 허구성

o 미 공군은 한국의 항의를 받고 독도를 폭격훈련구역에서 즉각 해제하
  였으며, 그 사실을 한국측에 공식적으로 통고해 왔다. 또한 독도가 그
  즈음 설정된 한국의 방공식별구역(KADIZ) 내에 있으면서, 일본방공
  식별구역(JADIZ) 밖에 있었다는 것도 독도가 한국의 영토임을 전제
  로 한 조치임을 다시 한번 확인시켜주고 있다.

o 독도에서 조업 중이었던 우리 주민들의 피해에도 불구하고, 독도를 폭
  격연습지로 지정하는가 하면, 1952년 당시 거듭된 독도 폭격 등이 모
  두 일본의 유도에 의한 것임은 일븐 의회데서의 발언 내용 등을 통해
  쉽게 알 수 있다.

※ 다음은 1952년 5월 23일 중의원 외무위원회에서 시마네현 출신 야마모토(山本) 의원과 이시하라(石原) 외무차관과의 발언내용이다.

- 야마모토 의원 : "이번 일본의 주둔군 연습지 지정에 있어서, 독도 주변이 연습지로 지정되면 그 (독도) 영토권을 일본의 것으로 확인받기 쉽다는 생각에서 외무성이 연습지 지정을 바라고 있는지 그 점에 대해 말씀해 주시기 바랍니다."

- 이시하라 차관 : "대체로 그런 발상에서 다양하게 추진하고 있는 것 같습니다."

(9) 한국의 독도에 대한 실효적 지배와 관련하여

 가. 일본의 주장

 ㅇ 한국은 독도를 불법점거하고 있으며, 일본은 엄중하게 항의를 하고 있다.

 - 한국에 의한 독도 점거는 국제법상 아무런 근거 없이 이루어지고 있

〈자료 9〉 독도조난어민 위령비 제막식(1950년 6월 8일):독도 현지에서 경상북도 지사가 참석한 가운데, 1948년 독도폭격사건으로 희생된 우리 어민들을 위한 위령비 제막식을 거행하고 있다

는 불법점거이며, 한국이 독도에서 행하는 어떤 조치도 법적인 정당성
이 없다.

나. 일본 주장의 허구성

o 일본은 어느 시기에도 독도에 대한 영유권을 확립한 바가 없으며, 일
본의 주장은 오히려 독도에 대한 대한민국의 영토주권을 침해하는 일
방적이고 불법적인 것에 불과하다.

o 일본이 독도 영유권 확보를 의도한 것은 1905년 조치에 의해서이며,
대한민국은 이미 그 이전에 독도에 대한 영유권을 확립하였다.

※ 1454년 『세종실록지리지』, 1808년 『만기요람』, 1900년 「대한제국
칙령」 제41호(이상 한국정부 문서), 1696년 에도막부의 「도해금지령
공문」, 메이지정부의 1870년 「조선국교제시말내탐서」, 1877년 「태정
관 지시문」(이상 일본정부 문서), 1946년 「SCAPIN 제677호, 제
1033호」(연합국총사령부 공식문서) 등은 독도가 한국의 영토임을 명
확히 밝히고 있다.

〈자료 10〉 『만기요람』(1808년): 울릉도와 우산도(독도)가 모두 우산국의 땅' 이라고 기록하고 있다

(10) 국제사법재판소 회부 제의와 관련하여

가. 일본의 주장

o 일본은 독도영유권에 관한 문제로 국제사법재판소에 회부할 것을 제
  안하고 있지만, 한국이 이를 거부하고 있다.

- 일본 정부는 1954년 9월, 1962년 3월에 국제사법재판소 회부를 제
  안했으나, 한국측이 이를 거부하였다.

나. 일본 주장의 허구성

o 일본은 조어도(센카쿠제도)나 남 쿠릴열도(북방 4개섬)에 대해서는
  국제사법재판소 회부를 거부하면서 유독 독도에 대해서만 회부를 주
  장하고 있는 모순적인 태도를 보이고 있다.

o 독도는 일본 제국주의의 한반도 침략과정에서 침탈되었다가 되찾은
  역사의 땅이다. 독도는 명백한 대한민국의 영토이며, 재판소에 회부할
  어떠한 이유도 없다. 오로지 일본이 침략의 역사에 근거한 독도 영유
  권 주장을 중단하는 것만이 바람직한 해법이다.

〈자료 11〉 미래지향적인 한일관계의 시금석, 독도

4) 內藤正中,『竹島 = 獨島問題入門』日本外務省 '竹島' 批判 [8]

(1) 內藤正中(나이토세이추)은, 일본외무성의 竹島 팜플렛은 내용이 없고 극히 不正確하고 틀린 곳이 많은 '杜撰な 刊行物'이라고 혹평하고 있다.

(2) 나이토세이추 교수는, 위 冊 序文에서 日本이 17世紀 半 時期에 竹島에 대하여 領有權을 確立하였다고 볼 수 없고, 1905年 日本 閣議에서 竹島를 無主地로 보고, 日本 領土에 編入하기로 決定한 것은 심히 부당하고, 그 내용을 시마네현 告示, 40호로 「島根縣報」에만 發表하고, 官報에 公示하지 않아 국제법상 '有效に實施された' 된 公示라고 볼 수 없다고 지적하고 있다. [9]

5. 향후 독도의 領土主權에 관한 우리나라의 대책

1). 한반도 동쪽 바다가 '日本海'로 되어 있는 것을 '東海', '韓國海'로 바꾸도록 국제수로기구(IHO) 및 UN地名專門家會議(UNGEGN)에 제의하여 관철시켜야 한다.

(1) 독도박물관 소재 '朝鮮海'('大韓海') 표기 지도목록을 보면, 1794년부터 1930년 경까지 모두 朝鮮海(大韓海)로 되어 있었는데, [10]

(2) 일본이 1900년 초순경 임의대로 '日本海'로 바꾼 것이 부당하여 한국은 우리나라가 가입한 국제수로기구(IHO:International Hydrographic Organization)에 1992년 이 문제를 제기하고, 1998년에 '東海'·'日本

---

8) 內藤正中(島根大學名譽教授)『竹島 = 獨島問題入門』, 日本外務省 '竹島' 批判, 新幹社,
   2008. 10. 참고
9) 內藤正中, 前揭書 11쪽~14쪽, 44쪽 각 참조
10) 독도박물관 팜플렛 대한제국지도 28쪽, 독도박물관 2002. 12. 17. 발행 참조.

海'로 倂記하자고 주장하였으나, 일본은 이를 수용할 수 없다고 거부하고 있는바, 정부와 동해연구회 및 해양학자들과 합심하여 위 국제수로기구에 적극 참여하여 이를 관철시켜야 함은 물론, UN전문가지명회의(UNGEGN ： United Nations Group of Experts on Geographical Names)에도 제의하여 '東海'로 표기하도록 하고, 더 나아가 '한국해'(Sea of Korea)로 표기되도록 해야 한다.[11]

　2). 독도는 울릉도의 屬島임을 전 세계에 알려야 한다.

　(1) 일본인 가와가미겐조(川上健三)는「竹島의 地理學的硏究」에서 韓國人은 安龍福 以外에는 竹島(獨島)를 認知한 바 없다고 하고, 『世宗實錄地理志』에 "울릉도에서 독도가 보인다"고 하는 것은 있을 수 없고, 于山島라는 섬은 實際하지 않다고 하고, 울릉도 一島說을 주장하고 있다.[12]

　(2) 호리가즈오(堀和生) 교토대 교수는 1987. 3. 일본에서 편찬된『조선사연구회 논문집』에 게재된「1905년 일본의 독도영토편입」이라는 논문을 통해 조선문헌에 독도가 등장하는 것이 일본측보다 200년 정도 이르며 그 문헌이 조선의 正使지리지라는 것 자체가 독도에 대한 국가(조선)의 영유의식을 보인 것이고, 1877년 당시 일본 메이지 (明治)정부의 최고기관인 太政官이 "울릉도와 독도는 일본과는 관계없는 섬"이라고 내린 공문서도 발견해 독도의 일본영유권을 부정하고 한국소유 땅임을 인정하였다.[13]

---

11) 이기석 동해연구회장, 2007. 1. 10. 조선일보시론, "동해표기 일관성 유지가 먼저다"기사, 2007. 4. 30. 조선일보 "한·일 5년만의 '동해' 외교전쟁" 기사, 같은해 5. 4. 조선일보 집중분석 "일본해 총공세에 긴장하는 동해" 기사, 같은해 4. 28. 동아일보, "세계저명학자들, 동해표기정당" 기사 각 참조.
12) 川上健三,『竹島의 역사지리학적연구』, 274쪽, 古今書院, 1966. 8. 참고.
13) 2008. 7. 19. 동아일보 "독도는 한국땅" 주장하는 일본학자들 기사, 1996. 3. 13. 시사저널, 일본학자 호리가즈오 "역사적 사실 근거로 독도 한국소유 인정" 각 기사 각 참조.

(3) 가와가미겐조는 "울릉도에서 독도가 보인다"는 것은 있을 수 없다고 주장하고 있으나, 동북아재단독도연구소에서 2008. 11. 22. 오전 9시 37분 울릉도 도동 민가 해발 높이 271미터에서 독도를 촬영한 바, '또렷한 독도'가 보이는 사진이 공개되었으므로, 위 가와가미겐조의 주장은 허위임이 드러났다.[14]

(4)『세종실록지리지』(1432년) 및 『동국여지승람』(1481년)에 우산도(于山島)와 울릉도 2개의 섬이 있고 서로 가까이 있어 맑은 날이면 서로 보인다고 기록되어 있어, 독도는 울릉도의 속도(屬島)임이 틀림없다 하겠다.

예일대학의 맥두걸(McDugal) 교수의 「연안국의 영해측정기선의 표준」에 의하면 연안에 산재하고 있는 각 도서에 대한 기선은 그 산재한 도서를 전체로 계산할 것과 그 산재한 도서를 가장 멀리 존재한 도서로 연결하는 선을 표준으로 한다고 했다. 이 설에 의하더라도 울릉도에서 독도까지는 그 거리가 근거리이므로 한국영해 내에 속한 것임을 알 수 있다.[15]

(5) 그러므로 독도가 울릉도에서 87.4km(47.2해리) 떨어진 屬島인 섬에 대한 더 충분한 자료를 수집하여 널리 이를 전 세계에 알릴 필요가 있다 하겠다.

3) 1900年 大韓帝國 勅令 제41호 "鬱陵島와 竹島, 石島를 관할하는 울릉군을 설치한다" 중, '石島'는 獨島가 분명하다

(1) 일본은 여기 石島를 울릉도 동쪽에 있는 觀音島라고 주장하고 있으나, 관음도는 울릉도 동쪽 섬목에서 직선거리 100미터 밖에 떨어져 있지 않는 섬이고, 동백나무, 참억새, 부지깽이 등이 자생하는 야생식물이 많이

---

14) 2009. 3. 25. 중앙일보 "울릉도 민가 지붕위로 '또렷한 득도" 기사 참조.
15) 신동욱, 「독도영유에 관한 연구」, 77~78쪽, 어문각 2008. 11, McDugal, The Public of the Oceans, PP310~313 각 참조.

자라고 있으므로 '石島'가 아니고, 울릉도 동북쪽에 있는 삼선암, 공암(코끼리바위) 등을 포함하는 울릉도 全島에 속하는 섬에 불과하다 할 것이다.

그러므로 '石島'는 일본인이 주장하는 '觀音島'가 아니고, 위 石島는 울릉도 屬島인 獨島를 指稱하는 것이 틀림없다 할 것이다.

(2) 독도는 국제법상으로 이미 1900년 대한제국이 지방행정 제도를 개편하여 울릉도에 군을 설치하고 독도를 이에 포함시켜 「관보」를 통해 세계에 공표했을 때 이미 서양 국제법 체제에서도 한국 영토로 재선포된 한국의 영토이다.[16]

대한제국 정부는 일본인들이 개항 후 울릉도에 불법으로 들어와 거주를 시작하자 일본 측에 대한 항의를 강화함과 동시에 몰래 섬에 들어온 일본인을 대한제국의 권력으로 추방하는 조치의 일환으로 울릉도에 대한 행정 관리를 강화시켰다.

즉 대한제국 정부는 울릉도, 죽서도, 독도를 묶어서 하나의 '郡'을 만들어 지방행정상의 지위를 격상시키고, 울릉도에는 '郡守'를 상주시켜서 울릉도 및 독도의 수호와 행정 관리를 강화하기로 하였다.

이를 위해 먼저 내부대신 이건하는 1900년 10월 22일 울릉도, 죽서도, 독도를 묶어서 '울도군'(鬱島郡)을 설치하고 도감 대신 군수를 두는 지방 제도 개정안을 의정부에 제출하였다.

개정안은 1900년 10월 24일 의정부 회의에서 8 대 0의 만장일치로 통과되어 황제의 재가를 받았다.

---

16) 신용하, 『신용하 교수의 독도이야기』 책 중 16쪽~21쪽 인용 (주)살림출판사, 2005.

「칙령 제41호 울릉도를 울도(鬱島)로 개칭하고 도감을 군수르 개정한 건.

제1조, 울릉도를 울도라 개칭하야 강원도에 부속하고 도감을 군수로 개
       정하야 관제중에 편입하고 군등은 오등으로 할 사.

제2조, 군청 위치는 태하동(台霞洞)으로 정하고 구역은 울릉전도(鬱陵
       全島)와 죽도 석도(石島)를 관할할 사.

제3조, 개국 504년 8월 16일 관보 중 관청사항난 내 울릉도 이하 19자
       를 사거하고 개국 505년 칙령 36호 제5조 강원도 26군의 6자는 7
       자로 개정하고 안협군하에 울도군 3자를 첨입할 사.

제4조, 경비는 오등군으로 마련하되 현금간인즉 이액이 미비하고 서사
       (庶事) 초창하기로 해도수세(海島收稅) 중으로 우선 마련할 사.

제5조, 미진한 제조는 본도 개척을 수(隨)하야 차제 마련할 사.

                          광무 사년 시월 이십오일
                              어압 어새 봉
                    칙 의정부 임시서르 찬정 내부대신 이건하」

이에 대한제국 정부는 1900년 10월 25일 자 칙령 제41호로 전문 6조로
된 울릉도를 울도로 개칭하고 도감을 군수로 개정한 건을 이상과 같이 관
보에 게재하고 공포한 것이었다.

대한제국의 이 칙령에 의해 울릉도는 울진군수(때로는 평해군)의 행정
을 받다가 이제 강원도의 독립된 군으로 승격되었다. 그리고 울릉도의 초
대 군수로는 도감으로 있던 배계주가 주임관 6등으로 임명되었으며, 뒤이
어 사무관으로 최성인이 임명, 파송되었다.

여기서 우리의 주제와 관련하여 주목할 것은 제2조의 울도군은 "구역은
울릉전도와 죽도, 석도를 관할할 사"라고 한 부분이다. 여기서 죽도는 울릉

도 바로 옆의 죽서도를 가리키는 것으로 이규원의 「울릉도검찰일기」에서 확인된다. 그리고 석도는 독도를 가리키는 것이 틀림없다. 당시 울릉도 주민의 대다수는 전라도 출신 어민들이었는데, 전라도 방언으로는 '돌'을 '독'이라고 하고 '돌섬'을 '독섬'이라 부른다는 것은 잘 알려진 사실이며, 대한제국 정부는 '독섬'을 의역하여 '석도'라고 한 것이다. 울릉도 초기 이주민들의 민간 호칭인 '독섬', '독도'를 뜻을 취해 한자로 표기하면 '석도'가 되고, 발음을 취하여 표기하면 '독도'가 되는 것이다.

대한제국 정부가 1900년에 칙령으로서 행정구역을 개편하여 울도군을 설치하면서 울도 군수의 통치 행정 지역에 울릉도·죽서도와 함께 '석도(돌섬＝독섬)'라는 명칭으로 독도에 대한 행정 지배권을 거듭 명백히 공포한 것은 매우 중요한 사실이다.

'울도군'을 설치할 때 구통치 구역인 독도의 명칭을 이전처럼 '우산도'라고 하지 않고 '석도'라고 표시한 이유는 울릉도 재개척 이후 울릉도에 이주한 남해안 어민들이 종래의 '우산도'를 바위섬, 즉 '돌섬'이라는 뜻으로 '독섬'이라고 부르고 있었기 때문이었다. 남해안 사투리(특히 울릉도 이주민의 다수를 형성한 호남지방 남해안 어민들의 사투리)로는 '돌(石)'을 '독'이라고 하였다. 그리하여 1900년 당시에는 '우산도'를 울릉도 거주민들은 '독섬'이라고 호칭하고 있었고, 위에서 설명한 바와 같이 이 '독섬'을 한자로 번역할 경우 뜻을 취한 '의역'일 때에는 '석도'라 하고, 발음을 취한 '음역'일 때에는 '독도'라고 표기하고 있었다.

그러면 이 무렵에 우산도를 발음을 취하여 독도라고 표기한 기록도 발견되는가? 발견된다. 일본 해군이 독도에 망루를 설치하기 위한 사전 준비로 군함 신고호(新高號)를 울릉도와 독도에 파견했는데, 먼저 울릉도에 들러서 주민들로부터 청취조사를 하도록 했다. 「군함신고호행동일지」(軍艦新高號行動日誌) 1904년 9월 25일 조에는 "송도(울릉도-인용자)에서 리앙

꼬르드암 실견자(實見者)로부터 청취한 정보; 리앙꼬르드암은 한국인은
이를 ‘독도’라고 쓰고, 본방(일본-인용자) 어부들은 ‘리앙꼬도’라 한다.”
는 구절이 있다.

1900년 대한제국의 칙령 제41호의 공포는 근대에 들어와서 한국 정부
가 ‘독도’에 대해 통치권을 행사하고 제도화한 국제법상으로 매우 중요한
행정조치였다.

대한제국이 1900년 칙령 제41호로 울도군의 행정구역 안에 독도(石島)
를 명확히 표시한 것은 당시의 만국공법(국제공법) 체계 안에서 대외 교섭
을 하고 있던 대한제국이 종래의 고유영토인 ‘독도’에 대하여 다시 근대
국제법 체계로 독도가 대한제국의 영토임을 재확인한 획기적인 것이었다.
더구나 이 칙령 제41호는 관보에 게재되어 전 세계에 공포되었다.

1900년 대한제국 칙령 제41호의 공포는 일본이 독도를 침탈하려고
1905년 1월 28일 일본 내각회의에서 소위 영토 편입 결정을 하기 약 5년
전의 일이다. 오늘날 일본 정부가 1905년 일본 내각회의 결정이 당시 국제
법상 하자가 없었다고 주장하는 억지는 바로 이 1900년 대한제국 칙령 제
41호와 그 전 세계로의 공포에 의해서도 완전히 거짓임이 명백해 지는 것
이다.

종래의 한국 고유 영토인 독도(우산도)에 대하여 대한제국은 1900년에
도 칙령 제41호로써 근대 국제법 체계로 독도가 대한제국의 영토로서, 울
도 군수의 행정관리 하에 있는 한국영토임을 거듭 재확인하였다. 독도는
이미 대한제국 시기에 국제법상으로도 대한제국 영토로 재확인되어 세계
에 거듭 공포된 한국 영토인 것이다.

4) 日本, 塚本孝의 奧原碧雲「竹島經營者中井養三郎氏立志傳」과 下條正
男의「竹島問題에 관한 調査研究 最終報告書」에 대한 綜合的인 研究 필요.

(1) 塚本孝(츠나모토)의 奧原碧雲「竹島經營者中井養三郎氏立志傳」
(明治 39年 5月 20日)의 해석에 대한 오류.[17]

최장근 교수의 논문에 의하면, 2008. 8. 26. 영산대 법률연구소, 영남대
독도연구소에서 공동 주최한 학술세미나에서 발표한 츠나모토가 위「竹島
經營者中井養三郎氏立志傳」에 本文 내용을 요약하면서 부적절하게 활용
한 部分을 要約하면,

첫째로 츠나모토는 中井가 집필한『죽도경영개요』에 없는 사실을 더 많
은 정보가 있다고 하여 영토편입원을 제출한 주인공이 집필한『죽도경영
개요』의 내용보다 제3자가 집필한 奧原의「竹島經營者中井養三郎氏立志
傳」을 우선시하고 있다는 문제점이 있다.

둘째로 中井가「立志傳」에 의하면 海圖를 보고 영유권 지도라고 잘못 이
해하여 한국영토라고 오해했다는 주장이고, 해도는 바다의 정보를 제공하
는 것으로서 영유권과 무관하다고 하는 주장의 문제점이 있다.

셋째로 中井가 영토편입원을 제출한 것은 조선이 실효적 지배를 했는 증
거가 없고, 거리상, 시국상, 역사상으로 일본영토에 편입하는 것이 합법하
다고 주장하는 문제점이 있다. 사실은 지리적으로는 오키섬과 울릉도에서
보면 한국이 더 가깝고, 역사적 권원은 한국에만 있고, 시국상 러일전쟁이
라는 혼란한 틈을 타서 은밀히 조치한 것은 침략행위이다.

넷째로 塚本는 국제법의 무주지 선점론에 합당하다는 것을 정당화하기
위해 독도가 무주지였다는 자신의 주장에 맞추어서 논리를 전개하려고 하

---

17) 前揭書, 영산대 · 영남대 주최 독도학술세미나 자료집, 1~14쪽, 최장근(대구대 일어일
    문학과) 교수 발표 논문,「竹島經營者中井養三郎氏立志傳」의 해석오류에 관한 고찰 참조

고 있다는 문제점을 지적할 수 있다. 그래서 1905년 영토편입 이전의 조선 영토로서의 역사적 권원은 애매모호하고 불확실한 것이고 일본의 영토편입조치는 제국주의의 강압조치가 아니고 당시의 관례로서 국제법 이론에 의거한 합법적인 조치였다라고 주장한다. 사실은 1905년 이전의 역사적 권원은 한국에 있다는 것은 분명하다.

다섯째로 塚本가 제시한 실효적 지배의 자료는 영토침략의 증거자료로서 일본정부가 독도를 영토로서 실효적으로 지배했다는 자료로서는 불충분하다. 라고 하였다.

(2) 下條正男(시모조 마사오)의 「竹島問題に關する調査研究 最終報告書」(2007. 3.)에 대한 批判.[18]

가. 일본 시마네현은 2005년 3월 16일에 2월 22일을 '다케시마의 날'로 정하는 조례를 선포하고, 독도를 자기네 영토라는 것을 이론적으로 뒷받침하기 위해 같은 해 6월 '竹島問題研究會'를 조직하였다. 동 연구회는 '죽도문제를 객관적으로 연구하여 이를 토대로 계몽활동을 전개한다'는 목적 하에 좌장 下條正男를 비롯해서 10명의 연구위원들이 2년에 걸쳐 13차의 정기 연구회를 개최하고, 그 과정에서 『포토시네마:죽도 특집호』(2006. 2), 『「竹島問題に關する調査研究」 中間報告서』(2006. 5)를 내고, 그 결과를 『竹島問題に關する調査研究 最終報告書』(2007. 3:이후 '최종보고서'로 약칭)로 내놓았다. '최종보고서'의 경우 "竹島는 역사적으로 봐도 명백한 일본영토이며, 한국영토라는 근거는 발견할 수 없었다"라는 결론을 내리고 있다.

나. 시모조 마사오는 '竹島問題研究會'의 좌장으로서 동연구회를 이끌

---

18) 前揭書, 영산대 · 영남대 주최 독도학술세미나 자료집, 김호동(영남대 독도연구소) 교수 발표 논문, 1~14쪽, 제2주제 「竹島問題に關する調査研究 最終報告書」에 인용된 일본측 자료의 검토 참조

면서 독도가 일본의 영토임을 주장하는 이론의 근거를 제시하는 역할을 맡았고,『竹島問題에 관한 調査研究 最終報告書』(2007.3)의 머리말을 집필하였다. 시모조 마사오는 숙종조, 즉 에도시대에 울릉도와 독도, 그리고 조선과 일본을 오가면서 울릉도와 독도가 한국의 영토임을 천명한 '안용복'을 모든 '악의 근원'으로 간주하면서, 안용복의 위증이 '개찬(改竄)된 한국측의 논거'가 되어 그 후의 한일관계를 크게 어긋나게 하는 원인이 되었다고 하였다.

다. 시모조 마사오는 '改竄된 한국의 논거' 가운데에서『竹島紀書』안에는 쓰시마번의 조사를 받은 안용복의 증언이 기록되어 있으며 우산도에 대한 안용복의 지식을 알 수 있다. 거기에 의하면 안용복은 울릉도보다 "북동쪽에 큰 섬이 있다", "그 섬을 아는 이가 말하길 우산도라 함"이라고 증언하고 있다. 이 증언을 보면 안용복이 주장하는 우산도는 지금의 竹島가 아니다. 안용복이 본 것은 지도상에서 소위 우산도라고 여긴 죽도이다. 죽도는 안용복이 어로활동을 하던 울릉도의 우동에서 동북에 위치하며 다케시마는 울릉도의 동남에 있기 때문이라고 하였다.

라. 그러나 2005. 일본 오키도섬 舊家에서 발견된「元祿九 丙子年 朝鮮舟着岸一卷之覺書」에 의하면 안용복은 강원도에 속해 있는 울릉도가 일본에서 말하는 '다케시마'라고 설명하면서 소지하고 있던 조선팔도지도를 꺼내 울릉도가 표시돼 있음을 보여줬다. 또 마쓰시마(독도)도 '子山'이라고 불리는 섬으로 강원도에 속해 있다면서 지도에 표시되어 있다고 설명했다. 특히 이 기록에서 안용복은 "다케시마(당시 울릉도의 일본 이름)와 조선은 30리, 다케시마와 마쓰시마(현재의 독도)는 50리"라고 하였다. 이 문서의 끝부분에는 경기도 등 '朝鮮之八道'가 적혀 있고 강원도에는 주석으로 "이 道에는 다케시마와 마쓰시마가 속한다(此道中竹道松島有之)"고 기록되어 있다. 이 기록에 의하면 자산도가 독도이며, 이것을 일본 측에서

'마쓰시마'로 부르며, 그것을 조선영토로 인식하고 있음을 보여주고 있다.[19]

마. 1987년 호리가즈오(堀和生) 교수에 의하여 발견된 1877년, 明治정부의 최고기관인 太政官이 일본 내 다케시마 외 일도를 판도 외로 정한다(日本海內竹島外一島ヲ版圖外ト定ム). "독도는 우리와 관계없다"는 지령문을 내무성에 보낸 공문서가 발견되었으므로, 「竹島問題에 관한 調査研究 最終報告書」의 "竹島는 역사적으로 봐도 덩백한 일본영토"라고 주장하는 바는 그 說得力이 없다 하겠다.[20]

시모조마사오는, 2004년 발간된 「竹島は 日韓どちらのものか」에서는 '外一島'가 不明이라고 하다가,[21] 「竹島問題に關する調査研究 最終報告書」에서는, '竹島外一島'는 모두 울릉도라고 궤변하고 있다.[22]

바. 2007. 3. 日本 竹島問題研究會에서,「竹島問題に關する調査研究 最終報告書」가 나온 지 2년이 지났지만, 우리나라는 이에 대하여 개별적이고 단편적인 비판이 있었지만, 이에 대한 정부 및 학계의 종합적인 검토가 아직까지 이루어지지 않고 있으므로, 독도연구소 등 관련기관 및 학계에서 위 「최종보고서」에 대하여 면밀하게 연구하여 이에 반박하는 종합적인 연구, 검토가 필요하다 하겠다.

5) 국제학술대회를 개최, 독도에 대한 일본의 영유권 주장의 부당성을 지적하고, 한국의 영토주권인 내용의 보고서를 만들어 외국어로 번역, 전 세계에 배포해야 한다.

---

19) 前揭書, 김호동 교수 발표 논문, 13~14쪽 참조.
20) 박병섭, 「시모조 마사오의 논설을 분석한다」 독도연구 제4호 126쪽, 영남대학교 독도연구소, 2008. 6. 30.
21) 下條正男, 「竹島は 日韓どちらのものか」 123쪽, 文芸春秋, 平成17(2004) 참조.
22) 竹島問題研究會, 「竹島問題に關する調査研究 最終報告書」 103쪽 2007. 3. 참조.

미국, 중국, 영국, 불란서, 러시아 및 일본 등 세계 각국의 국제법, 해양법 등 권위자를 초청하여 독도문제에 대한 국제학술대회를 개최하여, 일본의 영유권 주장의 부당성을 지적하고, 한국의 영토주권이 있음을 분명하게 확인하는 내용의 보고서를 작성하여 세계 각국어로 번역하여 UN가입국가 등 전세계에 배포해야 한다.

6. 獨島의 일본영유권에 관한 微弱한 법적근거와 韓國領土主權에 관한 明確한 法的根據

1) 독도에 대한 일본영유권에 관한 법적근거는 미약하거나 거의 없다 할 것이다.

(1) 일본은 1905년 독도는 무인도로서, 리앙쿠르(Liancourt)의 영토편입을 閣議에서 결정하여 '다케시마'로 命名하고, 시마네현 告示 제40호 '다케시마(竹島), 시마네현(島根縣) 오키도사(隱岐島司)소관으로 한다'고 하였다.

(2) 일본은 독도에 대하여 영토선점이론을 적용하여 독도에 대한 영유권을 합리화 하려고 하는 듯하다. 그 영토선점요건으로, ① 영토획득을 위한 국가의 의사표시, ② 영토획득을 위한 국가의사의 공적 발표 ③영토지배를 위한 권리행사를 들고 있다.[23]

일본은 독도에 대한 無主物 선점이론(terra rullius)으로 독도를 자기영토에 편입하였다고 하고있으나, 독도는 역사적으로보나 1900년도 대한민국제국 칙령 제41호 公布에 의하여 한국의 영토임이 분명한데도 '무인도'로 본 것은 심히 그 오류가 있다 아니할 수 없다.

---

23) 신동욱, 前揭書, 「독도영유에관한연구」 149쪽 이하 참조.

(3) 일본이 독도의 일본영토편입에 대한 너용을 시마네현 告示 제40호에만 發表하고, 官報에 公示하지 않은 것은 국제법상 유효하게 실시된 公示라고 볼 수 없다.

(4) 독도의 일본영토편입결정은, 商人인 나카이 요사부로(中井養三郎)의 '리앙쿠르 영토편입 및 대하원제출'에 의한 것으로, 이것 또한 적법한 절차에 의한 것으로 볼 수 없다 할 것이다. 어떻게 영토편입에 관한 내각의 결정이, 商人인 個人의 강치(바다사자)잡이를 위한 대하원(貸下願) 제출에 의하여 결정될 수 있는지 의문이 들지 않을 수 없다. 타국과의 영토에 관한 중대한 사안이기 때문에 더욱이 그 의도가 의심되지 않을 수 없다.

(5) 1905년에는 대한제국이 일본의 식민지 지배하에 있어 외교권이 박탈된 상태에 있으므로, 독도의 영토편입결정은 영토지배에 관한 적정한 권리행사라고 볼 수 없다.

(6) 1951. 6.에 公布된 일본 總理府令 제24호와 大藏省令 제4호에서 "독도를 일본의 부속도서에서 제외한다"고 규정하고 있다.[24]

일본정부는 두 법령을 미군정 지배가 끝난 1960년과 1968년에 개정하면서 독도를 부속도서에서 제외한 조항을 그대로 두고 있다.

그러므로 1951년 신법령인 위 총리부령과 대장성령에 의하여, 구법령인 1905년 시마네현 告示 제40호는 그 효력을 잃거나 死文化된 법령이라고 보지 않을 수 없다.

독도는 시마네현 오키도사 소관이 될 수 없는 것이다. 그래서 독도는 일본영토가 될 수 없다 하겠다.

(7) 2005. 2. 22. 일본 시마네현은 「다케시마의 날」條例를 제정하여 발표하였다. 1876(明治9) 시마네현은 독도를 시마네현 지도에 포함시켜야

---

24) 조선일보 2009. 1. 3.자 "독도는 일본영토 해당안돼, 日, 1951년 법령공포했었다" 기사
  참조

할 것인지에 대하여 내무성에 문의한 바, 일본내무성은 '독도는 조선의 영토'라고 결론을 내린 바 있었는데도, 2005년 시마네현은, 독도가 일본영토라고 하고 '다케시마의 날'로 조례를 제정하여 시행한 것은 심히 부당하다 아니할 수 없다.

(8) 이상에서 자세히 살펴본 바와 같이 일본의 독도에 대한 영유권에 관한 법적근거는 미약하여 거의 없다고 하지 않을 수 없다.

2) 독도의 한국 領土主權에 관한 法的 根據는 明確하다.[25]

(1) 우리나라는 역사 이래 현재까지 독도를 실효적으로 지배해 왔다. 우리나라는 512년 신라 지증왕때부터 독도가 우리 영토였고, 일본은 1,000여년 이후인 1620년 경에 이르러서야 독도에 대하여 인지하게 된 것이다.

- 『삼국사기』「신라 본기와 열전」(1145년)
- 『세종실록지리지』(1432년)
- 『동국여지승람』(1481년)
- 『신동국여지승람(』1531년)
- 『만기요람』「군정편」(1808년)
- 「대한여지도」, 「대한전도」(1898, 1899)
- 대한제국 칙령 제41호(1900 관보게재)
- 한국해양주권선언(평화선설정)(1952년)
- 한국독도의용수비대 창설(1953년)
- 한국경찰, 독도경비 시작(1958년)
- 독도, 한국토지대장 등록(1961년)

---

25) 동아일보, 2008. 8. 7.자 "독도는 대한민국 땅이다" 기사 참조

- 독도, 천연기념물 336호 지정(1932년)

- 독도 등 도서지역 생태보전에 관한 특별법 제정(1997년)

- 독도, 우편번호 부여(2003년)

- 독도의 지속가능한이용에관한법률 제정(2005년)

- 독도 주민 김성도 부부 거주(2007년)

(2) 일본은 20세기 중반까지도 독도를 한국영토로 인정했다.

- 일본 구끼 「조선국지리도」(1592년)

- 일본 관찬 「은주시청합기」 (1667년)

- 일본 도쿠가와 막부 전답서, 안용복 활동(1697년)

- 일본실학자 林子平 삼국접양지도 (1785건)

- 일본 메이지 정부 내탐보고서 (1870년)

- 일본 내무성 시마네현 질의 지령문(1876)

- 일본 태정관 훈령 (1877년)

- 일본 외무성 일본외교문서 제3권(1930년)

- 일본 총리부령 제24호, 대장성령 제4호(1952년)

(3) 국제적으로도 한국영토로 인정했다.

- 러시아, 1854 독도 발견이래 한국땅이다(1854년)

- 카이로선언, 일본탈취한지역 원래 소유국 반환(1943년)

- 포스담선언, 카이로선언 이행 보장(1945년)

- 연합국 최고사령부지령 제667호 군령(1946년)

- 연합국 최고사령부지령 제1033호 군령(1946년)

- 주한미군정(연합국)으로부터 인수(1948. 8. 15.)

- 국제연합, 영토와 주권인정(1948. 12. 12)

- 구 일본영토처리에 관한 합의서(1950년)

- 유엔군, 미군한국방공식별구역(1952년)

- 미국, 독도 한국주권지역으로 원상회복(2008. 7.)

(4) '독도는 한국땅' 이라고 말하는 일본학자도 많다.[26]

- 역사학자 야마베 겐타로(山邊健太郎 , 1905~1977),

  "1904년 외교권 빼앗은 뒤 독도편입 정당성 결여"

- 시마네대 교수 나이토 세이추(內藤正中),

  "일본외무성 발간 'Takeshima 10포인트' 정면 반박"

- 호리 가즈오(堀和生) 교토대 교수,

  "1887. 太政官 공문서 '독도는 일본과 관계없는 섬', 1987년 발견"

- 가지무라 히데키(梶村秀樹) 가나가와 교수.

  "한국, 강점기시절 제외하곤 독도방치한적 없어"

- 세리타 겐타로(芹田健太郎) 愛知學院 교수,

  "다케시마, 한국주권 인정하자"

- 기미지마 가즈히코(君島和彦) 東京學藝 교수, "일본의 독도땅 비판"

- 호사카 유지(保坂祐二) 세종대교수, "독도는 명백한 한국땅"

(5) 미국 하와이대 존 반다이크 교수(John. M. Van Dyke)는 "역사적
으로 볼 때 독도의 영유권주장은 한국이 훨씬 근거가 있다"고 말했다.[27]

(6) 그러므로 이상과 같은 근거를 토대로, 국내외 학자들이 독도의 한국
영토주권에 관한 체계적 연구를 계속하여 그 법적근거를 더욱더 명확히 하

---

26) 동아일보. 2008. 7. 19.자 "독도는 한국땅" 주장하는 일본학자들 기사 참조
27) 2007. 5. 28.「한 · 일간 독도문제해법모색」인하대 · 동북아재단공동주체 국제학술대회
   시 존 반다이크 교수 강연 요지 참조.

여, 일본에게도 당당하게 독도가 한국영토임을 확인시켜 더 이상 독도분쟁
이 일어나지 않도록 해야겠다.

'독도는 영원한 한국땅'이라고 전세계에 말해야 할 때가 왔다. 그래서
앞으로 영해 및 배타적 경제수역(EEZ) 기점도 독도를 기준으로 해야 하
고, 해양지도에 동해 표기시 '일본해'로 되어 있는 것을 '한국해'로 변경하
여 표기되도록 해야 할 것이다.

끝으로 본고(本稿)가 독도가 한국의 영토임을 분명하게 하는데 보탬이
되는 글이 되었으면 한다.

참고문헌

국내문헌
〈단행본〉
배진수, 유하영, 홍성근, 심정보, 오강원, 정영미, 김영수,『독도문제의 학제적연구』
　　　동북아역사재단, 2009. 3.
신동욱,『독도영유에 관한 연구』, 어문각, 2008. 11.
김용덕,『독도와 시민사회, 독도시민활동백서』, 동북아역사재단, 2008. 4.
박병섭, 나이토세이추 (옮긴이 :호사카유지),『독도＝다케시마논쟁』,
　　　도서출판 보고사, 2008. 3.
齋藤勘介, 옮긴이:大西俊輝, 권오엽,『독도자료집Ⅲ, 隱州視聽合紀』,
　　　동북아역사재단, 2007. 11.
北澤正誠, 옮긴이:정영미, 펴낸이:김병준,『독도자료집Ⅱ』,
　　　동북아의 평화를 위한 바른역사정립기획단, 2006. 5.
편저자:김병렬, 정복철, 정봉훈, 정영미, 장순애, 홍성근,『독도자료집Ⅰ』,
　　　동북아의 평화를 위한 바른역사정립기획단, 2005. 9.
신용하,『신용하교수의 독도이야기』, 살림출판사, 2005.
〈논문〉
박병섭,「시모조마사오의 논설을 분석한다」, 독도연구 제4호,
　　　영남대학교 독도연구소, 2008. 6.
김명기,「독도의 실효적 지배 강화와 Critical Date」, 법조통권 602호
　　　2006. 11.
엄찬호,「개화기 독도의 연구성과와 쟁점」, 한국사학보, 2007. 1.
이한기,「한국의영토」, 서울대출판부, 1969.
〈자료집〉
「일본 외무성의 독도홍보 팜플렛에 대한 반박문」, 동북아역사재단, 2008. 5.

「Dokdo:Historical Appraisal and International Justice(독도:역사적 인
　식과 국제법적 정의)」, 동북아역사재단, 인하대학교 공동주최 국제학술
　회의 자료집. 2008. 11.
「역사적 · 국제법적으로 본 독도영유권」, 영산대학교 법률연구소 · 영남대
　학교 독도연구소 공동주최 독도공동학술세미나 자료집, 2008. 9.
「한 · 일간 독도문제의 해법모색」, 연구결과 개요보고서, 인하대학교 동북
　아역사재단 공동주최 세계석학 초청 국제학술대회, 2007. 5.
「독도박물관(Dokdo Museum)」, 팜플렛, 독도박물관, 2002. 12.
「울릉군지」(鬱陵郡誌), 울릉군지 편찬위원회, 2007.
〈사이버독도〉
http://cybertokdo.com/new-design/html/cybertokdo.html
독도연구소, http://www.dokdohistory.com
독도본부, http://dokdocenter.org

일본 문헌
〈단행본〉
內藤正中,『竹島 = 獨島問題入門, 日本外務省「竹島」批判』,
　新幹社, 2008. 10.
大西俊輝,,『日本海と竹島, 日韓領土問題』, 東洋出版, 2007. 8.
內藤正中 · 金柄烈,,『史的檢証, 竹島 · 獨島』, 岩波書店, 2007. 4.
內藤正中 · 朴炳涉,『竹島＝獨島論爭,歷史資料から考える』, 新幹社 2007. 3.
下條正男,,『竹島は 日韓どちらのものか』, 文芸春秋, 2005. 10.
金柄烈(譯者:韓誠),『明治38年竹島編入小史』, インタ出版
川上健三,,『竹島の歷史地理學的研究』, 古今書院, 1966. 8.
〈자료〉
일본 시마네현 竹島問題研究會,「竹島問題に關する 調査研究 最終報告書」,
　2007. 3.

塚本孝, 奧原碧雲「竹島經營者中井養三郎氏立志傳」, 1906. 5.
'竹島 다케시마 문제를 이해하기 위한 10의 포인트', 외무성, 2008. 2.
외무성 아시아대양주국 북동아시아과, http://www.mofa.go.jp/,
web 竹島問題硏究會, かえれ島と海,

시마네현 홈페이지 http://www.pref.shimane.lg.jp/soumu/syucho.html
일본외무성사이트
http://www.mofa.go.jp/mofaj/area/takeshima/index.html

영문문헌

Jon M. VanDyke, 「Legal Issues Related to Sovereignty over Dokdo
    and It's Maritin Boundary 38 Ocean Development & International
    Law」, 2007.
S · J · Choi, 「A Fresh Look at the Dokdo Issue: Japanese Scholars
    Review Historical Facts」, Edited by DADAMEDIA, 2006.
Mark Lovmo, 「Selected Research on Dokdo Island-Site Contents」,
    「Background on Dokdo's Sovereignty」,www.geocities.com/mlovmo,
    2008. 8.
Dokdo Research and Preservation Association Dokdo institute,
    「A Story of Dokdo island, A Korean. Territory」, 2005. 3.
H · A Smith, 「The Law and Custom of the Sea, published under the
    auspice of the London institute of world Affairs」(Third
    edition:London:Stevens & Sons Limited), 1959.
Sean Fern, 「Tokdo or Takeshima? The International Law of
    Territorial Acquisition in the Japan-Korean island Dispute」,
    Volume 5 | Number1 | Winter 2005, Stanford Journal of East
    Asian Affairs.

한국 근·현대의 국제환경*
-한·중·일 관계를 중심으로-

이 헌 창

고려대학교 정경대학 경제학과 교수

1. 머리말

이 글은 서로 연관되는 다음 세 가지를 다룬다. 첫째, 한국 근현대의 국제환경은 어떠하였던가.[1] 한국 근대의 기점은 1876년 朝日修好條規로 잡는다. 이것은 제3절에서 다룬다. 둘째, 한국 근현대사에서 국제환경은 어떠한 의미를 가지는가. 이것은 제4절에서 다룬다. 셋째, 근현대 국제환경은 어떻게 인식되었던가. 이것은 제2절과 제5절로 나누어 설명한다.

---

* 이것은 「20世紀朝鮮史の國際環境」(『經濟史研究』 12(2008), 大阪經濟大學 日本經濟史研究所)을 번역하고 보완한 글이다.

1). 1945년 해방 이후 한반도를 북한과 일본에서는 조선으로 부르지만, 남한에서는 한국으로 부르게 되었다. 이렇게 호칭이 달라지게 된 경위를 설명하고자 한다. 조선의 호칭은 조선반도의 북부와 만주 일대에 자리 잡은 최초의 고대국가인 고조선(?-B.C.108)에서, 한국의 호칭은 기원 전후 반도의 남부를 三韓이라고 부른 데에서 유래하였다. 한반도의 마지막 왕조 명칭은 조선이고 일제시대의 지역명도 조선이었다. 1392~1945년간은 조선이라는 명칭이 사용된 셈이다.

　그렇다면 한국이라는 호칭이 사용된 경위를 오히려 설명할 필요가 있다. 조선시대 마지막 왕인 고종은 1897년에 大韓帝國을 선포하여, 대한제국기(1897-1910)에 대해서는 한국이라는 호칭도 사용되었다. 일본인은 처음에는 이 국호를 사용하다가 식민지로 병합하자마자 조선이라는 호칭으로 변경하였으며, 식민지화 이전의 조선시대(1392-1910)를 이 글의 대상은 다음과 같다. 첫째, 여기서 근현대 국제환경의 특징을 이해하기 위해 그 이전 시기도 간단히 살펴본다. 이러한 역사적 고찰 위에서 21세기를 전망한다. 둘째, 국제환경 중에서는 동북아시아 3국의 관계, 그 중에도 한일관계에 중점을 둔다. 셋째, 국제환경을 경제사적 관점을 중심으로 고찰한다. 이것은 필자의 전공 때문만이 아니라, 근대에는 경제적 관계가 특히 중요해졌기 때문이기도 하다. 물론 외교군사적 관계와 문화적 교류도 중요하며, 이들 각 측면이 서로 연관되어 있다. 그래서 가능하면 총체적인 관점에서 이 과제를 다루고자 한다.

李氏朝鮮時代, 또는 줄여서 李朝시대라고도 불렀다. 일본인은 지금까지 이러한 호칭을 사용한다. 식민지기도 조선시대라 부를 수 있는 일본에서는 그것과 구분하기 위해서는 조선왕조시대라는 호칭의 사용도 권장할 만하다.

1919년 상해에서 독립을 추구하는 大韓民國 임시정부가 성립하였다. 해방 후 남한 정 부는 이 임시정부를 계승하여 그 국호를 받아들인 것이다. 임시정부가 국호를 대한민국으로 정한 것은 대한제국을 계승하되 정치체제를 군주제가 아니라 民主共和制로 정하였기 때문이다. 그런데 좌익 해방운동세력은 대한제국을 계승한다는 의식이 없었기에 조선이라는 호칭을 계속 사용하였다. 그래서 북한의 사회주의국가는 조선이라는 국호를 사용하였던 것이다. 이렇게 남북간에 국호가 달라졌으므로, 일본인은 종래 익숙한 호칭을 그대로 사용할 수 있었다. 조선왕조 이전에는 고려왕조(918-1392)가 있었는데, 앞으로 남과 북이 통일되면 고려라는 호칭을 사용하자는 주장도 있다. Korea는 고려로부터 유래하였다. 만약 일방적인 흡수 통일이 아니면, 통일국가의 호칭은 고려가 될지도 모른다.

필자는 조선시대(1392-1910), 개항기 또는 개화기(1876-1910), 대한제국기(1897-1910), 식민지기 또는 일제시대(1910-1945)라는 용어를 사용하고 해방 후 남쪽 국가를 남한 또는 한국이라고 부르고, 북쪽 국가를 북한 또는 북조선이라고 부른다. 그리고 전시기의 역사는 한국사라 부른다. 이것은 남한 학계의 일반적인 호칭법이다. 개항기란 근대세계로의 편입이라는 세계사적 규정성을 중시하는 호칭이라면, 개화기란 이 시기 조선인의 능동적 대응을 중시하는 호칭이다. 일반적으로 한국인은 일제시대, 일본인은 식민지기라는 호칭을 사용한다. 한국인이 일제시대라는 호칭을 사용하는 것은 일본제국주의 지배를 받은 사실을 잊지 말자는 의식을 반영하는 것으로 사료된다. 이 의식을 더욱 강조하여 日帝强占期라는 용어를 사용하는 한국인 학자도 있다. 식민지기라는 용어를 선호하는 한국인 학자는 일제시대라는 호칭이 일본을 주체로 삼는 문제점이 있고 식민지라는 상황이 그 시대를 잘 대변한다고 보기 때문이다. 英譯은 식민지기에 해당하는 Colonial Korea 또는 Colonial Period가 간편하다.

2. 국제환경을 바라보는 관점

한국인이 국제환경을 바라보는 관점은 그들이 소속된 세계의 주도적 가치판단에 영향을 받았다. 그것은 문명과 역사를 이해하는 방식과 밀접한 관련을 가졌다. 근대에 그 관점은 세 차례의 큰 변화를 경험하였다.

1) 제1단계: 문명과 야만의 국제관계론

1870년대까지 조선은 중화세계질서에 깊게 편입되어 있었다. 주지하듯이 전근대 중국의 세계관은 華=문명과 夷=야만을 준별하였다. 중국의 明이 멸망한 1644년 이후에는 조선은 자신이 문경의 중심지라고 자부하기도 했다. 여기에 반대하여 18세기에는 淸이 여전히 선진문명으로서 학습의 대상이라고 보는 북학파가 출현하였다. 북학파에 속하는 洪大容은 서양의 地圓說을 받아들여 중화를 중심으로 하는 위계적 세계질서관을 극복하기도 했다.

유럽에서 근대문명이 성립한 후에, 미개한 전근대문명으로부터 근대문명으로 진보한다는 계몽주의 역사관이 성립하였다. 유럽문명이 중국문명보다 우월하다는 사실만 인정한다면, 華夷觀을 가진 사람이 그것과 친화적인 계몽주의 문명관을 수용하는 것은 그다지 힘들지는 않았을 것이다. 이 새로운 문명관을 동북아시아 3국 가운데서는 일본이 가장 신속히 받아들였다. 福澤諭吉는 1875년부터 발매된 『文明論之槪略』에서 구미를 '최상의 문명국'으로, 아시아 제국을 '半開의 나라'로, 아프리카를 '야만의 나라'라 하였다. 그는 文明-半開-野蠻이 상대적인 명칭이지만, "인류가 마땅히 經過해야 할 단계"로 보았다. 그는 반개와 야만을 인간 정신의 탓으로 돌렸다.

최초의 일본 유학생인 兪吉濬은 1886-1892년간에 집필한 『西遊見聞』

에서 개화의 등급을 開化-半開化-未開化=野蠻으로 나누었다. 그는 福澤諭吉의 문명관을 그대로 수용했던 개화파이다. 조선의 1880~90년대는 화이관과 계몽주의 문명관의 투쟁기였던 것이다. 20세기 초에는 새로운 문명관의 승리가 확고했으나, 이 시점에 조선은 식민지로 전락되었다. 동아시아문명의 중심지라는 자부심에 빠져 있던 중국인은 조선인보다도 유럽문명의 우월성을 인정하기가 힘들어서, 梁啓超는 1899년의 「自由書」에서 계몽주의역사관을 피력하였다.

華夷觀은 문명국이 야만국과 공존하면서 도덕적 감화로 문명을 전파한다고 하였다. 그런데 새로운 문명관은 한편으로는 문명국의 야만국에 대한 문명화의 사명을 내세우고, 다른 한편으로는 사회진화론을 통해 문명국에 의한 미개국의 지배를 적자생존의 결과로 정당화하였다. 광대한 구중국은 대외 진출에 관심이 약했던 반면, 유럽과 일본의 근대국민국가는 대외 진출의 열망이 강렬하였던 것이다.

일본에서는 福澤諭吉가 새로운 문명관뿐만 아니라 문명화의 사명을 선구적으로 주창하였다. 그는 청일전쟁을 문명과 야만 사이의 전쟁으로 간주하여 "일본이 조선에 文明流의 개혁을 촉구하기" 위한 것이라고 했다. 그는 처음에는 아시아 국가들이 협력하여 서양의 침략을 막자는 입장이었으나, 일본의 명치유신과 같은 변혁을 추구한 조선의 1884년 갑신정변의 실패에 실망하고, 1895년에 일본이 "아시아 동방의…대오를 이탈하여 서양 문명국과 진퇴를 함께" 하자는 '脫亞入歐論'을 집필한 바 있다.[2] 일본제국의 해체 이전에 일본인이 국제환경을 보는 시각은 福澤諭吉의 이러한 문명관에 바탕을 두었다.

고대에 아시아가 유럽보다 선진적이었다는 것을 알던 유럽인은 근대에

---

2) 吉野誠, 『東アジア史のなかの日本と朝鮮』 明石書店, 2004, pp 239-240.

거꾸로 후진적으로 변한 아시아 사회의 정체론을 만들었다. 이 史論은 유럽의 아시아에 대한 문명화의 사명관을 지원하였다. 일본 고대국가의 성립 이전이 조선이 선진적인 사실을 아는 일본인은 마찬가지로 조선사 정체론을 제기하였다. 그것은 문명화 사명론과 더불어 일본의 조선 지배를 정당화하는 논리로 기능하였다. 즉, 정체된 조선에 대한 식민지 지배는 근대문명의 시혜과정으로 간주될 수 있었던 것이다.

2) 제2단계 : 억압과 수탈의 국제관계론

華夷觀을 고수하는 조선의 衛正斥邪派는 구미의 洋夷를 이욕만 추구하는 침략세력으로 보았다. 그래서 이들은 양이와의 무역조차도 부정적으로 보았다. 계몽주의 문명관을 받아들인 개화파는 원래 근대세계의 침략성에 대한 경계 의식이 약하였으나, 그중에도 萬國公法 질서 아래 약육강식의 적자생존 경쟁이라는 현실을 직시하는 인사가 늘었다. 이들은 일본에 의한 조선의 주권 침탈이 자유, 정의 및 평화라는 인류 보편적 가치를 해친다고 비판하였으나, 제국주의를 체계적으로 인식할 수 없었다.

(반)식민지화를 문명화 사명으로 정당화하는 관점의 극복을 위한 자극은 주로 마르크스 · 레닌주의에서 제공되었다 마르크스는 영국의 인도 지배가 낡은 아시아 사회를 멸망시키는 파괴의 사명, 그리고 서구 사회의 물질적 기초를 아시아에 놓는 재생의 사명을 함께 가진다고 보았다.[3] 마르크스는 문명화의 사명을 중시하였으나, 그가 제시한 국내 착취와 억압의 논리는 국제관계에 원용될 수 있었다. 레닌 등의 제국주의론은 제국주의측의 경제적 이익을 일방적으로 추구한다는 관점에서 유럽 열강의 대외 진출을 비판적으로 인식하는 시각을 제공하였다. 그 다음에 제국주의측이 자신의

---

3) 田中正俊, 『中國近代經濟史研究序說』 東京大學出版會, 1973, p. 268.

일방적인 이익의 추구를 위해 억압과 수탈을 불사한다는 관점이 제기될 수 있었다. 그리고 제1차 세계대전 후 미국대통령 윌슨은 민족자결을 주창하고, 레닌은 피압박민족의 해방투쟁을 지지하였다.

민족자결론과 제국주의론은 조선 등이 피압박민족의 해방운동을 촉발하였다. 1919년에 일어난 거족적 독립운동인 3·1운동이 민족자결론의 영향을 받았다. 조선의 지식인들은 自强論的 민족주의를 고취하기 위해 사회진화론을 널리 수용하였으나, 식민지화된 후에는 식민지화를 적자생존의 결과로 정당화하는 사회진화론을 극복하기 위한 방편으로 사회주의를 수용하게 되었다.[4] 식민지기에 일본에 의한 문명시혜론이 압도하는 가운데 조선인 학자들이 조선인 산업의 위축 등 식민통치의 부작용을 거론하기에 이르렀다. 1945년 일본제국주의로부터의 해방은 식민지기를 帝國主義 收奪史로 바라보는 시각의 전환을 낳았다. 1910년대 토지조사사업은 국유지의 창출을 위한 토지 수탈의 과정으로, 1920년대 산미증식계획은 미곡 수탈을 위한 農政으로, 1930년대 군수공업화는 자원과 노동력의 약탈과정으로 이해되었던 것이다. 1960년대부터는 조선후기에 資本主義 萌芽 등 근대지향적 요소가 출현하였다는 내재적 발전론이 대두하였는데, 이 사론은 이러한 요소가 제국주의의 침략과 지배로 인하여 왜곡, 압살당하였다는 시각을 제공하였다.[5] 이리하여 (반)식민지화를 문명화 사명으로 간주하는 관점의 극복을 위한 사론이 갖추어졌다.

1960년대에는 남북한 모두에서 조선시대를 설명하는 내재적 발전론과 식민지기를 설명하는 제국주의수탈론은 통설이 되었다. 1970년대부터는 종속이론이 제2차세계대전이 끝난 이후의 남조선=한국의 국제관계를 설

---

4) 張圭植『일제하 한국 기독교민족주의 연구』혜안, 2001, pp. 116-7.
5) 식민지기 조선에 관한 연구의 동향은 이헌창, 『韓國經濟通史』(제3판), 法文社, 2006, 제7장 제1절을 참조하고, 그에 관한 주를 생략한다.

명하는 논리로서 영향력을 증대하였다. 종속이론은 남미의 저개발 (Underdevelopment)이 선진자본주의와의 불평등한 거래관계에서 비롯되었다는 관점으로부터 성립한 것이다. 내재적 발전론과 제국주의수탈론은 해방 후 한국을 설명하는 종속이론과 잘 결합될 수 있었다.[6]

제1단계와 제2단계의 국제관계론은 민족주의와 관련을 가진다. 제국주의 국가는 문명화사명론을 명분으로 내세우면서 후진국에 진출하여 그것을 지배하는 데에 민족주의를 이용하여 국민적 지지를 불러모았다. 제국주의의 침략에 저항하는 지역에서는 자신의 정체성을 확립하려고 하는 과정에서 민족주의가 대두하고 그것은 저항세력의 결집에 이용되었다. 민족자결론은 피지배지역의 민족주의에 대한 국제적 배려라 하겠다. 한국에서 민족의 형성과정에 관해서는 논란이 있지만, 조선말기 국가 존망의 위기 가운데 민족주의가 형성되었다고 보는 데에는 별 異論이 없다. 이 민족주의가 있었기에 1919년의 거족적 독립운동이 가능하였던 것이다. 민족주의는 내재적 발전론, 제국주의수탈론 및 종속이론의 확산에 지원하였다.

3) 제3단계: 근대세계의 형성·심화론

마르크스주의에 대항하는 主流경제학의 史論으로서 냉전시대에 성립한 성장사학은 식민지기를 개발의 관점에서 보는 경향이 있었다. 20세기 후반에 세계는 자본주의의 번영과 사회주의의 몰락을 목격하였고, 세계 학계에서는 경제사를 포함하여 주류경제학이 마르크스주의 경제학을 압도하게 되었다.

성장사학에서는 근대를 연평균 3% 이상의 지속적 성장이 가능한 시대로 보았는데, 1970년대에 溝口敏行과 徐相喆은 전시통제기를 제외한

---

6) 이대근 편 『한국자본주의론』 까치, 1984.

1940년 이전 식민지기의 평균성장률이 3% 이상이라고 추계하였다.[7] 그 후의 더욱 정확해진 추계에서도 그러한 결론은 변하지 않았다.[8] 이러한 추계는 식민지기 개발론에 결정적인 힘을 불어넣었다.

1980년 후반의 현실은 한국사학의 새로운 패러다임(paradigm)으로의 전환을 촉구하였다. 1986-8년간 호황기에 다액의 무역흑자가 발생하여 외채문제가 해소되었다. 1987년에는 민주화가 쟁취되었고, 그 배경에는 경제발전이 있었다는 인식이 확산되었다. 이러한 한국의 경제발전은 종속이론이 발붙일 현실적 근거를 박탈한 셈이며, 나아가 식민지기를 해방 후 경제발전의 前史로서 접근하는 학풍을 대두시켰다. 1980년대 말부터 동구 사회주의국과 소련이 붕괴하였고 1990년대 북한의 경제위기가 알려졌기 때문에, 좌익 성향이던 학자들도 점차 남한의 북한에 대한 체제 우위를 인정하게 되고, 한국의 미래를 낙관하게 되었다. 한국에서는 독재체제 아래 사회주의에 대한 정보가 차단된 것이 오히려 마르크스주의의 학계에 대한 영향력을 오래 존속시켰다. 그것은 1980년대까지 강화되었으나, 1980년대 후반 이후 국내외 현실의 변화로 인해 1990년대부터 빠르게 약화되었다. 마르크스주의의 영향력이 약화되는 그 자리를, 경제사학계에서는 성장사학 등 주류경제사학이 점차 대신하게 되었던 것이다.

해방 후에 한국은 미국 주도의 세계체제에 편입되었는데, 종속이론은 그것을 불행으로 받아들였다. 종속이론이 영향력을 상실하게 되는 1990년대부터는 그것이 한국의 경제·정치발전을 크게 도운 국제환경으로 간주하는 견해가 확산되었다. 1990년대 이후 한국사학계에서도 성장사학 등 주

---

7) 溝口敏行, 『台灣·朝鮮の經濟成長』岩波書店, 1975 ; Sang-Chul Suh(徐相喆), *Growth and Structural Changes in the Korean Economy*, 1910-1940, Harvard University Press, 1978

8) 溝口敏行·梅村又次編『舊日本植民地經濟統計―推計と分析』東洋經濟新聞社, 1988 ; 김낙년 편『한국의 경제성장』서울대학교출판부, 2006.

류경제사학이 발언권을 점차 강화하여21세기에 들어와 마르크스주의 경제사학을 압도하게 되었다. 그와 동시에 식민지기를 개발기 내지 근대화기로 보는 관점이 대두하여 영향력을 증대하여왔다. 이 식민지근대화론은 제국주의수탈론의 논거가 불충분하다고 비판한 반면, 제국주의비판론의 입장에서 식민지근대화론에 대한 강한 반발도 있다. 그리고 내재적 발전론이 조선후기의 발전상을 과대평가하였다는 인식이 확산되었는데, 이것은 식민지근대화론을 지원하였다.

1990년대 이후 한국은 세계화(Globalization)의 물결에 깊게 편입되기에 이르렀는데, 그러한 가운데 민족주의가 약화되었다. 그러자 민족주의의 영향이 내재적 발전론과 제국주의수탈론의 객관적 역사 인식을 손상하였다는 비판도 이루어졌다. 새롭게 대두하는 사론에 의하면, 문호개방 이후 동아시아 3국의 역사는 근대문명의 도입과정이었고, 일본에 의한 조선의 식민지경험은 그 일환이었다. 이것은 제1단계의 문명사관에 접근하면서,[9] 심화된 이론과 실증에 토대를 두어 주관적 가치판단의 여지를 한층 줄일 수 있었다. 식민지근대화론의 수용자가 늘어나는 추세이지만, 여전히 일제시대의 이해를 둘러싼 대립은 심하다. 사론의 전환은 여전히 진행 중인 것이다.

4) 史論의 진전을 위한 제언

이제 필자의 입장을 제시하고자 한다. 福澤諭吉, 兪吉濬 등이 인식하였듯이, 문호개방 당시 구미 문명과 동아시아 문명은 현격한 수준차를 가졌으며, 동아시아 3국이 문호개방 이후 경험한 가장 중요한 변혁은 근대화로

---

9)이영훈, 「민족사에서 문명사로의 전환을 위하여」『국사의 신화를 넘어서』 humanist, 2004, pp. 43-4에서는 조선사정체론의 원조로 비판을 받은 福田德三에 대하여 처음으로 한국사를 문명사의 시각에서 연구하였다고 평가하였다.

집약될 수 있다. 인류사의 2대 변혁은 농업혁명에 의한 농경사회와 문명의 성립, 그리고 산업혁명 등에 의한 근대문명의 성립이었다. 근대화를 정치적으로 민주화, 경제적으로 공업화, 사회적으로는 시민사회의 성립으로 나누어 볼 수 있다. 정치적, 경제적, 사회적 근대화의 혁명적 의미는 아무리 강조해도 지나치지 않다. 제국주의 지배 하의 식민지에서 근대화가 진행된 사실은 부인될 수 없다. 그런 점에서 19세기 중엽 문호개방 이후 동북아시아의 역사를 근대화론 이상으로 더 잘 설명할 수는 없다. 따라서 국제환경을 바라보는 제3단계의 시각을 기본으로 삼아야 할 것이다.

그런데 필자는 제1단계의 福澤諭吉식의 문명사관으로 되돌아가고 싶지는 않다. 왜냐 하면 동북아시아 3국은 모두 전근대로서는 발전된 문명을 달성하였으므로, 문호개방 이후 동북아시아의 변화를 집약하는 용어로서는 문명화보다는 근대화가 더욱 적절하고 구체적이기 때문이다. 전근대문명으로부터 근대문명으로 전환하였다고 볼 수는 있을 것이다.

식민지기 조선에서 공업화를 포함한 근대화가 진전하고 그 경제성장률이 3% 이상으로 높았다는 사실의 확인은 중요하다. 그렇다고 해서 식민지 근대화론에 안주하고 싶지는 않다. 그 이유는 다음과 같다.

첫째, 제국주의 지배 아래 근대화의 한계 내지 비용이 가볍지 않았다. 공업자본금 중 조선인의 비중은 줄곧 10% 미만이었다. 그리고 교육기회와 고용의 민족별 차별 등으로 인해 조선인 기술자의 성장이 매우 제한적이었기 때문에, 조선인 역량의 성장은 제약을 받았다. 중등·고등·대학교의 조선인 취학률은 1930년대 이래 빠르게 늘었지만, 1945년에도 각각 4.6%, 3.2%, 0.7%에 불과하였다. 戰時期 일본인 징용으로 조선인 기술자가 빠르게 늘었지만, 1942년에도 조선인은 공업기술자는 18%를 차지하는 데에 불과하였다. 조선인은 국가를 다스리고 사회를 통합하는 경험을 쌓을 수 없었다. 식민지 지배로 인한 무형의 비용이 가볍지 않았다. 예컨대 개인적 지위향상 노력이 親日과 결부되기 쉬워서, 해방 후 식민지기의 친일 문제로 논란에 말려들어왔던 것이다.

둘째, 제국주의 지배가 아니고서는 아시아의 후진국이 자력으로 근대화할 수 없었다고 보지는 않기 때문이다. 문호개방 후의 조선은, 일본에는 못 미쳤으나, 근대적 변혁을 경험하였다. 그리고 근대화란 결코 일방적으로 전파되는 과정은 아니어서 후진국이 근대화를 수용할 수 있는 역량을 고려해야 한다. 선진기술을 흡수하는 역량은 사회적 역량(Social Capabilities)이라 불린다.[10] 아시아가 아프리카보다 먼저 근대화에 성과를 거둔 것은 사회적 역량이 더 축적되었기 때문이다. 조선이 식민지화 직후부터 연평균 3% 이상의 경제성장을 달성한 것으로 추계되는데, 그것은 제국주의 세력의 근대화 작용만으로 설명하기 어렵고, 식민지화 이전에 축적된 사회적 역량의 지원을 받은 점을 고려해야 할 것이다. 조선시대에 중국의 선진문명을 성공적으로 흡수한 경험이 있으며, 관료국가체제, 문자 생활 및 교육이 발달한 편이었다. 상업이 번창하지는 않았으나, 복식 부기를 사용하고 자본 개념을 도입한 경영이 출현하였다. 윌슨의 민족자결주의를 적극적으로 해석하여 1919년에 조선인은 3·1운동을, 중국인은 5·4운동을 통해 자주와 독립을 추구하였는데,[11] 이것은 독립국가의 수립을 위한 半식민지민의 정치적 역량을 보여준다. 셋째, 한국이 제국주의의 지배를 통하지 않고서는 근대화할 전망이 없다고 보지 않는다면, 식민지기의 근대화가 제국주의의 선물이라기보다는 근대세계의 선물이라고 인식할 필요가 있다. 근대는 전근대와 달리 높은 성장률을 지속적으로 실현하는 시대이고, 세계시장의 형성과 더불어 성립한 근대문명의 전파력은 전근대문명보다 훨씬 강

---

10) Abramovitz, Moses, "Catching up, forging ahead and falling behind," *Journal of Economic History* 46(2), 1986.
11) Erez Manela, *The Wilsonian Moment: Self-Determination and the International Origins of Anti-Colonial Nationalism*, Oxford University Press, 2007.

력하다. 근대화에 먼저 성공하여 활기차게 성장하는 일본의 이웃 나라라는
것은 한국의 근대화에 큰 이점이었는데, 그런 이점을 제거한다면 식민지
지배 자체가 한국 근대화에 유리하였는지는 의문인 것이다.

근대화의 성숙이 국내정치에서는 개인의 권리에 입각한 민주주의의 진
전이라면, 국제정치에서는 국가주권이 존중되는 만국공법 질서로 볼 수 있
다. 국가주권이 짓밟히는 지역에서 민주주의가 성립하기 어렵다. 그런 점
에서 제2단계의 국제관계론을 수용한 근대화론이 요청되는 것이다.

근대화란 구미문명의 충격(impact)이나 식민지 지배를 통해 단기간에
완수되는 성질은 아니다. 구미문명의 충격 이전의 동북아시아에는 근대화
의 수용을 준비하는 축적이 있었다. 그 충격 이후 공업화와 민주화는 장기
에 걸쳐 진전되어, 남한은 1980 · 90년대에 근대화의 성숙을 이루었고, 중
국은 그 시기에 공업화의 성숙 국면으로 나아갔다. 요컨대 근대화란 외부
로부터의 일방적인 전달로 인해 성숙될 성질이 아니라, 주체적으로 소화한
다음에 성숙될 수 있는 것이다.

이상의 점에서 강연자는 식민지화 이전 한국사의 발전, 식민지기 근대
화, 그리고 제국주의의 비판을 종합적으로 고려한 역사상을 모색하고 있
다. 한국은 조선시대, 개화기, 식민지기, 해방후 시대를 거치면서 단계적으
로 자력적 근대화의 기반을 축적한 다음에, 박정희정부에 의한 시대적 과
제에 부합하는 경제전략의 적극적인 추진에 힘입어 1960년대에 경제적 도
약(take-off)을 달성하였던 것이다.

3. 국제환경의 변화

1) 개항＝개국으로 인한 국제환경의 변혁

동아시아 역사상 국제환경에서의 최대의 변력은 19세기 중엽 구미국가에 대한 개방으로 인한 근대세계로의 편입이었다. 중국이 먼저 1842년의 南京條約, 일본이 이어서 1854년의 美日和親條約, 끝으로 조선이 1876년의 朝日修好條規과 1882년의 朝美條約을 기점으로 문호를 개방하였다.

이 사건은 일본에서는 開國, 한국에서는 開港이라 불리나, 중국에서는 특별한 호칭이 없다. 이것은 3국이 각각 이 사건에 대해 의미를 부여하는 강도의 차이를 보여준다. 일본인이 개국이라는 용어를 선택한 것은 그 문명사적 전환의 의의를 깊게 인식하여 자국을 변혁시키려는 태세를 갖추었음을 드러낸다. 중국은 구미와의 교류를 제한하기는 했지만, 조선·일본과 달리 구미에 대한 쇄국정책을 단행하지는 않았다. 나가사키(長崎)를 통해 네덜란드와 교류한 일본이 그런 무역항조차 없던 조선보다 덜 폐쇄적이었다. 그런데 쇄국 하의 일본이 중국보다 유럽문명을 더욱 열심히 학습하였다. 조선에서는 1392년 조선왕조의 창건을 개국이라고 표현하였기 때문에, 용어의 중복을 피하려는 의도가 있었던 것으로 보이나, 문호개방의 문명사적 의의에 대한 인식의 사회적 확산은 일본만큼 신속하고 급격하지 않았다. 중국의 반응이 가장 느렸는데, 문명의 중심지라는 자부심이 멍에로 작용하였기 때문이다.

용어가 어떻게 선택되었던, 오늘날 역사가가 보면, 이 사건은 3국 모두에게 혁명적인 의미를 가졌다. 동북아시아 3국을 모두 근대세계체제에 편입시킨 근대의 기점이라는 의의를 가진다. 20세기의 국제환경은 이러한 변혁의 연장선상에 있다. 국제환경의 변혁과 결부되어 각국어서는 근대적 변화가 본격화되었다. 3국 모두가 개방 전에 시장의 발달, 사회의 변동, 사상의 발달 등에서 근대초기＝근세적 양상을 경험하였지만, 민주사회와 산업혁명의 전망은 가시화되지 않았다.

개항이 조선의 국제환경에서 가지는 의미를 살펴보자. 개항은 洋夷국가에 대한 鎖國을 해제하고 나아가 개방체제로 전환하는 것이었다. 개항 전에 人臣無外交라는 동북아시아 고래부터의 외교원칙이 관철되어, 외교사절을 경유하지 않는 민간의 교류는 허용되지 않았다. 무역도 외교사절에 수반하여 이루어지는 것이 원칙이었다. 그 연장선에서 외교사절과 무관한 자국민의 해상진출을 금지하는 海禁정책이 추진되고, 나아가 조선과 일본은 구미국가에 대해 교류를 전면 금지하는 쇄국정책을 단행하였다. 조선은 洋夷처럼 변한 명치정부의 전통적 의례를 따르지 않는 외교문서의 접수를 거부하였다. 그러다 일본의 무력시위에 의해 1876년에 일본과 수교하고, 나아가 1882년부터는 자발적으로 양이인 미국, 영국 등과 수교하게 되었다. 경제적으로도 개항장에서의 민간 자유무역이 허용됨에 따라 폐쇄적인 조공무역체제＝관리무역체제가 붕괴되었다. 해금은 조선에서 가장 늦게 1882년이 되어서야 해제되었다.

세계시장에 편입되어 자유무역체제로 전환됨에 따라 무역이 급증하였다. 표1에 나타난 바와 같이, 개항기(1876-1910)을 거치면서 실질무역액이 15배 이상으로 증가하여, 개항 직전 무역총액의 국내총생산에 대한 비중이 1.5% 전후이던 것이 1911년에는 19%로 올랐다. 개항 후에는 처음으로 외국자본이 유입되고 외국기업이 진출하였다.

개항은 중국 중심의 외교질서를 변혁시키는 계기로 작용하였다. 일본과 달리 조선은 중국과 국경을 공유하는 관계로 중국 중심의 외교질서인 朝貢冊封體制에 깊게 편입되었다. 개항 직후 조선은 만국공법의 질서를 알게 되고 1881년 중국에 조공관행의 변경을 요청하였으나 거부당하였다. 그런

<표 1> 개항 이후 한국의 경제와 무역

연도	인구 (만명)	1인당 GDP (1990년 달러)	무역액 /GDP(%)	무역액국별구성(%)		
				중국	일본	미국
1870	1,550	550	1.5	96	4	
1893	1,600	600	3.0	36.6	62.6	
1911	1.700	660	19.3	11.5	68.2	5.9
1940	2,433	1,200	53.5	11.9	82.1	1.1
1947	1.989	648	1	48.2	0.3	10.0
1962	2.642	1.122	21.7	0	27.6	48.6
1980	3.812	4.114	80.3	0.1	22.3	23.3
2000	4.726	14.343	65.0	9.3	15.7	20.1

주)1947년부터는 남한만의 통계. 1911년 이전의 인구는 權泰煥·愼鏞廈「朝鮮王朝時代 人口推定に關する一試論」(『東亞文化』14輯, 1977)의 추계를 하향 조정. 1인당 GDP는 1990 international Geary-Khamis dollars로 표시. 1948년 이후 1인당 GDP는 Angus Maddison, *The World Economy: Historical Perspective*, OECD, 2003;1940년 이전 1인당 GDP는 Hun-Chang Lee, "When and how did Japan catch up with Korea? -A comparative study of the pre-industrial economies of Korea and Japan," CEI working paper series, No. 2006-15, Hitotsubashi University. 1870년의 무역의존도는 李憲昶,「韓國 前近代貿易の類型とその變動に關する研究」(『經濟史學』 36號, 2004)에서의 추정. 1893·1947년의 무역의존도는 필자의 개략적 추정임. 1911·1940년의 무역의존도는 金洛年 編, 앞의 책, 11장, 표1-1의 추정이고 국민총소득(GNI)로 계산한 것.1870년 무역의 국별 구성은 姜德相,「李氏朝鮮開港直後における朝日貿易の展開」『歷史學硏究』 265, 1962, p.10. 1910·1939년의 국별 무역구성을 1911·1940년의 란에 표시함. 1893·1910·1939·1947년 국별 구성은 한국무역협회」『한국무역사』 1972, pp. 35, 175-80, 228. 1893년 일본·중국의 무역은 구미제품의 중계무역을 포함. 1947년 중국의 무역에 홍콩(19.2%)이 포함. 1962년의 구역에는 다액의 원조가 포함. 1962년 무역의 국별 구성과 1962·1980년의 무역의존도는 통계청,『통계로 본 한국의 발자취』, 1995, pp. 319, 329-331에서, 1980·2000년 무역의 국별 구성은 관세청「무역통계연보」(http://www.kosis.kr/)에서 구함.

데 조선이 각국과 조약을 체결하는 것은 중국 중심의 외교질서를 동요시켰다. 조선정부가 구미 국가와의 조약 체결에 적극적인 데에는 중국에 대한 견제의식이 작용하였다. 그리고 개항장 무역의 성장은 조공책봉체제의 실질적인 요소인 조공사절에 수반한 무역체제를 무력화시켰다. 마침내 청일전쟁으로 조공질서가 붕괴되었다.

개항은 조선이 중국문명권으로부터 벗어나 洋夷가 만든 근대세계에 편입되어 조선인의 문명관이 전환하는 계기로 작용하였다. 개항 전에도 조선은 유럽의 종교와 과학기술의 충격을 받았으나, 지정학적 요인, 주자성리학의 강한 지배력 등으로 인해 중국·일본보다 그것에 대한 거부의식이 강하고 이해도는 낮았다. 이러한 점을 고려하면, 1882년에 정부가 東道西器論의 정책을 천명한 것은 늦은 대응은 아니었다. 동도서기론은 중국의 中體西用論처럼 유교 윤리를 기본으로 삼으면서 서양의 기술을 학습하고 제도도 제한적 범위로 도입하자는 정책이념이었다. 일본의 明治維新에 상응하는 변혁을 추구하는 變法開化派가 1884년에 갑신정변을 일으켰으나, 실패하였다. 이들이 바라던 수준의 개혁은 1894년의 갑오개혁으로 달성되었으나, 갑오개혁을 추진한 정부와 곧 무너졌다. 조선의 국가와 사회는 우여곡절을 겪으면서 점차 근대문명권에 깊게 편입되어갔다.

문명관의 전환은 세계관의 전환을 수반하였다. 1402년 조선에서 제작된 混一疆理歷代國都之圖는 당시로서는 가장 우수한 세계지도로서 아시아뿐만 아니라 유럽과 아프리카를 포괄하였다. 그 이후 세계지도의 제작기술은 별다른 발전이 없었다. 17세기초부터 중국을 통해 서양식 세계지도가 전해져서, 일부 지식인의 세계관이 변하였다. 그런데 사회 전반은 華夷의 천하관을 고수하였고, 동북 아시아 지역 외에는 무관심하였다. 개항 이후 화이관이 무너지면서 전세계에 대한 사회적 관심이 비로소 나타났다. 한국 최초의 근대적 신문으로서 1883년부터 발간된 『漢城旬報』는 외국소식을 비중 있게 다루었으며, 그 1호에는 「地球圖解」, 「地球論」, 「論洲洋」이라는 논설을 수록하였다. 이 논설의 제목에서도 드러나듯이, 개항을 기점으로 한국은 중화세계 속의 내륙지향적 국가로부터 지구적 세계 속의 해양도 중시하는 국가로 전환하기 시작하였다.

개항을 계기로 조선과 교류하는 중심적인 국가는 중국으로부터 일본으로 변하였다. 개항 전 조선은 다른 어느 국가보다 중국 문명을 열심히 학습하였으나, 중국과의 교류에만 열중하였다. 조선에게 두번째로 중요한 나라는 일본이었으나, 조선이 일본에 관심을 가진 주된 동기는 왜구를 막기 위한 것이었고, 부차적인 동기는 비자급품의 수입이었다. 그래서 1637-1874년간 중국으로의 사절 파견은 474회에 달한 반면, 1606-1874년간 일본에 파견된 通信使는 12회에 불과하였다.

개항 전 조선시대에도 대일관에 주목할만한 변화가 있었다. 15세기 일본사절을 통해 일본경제가 조선보다 번창하다는 사실이 보고되었고, 임진왜란을 통해 조선인은 일본의 강한 군사력을 체험하였고, 일본을 방문한 통신사를 통해 소수 학자는 일본의 문화 발달을 인정하기에 이르렀다. 그런데 이러한 인식은 제한된 범위에 국한되어, 일본과의 교류를 활성화하려는 발상은 개항 전에 확산되지 않았다. 17세기 일본 銀 유입의 급증으로 17세기 후반에는 한국사에서는 처음으로 대일무역이 대중국무역과 대등해졌으나, 18세기 전반 일본 은 유입이 급감하였다.

개항 후부터 청일전쟁까지는 일본과 중국은 조선에 대등한 영향력을 미치게 되었다. 동북아시아 역사상 두 중심지가 존재한 것은 처음이었다. 근대문명의 위력은 일본을 중국과 대등한 중심지로 부상시키고 나아가 중국을 압도하게 만들었다. 일본은 청일전쟁에 승리하고 산업혁명에 성공하면서 동아시아의 유일한 중심지가 되었다. 1880년의 제2차 일본시찰단의 보고 이후 조선은 일본을 근대문명의 주된 도입창구로 삼았다. 개항 직전 중국무역과 일본무역은 각각 3백만 圓, 12만 원 정도였으나, 1881년 경부터는 일본무역이 중국무역을 능가하였다. 개항 후 조선의 수출대상국은 계속 압도적으로 일본이었다. 수입에서는 중국의 비중이 1893년에 49%까지 증가하여 일본과 대등해졌으나, 청일전쟁 후 격감하여 1910년에는 10% 미만으로 떨어졌다.

개항을 기점으로 한국의 역사적 무대가 동북아시아에 국한되지 않게 되었다. 후기 신라시대(676~918)에는 인도에 불교를 배우러 간 스님들이 있었고, 이슬람국가와 교역이 이루어지기도 했다. 물론 동북아시아를 벗어난 신라인은 소수였고 동북아시아 이외와의 무역은 미미하였다. 이후에는 점차 한국인의 외국진출이 약화되고 교류의 지역적 범위가 축소되었다. 그래서 개항 전 2세기 이상 동안 조선은 중국, 일본 이외의 국가와 교류한 적이 없다. 17세기 이후에는 중국을 통해 유럽의 과학기술이 소개되고 기독교가 유입된 것이 주목할 만하다. 그런데 일본의 蘭學과 같은 것은 없었다. 1880년 조선은 역사상 처음으로 구미국가와 수교하였다. 조선의 경제교류는 일본과 중국에 편중되었지만, 구미의 사람·재화·정보가 본격적으로 유입되고 구미열강이 조선의 운명에 영향력을 행사하게 된 의의를 과소평가할 수는 없다. 개항 이후 조선은 다원적인 국제교류의 첫발을 내딛게 되었던 것이다. 그런데 청일전쟁과 러일전쟁을 거치면서 조선은 동아시아의 패자가 된 일본에 일방적으로 종속되는 관계에 들어갔다.

개항 이후 한국은 개방정책으로 전환하였고 동북아를 넘어서 세계와 교류하게 됨에 따라, 한국인의 해외 진출이 활발해졌다. 9세기에 신라인이 활발히 중국과 일본에 진출하였으나, 고려시대에 해외 진출이 위축되었다. 나아가 조선시대에는 조공사절을 수행하는 외에는 국경을 넘을 수 없고, 海禁으로 해외에 왕래할 수도 없었다. 1860년대에 거듭된 흉년으로 많은 사람이 간도로 들어가 조선시대에는 처음으로 외국 이주가 시작되었다. 이후 국경 이주가 늘어 1908년에는 연허주에만 45,000여명의 한국인이 거주하였다.

1902년부터는 미국으로의 이주가 시작되어 1905년까지 7,000여 명의 한국인이 하와이로 이주하여 사탕수수 농장에 취업하였다. 식민지기에 이민이 급증하여 1940년에는 중국에 145만 명, 일본에 119만 명이 거주하였는데, 이들 총수는 조선내 조선인의 11.2%에 해당하였다. 해방 후 1960년대부터 한국인의 이민이 다시 시작되어 1990년대 세계화 시대를 맞아 급증하였다. 2008년에 한국 교민은 165개국에 걸쳐 678만 명에 달하였는데, 그것은 한국인 총수의 약 9%에 해당한다. 해방 이전에는 거의가 동북아 이주였으나, 해방 후에는 세계 각지로의 이주가 늘었다. 해방 이전에는 이민은 주로 가난으로부터 탈피하려는 빈민층이었으나, 해방 후에는 주로 더욱 풍족하게, 또는 선진 사회에서 살려는 중산층이었다.

개항 이전에는 무역의존도가 매우 낮고 이민은 물론 해상 진출도 금지한 한국은 20세기에는 왕성한 대외 진출력을 발휘하였다. 무역의존도와 이민 비율은 일제시대에 세계적으로 높은 수준에 달하였다가 해방 후 급격히 위축되었는데, 다시 고도성장기에 세계적으로 높은 수준에 도달하였다. 대외 개방과 진출은 경제 발전에 직결되었다.

2) 제국주의시대의 국제환경

국제관계는 외교군사적 차원에서 평화-대립-전쟁, 그리고 정치적 차원에서 대등-종속-지배로 나누어 볼 수 있다. 개항 전 조선은 중국과는 수직인 사대외교관계를, 일본과는 수평적인 교린외교관계를 맺었다. 중국과의 불평등한 조공책봉관계는 한중간 평화를 장기간 제공하여, 신라가 당의 한반도에 대한 지배 기도를 막아낸 676년 이후 한중간에는 전쟁이 없었다.

滿蒙세력이 종종 한반도를 침공하였으나, 원에 이어서 청의 성립으로 만주에서의 독자적 정치세력이 소멸되면서 그러한 갈등이 없어졌다. 그 반면 만주를 통합한 중국에 대한 한국의 정치군사적 입지는 약화되었다. 1592년 침략한 일본의 대군이 완전히 철수한 1598년 이후, 그리고 청의 대군이 침략한 1636년 이후부터 1874년 일본의 台灣出兵까지 2세기 이상 동안은 동북아시아3국간에는 조그만 군사적 충돌이 없는 완전한 평화의 시대였다.

조선은 지정학적 위치로 인해 유럽 열강의 개방 압력을 늦게 받았다. 그래서 유감스럽게도 조선은 제국주의시대가 성립한 시점에 문호를 개방하였다. 만국공법의 질서는 불평등한 조공책봉체제를 동요시키고 수평적 국제관계의 기대를 낳았지만, 제국주의에 의한 식민지지배체제가 성립하였다. 조선정부는 自强을 도모하지 않고서는 만국공법으로도 열강에 의한 약소국의 주권 침해를 막을 수는 없는 현실을 모르지는 않았다. 1881년 일본을 시찰한 魚允中은 새로운 세계질서가 춘추전국 시대보다 치열하게 爭覇하는 大戰國 시대와 같으며, 그속에서 나라를 보존하기 위해서는 부국강병책을 추구해야 한다고 보고하였던 것이다.

조선이 자주적 근대화에 성공하지 못하고 식민지로 전락하여간 것은 근대화 역량이 약함에 반해 국제환경이 가혹하였기 때문이다. 조일수호조규부터 불평등조약이었고, 조약의 불평등성은 갈수록 심해졌다. 조선의 국제조약의 불평등성이 일본보다 가혹하였고 중국보다 덜하지 않았다. 중국, 일본 및 러시아가 조선의 정치적 지배까지 노렸기 때문이다. 제국주의시대가 성립하는 가운데 중국은 조선과 의례적 성격의 조공책봉관계를 실질적인 지배종속관계로 전환하고자 했다. 중국은 1879년 일본의 琉球 합병에 자극을 받아 조선에 대한 개입을 적극화할 생각을 굳히고, 1882년의 임오군란을 계기로 조선의 외교와 내정의 자주성을 침해하였다. 이 중국의 압력이 조약의 불평등을 심화한 중요한 요인이었다. 일본은 임오군란에 대한

중국의 개입을 계기로 조선을 둘러싼 중국과의 대결노선을 굳혔고 1890년
에는 총리대신이 利益線인 조선을 지키자는 시정 방침을 제시하기에 이르
렀다.[12] 1880년대 중엽 이후 러시아의 조선 진출은 구미 열강을 자극하고
제국주의적 대립을 촉발하였다. 조선의 자주적 변혁을 좌절시킨 최대의 외
압이 중국과 일본의 경쟁적인 개입이라고 한다면, 그것은 개항된 지 6년만
에 표면화되었던 것이다. 청일전쟁은 조공체제의 붕괴를 낳은 동시에 일본
의 조선을 지배하는 데에 1차 걸림돌을 제거하기도 했다.

　1874년 일본의 대만 출병부터 1953년 한국에서의 종전까지는 동북아시
아 역사상 가장 치열한 대립이 장기간에 걸쳤던 시기였다. 그 정점에 위치
한 사건은 1910년 일본의 조선병합과 1930~45년간 일본의 중국침략전
쟁이었다. 러일전쟁과 태평양전쟁에서 드러나듯이, 구미열강이 동북아시
아의 운명이 걸린 전쟁에 참여하게 되었다.

　표1에 의하면, 제국주의시대에 조선의 무역이 급성장하였고, 그중 조일
무역이 압도적인 비중을 차지하였다. 일본과 식민지 사이에는 '세계에 유
례가 없는 무역의 팽창'이 있었다. 그러한 가운데 식민지에 일본의 자본재
도 다량 공급되기에 이르렀고, 그것은 일본자본의 대거 유입과 결합하여
조선의 공업화를 낳았다.[13] 세계의 식민지 가운데 일본의 식민지에는 식민
지 모국민의 비율이 특히 높았고, 1941년 조선의 1인당 해외순자본 73달
러는 매우 높은 편이었다. 그리고 1913~41년간 일본과 그 식민지의 경제
성장률은 세계적으로 높은 수준이었다.[14]

---

12)芝原拓自, 『日本近代化の世界史的位置』 岩波書店. 1981, 第6章
13) 堀和生編著, 『東アジア資本主義史論』 ミネルバア書房. 2008, 總論.
14)Angus Maddison, *Contours of The World Economy* 1-2030 AD, Oxford University
　　Press, 2007, Table 3.14, 3.15, and 3.17.

3) 1945년 종전 후 국제환경

1945년 종전 후 제국주의체제가 해체되는 동시에 국가주권을 존중하는 국제환경이 조성되어 조선은 독립을 얻었다. 1945년 종전과 동시에 자본주의와 사회주의의 체제대립국면을 맞이하는 가운데 조선은 남북으로 분단되었다. 1950~3년간 전쟁은 분단을 고착화시켰다.

개항 이후의 동아시아 국제환경에서 근대세계로의 편입 다음으로 중요한 요소는 20세기 전반까지 제국주의체제와 20세기 후반의 사회주의체제이다. 이 제국주의체제와 사회주의체제는 근대세계의 파생물로 볼 수 있다. 자본주의국가의 대외팽창 욕구가 제국주의시대를 낳았으며, 자본주의체제를 극복하기 위해 출현한 사회주의체제는 20세기 말부터 소멸되어왔기 때문이다. 그래도 20세기 세계사에만 국한할 때, 가장 중요한 사건은 사회국가의 출현과 붕괴라 할 수 있겠다. 제2절에서 설명한 제1단계와 제3단계는 근대화론의 관점이라면, 제2단계는 제국주의 비판의 관점이며, 사회주의적 관점과도 관련되어 있다. 여기서는 논의의 단순화를 위해 사회주의체제를 다루지는 않고, 해방 후에는 남조선=한국을 중심으로 살펴보기로 한다.

해방 후 한국에 있어서 미국은 1876년 이전의 중국과 동일한 위상을 가진 선진국으로서 학습의 대상이었다. 중국과의 외교관계는 양국간 불가침을 위해 필요했던 반면, 미국과의 외교관계는 사회주의국과의 군사적 대치를 지원하는 데에 필요했다. 개항 전 중국은 조선에 필요한 물품을 수출하는 존재였으나, 해방 후 미국은 한국에게 중요한 수입국일 뿐만 아니라 비중이 높은 수출시장도 제공해주었다.

해방 후 한국은 1950년대까지는 일본의 경제적 영향력으로부터 벗어나고자 노력하였으나, 1958년부터 원조가 감소하는 가운데 경제발전을 이루기 위해서는 일본의 자본 · 기계 · 부품을 필요로 한다는 사실을 인식하게 되었다. 일본과의 협력으로 경제발전을 이룩하려는 박정희 정부는 일본의 영향력으로부터 벗어나고자 하는 사회세력의 반대를 억누르고 1965년 일본과의 국교정상화를 추진하였다. 그 후 경제발전과 더불어 박정희 정부의 선택이 옳았다는 인식은 점차 확산되어 20세기말에는 대세를 이루었다. 한일국교정상화의 1965년을 기점으로 한국의 최대 수출국은 일본에서 미국으로 바뀌었고, 최대 수입국과 최대 자본도입국은 미국에서 일본으로 바뀌었다. 1961~95년간 일본으로부터 도입된 장기자본은 총 133억 달러인데, 총무역적자액은 1,102억 달러였다.

20세기 말에 사회주의국가의 개방정책 또는 붕괴, 그리고 세계화(Globalization)시대의 도래는 한국의 국제환경을 변혁시켰다. 한국은 사회주의국가인 중국 · 러시아 · 북한과 경제교류를 확대하였다. 1992년 한 · 중수교 이래 양국간 경제교류가 급격히 확대된 결과, 2004년에 중국은 한국의 최대 교역국으로 부상하였으며, 해외투자 대상국의 수위 자리는 2002년에 미국에서 중국으로 이동하였다.

표1에 드러난 바와 같이, 20세기 후반 일본과 미국을 합한 무역액의 비중이 하락하는 추세였다. 1950~80년대에는 무역액의 과반을 미 · 일이 차지할 정도로 경제교류가 편중되었으나, 1990년대부터는 사회주의국가뿐만 아니라 유럽 · 동남아 등 세계 각지와의 무역이 특히 빠르게 증가하였다. 이처럼 한국이 명실상부하게 다원적인 국제교류를 할 수 있게 된 것은 국제환경의 변화뿐만 아니라 경제발전을 이룬 한국의 해외진출능력의 향상에도 기인하였다.

4. 국제환경과 역사발전

福澤諭吉는 정신을 문명의 핵심적 요소로 보았지만, 오늘날 학설로 본다면, 기술과 제도가 문명의 수준을 결정한다. 정신문화는 주로 환경의 산물로서 문명발전의 부차적 요인으로 보인다. 오늘날 경제학계는 경제발전의 지역간 격차를 낳은 중심적 요인을 지리, 무역 및 제도로 잡는다. 무역은 국제교류의 중심적 구성요소이므로, 국제환경은 경제발전을 결정하는 중요한 요인인 것이다. 타인과 교류하면서 배우고 경쟁하는 것이 개인의 발전에 중요하듯이, 국제교류는 국가의 정치·경제 등의 발전에 긴요하다. 어떤 국가도 필요한 기술과 제도를 다 발견할 수는 없는 법이므로, 지식과 정보의 교류가 없는 인류문명의 발전은 생각하기조차 어렵다. 자본주의가 세계체제 속의 국제분업을 통해 성립하였다는 월러스틴의 이론은 국제관계가 근대화를 설명하는 본질적 요소임을 보여준다.[15]

표1은 20세기에 한국경제가 성장하였고, 그것은 무역성장과 관련이 있음을 보여준다. 무역이 빠르게 성장하는 개항기와 일제시대에 경제가 성장하였다가, 해방 직후 무역과 더불어 경제가 급격히 위축하였으며, 고도성장기에는 무역이 급성장하였던 것이다.

한국은 중세까지 세계 최고의 선진 문명을 달성한 중국에 인접한 지정학적 환경에 힘입어 선진적인 국가체제를 일찍 수립하였다. 그런데 한대 이후 중국은 경제발전이 완만해져 중세에 상대적으로 빠르게 발전한 서유럽에 16~17세기 전후 추월당하였다. 조선도 중국처럼 완만히 발전하는 데에 그쳐 서유럽과 일본에 추월당하였다. 19세기 전반에 조선은 1인당 소득으로는 세계 하위권이나 인구 밀도, 문화·정치 수준 및 사회적 역량을

---

15)Immanuel Wallerstein, *The Modern World system* I (New York: Academic Press, 1974).

고려한 문명 전반의 수준에서는 중위권에 속하는 것으로 보인다.

朴齊家는 1778년에 집필한 『北學議』에서 작은 반도국가인 조선이 해상무역으로 부유해질 수 있음에도 불구하고 그것을 금지하여 가난해졌다고 했다. 한국의 해상진출은 9세기에 활발하였으나, 10세기부터 약화되어 14세기 말에 두절되었다. 그리고 근세에 유럽이 기술 발전, 나아가 공업화에서 선두에 선 중요한 요인을 "정치적 분열로 새로운 사고를 하는 사람이 중국이나 이슬람세계보다 훨씬 빈번히 이주할 수 있었던" 국제환경에서 찾는 견해가 있다.[16] 동북아시아의 폐쇄적인 국제환경은 유럽에 추월당하게 만든 중요한 요인이었고, 그중 가장 폐쇄적이고 작은 한국에게 가장 심각한 타격을 가하였다. 일본의 도쿠가와시대에는 3都와 領國으로 구성되는 축소형 세계경제가 존재하고[17] 네덜란드로부터 유럽 학문을 수용하였기 때문에 쇄국정책이 심각한 타격을 주지는 않았다.

조선은 왜 근대문명의 도입에 늦었던가. 첫째, 조선은 구미인이 찾아오기 힘든 지리적 위치에 있었다. 둘째, 조선은 조공체제에 깊게 편입되어 있었기 때문에, 조공체제로부터 벗어난 구미인의 무역 요구에 부정적이었기 때문이다. 셋째, 華夷관념이 강하고 무역이윤 추구에 소극적인 주자성리학이 영향력이 강하였기 때문이다. 중국과 도경을 같이 하여 조공체제에 깊게 편입되고 유학의 영향력이 강했던 것이다. 그런 점에서 조선이 근대문명의 도입에 늦은 주된 요인은 국제환경에서 찾을 수 있다.

그 반면 개항 후 조선에 근대사상이 빠르게 도입되고 1880~4년간 근대화정책이 진전하였는데, 그것은 근대문명을 성공적으로 도입하는 일본이

---

16) Deirdre McClosky, "1780-1860: a survey," *The Economic History of Britain Since 1700*, Vol. 1, Cambridge University Press, 1981(Reprinted 2000), p. 270.

17) 李憲昶, 「前近代商業に關する比較史的視點」 『東アジア專制國家と社會經濟』 青木書店, 1993, pp. 236-7.

가까이서 강한 자극을 제공한 데에 크게 힘입었다. 그 후, 2절에서 설명하였듯이, 국제환경의 가혹함은 근대화정책에 지장을 주었다.

1910~40년간 연평균 경제성장률이 3% 이상인 것은 거의 확실시된다. 그렇다면 이 기간에 1인당 생산은 연평균 1~2% 증가한 셈이 된다. 이것은 당시 세계적으로 높은 수준으로서 근대경제성장의 요건에 해당한다. 조선시대의 경제성장률은 0.2~0.3%로 추정되므로, 식민지기의 경제성장률은 그 10배 이상이다.[18] 그런데 식민지화된 직후부터 경제성장률이 3% 이상으로 추계된 것으로 보건대, 개항기(1876~1910) 무역의 급증, 그리고 근대적 사상·기술·제도의 도입 등으로 근대적 성장을 위한 여건이 마련되고 있었다.

식민지기에 민족간 소득격차가 심하였지만, 전시통제기를 제외하면 조선인의 생활수준은 하락하지는 않은 것으로 보인다. 그렇다고 해서 그것이 뚜렷한 향상을 본 것은 아니었다. 통설은 대량 미곡의 일본 반출로 인해 조선인의 식생활이 악화되었다고 보는데, 각종 식품 소비를 보아 1인당 총칼로리 섭취량이 거의 감소하지 않았다는 견해도 있다. 미숙련노동자의 임금은 정체하였으나, 숙련노동자의 임금은 상승하는 추세였다. 조선인의 신장이 별 변화가 없다는 연구도 있다.[19] 식민지기 조선의 1인당 소득은 일본의 절반이거나 그 이하였다.[20] 조선총독부의 조사에 의하면, 1930년 有業者

---

18) 쿠즈네츠에 의하면, 근대적 성장률은 1인당 소득 연평균 2%와 인구 1%를 합친 3% 정도이며, 이것은 중세 초부터 19세기까지의 유럽 성장률보다 10배 정도 높다(Simon Kuznets, "Modern Economic Growth: Findings and Reflections," *American Economic Review*, Vol. 63, No. 3, 1973).

19) Mitsuhiko Kimura, "Standards of Living in Colonial Korea : Did the Korean Masses Become Worse off or Better off under Japanese Rule?," *Journal of Economic History* Vol. 53, No. 3, 1993; 허수열, 『개발 없는 개발』, 은행나무, 2005; 주익종, 「민간인소비지출의 추계」 김낙년 편, 앞의 책, 2006; 최성진「식민지기 신장변화와 생활수준」『경제사학』 40, 2006; 차명수·이우연「식민지기 조선의 임금 수준과 구조」『경제사학』 43, 2007.

人口의 78.5%가 농업에 종사하였는데, 농가 호수의 48.3%가 보리가 수
확되기 전인 3~5월에 식량이 떨어지는 춘궁농가였다. 조선인 중·하층의
생활수준은 곤궁하였던 것이다.

유럽인은 멀리 떨어진 데다가 질병 등으로 정착하기 힘들었던 열대 지방
의 식민지에서는 단기적 이익을 챙기는 데에 주력하여 제도 정비와 투자에
소극적이었다.[21] 그에 비해 일본인은 기후가 정착하기에 좋고 일본 제국의
방어와 확장을 위한 전초기지로 기능할 수 있는 조선에 대해 한편으로는
자치의 봉쇄, 문화의 말살 등 강압적인 정책을 추진하면서도[22] 한편으로는
제도의 개혁과 사회간접자본·공업의 투자에 적극적이었다. 게다가 일본
자본주의가 빠르게 팽창하였기 때문에, 일본 자본이 대거 유입되고 일본과
의 무역이 급증하였다. 그래서 식민지기 경제성장률이 높았다.

경제와 생활수준은 전시통제기에 후퇴하였고, 표1에 나타나듯이, 해방
후에 더욱 급격히 후퇴하였다. 그래서 식민지근대화론에 반대하여 '개발
없는 개발'이라는 평가도 나왔다.[23] 한국은 고도성장을 개시하던 1963년
에도 가난한 나라였고 농림어업이 취업자의 63%, 국내총생산(GDP)의
43%를 차지한 농경사회였다. 1940년의 광공업 비중인 19.4%나 지출 중
투자의 구성비인 16.5%를 회복하는 것은 1965~6년경이었다.[24]

---

20) 1990년 국제물가로 표시한 1934-6년간 조선의 1인당 생산은 662달러로 당시 일본
의 38%에 불과하다는 추계도 있다(Fukao, Kyoji, Debin Ma and Tangjun Yuan,
2006, "Real GDP in Pre-War East Asia: A 1934-36 Benchmark Purchasing
Power Parity Comparison with the U.S.," *Hitotsubashi University Research
Unit for Statistical Analysis in Social Sciences, Discussion Paper* No. 132,
Tokyo: Institute of Economic Research, Hitotsubashi University).

21) D. Acemoglu, S. Johnson & J. A. Robinson, "The Colonial Origins of
Comparative Development: An Empirical Investigation," American Economic
Review, 91, 2001.

22) 일본이 문화억압 정책을 추진한 것은 문화수준의 격차가 크지 않은 식민지를 지배하
고 나아가 동화하고자 했기 때문으로 사료된다.

23) 허수열, 『개발 없는 개발』, 은행나무, 2005.

분단과 전쟁이 경제에 심각한 타격을 주었으나, 1950년대 미국의 대량 원조로 남한의 산업설비는 재건되었다. 앞서 언급하였듯이, 식민지기에 일본인이 공업자본의 9할 이상을 차지하고 고급 인력을 거의 독점하다시피 하였는데, 이것은 조선인의 인적 자본의 축적을 억제하여 해방 후 경제발전에 불리하게 작용하였다. 표1에 나타나듯이, 식민지기 조선의 무역의존도가 높은 가운데 90% 이상이 일본제국내의 무역이었다. 전자는 세계시장으로 통합의 진전으로 볼 수 있겠으나, 후자는 일본경제로의 종속 심화를 의미했다. 그래서 해방 후 무역이 급감하여 경제가 급격히 위축되었다. 요컨대 일본제국의 한 영역으로 편입된 조선경제는 해방 후 3% 이상의 성장을 지속할 역량을 갖추지 못하였다. 이러한 식민지근대화의 한계와 아울러 식민지화 이전 조선의 선진문명 학습 열의와 그 성과로 보건대, 장기적 관점에서 보아 식민지지배를 통한 근대문명의 이식이 한국의 주체적인 일본 학습보다 사회와 경제의 성숙에 유리하였던 것으로 생각되지는 않는다. 해방 후 정치적·사회적 혼란과 경제적 후퇴는 이러한 가설을 지지한다.

1963~96년간은 고도성장기였다. 1973년에는 농림어업 종사자가 취업자의 절반 이하로 줄고 1978년부터 부가가치 생산에서 제조업이 농림어업을 능가하였다. 1979년 OECD 보고서는 10개의 신흥 공업국(NICs)을 선정한 가운데 한국을 포함하였다. 中村哲에 의하면, 한국은 1960·70년대의 발전으로 中進資本主義國이 되었다.[25] 1986~9년간 호황기에는 외채 누적문제가 해소되었다.

한국인 생활수준의 향상은 대부분 고도성장기에 실현되었다. 메디슨(A. Maddison) 추계 등을 참조하면, 1990년 국제물가로 표시한 한반도의 1인

---

24) 김낙년 편 『한국의 경제성장 1910-1945』 서울대학교출판부, 2006, p. 296.
25) 中村哲 著 · 安秉直 譯,『 世界資本主義와 移行의 理論』, 比峰出版社, 1991, 제1장.

당 생산(GDP)은 서력 기원으로 바뀔 무렵 450달러 정도, 1900년경 600달러 정도였다. 전근대에는 1인당 생산은 그다지 증가하지 않아서, 19세기 이전의 2천여년간에 2배 이상 증가하지는 못했던 것으로 보인다. 그것은 1910~40년간 650달러 정도로부터 1,200달러 정도로 증가하였으나, 해방 직후 대략 1910년 수준으로 격감했다. 1950년대 원조에 의존하여 경제가 만회되었지만, 1962년에도 한국은 1인당 생산이 1,122달러에 불과한 몹시 가난한 나라였다. 1인당 생산은 2000년 14,343달러이니 20세기에 약 24배 증가하였는데, 1963-96년간 고도성장기에 1인당 생산이 13배 상승하였다.[26]

제2차 세계대전으로 제국주의체제가 붕괴한 이후 세계경제가 번영을 구가하는 가운데 무역자유화가 진전하고 자본과 기술이 국가간에 원활히 이동하였는데, 전후 경제발전은 이처럼 유리한 국제환경의 덕을 크게 보았다. 1948년 출범한 한국정부는 민주적인 헌법을 마련하였으나, 민주주의가 정착한 것은 1987년 이후였다. 경제발전뿐만 아니라 개방된 국제환경에서 선진민주주의국가와의 교류도 정치발전을 낳은 중요한 요인이었다.

15세기의 조선은 국가체제 · 문화 · 과학기술에서는 높은 수준이었으나, 시장은 낮은 수준에 머물렀다. 조선시대에 시장이 성장하였지만, 높은 수준에 오르지는 못하였다. 이것은 국가제도 · 문화 · 과학기술의 성숙에 불리하게 작용하였다. 그 반면 20세기 후반의 경제발전은 정치 · 사회의 성숙을 위한 기반을 닦았다. 15세기에 시장이 낮은 수준에 머문 중요한 요인은 민간무역의 억압이었던 반면, 고도성장을 낳은 중요한 요인은 대외지향

---

26) Angus Maddison, *The World Economy: Historical Perspective*, OECD, 2003; Hun-Chang Lee, "When and how did Japan catch up with Korea? -A comparative study of the pre-industrial economies of Korea and Japan," CEI working paper series, No. 2006-15, Hitotsubashi University.

적 전략이었다.[27] 조선시대에 해상무역이 금지된 것은 내륙지향적인 중화세계의 지정학적 질서에 깊게 편입되었기 때문이고, 20세기 후반 무역국가로서 한국의 발전은 미국 주도의 세계질서에 깊게 편입된 데에 크게 힘입었다. 국제환경과 그에 대한 국가전략은 한국사의 발전에 중대한 영향을 미쳤던 것이다.

그림1을 통해 동북아시아 국가간 1인당 생산(GDP) 격차의 추이를 살펴보자. 이것은 소득격차를 결정한다. 메디슨의 각국별 1인당 생산 추계는 20세기 전반 이전에는 시기가 멀어질수록 정확도가 낮아지나, 대체적인 추이를 보는 데에는 크게 지장이 없다. 도쿠가와(德川)시대 일본의 경제적 성취가 중국·조선을 능가하여, 18세기부터 일본과 조선·중국의 사이에 소득격차가 확대되었다. 1880년대 일본이 먼저 공업화에 성공하여, 그 격차는 더욱 확대되어 1910년대에 일본의 소득은 조선과 중국의 2배 정도 되었다.

이 격차는 제국주의시대를 거치면서 축소되지 않다가, 종전 직후에는 급속히 확대되었다. 그래서 1970년 일본의 1인당 GDP는 한국의 5배로 양국간 격차가 가장 컸다. 대만은 한국보다 소득이 약간 높았다. 중국 사회주의의 낮은 성과와 한국의 고도성장으로 한·중간 소득격차도 1960년대부터 커져 1991년에 한국은 중국의 5배에 접근하였다. 그런데 한국과 중국의 공업화가 차례로 진전됨에 따라 소득격차가 축소되었다. 1992년부터 한국의 1인당 생산은 일본의 절반을 넘게 되었다. 1992년부터는 한·중간 소득격차가 축소되어왔다. 이렇게 본다면, 20세기 후반에는 동북아시아 국가간 소득격차가 가장 현저하게 확대되었다가 축소되는 추세로 전환하

---

27)대외지향적 전략을 추진한 1963년부터 수출확대가 산업생산의 증가에 크게 기여한 사실은 잘 밝혀져 있다(이헌창, 앞의 책, p. 557).

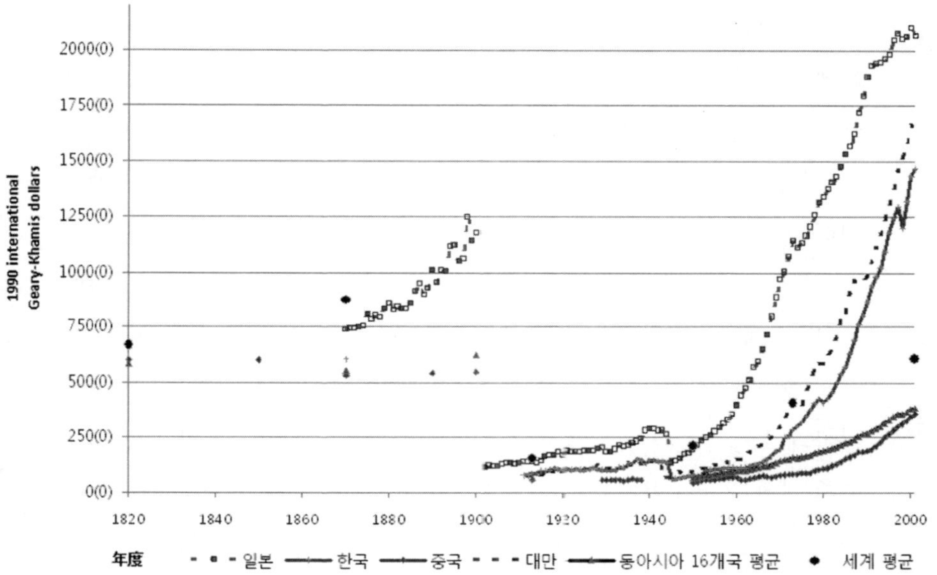

〈그림 1〉 1820-2001년간 동북아시아 국가간 1인당 생산(GDP)

출처) Angus Maddison, *The World Economy: Historical Perspective*, OECD, 2003.
주) 1900년 이후의 눈금은 그전에 비해 10배임.

였다. 이것은 기본적으로 공업화의 시차를 반영한다.

일제시대의 중심적인 공업지대가 위치한 북한은 1960년대까지도 남한보다 경제적으로 앞섰으나, 아마도 1970년대에 남한에 추월당하고, 이후 남북간 격차가 계속 확대되었다. 그 주된 요인은 북한이 시장을 폐지하고 국가의 강제의 의한 자원의 동원에 의존하는 발전전략을 택하였기 때문이다. 이와 관련되는 사실로서 自力更生의 자립적 민족경제를 확립하려는 전략을 추구하여 국제적인 자극을 배제하고 국지환경에 능동적으로 대응하지 못한 것도 북한의 낙후를 초래한 중요한 요인이었다. 북한은 1970년대부터 서서히 대내 개혁과 대외 개방을 추구하였으나, 그 정책이 소극적이

어서 실효를 거두지 못하였다.[28]

  냉전체제 아래 군사적으로 대치한 남북한은 모두 조속히 중화학공업화를 추진하였는데, 그것은 북한경제의 침체를 낳은 중압으로 작용한 반면, 뒤에 추진한 남한에서는 가볍지 않은 부작용을 낳았으나 결국 공업고도화에 기여하였다. 남한의 성공은 북한보다 탄탄한 소비재공업의 기반 위에서 중화학공업화를 추진하고, 북한과 달리 수출공업으로서 육성하였기 때문이다.

  그림 1에 나타난 바와 같이, 1950년만 해도 동북아시아의 모든 국가의 1인당 GDP가 세계 평균보다 낮았으나, 1950년대에는 일본이, 1970년대에는 대만과 한국이 세계 평균을 능가하게 되었다. 1990년대부터 광대한 중국의 소득 수준이 세계 평균에 빠르게 접근하고 있다. 북한만 1970년대부터 세계 평균과 멀어지고 있다. 북한을 제외한다면, 20세기 후반에 동북아 국가들은 서로 격차를 줄이면서 세계적으로 높은 경제적 성취를 이루었던 것이다. 돌이켜보건대, 21세기에 진입한 오늘날 동북아시아 사람들이 잘 살게 된 데에는 국제환경이 유리하게 작용한 점을 빼놓을 수 없다. 중국은 고대에 위대한 문명을 달성하여 주변 지역의 문명수준을 높이는 데에 공헌하였다. 중국문명에서 유래된 높은 수준의 문자생활과 국가제도 등은 동북아 지역의 근대 문명의 수용을 지원하였다. 그리고 19세기 후반부터 일본이 근대문명을 앞서 발전시킨 것은 주변 국가의 근대화를 촉진하였다. 19세기 말부터 동북아시아 3국간 대립이 첨예화되었으나, 20세기 후반부터 동북아시아 국가들은 공존공영할 수 있게 되었다. 이렇게 문명역량을 축적하고 평화적 국제관계를 맺은 동북아시아 국가들은 20세기 후반 세계경제의 번영기를 잘 활용할 수 있었던 것이다.

---

28) 李憲昶, 앞의 책, 12장.

5. 식민주의사학의 半島性論에 대한 비판

식민지기 일본인의 조선시대관을 집대성한 四方博의 "결론은 停滯性의 한 말로 집약된다"고 했다. 조선사정치론을 낳은 국제환경은 半島性論으로, 그 국제관계는 他律性論으로 설명되었다. 조선이 "아시아대륙, 그중 만주·몽고 및 중국 본토, 그리고 일본 열도의 사이에 끼인 반도라는 사실이 이 민족의 운명에 숙명적이라 할 만큼의 영향을 미쳐왔다"고 했다. "극히 소수의 예외(특히 역사의 초기)를 제외하고 항상 주도권을 장악한 것은 주변 국가이고 조선측으로서는 그것에 어떻게 순응하여 자가를 온전하게 보존할 것인가에 노력이 집중되었다." 이 '수동적 소극적 성격'으로부터 國是로서 事大主義가 생성된 것이다.[29] 이상은 四方博의 독특한 견해가 아니라 식민지기 일본인 식자층의 공통된 견해였다.

해방 후 조선시대가 정체되지 않았다는 연구성과는 다방면에서 제출되었으나, 지리결정론에 대한 거부의식은 국제환경 또는 지정학적 환경에 관심을 박탈하였다. 조선사회정체론과 마찬가지로 지리결정론은 한국사학의 성숙에 악영향을 미쳤던 것이다.

지리 또는 지정학이 국가운명을 완전히 결정하지는 않더라도 그것에 중대한 영향을 미치는 것은 중국·만주 및 일본 열도라도 해도 다르지 않다. 일본이 독자적 해양세력으로 성장하게 된 것, 그리고 만주 지역이 종국적으로 중국에 흡수된 것은 지리에 의해 결정되었다 해도 과언이 아니다. 조선이 지리환경에 "순응하여 자기를 온전하게 보존할 것인가에 노력을 집중하였다"는 것은 너무나 당연한 일이다. 오히려 주변 강대국 가운데 독립국가를 유지하면서 독자적 문화를 발전시켜온 성과는 평가되어야 한다. 사

---

29) 四方博, 「舊來朝鮮社會の歷史的性格に關して」『朝鮮學報』1·2·3(1951~1952).

대주의는 강대국 중국과 국경을 공유한 조선의 불가피한 전략이고, 중국과
의 장기간 평화를 실현한 합리적 선택이었다.

조선의 예술에 깊은 애정을 가진 柳宗悅은 1919년 讀賣新聞에 실린 「朝
鮮人を想ふ」에서 '강대하고 粗暴한 北方 大陸의 漢民族'과 일본의 武士
에 의한 '끊임없이 습격하는 왜구' 는 한국사의 '견디기 힘든 운명' 이었다고
보았다.[30] 지금까지도 일본과 중국에 끼인 지정학적 환경을 불행으로 생각
하는 조선인이 많으나, 필자는 그렇게 생각하지 않는다.

1882년 임오군란부터 1953년 한국전쟁이 끝날 때까지는 지정학적 환경
은 한국의 역사에 가혹한 시련을 안겼다. 1882~1894년간은 중국과 일본
의 양대 세력의 대결에 한국의 운명이 좌우된 유일한 시기였다. 1950~3
년간 한국전쟁은 세계대전과 같은 양상을 띠었다. 그런데 1882년 이전에
한국이 외침을 특히 많이 받은 것은 아니었다. 676년 이후 한중간에는 한
차례의 전쟁도 없었다. 993년 이후 만주 · 몽고 세력과 여러 차례 전쟁을
치렀지만, 청이 중원을 지배한 이후 그러한 전쟁은 없었다. 이들 북방세력
은 약할 때에는 한국을 침략하기 힘들었고, 강할 때에는 한국보다 광대한
중국을 노렸기 때문에, 한국에 큰 피해를 준 것은 적었다.

왜구의 침략은 장기에 걸쳤지만, 한일간 전면전은 663년과 1592~8년
간의 두 차례뿐이었다. 한반도에 위치한 왕조의 수명이 길었는데, 그 중요
한 요인 중의 하나로 한반도를 지배하기 위한 외침의 빈도수가 많지 않았
던 것을 들 수 있다. 조선시대에 장기에 걸쳐 내란이 없는 데다가 중화질서
가 국제적 평화를 제공하였는데, 이러한 대내외 평화체제에 안주한 것이
군사력과 稅源 집중력의 약화를 낳아, 19세기 후반 제국주의시대에 대한
대응에 지장을 초래하였다. 그에 반해 1882년 군란부터 1953년의 종전까

---

30) 柳宗悅選集 4 『朝鮮とその藝術』春秋社, 1972, pp. 4-5.

지의 가혹한 시련기에 한국인은, 전국시대를 겪은 일본인처럼, 이후 시기에 적극 대응할 수 있는 강인함을 길렀다. 그리고 고려왕조의 성립부터 안정적으로 존속한 지배층이 이 기간에 대거 몰락하고 교체된 것도 20세기 후반의 경제발전에 유리하게 작용하였다. 역사 가운데 단순하게 이해하기 어려운 일이 적지 않는 것이다.

한국은 고대국가의 성립 이후부터 지금까지 줄곧 세계 평균 이상의 문명을 달성하였는데, 이것은 국제환경의 혜택을 누렸기 때문이다. 고대와 중세에 한국은 세계적으로 선진적인 중국문명의 전파로부터 이익을 누렸다. 한국은 유럽문명에 대한 거부의식이 특히 강하였으나, 1880년 이후 근대적 변화가 빠르게 진행된 편이었다. 한국이 중국의 선진문명을 열심히 학습하면서 문명의 역량을 길렀던 것은 근대문명에 도움이 되었다. 16세기 이후 아시아에 대한 유럽문명의 충격에 일본이 가장 성공적으로 대응하였는데, 일본이 구미를 제외하고 가장 먼저 근대화에 성공한 데에는 중국문명을 흡수하면서 쌓은 문명역량이 기여하였다. 그리고 한국에 앞서 근대화를 성공적으로 수행한 일본이 가까이 존재한 것은 한국의 근대화에 유리하였다. 1880~4년간 근대화정책으로의 신속한 전환은 일본의 자극에 힘입었다.

1882년의 임오군란부터 1910년의 당국까지 한국은 대륙세력과 해양세력 사이에 끼여 '견디기 힘든 운명'에 처했다. 1882년의 군란을 기화로 중국 군대가 조선에 주둔하여 내정에 간섭하게 되었다. 이후 조선의 지배를 둘러싼 중국, 일본 및 러시아의 경합과 개입은 조선정부의 근대화 노력에 불리하게 작용하였던 것이다. 이 강렬한 경험이 식민지기 국제환경에 대한 관념을 규정하였던 것이다. 앞으로는 이러한 역사의 한 국면에서 생성된 관념을 벗어날 필요가 있다. 한국의 지정학적 환경은 자주적 근대화에 불리하게 작용하였으나, 개항 이전 2천년 이상에 걸친 중국과의 교류를 통한 문명 역량의 향상이 근대문명의 수용능력을 배양하고 개항 이후의 장기에 걸쳐 인접한 일본이 근대화에 자극을 가한 이점이 있었다. 근대화의 전과정으로 보면 전자의 불리한 점이 후자의 이점을 능가하지 않는다고 생각한다. 한일간에 역사적으로 힘든 시기도 있었지만, 중국뿐만 아니라 일본도 이웃에 있어서 한국에게는 좋았다.

남북분단 후 남한이 최선진국이자 가장 큰 시장을 제공한 미국이 주도한 세계질서에 깊게 편입한 것은 경제와 정치의 발전에 우호적인 환경을 제공하였다. 미국뿐만 아니라 인접한 일본으로부터도 선진적인 자본을 도입하고 기술과 제도를 학습할 수 있었다. 한국은 일본의 자본재·부품·소재를 수입하여 공산품을 만들어 미국에 수출하게 되었다. 20세기 후반 한국 역사상 가장 괄목할 만한 경제발전을 이룬 것은 우호적인 국제환경의 도움을 받았기 때문이다. 1960년대 이후의 경제발전은 정치와 사회의 발전을 낳는 물적 기반을 조성하였다.

20세기 말 중국이 공업국으로 부상함에 따라 경쟁력을 상실하는 한국의 중소제조업이 속출하여 한국은 고급 기술산업에서는 일본에, 중저위 기술산업에서는 중국에 압도당하여 비관하는 견해도 있지만, 선진국 일본과 가장 역동적으로 성장하는 중국이 제공하는 이점이 그런 불리한 점을 압도한다는 견해가 더욱 유력하다. 국제환경의 순이익을 얼마나 누릴지는 한국인의 노력 여하에 달린 것이다.

이상에서 알 수 있듯이, 식민지기의 통념과는 달리, 농경의 성립 때부터의 역사 전체를 보아 남한은 전반적으로는 국제환경의 혜택을 누렸다. 그런데 지금도 고난에 처해 있는 북한 인민의 입장에서는 분단과 냉전을 낳고 사회주의로의 선택을 유도한 국제환경을 좋았다고 할 수는 없다. 남북한을 모두 고려한 국제환경의 종합적 평가는 어려운 과제인 것이다.

그러면 동북아시아에서 항상 주도권을 잡는 것은 주변 국가이고 한국은 수동적으로 순응하기만 했던가? 전근대에는 중국이, 근대에는 일본이 주도권을 잡고, 한국이 그 정도의 역할을 하지 못한 것은 분명하다. 그렇지만 동북아시아에서 한국의 역할이 무시할 만한 것은 아니다.

첫째, 동아시아의 고급문화는 대부분 중국을 발상지로 하였는데, 한국은 일본과 마찬가지로 중국문화를 잘 흡수하면서 고유한 문화를 창출하여 동아시아 문화의 다양화와 풍요화에 기여하였다. 한반도와 만주의 동이족은 청동기시대부터 중화문화권과는 다른 독자적 문화권을 형성하였고,[31] 한국인은 언어·의식주 등에서 고유한 문화를 유지하여왔다.[32] 둘째, 한국이 선진문명의 전파자로서 역할을 하지 않은 것은 아니다. 한국은 대륙의 고급문명을 소화하고 일본에 전달하여, 일본 고대 문명의 성립에 기여하였다. 1592~8년간 조선을 침입한 일본군은 도자공·인쇄공을 데려갔으며, 17세기 조선통신사는 일본에 성리학을 전수하였다. 20세기 말에는 중국에 앞서 신흥공업국으로 부상한 한국의 개발 경험과 자본과 기술은 중국의 공업화에 힘을 보태었다.

이상에서 알 수 있듯이, 전체적으로 보면 세나라 서로 교류하면서 동아시아의 문명의 다양화와 발전을 이루었다 하겠다. 삼국간 문명 교류의 효과가 특히 컸던 시기는 중국의 고대문명의 전파로 한국과 일본에 고대문명이 형성된 시기, 근대문명을 성공적으로 도입한 일본의 자극이 처음 본격적으로 전달된 1880~90년대, 그리고 20세기 후반 삼국간 경제교류의 발전기를 들 수 있다. 고대에는 동북아시아 지역간에 국경을 넘고 바다를 건너 사람들이 활발히 이동하였는데, 이것이 한국과 일본이 대륙의 선진문명의 흡수에 기여하였다. 중국은 명대에 유럽에 추월당하고 한국은 조선시대

---

31) 한영우, 『다시 찾는 우리 역사』 경세원, 1997(2006), pp. 70-4.
32) 존 K. 페어뱅크/ 에드윈 O. 라이샤워/ 앨버트 M. 크레이그, 『동양문화사(상)』, 을유문화사, 1991, pp. 386-7.

중기 무렵 일본에 추월당했는데, 여기에는 대외적으로 소극적 내지 폐쇄적으로 된 점이 작용하였다. 19세기 문호개방 이후 사람, 돈, 물건 및 정보의 교류가 한층 확대됨에 따라, 구미와의 격차를 줄일 수 있었다.

한국의 운명이 대륙과 일본의 영향을 받았지만, 한국이 양국의 운명에 영향을 주지 않은 것은 아니었다. 한국은 지정학적 위치로 동북아시아 평화를 지탱하는 버팀목의 역할을 하였기 때문이다. 지금까지 동북아시아 3국이 개입된 국제전쟁이 4회 있었는데, 모두 3국의 운명에 중대한 영향을 미쳤다. 제1회 동북아시아 3국간 국제전쟁은 663년에 백제와 일본의 연합군이 신라와 당의 연합군과 싸운 백마강 전투이다. 여기서 백제의 명운이 끊기고 이어서 신라의 당의 연합군은 고구려를 멸망시켰다. 그후 당은 신라를 지배하고자 했으나, 그 기도는 좌절되었다. 만약 당나라가 신라까지 멸망시켜 중국이 한반도 전역을 지배하게 되었다면, 일본의 안전 내지 자주가 위협을 받았을 것이다. 그 반면 고려가 몽고에 70년간 저항하다가 굴복하였기 때문에, 몽고는 고려의 물자를 징발하고 고려의 군대를 데리고 1274년과 1281년에 일본을 침공하여, 제2회 동북아시아 국제전쟁이 벌어졌다. 이 침공은 실패하였지만, 가마쿠라(鎌倉)막부의 몰락을 낳았다. 만약 고려가 몽고에 끝까지 굴복하지 않았다면, 몽고의 일본 침공은 없었을 것이다. 1592년에 일본이 假道征明의 명목으로 조선에 출병하자, 조선은 7년간 3국의 전쟁터가 되었다. 이전보다 훨씬 치열하고 장기에 걸친 이 제3회 동북아시아 국제전쟁에서 일본군이 한반도에서 막혔기 때문에, 전쟁터가 중국으로 확대되지 않았다. 그래도 이 전쟁은 明·淸 교체의 중요한 요인으로 작용하였다. 1894년 조선에서 벌어진 중국과의 전쟁에서 승리한 일본은 조선을 병탄하고, 이어서 그 총검을 중국으로 겨냥하게 되었다. 역사는 한반도에 자주독립국가의 존재가 동북아시아의 평화에 필요함을 증언하고 있는 것이다.

6. 맺음말

한국과 일본은 지리적으로 가까운 나라였다. 그런데 마음의 거리는 가까운 적도 있었고, 먼 적도 있었다. 고대국가의 형성기까지 반도와 열도의 교류가 활발하였다. 이것은 B.C.400~A.D.700 동안에 100만 명 정도가 일본에 도래하였다는 埴原和郞의 추계에 잘 드러난다.[33]

그런데 고대국가의 성립으로 국경이 생기고 국가간 외교적·군사적 긴장이 발생하면서 상호교류가 제한되고 마음의 거리가 발생하였다. 유럽 근세에서는 국민국가의 성립이 해상교통의 안전을 보장하여 교류를 촉진하였으나, 동북아시아에서는 海禁체제로 그러한 효과가 나타나지 않았다. 14세기 후반의 일본해적의 빈번한 습격, 그리고 1592~8년간 일본 대군의 조선 침공은 일본에 대한 부정적 감정을 심어놓았다. 17세기에 조선통신사의 파견은 조선에 대한 일본의 관심이 높였다.

명치유신 직후 양국간 외교적 갈등이 있었으나, 1880년 조선관료의 일본 시찰 이후 한국은 역사상 처음으로 일본을 선진 문명으로서 학습하고자 했다. 그런데 명치유신을 본받아 시도된 1884년 갑신정변이 실패하고 1894년 중국이 일본과의 전쟁에서 패함에 따라, 일본에서는 조선과 중국을 멸시하는 관념과 더불어 脫亞入歐論이 대두하였다. 이어서 일본은 조선을 병합하고 중국을 침공하였고, 그에 대한 반발이 치열하였다. 동북아시아가 근대세계에 편입된 이래 기술발전과 제도변혁으로 물리적 거리는 한층 가까워지고 국제교류가 활발해졌으나, 제국주의의 시대에 마음의 거리가 크게 멀어졌다.

---

33) 埴原和郞 『日本人の成り立ち』 人文書院, 1995.

1945년의 해방과 동시에 한국의 반일감정이 표면화되었다. 이것은 정치 외교적 문제와 맞물려 증폭되었다.[34] 한국인의 반일감정은 일본인의 한국인에 대한 혐오감을 낳았다. 그러한 가운데 양국 관계의 반전을 위한 계기가 마련되었다. 1965년의 한일국교정상화 이후 양국간 경제교류가 확대됨에 따라, 양국인간 교류가 활발해졌다. 고도성장기 한국의 경제발전, 1987년 이후 민주화의 진전에 힘입어 한국인은 과거의 상처로부터 벗어나 일본을 재평가하고 양국 관계를 냉정하게 성찰할 마음의 여유를 가지게 되었다. 한일간 인적·물적 교류의 활성화는 일본문화의 유입을 수반했다. 일본인도 한국의 경제·정치발전과 한류문화를 보고 한국에 대한 관심이 높아졌다. 이것은 고대국가형성기와 17세기 조선통신사의 시대에 이어서 역사상 세번째의 관심으로 보인다. 이 세 시기 모두 문화의 교류도 이루어졌는데, 문화의 교류는 마음을 움직인다.

1990년대부터는 한·일 민간인간의 교류가 한층 활발해지고, 21세기에 들어와서는 양국민간에 마음의 문을 열게 되었다. 경제적 교류에 이어서 문화적 교류, 나아가 마음의 교류로 나아간 것이다. 이제 고대국가의 성립 이전에서와 같이 마음으로도 가까운 관계로 되돌아오고 있다. 한일간에는 아직 만만치 않은 문제들이 남아있지만, 역사의 수레바퀴는 방향을 정하지 않았나 생각된다. 교류의 심화라는 역사의 대세가 어려운 문제의 현명한 해결을 유도해주기를 희망한다.

20세기는 동북아시아 역사상 격변기로서, 동북아시아 국가간 대립이 가장 치열한 시대로부터 평화적 교류의 시대로 전환하는 것을 목격하였다. 전전보다 전후에 각국의 정치발전뿐만 아니라 경제발전의 성과도 현저하였다. 대립과 전쟁의 국제환경보다 평화적 교류의 국제환경이 경제발전에

---

34) 지명관, 『한일 관계사 연구』 소화, 2004.

유리한 것은 말할 나위가 없다. 그리고 20세기 전반에 동아시아인이 전쟁으로 당한 고통을 생각하면, 20세기 후반 평화적 교류의 의의가 한층 소중하게 여겨진다.

인적·경제적 교류의 진전이 평화의 촉진제라는 '맨체스터信條(the Menchester creed)'가 19세기 중엽부터 영국에서 대두하였는데, 그 증거는 확실하지 않다고 평가된다.[35] 이 이론은 1945년 이전의 동북아시아 경험과는 상반된다. 16세기 후반 국제무역의 활성화로 생성된, 무역 이익을 장악하려는 동기는 1592년 도요토미 히데요시의 조선 출병을 낳은 한 요인으로 작용하였다. 동북아시아가 문호개방으로 근대세계에 편입된 이후 경제교류가 활성화되는 동시에 군사적 대립이 더욱 치열해졌다. 그런데 20세기 후반 경제교류의 심화는 전쟁의 기회비용을 높여 분쟁을 억제하는 힘으로 작용하고 있다. 동북아시아의 경제교류가 한층 성숙한 20세기 후반의 단계에서 맨체스터이론이 비로소 잘 맞아들어가는 것이다. 그리고 20세기 전반 전쟁의 참화가 역사적 교훈으로 작용하고 있다.

21세기에는 동아시아국가간에 사람, 돈, 정보의 교류뿐만 아니라 마음의 교류도 더욱 진전되어, 항구적 평화체제가 구축되기를 희망한다. 각국의 정치적, 경제적, 사회적 발전은 그러한 여건을 성숙시키고 있다. 마음교류의 진전을 위해서는 가장 첨예한 대립이 있다가 화해와 협력의 시대로 전환한 20세기에 대한 역사적 성찰이 필요할 것이다.

---

35) Geoffrey Blainey, *The Cause of War*, London: Macmillan Press Limited, 1973.

남북한 歷史觀의 비교

신 형 식

백산학회 회장, 이화여대 명예교수

1. 머리말

우리나라의 南北韓 分斷은 정치적인 장벽을 넘어 사회·문화·사상 등에 이르기까지 심각한 차이를 가져왔다. 따라서 남·북간에는 역사해석은 물론 歷史認識의 간격이 커졌기 때문에 남북 간의 역사서술에는 상상할 수 없는 異質化 現象이 나타나고 있다. 그러므로 제 3국의 입장에서 볼 때 이해할 수 없는 문제가 보일 수밖에 없으며, 또는 장래 통일이 되었을 때의 상황에서 생각할 때 그 심각성을 말하지 않을 수 없다. 그러므로 우선 우리는 현재 남북한 역사서술에 나타난 '현격한 차이'를 확인하고 그것이 나타나게 된 문제점(정치적 입장)을 찾아 역사의 진실을 통해 바람직한 해결방법을 모색할 당위성과 필요성을 느껴야 할 것이다.[1]

---

[1] 김정배(편), 『북한이 보는 우리 역사』, (을유문화사, 1989)
안병우, 도진순(편), 『북한의 한국사 인식』 I, II, (한길사, 1990)
신형식, 『남북한 역사관의 비교』, (솔 출판사, 1994)
한국정신문화연구원(편), 『韓國史 時代區分에 관한 연구』, (1995)
최광식, 「남북한의 한국사의 시대구분론 비교연구」, (『사총』 51, 2000)
도면회, 「북한의 시대구분론」, (『북한의 역사학』 1. 국사편찬위, 2002)

역사는 과거를 통해서 현재를 비추는 거울이며, 미래를 바라보는 창이되기 때문에 객관적이며 진실한 사실구명이 요구된다. 이러한 시도는 무엇보다도 '역사를 정치로부터 독립' 시켜야 한다는 사실로부터 시작되어야할 것이다. 북한의 역사서술목표가 어디까지나 '사회주의 국가건설의 방향이나 主體思想의 확산을 위한 수단' 으로 일관하는 데는 정치적 변조와왜곡이 있게 되며,[2] 동시에 역사발전과정을 지나치게 '인민들의 투쟁' 에만초점을 두고 있다는 사실에 문제의 심각성이 있다.[3] 역사가 정치현실에 좌우될 때 거기에는 객관적인 역사서술과 올바른 사실파악이 불가능하다는점이다. 때문에 우리는 과거사실을 오늘의 현실 속에서 해석하고 있는 북한의 역사관을 심층분석함으로써 다가올 통일한국사관의 방향과 그 필요성을 제시하고자 한다.

물론 한국의 역사해석이 전부 옳다는 것만은 아니다. 그러나 적어도 현재의 정치현실에 좌우되지 않았다는 사실과 북한이 주체사학이라는 합법칙성에 기초한 演繹的(deductive)인 해석에 개달려 있지만, 남한은 객관적인 사실위주의의 歸納的(inductive)인 접근에 치중한다는 현실에 충실하다는 점은 분명하다. 여기서 우리는 북한의 역사서술은 국가적 편찬이나개인저술을 막론하고 누가 쓰던 간 획일적인 현상을 바라보면서 각기 다른견해와 주장을 나타내고 있는 남한의 그것과는 다르다는 것을 쉽게 느낄수 있다.

이러한 시각에서 필자는 시대구분으로부터 역사 개념(명칭), 그리고 역사 사실의 호칭상의 간극을 살펴보고, 남북한 역사관의 차이를 밝혀 그 문

---

2) 신형식, 「북한의 역사서술방향과 인식체계」, (『남북한 역사관의 비교』) p.38
　 이현희, 「북한에서의 시대구분과 그 특징」, (『한국사시대구분에 관한 연구』) 참조
3) 이러한 사실은 『조선전사』(1979-1983)의 전체 항목 170개 중에서 투쟁의 항목이 102개이
　 며, '중학교 교과서(『조선력사』 34)의 전체 항목 46개여서 20개가 투쟁이라는 제목이다.(필
　 자의 앞 책, p.38)

제점과 해결방안을 모색하고자 한다. 따라서 이와 같은 시도는 북한 역사관의 비판을 목적으로 한 것이 아니라, 통일된 한국사관의 올바른 방향을 제시하는데 주안점을 두려는 것이다. 다만 시대구분이 진보적이며, 성숙한 역사적 사고라 해도[4] 복수적 요소에 의해서 좌우되기 때문에 특정한 획일적인 기준으로 서술될 때는 문제가 된다는 사실도 아울러 지적하고자 한다.[5]

그러나 근자에 서양의 三分法(Trilogy: Three-fold Periodization)이 나타나 시대구분의 기준으로 이해하게 되면서 역사변화의 과정과 발전을 꾀하게 되었다.[6] 다만 이러한 3분법의 모순이 다각적으로 비판되는 과정에서 現代가 추가되면서 현재 다양한 시대구분이 제시되었지만 아직도 우리가 그러한 구분을 활용하고 있다. 다만, 북한은 이러한 시대구분을 응용하고 있지만 그 용어가 고대 대신에 노예소유자사회, 중세대신에 봉건사회 등을 사용하고 있어 내면적 차이를 보여주고 있다.[7]

2. 남북한의 時代 區分의 비교

역사는 끊임없이 변화하는 연속성을 갖고 있다. 그러므로 이러한 연속성을 인위적으로 단절하여 역사를 구분한다는 것은 기만적이고 피상적인 행위라는 비판도 있다. 一回的이며 主觀的인 역사를 외형적인 기준으로 절

---

4) R. G. Collingwood, *The Idea of History*, (이상현〈역〉, 1967) p. 53
5) 차하순, 「시대구분의 이론적 기초」, (『역사학보』 45, 1970) p.147
6) 차하순, 「시대구분의 이론과 실체」, (『한국사 시대구분론』 소화, 1994) pp. 40~44
7) 정찬영·김세익, 「조선 노예소유자사회의 존재시기 문제에 대한 논쟁 개요」,(『력사과학』 1961-3)
　도유호, 「삼국시대는 봉건시대가 아니다」, (『삼국시기 사회경제 구성에 관한 토론집』, 1957)
　리나영, 「조선근대사의 시기구분에 대하여」, (『력사과학』 1957-4)
　장문선, 「조선근대사의 시기구분에 대하여」, (『력사과학』 1960-3)
　허종호, 「주체의 력사관 연구의 몇 가지 문제」, (『력사과학』 1981-4)

단하는 것은 역사를 모독하는 현상일 수가 있기 때문이다. 그러나 장기간의 역사지속을 이해하기 위해서는 정치적 변화(왕조 교체)나 사회변동에 따라 그 해석이나 시대구분에 따른 설명을 필요로 한다. 여기에 시대구분의 당위성 내지는 타당성이 있다.

이러한 시각에서 과거에 유행하였던 시기구분이 왕조별 구분이었다. 중국의 唐(618-907)·宋(960-1279)·明(1368-1644)·淸(1616-1912), 서양의 Norman 왕조(영:1066-1154), Hasburg 왕조(독:1438-1870)·Bourbon 왕조(프:1814-1830), 그리고 우리나라의 新羅(B.C.57-935)·高麗(918-1392)·朝鮮王朝(1392-1910) 등이 그것이다. 실제 과거에는 이러한 구분이 역사이해의 기준이었다.

그러나 서양의 3분법이 수입되면서 우리나라도 중학교 과정에서는 왕조별 시대구분을 설명해주고 있으나, 고등학교 이상에서는 3분법을 사용하고 있다. 다만 근대 이전에 近世와 근대 다음에 現代가 첨가되어 있어 대체적인 시대구분의 틀이 이루어졌지만 중세의 下限에 대한 다양한 견해는 한국사 뿐만은 아니다.[8]

표 1에서 보듯이 남북한의 시대구분에는 커다란 차이가 있다. 양측이 서양의 3분법(또는 4분법)을 활용하지만 그 표현과 시기에는 큰 간격이 있음을 알 수 있다. 우선 원시시대는 차이가 없지만, 고대 사회(노예제사회)는 그 시작 (단군조선)은 거의 같으나 종말에서는 큰 차이(남한은 통일 신라, 북한은 삼한)가 있다. 더구나 중세(봉건사회)의 경우 남한은 고려시대[9], 북한은 고구려(B.C.277) 이후로부터 조선후기(1860년대)까지 2,100여

---

8) 李泰鎭,「사회사적 측면에서 본 중세의 시작」, (『한국사의 고대와 중세의 분기점』1993) 참조
9) 남한의 경우도 고려 = 중세란 공식이 일반화된 것은 아니다. 대표적인 개설서(변태섭·한영우 등)나 국정교과서에 이렇게 나타나 있어 대부분의 학계가 인정하고 있다. 다만 민중사학을 강조하는 역사연구회의『한국사』(1994)에는 신라(통일)시대부터 중세(19세기 후엽)로 보고 있다. 그러나 姜晉哲은 조선초기(『韓國土地制度史』상, 1965), 이태진은 고려말(사회적

<표 1> 남북한 시대구분의 비교 《( )는 공화국의 명칭》

시기	남 한		북 한	
	시대 구분	주요 항목	시대 구분	주요 항목
선사시대	원시시대	석기시대	원시시대	원시무리 · 모계공동체
		청동기시대 · 군장시대		부계씨족 공동체
부족국가		초기국가시대	노예제시대	노예소유자사회
삼국시대	고대시대	고대국가시대	(B.C. 277)	봉건제도의 성립기
통일신라시대		남북국시대		봉건제도의 발전기
고려시대	(918)	귀족문벌사회	봉건사회	봉건적 예속강화기 (무신관료배의 정권장악)
	중세사회	무신정권 · 몽고간섭기		
		권문세족 · 신흥사대부		
조선시대	(1392)	양반관료사회		봉건체제의 재편성 (리조봉건국가의 성립)
		사림정치		
	근세사회	조선후기사회변동		자본주의적 관계의 발생
		양반사회파탄		봉건제도의 위기
	(19세기후반) 근대사회	개화 · 보수의 갈등	(19세기후반) 근대 사회	부르주아운동의 시작
		동학혁명 · 근대개혁		부르주아 개혁
		대한제국 · 국권수호		부르주아운동의 종말
일제시대		일제시대 · 국권회복운동	(1926)	26~45 항일무장투쟁시대
대한민국	(1945)	45~48 미군정시대	김일성시대	45~50 민주건설시대
		48~60 이승만정부 (1)		50~53 조국해방전쟁
		60~61 장면정권 (2)		53이후 사회주의건설
		61-63 군정시대		1968 주체사상확립
		63~81 박정희정부 (3·4)	현대사회	1994 김일성 사망
	현대사회	81~88 전두환정부 (5)		
		88~93 노태우정부 (6)	김정일시대	1994 김정일 승계 (선군정치)
		93~98 문민정부		
		98~03 국민의 정부		
		03~08 참여정부		
		08~13 MB 정부		

측면에서 본 중세의 사학, 1993), 그리고 김기흥은 8세기 전반기 (「삼국 및 통일신라세제의연구」,1991)로 중세의 출발을 보고 있다.

년을 그 범위로 삼고 있다. 여기서 우리는 중세의 존속기간을 남한은 500
년, 북한은 2,100년, 그리고 서양은 1,000년으로 하고 있기 때문에 해석의
난점이 있다.[10]

다만 18세기 후반을 근대의 준비시기로 보는 것은 남북한이 공통된 사
실이지만 그 사회명칭에서는 큰 차이가 있다. 다만 이 시기가 근대사회로
넘어가는 自生的 또는 內的 發芽期라는 점은 양측의 견해가 같다. 그러나
고대사에서 북한은 통일신라시기(신라의 남변-부 지배: 후기신라)가 없으
며, 근대에서는 일제시대(반봉건 부르주아 민족 운동기 – 항일무장투쟁시
대)라는 공식 명칭은 없다.

또한 현대기점 시기에 있어서 남한은 1945년(해방 · 광복), 북한은
1926년(타도 제국주의 동맹결성)을 잡고 있어 그 시점은 큰 차이가 없지
만 내용상은 전혀 다른 접근이라 생각된다. 그 내면에는 타율적 계기(해
방 · 광복)와 항일을 위한 자율적 계기라는 차별과 명분을 갖고 있다. 무엇
보다도 북한은 현대사에 치중하여 『조선전사』 33권(1979-1983) 중에 현
대사(12년간 : 1926-1983)에 18권(54%)인 반면, 남한은 『한국사』 22권
(한국사 30년간 : 1945-1981) 중에 한 권도 배려하지 않고 일제시대
(1910-1945)에 2 권만을 할애하고 있을 뿐이다.[11] 이러한 현상은 『신편한
국사』(1993-2003)에서도 일제 5권, 대한민국 1권뿐이다. 북한의 이와 같
은 현대사 위주서술은 '역사가 정치의 시녀' 라는 현실을 단적으로 나타내

---

10) 북한의 중세(봉건사회)가 2000년을 넘고 있어 역사의 발전상을 외면하였다는 지적이 가능
하다. 그러므로 북한은 삼국시대를 봉건제도 성립기, 통일신라시대를 봉건제도발전기, 고
려시대를 봉건적 예속강화기, 그리고 조선시대를 봉건체제의 재편성(전기), 자본주의적 관
계의 발생(후기), 봉건제도의 위기(19세기)로 설명하고 있다.
11) 북한의 『조선전사』(1979-1983:33권)과 남한의 『한국사』(1975-1981:22권)는 남북이 마
련한 최초의 우리나라 역사대계였다. 그후 한국은 『신편한국사』(53권, 1993-2003)를 편
찬하였으나, 북한은 개정판(1990-1991)으로 5권(선사~통일신라)만 간행되었다.

주고 있다.

다만 18세기 후반 조선사회의 일련의 변화(산업발전·신분제 동요·세제의 개혁·실학의 발달)는 남북이 공통적인 견해를 보여 북한 역시 자본주의적 관계의 발생(농업·수공업 발달·상품화폐관계의 발전에 따른)으로 간주하여 근대 사회로의 內在的 發展過程으로 풀이하고 있다. 그러나 북한서술의 가장 큰 특징인 현대사에 대한 파격적 우대는 사회주의 혁명·건설·완승기로 김일성의 偶像化(주체사상의 정착)와 김정일의 先軍政治 確立으로 설명된다. 이와 같은 현대사 위주의 역사서술은 북한 공산정권을 정통화하려는 정치적 목적에 기여하려는 것으로 김일성의 항일투쟁으로부터 시작하여 불멸의 주체사상(혁명활동)을 거쳐 김정일의 혁명력사로 정리되고 있다.[12]

이에 대해 남한의 경우는 3·1운동과 임시정부의 법통을 계승한 대한민국이 광복이후 민주주의 시련(4·19, 5·16, 민주화투쟁)을 거쳐 박정희(유신체제)·신군부(전두환, 노태우)·문민정부(김영삼)·국민의 정부(김대중)·참여정부(노무현)로 이어짐으로써 '변화 속에 발전'을 묵시적으로 나타내고 있다. 한편 북한의 경우는『조선통사』(1956)와『증보판 조선통사』(1991)에서 보여진 서술의 변화처럼 90년대에 이르러 큰 차이를 나타내고 있다. 북한은 무엇보다도 민족이 근대(부르주아사회형성기)에 형성된다는 서구학계의 견해를 부인하고 '檀君에 의한 민족의 원초성'을 강조하고[13] 그것이 김일성(1912-1994)에 의해서 순수한 혈통이 계승됨으로써[14] 김일성의 탄생년을 '주체의 연호'를 쓰게 된 것이다. 이로써 북한의

---

12) 신형식, 앞의 책 p.41
13) 고영환,『우리민족 제일주의론』(평양출판사, 1989) 참조
14) 김창호,「김일성 민족으로서 우리 민족의 혈통을 고수해 나가시는 위대한 령도」(『력사과학』2000) p.18

시대구분은 맑스사상을 주체적으로 원용하여 현대사를 재편성하기에 이르렀다.[15] 따라서 북한의 시대구분은 고대 · 중세는 지배세력(봉건통치배)과 외세에 대한 투쟁의 역사이고, 근대는 반제 · 민족해방을 위한 투쟁의 역사이며, 현대는 김일성에서 김정일로 이어지는 사회주의 혁명의 완성시대라는 것이다.

3. 남북한 歷史 敍述의 비교

앞에서 보듯이 남북한의 역사해석에 있어서 그 기본이 되는 時代區分에 큰 차이가 있다는 사실은 역사서술에도 그대토 이어지고 있다. 우선 1933년의 동관진 구석기 유적이후 북한은 조선사람의 기원문제로 력포사람과 덕천사람을 古人으로, 승리산인과 만달사람을 新人으로 설명하여[16] 남한의 1964년 석장리 유물을 비롯하여 전곡리 · 두루봉 · 수양개등 구석기 시대의 존재로 남북한 다같이 확인되었다.[17] 무엇보다도 북한이 고조선 문제를 들고 나오기 시작한 것은 1993년 단군릉의 발굴 이후 고조선의 중심지가 요동지방에서 평양으로 옮겨졌다는 주장과 더불어 본격화되었다.[18] 1991년도 판『조선통사』에서도 료동반도 끝(대련시 감정지구 후목성역)에 있는 강상(岡上)무덤은 기원 전 8~7세기 고조선의 생산력 발전수준과 계급관계의 일면을 보여준다고 하였다.[19]

---

15) 도면회, 앞의 글 p. 325
16) 장우진, 『조선사람의 기원』, (과학백과사전 종합출판사. 1989) pp.14~69
17) 손보기, 『한국구석기학연구의 길잡이』, (연세대출판부, 1988)
　　배기동, 『전곡 구석기 유적』, (학연문화사, 1996)
　　이융조, 「단양수양개 구석기 유적 발굴조사 보고서」(충북대 박물관, 1985)
18) 이형구, 『단군과 단군조선』 (살림터, 1995)
19) 현재 강상무덤은 누상무덤과 함께 합장되어 있는데, 그 지역의 오물 집합지로 폐허화되고 있다.

북한의 단군릉 (평양)

현재의 강상무덤(대련시)

이 檀君陵의 발견으로 북한은 민족의 주체로의 혁명적 변화를 꾀할 수 있었다. 그러나 남한의 견해는 단군릉에서 나온 사람 뼈의 연대측정문제나 그 중심지 이동 등으로 북한의 견해에 동의하지는 않는다.[20] 그 후 북한은 고조선은 요동지방에 있던 것이 아니라 원래부터 평양지방에 있었고, 평양지방이 요동보다 더 일찍 고대문화가 발전하였다는 주장을 통해 평양이 단군이래 고조선의 중심지였다는 것이다.[21]

북한은 이러한 단군릉 발견이후 평양중심의 고조선론을 확대하여 이른바 '대동강문화론'을 전개하여 세계 5대 문명론을 제기하였다. 1998년 3월 11일자 로동신문에는 '대동강과 더불어 빛을 뿌리는 유구한 역사와 찬란한 문화'라는 제목으로 평양을 중심으로 대동강 문화가 꽃피웠다는 것이다. 평양일대는 거대한 무덤, 고인돌과 성곽, 집단취락, 그리고 청동기유물(비파형 청동검, 금제품) 등이 다수 발굴되어 구석기 시대 이래 5,000년 전(황화문명은 4,100년, 인더스문명은 4,500년)에 이룩된 이후 단일혈통

20) 서영수, 「고조선의 위치와 강역」, (『한국사시민강좌』 2, 1988)
　　노태돈, 「고조선 중심지의 변천에 대한 연구」, (『한국사론』 23, 1990)
　　김정배, 「고조선의 국가형성」, (『한국사론』 4, 1997)
　　조법정, 『고조선, 고구려사 연구』, (신석원, 2006)
21) 박득준, 『고조선의 력사개관』, (사회과학출판사, 평양, 1999) p.24

과 단일문화를 이어왔다는 것이다.[22] 그러나 이러한 견해는 주변학계의 공인을 받기에는 어려움이 있으며 보다 합리적이며 객관적인 주장이 요구된다. 그러나 현재 고조선의 대표적인 유적지였던 강상무덤(누상무덤을 합침)은 인분퇴적지 뒤에 방치되고 있다.(사진 참조)

이와 같은 북한식의 주장은 주체사상에 얽매인 자기정당화의 이론이기 때문에 주변국가의 반응이 있을 수 없다. 다만 1만 년 전에는 황해가 없었으며, 이집트·메소포타미아 문명도 그 중심지가 하나가 아닌 점,[23] 그리고 평양일대의 고인돌이 성벽 위에 세워진 점, 거대한 祭壇遺址, 殉葬무덤, 그리고 성벽 등을 통하여 고대 국가 성립의 조건을 갖추고 있는 점을 고려할 때 이와 거의 같은 유물, 유적, 그리고 조건(역사적 배경) 등을 가진 때문에 한강유역에도 '未知의 王國(이른바 한강문화권)'이 성립될 가능성은 높다는 주장이 제기되고 있다.[24]

다음으로 남북한 역사해석의 차이가 고구려 건국연대이다. 남한은「삼국사기」기록에 따라 B.C.37년(甲申)으로 파악하는데 비해, 북한은 B.C.277년으로 서술하고 있다. 따라서 북한은 고구려초기의 왕계표를 다음 표기와 같이 설명하고 있다.[25]

표 2에 따르면 북한은 240년간(B.C.277-37)에 6왕(동명왕 포함)이 재

---

22) 허종호,「조선의 대동강문화는 세계 5대 문명의 하나」,(『력사과학』1999-1)
　　이순진,「대동강문화의 기본내용과 우수성에 대하여」,(『력사과학』1999-1)
　　서일범,「북한고고학의 최근동향과 대동강 문화론」, (『백산학보』53, 1999)
23) 예를 들면 이집트 문명은 Memphis와 Thebes, 메소포타미아문명은 Lagash와 Ur, 인더스문명은 Harappa와 Mohenjo-daro, 그리고 중국(황화)문명은 仰韶(河南省)와 龍山(山東省)과 같이 2-3개의 軸이 있었다.
24) 이종호,「한강권의 미지의 왕국 성립에 관한 인식론」,(『벽산학보』)80, 2008.4) 참조
25) 이러한 근거로는 ① 고구려가 秦(2022-2086)과 관계가 있었는데 B.C. 221년 전의 甲申年은 277년이 된다. ②「삼국사기」(권22, 보장왕27년 3월조)에 '高氏自漢國今九百年'이라 하여 고구려가 900년 계속되었다고 하였다. ③ 廣開土王碑文에 광개토왕이 鄒牟王(동명왕)의 17세손이라한 사실(「삼국사기」)에는 동명왕의 12대손) 등을 들고 있다.

<표 2> 고구려 초기의 왕계표

대수	북 한	대수	남 한
1	동명왕 (B.C.277-259)	1	동명왕 (B.C.37-B.C.19)
2	유류왕 (B.C.259-236)	2	유리왕 (B.C.19-A.D.18)
3	여율왕 (B.C.236-223)	3	대무신왕 (18-44)
4	막래왕 (B.C.223-209)	4	민중왕 (44-48)
5	애루왕 (B.C.209-?)	5	모본왕 (48-53)
6	○○왕 (?-236)	6	태조왕 (53-146)
7	유리왕 (B.C.19-A.D.18)		
8	대무신왕 (18-44)		↓
	↓		
24	광개토왕 (391-413)	19	광개토왕 (391-413)

위한 것으로 되어 있다. 그렇다면 평균 재위기간이 40년이 되어 3국시대 왕의 평균 재위기간이 21.6년에 불과한 사실과 비교할 때 확실성이 적다.[26]

북한의 역사서술은 정치적 현실에 따라 바뀌지면서 특히 주체사상의 확립에 따라[27] 1960·70년대와 80·90년대는 큰 차이가 보인다. 이러한 사실은 『조선통사』(1977)와 『증보판 조선통사』(1991)에 나타났으며 『조선전사』(1979-1983)와 『개정판 조선전사』(1991.1~5권뿐)에도 역력히 보여지고 있다.

이러한 서술의 변화는 그 내용의 변경이 아니라 표현을 약간 완화한 것으로 대외적인 입장을 반영한 것으로 풀이된다. 따라서 외형적(표면적)인

---

26) 신라왕의 재위기간은 17.7년(992년간에 56왕), 고구려는 25.2년(705년에 28왕), 백제는 21.8년(677년간에 31왕)이 있어 3국시대는 21.6년이었다. 한편 고려는 13.9년(474년간에 34왕), 조선은 19.2년(518년간에 27왕)이어서 우리나라 평균 재위기간은 18.2년에 불과하다.

27) 리성준, 『위대한 주체사상총서(1)-주체사학의 철학적 원리』(사회과학출판사, 평양, 1985) 김남식, 『주체사관은 유물사관의 발전적 계승이다』(『역사비평』1991-가을호, pp.35~47)

<표 3> 북한 서술의 변화

내용＼책	조선전사(3) 1979	증보판 조선전사(3) 1991
불교	봉건통치계급의 리익을 대변하여 근로인민들의 계급의식을 마비시키고 그들의 반항을 사상적으로 억누르기 위한 가장 반동적인 견해이다. 〈p.319〉	모든 것을 공(허무)으로 보아 현실은 다 부정하면서 이 세상에는 진정한 행복이나 평등이란 없으며 죽어서 극락세계에 가서야만 행복이 있다고 설교하였다. 〈p.299〉
유교	3강 5륜과 같이 누구나 봉건군주에게 절대 복종해야한다는 반동적인 봉건사상이다. 봉건지배계급은 자기들의 봉건통치를 강화하고 근로인민대중에게 노예적인 굴종 사상을 주입시켜 제놈들에게 잘 순응하는 봉건적인 노예로 만들기 위해 유교를 적극 퍼뜨렸다. 〈p.320〉	천명에 의하여 결정된다는 숙명론적이며 누구나 다 왕권군주에게 절대 복종해야한다는 왕도정치를 설교하는 봉건사상이다. 그들은 봉건통치를 강화하고 근로인민대중을 현존질서에 잘 순응하게하기 위해 유교사상을 적극 장려 하였다. 〈p.300〉
안시성 싸움	당황한 당태종놈은 흙산을 지키다 빼앗긴 우두머리 놈의 목을 베어 돌리면서 졸개들에게 명령하였다. 〈p.282〉	당태종은 그 어떤 전투 기자재로도 튼튼한 안시성을 함락시킬 수 없다는 것을 알고 흙산을 성보다 높이 쌓아 그곳에서 공격하도록 명명하였다. 〈p.262〉

서술을 약간 바꾼 것이며 그 내면은 다음의 『조선역사』(고등중학교 2학년용, 1996)의 첫머리에서

"우리 모두가 경애하는 수령 김일성 대원수님께서 개척하신 주체의 혁명위업을 빛나게 계승해 나가시는 위대한 영도자 김정일 원수님께 충성과 효성을 다하여 내 나라 내 조국에 대한 열렬한 사랑으로 불타야 한다." (머리말)

에서와 같이 영생하는 首領觀에 입각한 유일한 수령제를 찬양하고 조술하는 역사서술체제는 변하지 않고 있다.[28] 이와 같이 북한 역사서술의 특징

은 주체사상에 입각하여 북한체제를 정당화하고 두 사람의 영원한 지도자 (위대한 수령과 친애하는 장군님)의 가르침을 설명하고 부연하는 특징을 지닌다.[29] 그러므로 역사적 사실이나 사건을 당시의 현상으로 보지 않고 '과거의 사실을 오늘의 시각'에서 설명한다. 신라의 대표적인 승려인 元曉에 대해서 '無(없다)와 有(있다)의 대립 관계 속에서 辨證法的인 리해'를 얻었다고 하였다.[30] 그리고 나말의 대표적인 문호인 崔致遠에 대해서는 "태극설은 혼돈의 근원을 말하는 것으로 그것은 唯物論的인 요소를 담고 있지만 일종의 無神論思想에서 일정한 의의를 가진다"[31] 라고 설명하고 있다.

이에 대해 남한의 경우는 다양한 견해가 제시되었으며, 인간이 보편적으로 갖고 있는 佛性을 통해 淨土信仰과 和諍을 통해 불교의 대중화에 기여한 것으로 서술되어 있다.[32] 특히 한국은 근래 새로운 역사이론을 적극 수용하여 計量史學(Quantitative history), 심리사학(Psycho-history), Annals, 그리고 신문화사(New cultural history)의 이론과 연구방법을 수용하여 일상사, 미시사(Micro-history) 등 다양한 방법이 활용되고 있다.[33] 따라서 최치원에 대해서 Toynbee의 轉換期(A time of trouble)에 있어서

---

28) 이종석, 『조선로동당연구-지도자상과 구조변화를 중심으로』(역사비평사, 1995)
29) 신형식, 「북한의 부분사(정치·경제·사회)연구 동향과 과제」(『북한의 역사학』(1)
　　　국사편찬위원회, 2002) p.392
　　이기동, 「북한역사학의 특성과 고대사 서술」(『문학과사회』 3, 1989) p.81
30) 사회과학원 력사연구소(편), 『조선전사』 5, (1999) p.338
31) 앞의 책, pp. 345~346
32) 趙明基, 「元曉의 和諍」(『신라불교의 이념과 역사』 신라약사, 1962)
　　金雲學, 「元曉의 和諍思想」(『불교학보』15, 1978)
　　南東信, 「元曉의 教判論과 그 불교사적 위치」(『한국사론』 20, 1988)
　　金相鉉, 「역사로 읽는 원효」(고려원, 1994)
　　李箕永, 「元曉思想의 특징과 의의」(『진단학보』78, 1994)
33) 신형식, 「21세기 한국사 방향모색」(『21세기 한국사학』, 국사편찬위원회, 2000)pp.80~81

창조적 소수(Creative minority)인 宿衛學生으로서, 또는 Dante의 『帝國論』에서 보여진 선행문명(고려)과 후행문명(신라)의 이행과정에서 變貌(Transfiguration)와 超脫(Detachment)의 의미로 풀이해 보기까지 가능하였다.[34]

남북한의 역사해석이 전부 다른 것은 아니다. 표현과 그 설명의 차이로 각기 서술이 다르기 때문에 문제가 된다. '북한의 경우 수·당과의 싸움에서 침략자들을 물리친 것은 고구려인민들의 투쟁'이라고 되어 있는데, (『조선통사 증보판』 제3장 제5권) 실제로 초기의 전쟁은 고구려인과의 싸움이었지만, 후기의 당군축출은 여·라 인민들이 주축이 된 것이기 때문에 그 표현이 바뀌어야 한다. 신라 후반기의 해설에서도 '9세기 농민전쟁(북한)'만이 당시의 상황이 아니라 '지방세력'(호족: 남한)의 역할도 중요한 사실이었다. 따라서 농민전쟁을 우선하는 북한과 귀족세력의 반란 또는 호족의 역할을 강조하는 남한의 시각 차이를 볼 수 있다.

다음으로 남북한 역사서술에 가장 큰 차이는 역사발전의 요인을 북한에서는 '인민들의 투쟁'에 두고 있는 점이다. 우선 『조선통사(증보판)』의 상권 12장 53절 중에서 13절(소항목은 34)이 투쟁이라는 제목이며, 하권의 15장 63절 중에서 34절이 투쟁이라는 제목으로 되어있다. 결국 근대 이전은 봉건 지주계급(안)과 외적(밖)의 원수들과의 투쟁의 역사였고, 근대이후는 항일무장투쟁(밖)과 사회주의 건설(안)을 위한 투쟁이 되는 것이다. 때문에 지배계급은 언제나 반역사성을 띄게 되었으며, 남한에서 반란을 주도한 萬積·金沙彌·孝心·李施愛·林巨正 등은 정의의 표상으로 평가된다.[35] 여기서 남북한은 같은 사건의 서술이 다음과 같이 바뀌고 있다.

---

34) 신형식, 「고운 최치원의 역사인식에 대한 새로운 접근 - Dante의 「제국론」을 통해서 본 -」 (『고운학회 창립기념논문』 2002, 『한국고대사』 삼영사, 2002)
35) 신형식, 「북한의 부문사 연구동향과 과제〈1〉」 p.397

표 4에서 보듯이 대부분의 역사사건을 '인민의 투쟁'으로 평가하고 있다. 그러나 역사의 진전은 투쟁만 있는 것은 아니다. 이러한 투쟁은 곧 주체사상의 구체적 표현으로서 '혁명과 건설의 주인은 인민 대중이며 그 추

〈표 4〉 남북한의 역사용어 비교

남 한	북 한
통일신라	후기신라
농민봉기	9세기 농민전쟁
발해의 산동성(등주)공격	732~733년 발해 · 당 전쟁
조위총의 난	서경폭동군
만적의 난	만적의 폭동계획
이시애난	1467년 함경도 농민전쟁
임진왜란	1592~1598년 임진 조국전쟁
병자호란	조선 · 청 전쟁
홍경래난	1811~1812년 평안도 농민전쟁
진주민란	1862년 진주 농민폭동
병인양요	1866년 프랑스 침략자들의 무력침공을 반대한 조선인민의 투쟁
갑오경장	1884년 부르주아 혁명
동학혁명	1894(갑오) 농민전쟁
해방(광복)	조국의 해방, 위대한 수령 김일성 동지께서 주체적인 새민주조선 건설 제시
6 · 25 전쟁	공화국 북반부에 대한 미제와 남조선 괴뢰도당의 무력침공
4 · 19 혁명	4월인민봉기
5 · 16 쿠데타	유신독재체제의 수립과 남조선 사회의 가일층 파쇼화
광주 민주항쟁	10월 사건 이후 반파쇼 민주화운동의 급격한 발전, 영웅적 광주인민봉기

진의 힘도 인민대중에 있기 때문에, 자기운명의 주인은 곧 자기자신이며 그 바탕은 인민대중의 역할에 기초한 혁명적 전술'이 주체사상이라는 것이다.[36]

그러나 80년대에 들어서서 러시아(고르바초프)의 개혁·개방 노선에 대응하여 체제수호를 위한 이론적 변화르 혁명의 주체가 인민에서 '수령·당·인민대중의 통일체(사회·정치적 생명체) 로 바뀌게 되었다. 이때의 인민대중은 개인이 아니라, 공산주의자들의 집단으로 파악하고 있다.[37] 이러한 시각은 남한의 경우 전혀 정치현실과 무관하게 서술되고 있음에 우리의 주목이 집중된다. 그러므로 북한의 서술은 개인저서나 국가발행의 저술이나 그 내용이 차이가 없기 때문에 '역사가 정치의 시녀'에 앞잡이가 된다(〈표 5〉 참조). 이러한 사실은 사회과학원 력사연구소(국가기관)와 손영

〈표 5〉 『조선전사』(3)과 『고구려사』(손영종)의 목차 비교

	『조선전사』 3 (1991)	『고구려사』 (손영종, 1990)
제1장	고구려 봉건국가의 성립	고구려 건국
제2장	고구려 봉건국가의 초기발전	고구려 봉건국가의 초기발전
제3장	국력의 강화와 고조선 옛 땅의 완전 수복을 위한 고구려인민들의 투쟁	국력의 강화와 고조선 옛 땅의 완전 수복을 위한 고구려 인민들의 투쟁
제4장	3-4세기 고구려에서의 봉건제도의 공고발전	고구려에서 봉건제도의 공고 발전
제5장	겨레와 강토를 통일하기 위한 고구려 인민들의 투쟁	겨레와 강토를 통일하기 위한 고구려 인긘들의 투쟁
제6장	봉건적 중앙집권체제의 가일층 강화 [제7장 이하도 동일함]	고구려에서의 봉건적 중앙집권체제의 가일층 강화 (제2권)

---

36) 김정일, 「주체사상에 대하여」 (『김정일 동지의 문헌집』 조선로동당 출판사, 1982): 통일교육원, 「북한의 정치」 (『북한의 이해』 1996, pp.38~39
37) 통일교육원, 앞의 책, p.40

종(개인)의 저서를 비교해보아도 차이가 없다. 따라서 북한에서는 개인의 주장이 존재하지 않고 오직 같은 내용만이 허용됐다는 사실이다. 즉, 국가 편찬이나 개인 저술이 그 목차까지 같다는 것이다. 이에 대해 남한의 경우를 보면 아래 표 6과 같다.

표 6에서 알 수 있듯이 남한의 경우 국가(국사편찬위원회)와 개인 저서

〈표 6〉『한국사』(5)와 『고구려사』의 비교

	『한국사』3 (1996)	『고구려사』 (신형식. 2003)
제 1장	고구려의 성립과 발전	고구려사 연구의 현황과 과제
제 2장	고구려의 변천	고구려사의 성격 문헌에 나타난 고구려상
제 3장	수 · 당과의 전쟁	고구려의 성립과 발전
제 4장	고구려의 정치 · 경제와 사회	고구려의 대외관계와 수 · 당과의 항쟁
제 5장	고구려의 문화[38] 불교, 도교예술, 과학기술	고구려 사회의 제문제 고구려 문화

는 그 내용과 방향이 전혀 다르다. 북한은 저자가 '사회과학원 력사연구소'여서 실제 필자를 밝히지 않는다. 그러나 남한은 '국사편찬위원회'가 발행만 한 것이지 매 장마다 필자를 밝히고 있다. 따라서 그 내용이 같을 수 없다. 물론 북한도 심사 · 편집 · 장정 · 교정의 책임자 명단은 있으나 개인의 주장은 허용되지 않는다. 그러나 남한은 자문위원 · 편찬위원 · 집필자 · 기획편집자가 구별되지만 어디까지나 집필자의 책임으로 이루어진다.[39]

---

38) 고구려의 문화는 별도로 「삼국의 문화편」(『한국사』 (8)에서 다루고 있기 때문에 제5장이라고 표시하였다.

끝으로 남북한 서술의 가장 큰 차이는 現代史의 비중이다. 『한국사』(초판, 1975-1981)에는 근대편에 2권(22권 중)이었고 『신판 한국사』(1993-2003)에도 일제시대에 5권, 현대에는 1권만 할애하고 있다. 그러나 북한의 『조선전사』(1979-82)는 전체 33권 중에서 현대사(1926년 이후)가 18권(근대는 3권)으로 되어있어 현대사 위주의 역사서술을 보게 된다. 이러한 사실은 『조선통사』(하)도 거의 현대사로 채워지고 있어 근대사는 김일성의 先代史, 그리고 현대사는 金日成史(일부 김정일 포함)로 채워지고 있다.

북한의 『현대사』18권은 크게 「항일무장투쟁사」(7권:1926-1945), 「민주전설사」(2권:1945-1950), 「조국해방전쟁사」(3권:1950-1953), 그리고 「사회주의건설사」(6권:1953-1980) 등으로 되어있다. 이에 비해 남한의 현대사(『한국사』, 52)는 단 1권으로 끝복과 미·소의 분할점령, 통일국가수립운동, 미군정기의 사회·경제·문화, 그리고 남북한 단독정부의 수립으로 되어 있으며, 북한에 대한 서술은 간략하지만 조선민주주의 인민공화국의 수립(1절) 내용이 서술되어 있다. 이에 대해 북한의 서술은 한민족의 본토기원설을 비롯하여 단군릉발견과 대동강문화권을 이어 「고조선-고구려-발해-고려」로 이어지는 고대이후 한국의 정통성을 강조한 후, 김형직-김일성-김정일로 이어진 근·현대사의 체계화를 위한 방편으로 생각된다.

"조선 민족의 혈통은 우리 인민이 수천 년 력사에서 처음으로 높이 모

---

39) 북한의 경우는 저자가 개인이 아니라 '사회과학원 력사연구소'이다. 그러나 남한의 경우 「고구려사」를 예를 들면 자문위원(이기백, 황수영)은 최고 원로학자이며, 편찬위원(노태돈, 신형식, 이기동, 정영호)은 학계 중견교수로 큰 목차결정에 도움을 주었을 뿐, 집필(공석구, 김기흥, 김현숙, 노태돈, 여호규, 이호영, 임기환)은 실제 각 장 내용을 저술한 책임자이다. 그리고 기획·편집(신재홍·변승웅·고혜령·고성훈·박한남 등)은 국사편찬위원회 연구관(또는 역구사)으로서 편집과 교정을 담당한 실무진이다.

신 위대한 수령 김일성 동지에 의해 훌륭히 마련되고 경애하는 김정일 동
지에 의하여 순결하게 이어지고 고수되어 온 혈통이다.[40]

에서와 같이 불멸의 주체사상으로 개인의 우상화를 위한 도구로 역사를 이
용하였다. 따라서 북한은 우리 민족과 김일성을 일치시켜 북한 정권의 합
법성을 현대사 속에서 풀어나간 것이다. 그러므로 임시정부의 법통성과 대
한민국의 정통성을 부인하여 진실한 역사적 사실을 왜곡하고 있다. 이에
대해서 『한국사』(권52)에서는 북한의 조선공산당, 조선민주당, 천도교청
우당, 조선신민당, 북조선 임시인민위원회 등을 설명하고 북한의 내각명단
까지 소개하고 있다.[41]

이에 대해 북한의 『조선전사』(16-33)에는 전체 18권 중에 김일성이 빠
진 때는 한 번도 없었으니 결국 북한의 현대사는 김일성의 활동사(항일투
쟁 · 새민주조선 건설 · 사회주의 혁명활동 · 조국해방전쟁 전략 · 사회주의
건설전략 · 주체사상확립 · 사회주의 문화건설)가 된다. 『한국사』에는 북한
정부(조선민주주의 인민공화국)수립을 사실대로 기록하고 있으나, 『조선
전사』(권23~24)에는 '미제의 단독정부조작책동과 식민지 파쇼통치를 짓
부시기 위한 남조선인민들의 투쟁'(제 24권 제 10장)만 서술하고 있다. 당
시 남한정부(대한민국)는 1948년 8월 15일에, 북한정부(조선민주주의 인
민공화국)은 1948년 9월 9일에 단독정부가 세워졌으나, 한국정부는 그 해
12월 12일에 '한반도에서 유일한 합법정부'로 UN의 승인을 받은 바 있
다.

북한의 『조선전사』(권25-27)는 6 · 25전쟁사(중국에서는 抗美援朝戰

---

40) 김창호, 「김일성 민족으로서 우리 민족의 혈통을 고수해 나가시는 위대한 령도」(『력사과
　　학』 2000) p.18
41) 김성보, 「조선민주주의 인민공화국의 수립」(『한국사』 52, 2002) pp.424~466

爭)로서 조국해방전쟁사라 하여 '공화국북반부에 대한 미제와 남조선괴뢰 도당의 무력 침공'으로 남한이 北侵한 것으로 서술하고 있다. 그러나 이러한 6·25전쟁이 소련과 중국의 지원을 받은 북한(김일성)의 南侵이라는 사실은 국내·외적으로 확인된 바 있다. 다만, 일부의 수정이론이나 미·소의 대립구도에서 야기된 전쟁이라는 견해는 있지만, 이 전쟁이 北侵이라면 그토록 허무하게 전선이 무너질 수는 없는 노릇이다.[42] 최근 蘇鎭轍 교수가 쓴「한국전쟁 어떻게 일어났나」(한국학술정보, 2008,「朝鮮戰爭の起源」개작)에서 당시의 비밀문서 (스탈린과 김일성의 교신, 북한군 공격 개시 지시문 등)를 분석하여 6·25 전쟁은 스탈린, 毛澤東, 김일성의 共同戰犯임을 밝히고 있다.

이러한 사실은『조선전사』(25-27권)의 조국해방전쟁사에도 전쟁 1-4단계 전략을 소개하고 있어 만일 한국이 北侵을 했다면 어떻게 미리 1-4단계 전략을 구체적으로 작성할 수 있을까 하는 의구심이 앞선다. 그리고 마지막 6권(28-33권)의『사회주의 건설사』는 사회주의 완성을 위한 경제개혁·문화혁명·평화통일·새농촌건설·주체사상·남조선인민의 투쟁·3대혁명소조·조국통일 등 북한의 정치노선을 정리한 것이다. 여기서 북한은 남조선사회라고 칭하여 한국이 북한의 정식국가명칭을 사용한 것과 분명히 대조된다. 역사적 사실은 정치현실에 따라 그 명칭이나 의미가 소멸될 수 없기 때문이다.

---

42) B. Cumings, *The Origins of the Korean War*, Vol.1 (Princeston Univ. Press, 1981)
　　I.F.Stone, *The Hidden History of the Korean War* (Boston: Little Brown, 1988)
　　국방부,『한국전쟁사』(1977)
　　김학준,『한국전쟁』(1989, 박영사, 증보판,1993)
　　김철범,「한국전쟁의 국제적 요인」(『국사관논총』, 28, 1991)
　　유재갑,「6·25전쟁연구-전쟁발발의 대내적 원인 분석」(『국사관논총』, 28, 1991)

4. 맺음말 – 통일역사관 모색의 필요성

이상에서 우리는 북한의 역사인식체계와 그 서술상의 특징을 살펴 본 결과, 남북한의 역사 서술에 있어서 커다란 차이를 확인할 수 있었다. 특히 시대구분(고대사회의 하한선, 중세의 시작과 종결시기 및 현대의 기점 등)에 있어서의 차이와 역사사건의 명칭, 그리고 역사해석에 있어서 남북한의 현격한 대조를 볼 수 있었다. 무엇보다도 북한의 모든 논문이나 저술의 첫머리에 반드시 '김일성교시와 김정일의 유시'가 등장하는 것은 북한 외의 어느 나라에서도 찾을 수 없는 현상이다.[43] 무엇보다도 김일성의 개인 우상화와 父子世襲을 역사서술의 기본방향으로 정하였기 때문에, 북한에서는 이러한 기준에 벗어난 개인저술이 나타날 수가 없다.

동시에 북한 역사인식의 기본방향은 '인민대중의 투쟁'이고 역사서술목표는 소위 '주체사상을 설명'하는 도구이며, 북한 사회주의 건설에 정당성을 부여하는 과정인 것이다. 이와 같은 입장에서 고대(노예제사회)와 중세(봉건사회)는 안(봉건지주계급)·밖(외적)의 원수들과의 투쟁기라서 고조선 – 고구려로 체계화시켰고, 근대이후는 민족독립을 위한 투쟁(근대)과 사회주의 건설을 위한 투쟁(현대)으로 설명하고 있다. 그러므로 역사서술의 큰 주제가 절반이상이 투쟁으로 구성되어 있다. 더구나 근대의 독립운동을 위한 투쟁은 金日成 先代(김응우와 김형직)가 중심이었고, 현대의 투쟁은 김일성이 주도한 것으로 되어있다. 여기서 북한은 자연스럽게 현대사 위주로 역사를 설명하였지만, 남한은 거의 현대사를 외면하고 있어 역

---

43) 북한에서는 인민학교 1학년용의 사회과(역사) 교과서에는 '경애하는 수령 김일성 원수님의 어린시절'과 '위대한 영도자 김정일 수령님의 어린시절'이 있고, 중등학교에서는 '위대한 수령 김일성 원수님의 혁명활동'과 '혁명력사'가 정규과목이며, '김정일 혁명활동'과 혁명력사가 첨가되어 있다. (국토통일원,「북한의 학교 교육과정 분석」1987, pp.18-19)

사학보다 정치학 · 경제학에서 현대사를 더 많이 다루고 있어 비교가 된다.

이와 같은 현대사 위주의 역사인식은 사회주의 국가로 향하는 합법칙성으로서 북한정권의 정통성을 강조하려는 것이다. 그러므로 임시정부의 법통성은 외면되었고 대한민국의 정통성은 부인하는 결과가 되어 남한의 경우「한국사」52권(2002)에서의 북한(조선민주주의 인민공화국)정권을 인정한 것과는 대조된다. 역사는 객관적인 사실의 기록을 생명으로 할 때와 개인을 위주로 서술할 때 거기에는 커다란 역사인식의 차이가 있게 되기 때문에 남북한의 시각이 크게 비교된다. 개인의 역할을 역사추진의 바탕으로 한 북한의 역사서술에는 정치현실의 반영이라는 비판이 있게 되며 歷史 歪曲의 함정에 빠질 우려가 크다.

또한 북한 역사서술은 사실의 전달보다 그 사건해설에 대한 정치적 표현으로서 의미부여에 큰 비중을 둔다. 때문에 그 사건 제목이 길게 된다. 따라서 '고구려의 수 · 당 과의 싸움(남한)'이 '수 · 당 침략자들을 반대한 고구려 인민들의 투쟁(북한)'으로 그 표현이 길고도 강성화되었다. 이러한 북한의 장황한 제목은 투쟁과 혁명을 의한 목적으로 현재는 전보다는 크게 완화되었지만 강성대국의 이미지 확보를 위한 수단으로 큰 틀은 바뀌지 않고 있다.[44]

그러므로 언제나 고대 · 중세에 있어서 투쟁을 주도한 인물의 활동은 봉건적 통치계급에 대한 정당한 행위로 규정하겠다. 따라서 그들의 행위는 고대에서는 언제나 사회발전의 추동력으로 평가되었으며 근대의 농민투쟁은 반일을 위한 혁명운동이라고 서술되었다. 그러나 주목할 것은 현대사회에서의 인민들의 투쟁이 남북한에서는 그 의미가 다르다는 사실이다. 즉,

---

44) 신형식, 「북한의 역사서술방향과 인식체계」, 『남북한 역사관의 비교』, (솔 출판사. 1984) p.42

북한에서는 모스크바 3상회의 「신탁통치안」의 찬성과. 조선국민의 민주주의적 통일달성을 위한 광범한 근로인민들의 투쟁으로 설명되고 있으나, 남한의 인민들은 북한이 달성한 민주건설의 성과에 고무되어 미국과 반동분자들을 위한 투쟁이 벌어졌다는 것이다.[45]

　남북한 역사서술의 특징을 비교하기 위해 남북한 중등학교의 역사교과서 머리말을 소개하면 아래와 같다.

〈표 7〉 남북한 국사교과서의 머리말[46]

『조선력사』(고등중학교 2학년용, 1996)	『국사』(고등학교용, 1996)
이 세상에 조선의 반만년 력사가 빛나고 조선민족이 위대한 민족으로 자랑 떨치게 된 것은 경애하는 수령 김일성 대원수님께서 세상에서 으뜸가는 참된 인민의 나라를 이 땅에 세워주시고 위대한 령도자 김정일 원수님께서 우리 인민을 현명하게 이끄시기 때문이다. 하기에 우리 인민은 자랑찬 민족의 력사를 온 세상에 빛내이며 창조하고 있는 커다란 민족적 긍지와 자부심에 넘쳐 있다. 　조선에서 태어난 우리는 갈라진 조국을 통일하고 이 땅우에 더욱 살기 좋은 인민의 락원을 건설하여야 한다. 그러자면 우리모두가 경애하는 수령 김일성 대원수님께서 개척하신 주체의 혁명위업을 빛나게 계승해나가시는 위대한 김정일 원수님께 충성과 효성을 다하며 내 나라, 내 조국에 대한 열렬한 사랑으로 불타야 한다.	우리가 역사를 배우는 것은 지난날의 영화로운 때를 감상적으로 즐기고자 함이나, 또는 어려웠던 때를 생각하며 분개하고자 함에 있지 않다. 역사를 공부하는 궁극적인 목적은, 과거에 대한 이해를 통하여 현재를 바로 인식하고, 미래를 올바로 설계함에 있는 것이다. 민족사에 대한 올바른 인식은, 우리의 현재와 미래의 문제를 바르게 처리할 역사적 능력을 계발, 신장시키고, 민족의 역량을 확신하는 속에서 현재의 삶을 주체적으로 이끌어 갈 수 있게 한다. (중략) 　이제, 우리는 우리의 역사를 올바로 이해하고, 이를 토대로 오늘의 역사적 사명인 조국의 통일과 민족의 번영을 하루 빨리 이룩하여 우리 후손으로 하여금 자랑스러운 삶을 누릴 수 있도록 해야 할 것이다.

---

45) 『조선통사』(하), pp.315-323
46) 표 7의 내용은 같은 해에 만들어 진 교과서 머리말이다. 현재 사용하고 있는 교과서도 서술의 큰 변화는 없기 때문에 비교해 보았다.

표 7에서 우리는 남·북한 역사인식과 그 서술의 차이를 보면서 현재 남
북한의 역사인식과 역사해석의 심각한 간극을 느낄 수 있었다. 역사는 과
거를 통해서 현재와 미래를 비쳐주는 거울이기 때문에 지난날의 영광과 시
련을 사실대로 전달하는 기능을 갖는다. 물론 역사(특히 국사)는 국민교육
과 국가의식에 절대적인 영향을 주는 국민교과이기 때문에 정치현실에 따
라 그 내용이 좌우될 때 역사의 기본기능은 상실되는 것이다. 동시에 역사
전개과정에 있어서 투쟁이 사회발전의 주요 변수가 되지만,[47] 투쟁만 있는
것은 아니다. 그러나 투쟁(안)과 전쟁(밖)이 진행된 시기보다 평화·공존
의 시기가 훨씬 길었기 때문에 이 시기에도 역사는 발전한 것이다. 그러므
로 투쟁만이 역사발전의 동인은 아니다.

　물론 역사(특히 국사)는 자국위주의 독자성을 갖는 것을 불가피하다. 그
러므로 우리는 상대방의 연구성과나 서술을 무조건 일소에 붙힐 것이 아니
라, 批判的 受容과 객관적 비판이 요구된다. 여기서 상대방의 서술과 역사
인식을 선택적으로 수용할 수 있는 자세가 필요하다. 다만 북한의 경우 역
사를 지나치게 정치현실 속에서 설명하고, 김일성 개인위주의 가르침(교
시)에 빠져있는 한 역사왜곡은 불가피한 것은 사실이다. 역사발전의 원리
를 인민들의 투쟁으로 부각시킨 북한이 이제는 특정 개인의 가르침으로 설
명하는 그들 스스로의 모순을 벗어날 때가 되었다. 남북한은 각기 정치와
이념이 다른 정부가 세워졌기 때문에 역사를 보는 시각이 다를 수밖에 없
다. 여기에 民族同質性 回復의 어려움이 있다. 무엇보다도 역사가 국가의
식과 國民意識의 배양에 절대적 영향을 주기 때문에 '개인숭배에 철저한

---

47) 북한의 역사발전의 요인인 투쟁은 ① 자연의 구속으로부터의 투쟁(선사시대), ② 봉건지주
　　계급(內)과 외국의 침략자(外)로부터의 사회적 구속에 대항하는 투쟁 (고대, 중세), ③ 민
　　족독립을 위한 외세와의 투쟁(근대), ④ 사회주의 혁명을 위한 투쟁(현대)으로 전개되었다
　　고 서술한다.

귀속'에 익숙해진 북녘 동포의 자세는 '열린 사고와 개방된 자세로 다양한 사고에 빠져 있는' 남한의 국민들은 북한의 피안의 세계로 바라볼 수밖에 없다.

그러나, 남북한은 현실을 외면할 수는 없다. 그러므로 한국역사의 올바른 복원을 위해 역사이질화 현상과 그 문제에 대한 성찰이 필요하다. 남한은 북한의 개인숭배나 주체사관이 갖는 문제점은 받아들이지 않지만, 북한 정부의 수립(조선민주주의 인민공화국)을 공식적인 『한국사』(권52, 2002)에 인정하고 있다. 그렇다면 북한도 다양한 의견과 외국의 견해를 받아들이고 개인숭배에 따른 문제점을 벗어나 폐쇄성과 고립성을 타파하고 대한민국의 정당성을 인정하는 자세가 요구된다. 현대사는 개인에 의해서 발전되는 것이 아니기 때문에 북한도 하루 빨리 폐쇄성에서 탈피하여 밖을 내다보는 열린 역사관이 나타나기를 기대한다.

중국 朝鮮族의 문화공동체

黃有福

중국 중앙민족대학 교수

문화는 집단구성원들에 의해 공유된 것이다. 그런데 그 '집단구성원'을 중국의 조선족으로 설정했을 때 우리는 그들이 공유하고 있는 조선족 문화의 존재여부를 살펴보아야 한다. 보통 조선족 문화라 할 때 그것은 조선족 공동체의 구성원들에 의해 공유된 문화를 가리킨다. 때문에 조선족 문화의 정체성(identity)을 담론하려면 우선 조선족의 민족정체성을 짚고 넘어가야 한다.

지난 세기 80년대부터 시작된 문화의 르네상스시대는 21세기의 시작과 함께 사회발전과 인류 진보를 위한 새로운 문화중심의 패러다임으로 형성되어가고 있다. 그런데 우리 학계는 조선족 사회나 문화를 보는 시각의 차이 때문에 아직 조선족의 민족정체성, 조선족 문화의 정체성, 민족문화의 가치와 기능 등 가장 기본적인 문제에 대한 논쟁에서 헤어나지 못하고 있다.

1. '조선족'은 누구인가

'조선족'이란 호칭을 '조선민족'의 약칭 정도로 이해하는 사람들도 가끔 있으나 정확히 말한다면 조선족이란 중국국적을 가진 조선민족에 대한 전문 호칭, 즉 국적과 민족 출신을 동시에 표시한 호칭이다.

민족이라는 개념으로서 네이션(nation)은 국가의 주권이 미치는 경계와 역사적, 문화적, 혈연적 공동체를 지칭하는 근대적 영토 국가의 출현과 더불어 등장한 개념이다. 따라서 중국에서 사용하는 민족이란 용어의 개념은 복합적인 개념으로서 '국민＋민족'이다. 한족은 중국 국민으로서의 '한(漢)민족'이고 '몽골족'은 중국 국민으로서의 몽골민족이며 '조선족' 역시 중국 국민으로서의 조선민족이다.[1]

미국에서는 미국국적을 취득한 한국인들을 한국계 미국인이라고 한다. 한국계 미국인이라는 호칭을 코메리칸(komerican)이라고 부르기도 한다. 왜 미국에서는 한국계 미국인 혹은 코메리칸이라고 하는데 중국에서는 조선족으로 호칭하는가? 건국 역사가 200여년밖에 안 되는 미국은 총인구의 1%를 차지하는 인디언 원주민을 제외하면 나머지는 모두 세계 각국에서 온 외래 이민이거나 이민의 후예들이다. 때문에 미국에서는 민족이란 개념보다는 "어느 나라에서 이민 왔나"로서 국민들을 분류한다. 1929년에는 출신국적법(National Origins Act)을 제정하여 국가별로 이민 숫자를 할당했다. 따라서 미국에서는 아일랜드계 미국인, 프랑스계 미국인, 중국계 미국인 등으로 호칭한다. 한국인들의 미국이민은 1965년 새 이민법이 시행되면서 대규모로 진행되었기 때문에 미국국적을 취득한 후 미국의 관례대로 한국계 미국인으로 호칭된다.

---

1) 『中國大百科全書』, 中國大百科全書出版社, 1986年, 「民族券」 참조

그러나 중국은 수천 년 역사를 가진 나라이고 고대로부터 다민족국가이기 때문에 중화인민공화국 건국 후 민족학자들의 노력으로 민족 식별작업을 거쳐 56개 민족(nation)으로 국민을 분류하게 되었다. 150여년의 이민역사를 가진 조선민족도 1945년 이후 중국에서 토지와 참정권을 부여받으면서 중국의 소수민족 일원으로 인정되고 한즉, 만족 등 민족과 동등한 위치에서 조선족으로 호칭되게 된다.

사실, 한국계 미국인은 한국에서 이민 온 미국인이라는 뜻에서 미국인이라는 국적이 강조되었다면 조선족이라는 호칭에서는 중국국적을 가진 조선민족이라는 뜻에서 민족이 강조되고 있다. 그럼에도 한국에서 한국계 미국인이라는 호칭에 반발하는 사람은 보지 못했지만 조선족이라는 호칭에 반감을 갖고 있는 사람은 아직도 많다. 2차 세계대전 종전 후, 우리 민족공동체(ethnic group)[2]는 영토의 분간, 민족의 분단과 함끼 민족 명칭의 분단이라는 아픔도 함께 겪게 된다. 조선반도의 북과 남에서 각각 '조선'과 '한국'이라는 국호를 사용하게 되면서 하나의 민족공동체가 서로 다른 이름으로 호칭되게 되었다. 동방과 서방의 이념대립이 살벌해지면서 민족명칭의 갈등도 심각해졌다. 오늘까지도 인터넷사이트에서 조선족이라는 이름을 놓고 한국네티즌들과 조선족네티즌 사이에 쟁론을 하고 있는 양상을 보면 냉전시대의 유물이 쉽게 해스될 수 없음을 실감하게 된다.

조선족은 중국의 55개 소수민족 중의 일원이다. 그러나 조선족은 조선에서 이민해 온 민족 집단이기 때문에 그들의 민족정체성에 대한 이해는 혼란을 불러올 소지가 있었다. 현재의 조선족공동체 구성원들 중에서 소수의 17세기 고대 이민의 후대 (하북성 청룡현과 요녕성에 산재해 있는 박씨

---

2)에트닉(ethnic)을 이광규는 '민족'이라고(『세계의 한민족』,통일원,1996년,p.23) 했고, 한 건수는 '종족'이라고(『처음 만나는 문화인류학』, 일조각, 2003년, p.122) 했다

후세들)들을 계산하지 않더라도 조선족의 이주 역사는 150여년이 된다.[3]
그러나 중국 소수민족의 일원으로서 조선족 공동체의 형성은 1949년 9월,
중국 전국인민정치협상회 개최로부터 1952년 9월 연변조선족자치주의 성
립까지로 볼 수 있다. 중국에서 조선민족을 중국 소수민족으로 인정한 최
초의 문헌은 1928년 7월 9일 중국공산당 제6차 전국 대표대회에서 통과
된 '민족문제에 관한 결의문'이다. 그 후에 작성된 중국공산당의 중요한
문헌자료에서 시종일관하게 중국 조선민족을 중국 소수 민족으로 인정하
였다. 다만 민족 명칭을 '고려인', '한국인', '조선인' 등으로 사용하였다
는 점은 특이하다.[4]

그런데 그 시기 조선민족 이민들이 집중 거주하던 동북지역은 중화민국
정부에 귀속되는 동북군벌 정권의 유효 행정 지배하에 있었고 그들 행정부
가 조선민족 이민을 중국 소수 민족으로 인정하지 않았기 때문에 조선인들
은 사실상 외국거류민으로 취급되었다. 1945년 항일전쟁 승리 후의 몇 년
사이에 거의 절반에 가까운 조선민족 이민들이 자의에 의해 광복된 조국으
로 돌아갔다.[5] 귀국하는 사람들과 남아 있을 사람들이 완전히 구분되지 않
은 상황에서 중국공산당 중앙동북국은 그 당시 동북에 거주하는 조선 민족
을 '한국거류민', '조선인'으로 규정하기도 했다.[6] 그러나 이민현장에 남
아 영주할 결심을 한 조선민족구성원들은 토지개혁을 통해 토지를 분여 받

---

3)조선족의 중국 이주의 시원에 대한 연구도 5가지의 설이 난립되어 있다. 황유복: 「중국조
　선족 이민사의 연구」, 『중국 조선족 사회와 문화의 연구』, 민족출판사, 1996년, p14참조
4)「中國共産黨第6次全國代表大會, 關於民族問題的決議案」(1928. 7. 9), 『民族問題文獻彙
　編』, 中央黨校出版社, 1991, p7 참조
5)1948년 판 『조선연감』에서 1945년 8월 이전 동북거주 조선인을 210만 명으로 집계하였
　는데 1953년 중국의 인구통계 자료에 따르면 조선족 인구수는 112만 명으로 나타났다.
　1945년에서 1953년까지의 자연 인구증가 숫자를 감안한다면 광복 후 귀국한 사람들을
　100만 명 정도로 추산할 수 있다.
6)中共中央東北局, 「關於東北時局的具體主張」, 『民族問題文獻彙編』, 中央黨校出版社,
　1991, p.751참조

았고 지방정권수립에 참여하여 참정권을 갖게 되었다. 그러한 과정에서 그들은 '조선인'에서 '조선족'으로 점차 탈바꿈하게 되었다.

1950년 12월 6일자 『인민일보』는 「중국 동북경내적 조선민족(中國東北境內的朝鮮民族)」이라는 논설에서 "1949년 9월, 중국인민정치협상회의가 개막되면서 동북경내의 조선인민은 중국경내 소수민족의 자격으로 각 형제 민족들과 만나게 되었다. 그때부터 중화인민공화국 각 민족 인민 가운데 이 새로운 구성부분은 각 형제민족 인민들의 관념 가운데서 교민으로 중국에 거류하는 조선인민들로부터 갈라져 나오게 되었다."라고 지적하였다. 중국공산당의 기관지인 『인민일보』는 조선민족이 조선교민으로부터 중국 소수민족으로 탈바꿈한 시간을 1949년 9월 중국 전국인민정치협상회의 개최로 보고 있다. 그러나 그때까지도 '조선인민', '조선민족'이라는 호칭을 쓰고 있어 '조선족'이란 이름은 1951년에서 1952년 연변조선족자치주가 성립되는 그 사이에 확정되었다고 할 수 있다.

필자는 1987년 9월에 미국의 하버드대학 옌칭연구소에 교환교수로 초청되어 「중국과 미국의 조선민족 사회와 문화의 비교연구」(The Korean Immigrants Society and culture in P.R.C and U.S.A)라는 연구를 담당한 적이 있다. 1년 남짓한 기간의 조사와 연구를 거쳐 1988년 10월 말에 연구보고서를 작성하여 발표한 후 옌칭연구소에 제출할 수 있었다. 그 연구보고서에서 나는 중국 조선족의 민족정체성(Ethnic Identity)을 아래와 같이 설명하였다.

"중국 조선민족의 민족의식은 아주 뚜렷하다. 그들의 민족 정체성은 1945년 광복을 전후하여 두 가지 양상으로 나타난다. 광복 이전의 '조선민족정체성'은 범조선적인 성격을 가지고 있었으며 항일투쟁, 조국광복, 민족교육, 민족문화 4가지 내용을 포함한다. 광복 이후 조선반도의 정세는 조선민족정체성'의 변화에 큰 영향을 주었고 따라서 1950년대 초반기에 형성된 '중국 조선족정체성'은 철저한 탈조선(국가)적인 성격을 보여주고 있다. 그것은 그들이 중국에서 영주할 생각과 조선민족적인 것을 현지에서 키워가겠다는 결심이기도 하다. '중국 조선족정체성'은 여러 가지 요소들로 구성되어 있다.

우선 그들은 광복 이전 자신들이 중국에 이민하면서 겪어온 민족차별과 일제의 강제동화정책을 생생하게 기억한다. 그러나 현재 그들은 중국 소수민족 중에서 역사는 가장 짧지만 다른 민족과 동등한 사회적 지위를 누리고 있음을 긍정적으로 인식한다. 물론 그들은 일제의 통치를 반대해 싸웠고 현지 개발에도 참여했기 때문에 자기들이 이 땅의 주인으로서 당연하다고 생각한다.

또한 그들은 자기들의 근면과 교육열로 이룩한 경제생활의 상대적 윤택을 자랑스럽게 생각하고 있다. 농촌 농민들은 벼농사에 종사하기 때문에 타민족 농민들에 비해 단위당 수확고가 높고 수익도 높으며 도시거주자 중에는 전문직업인(대학교수, 연구기관 연구원, 의사, 문화예술인, 기타 전문분야의 기술인 등)과 국가기관 간부로 진출한 사람들도 많다.

그들은 동포들의 적극적인 중국정치참여에 대해서도 만족하다고 생각한다. 지금까지 중앙정부 부부장(차관)급 관직에 진출했던 사람(현 재직자 포함)이 10여명, 전국인민대표대회 대표나 중국공산당중앙위원회 위원으로 진출했던 사람(현직 포함)은 수십 명이 된다. 1988년 10월에 중국인민해방군의 정상급 계급에 승진된 17명의 상장 중에도 한 명의 조선족 출신이 포함되어 있다.

그들은 민족의 동질성과 민족문화의 우수성을 자각하고 있다. 때문에 그들은 자신이 조선민족출신이란 사실에 대해 전혀 열등감을 느끼지 않으며 도리어 자랑스럽게 생각한다. 나들이할 때에도 한복을 입음으로써 자신이 조선민족 출신임을 나타내려고 하는 경향이다….

중요한 것은 그들 1세와 2세들 간의 심리적 일체감이다. 그들은 미국 조선민족이 겪고 있는 심각한 세대간의 갈등을 경험하지 않고 있다. 1세들은 현지 사회에 정착하기 위하여 자아 희생적으로 열심히 노력했을 뿐만 아니라 자녀들에 대한 민족교육(민족 자부심, 민족 언어, 민족문화 등)을 게을리 하지 않았고 2세들은 1세들에게서 전수받은 민족교육의 바탕 위에 시대적 의식과 새로운 지식을 가미하면서 현지 사회의 진출에 나섰다. 1957년의 반우파 투쟁과 1966년부터 시작된 문화혁명 기간에 민족주의자로 비판받았던 사람 중 다수가 2세였다는 사실은 그들의 강한 민족의식에 대한 반증으로 될 수 있다."[7]

지난 세기 80년대 현재의 조선족사회의 민족정체성을 분석한 것이다. 90년대를 경유하면서 조선족사회는 엄청난 구조적 변화를 경험하게 되었고 적지 않은 민족공동체 구성원들의 가치관의 혼돈으로 민족정체성도 차질을 빚고 있다. 그러나 큰 틀에서 본다면 조선족의 민족정체성에 질적인 변화 가 일어난 것은 아니다.

지난 90년대에 동서방 대립의 냉전구조가 종식되면서 정치적 이데올로기의 장막은 걷히고 경제활동의 글로벌화가 급속히 진전되고 있다. 중국 조선족 역시 지구촌에서 일어나고 있는 온갖 변화와 새로운 움직임들을 재빨리 파악하고 그와 같이 급변하는 환경에 적응하려는 노력을 게을리해서는 안 된다. 때문에 21세기에 살아남는 생존 전략으로서 우리는 조선족이면서 중국적인 안목과 세계적인 안목을 함께 갖춘 새로운 조선족 공동체의 민족정체성을 확립해야 한다.

---

7) 황유복, 「중국과 미국의 조선민족에 관한 비교연구–사회와 문화를 중심으로」, 『중국 조선족 사회와 문화의 연구』, 민족출판사, 1996, pp.105~106

2. 100% 조선족

같은 한자 어휘가 중국어와 한국어에서 완전히 다른 뜻을 나타낼 때가 가끔 있다. '조국'(祖國)이라는 단어도 그렇다. 한어에서는 '자기의 나라'(『現代漢語辭典』), 즉 자기에게 시민권을 준 나라라는 뜻으로 해석하는데 한국에서는 (1)조상 때부터 살아온 나라, (2)민족의 일부 또는 국토의 일부가 떨어져 딴 나라에 합쳤을 때 그 본디의 나라(『국어사전』)라고 정의했다. 쉽게 말해 중국은 내가 국민의 권리를 행사하면서 살고 있는 나라를 조국이라 하고 한국은 조상이 살던 나라를 조국이라 한다. 중국의 정의에 따르면 조선족의 조국은 중국이고 한국의 사전적 해석에 준하면 조선족의 조국은 한국이나 조선이어야 한다. 두 나라의 조국이라는 명사에 대한 해석의 차이는 조선족과 한국인 사이에 감정상의 껄끄러움을 불러오고 있다.

그리고 한국인들의 시각으로 보았을 때 조선족은 한반도에서 중국으로 진출한 한민족동포(ethnic)이다. 그러나 중국인들의 눈에 비친 조선족은 과거 어려운 시절 조선반도에서 살 길을 찾아 중국으로 이민해 왔고 중국의 혁명과 개발활동에 적극 참여하여 중국 국민의 자격을 취득한 일개의 소수 민족(nation)이다.

한국인들의 시각으로 보았을 때 조선족은 분명히 세계로 흩어진 '디아스포라'(Diaspora)의 한 갈래이지만 중국인들의 눈에 비친 조선족은 100여 년이 넘는 정착과정을 거쳐 성공적으로 중국에 뿌리를 내렸고 중국에서 주류 사회에(국가의 영도층에도, 군의 장성에도, 학계의 최고 위치에도)진입한 모국의 국적을 초탈했다는 뜻의 '트랜스내셔널'(Transnational)이다.

앞에서 지적한 한국인이나 중국인들의 시각에는 별로 문제될 것이 없다. 다만 조선족들이 자기정체성을 확보할 때 어느 시각에 초점을 맞추느냐 하는 문제가 남아있을 뿐이다.

한 · 중수교 이후 한국 사람들과 접촉해본 사람이라면 누구나 한번쯤은 "한 · 중축구경기가 있을 때 당신은 어느 팀을 응원하는가?"라는 질문을 받아보았을 것이다. 그러한 질문은 "당신이 중국이나 한국 축구가운데 어느 팀의 스포츠풍격을 좋아하느냐?"라는 문제가 아니고 "한국과 중국 중에서 당신은 어느 쪽을 선택하느냐?"라는 의문이 깔려 있다. 사실상 조선족은 60여년 전에 이미 중국을 선택했다. 그러한 선택을 나는 하버드대학 연구보고서(1988)에서 "1950년대 초반기에 형성된 '중국 조선족정체성'은 철저한 탈조선(국가)적인 성격을 보여주고 있다. 그것은 그들이 중국에서 영주할 생각과 조선민족적인 것을 현지에서 키워가겠다는 결심이기도 하다."[8]라고 지적했다.

조국과 고국의 시각 사이에 끼어 정체성의 혼돈을 경험하면서 적지 않은 조선족학자들이 '조선족은 이중성을 갖고 있는 민족'이라는 어처구니없는 주장을 펼치고 있다. "조선족은 중국공민이면서 조선민족이란 이중성을 갖고 있기에 국가와 민족이란 이 두 가지 복잡하고도 민감한 문제를 처리함에 있어 정확한 정치적인 안목과 명철한 현실감각, 미래지향적인 원견이 있어야 한다."[9]

"조선족은 중국 공민이면서 조선 민족이란 이중성을 갖고 있다"는 주장은 학술적으로 토론의 대상으로 조차 상정될 수 없는 문제이다. 왜냐하면 그것은 학술관점의 문제가 아닌 개념정리의 문제이기 때문이다. 다시 말해 그러한 주장을 하는 사람들은 이중성이란 말의 개념을 모른다고 할 수밖에 없다.

한국어나 중국어에서 '이중성'이란 '하나의 사물에 겹쳐있는 서로 다른

---

8) 황유복, 앞의 책, P.105.
9) 조성일, 「조선족문화 론강」, 『문학과 예술』, 2006년 제2기.

두 가지의 성질'(『국어사전』), '사물이 가지고 있는 상호 모순되는 두 가지 속성, 즉 하나의 사물에 구비된 상호 대립되는 두 가지 성질'(『現代漢語辭典』)을 말한다.

예를 들어 갑돌이라는 사람이 있는데 그는 어느 중학교의 교사이고 그에게는 을남이라는 아들이 있다고 하자. 우리는 을남이의 아버지이고 동시에 중학교 교사이기 때문에 갑돌이에게 이중성이 있다고 하지 않는다. 왜냐하면 교사와 아버지는 서로 다른 개념이지 서로 다른 두 가지 성질이 아니기 때문이다. 그러나 만약 갑돌이가 혼외정사로 사생아를 두었다면 이중 혼인이 불법으로 인정되는 중국에서 갑돌이는 합법과 불법이라는 서로 다른 두 가지의 성질의 아이를 둔 아버지로서의 이중성이 있다고 할 수 있다.

중국 공민은 국적과 관련된 개념이고 조선 민족이란 민족과 관련된 개념이다. 앞에서 지적했듯이 서로 다른 개념을 함께 싸잡아서 이중성을 이야기할 수 없다. 한 사람이 두 개 나라의 국적을 소유했다면 그는 이중국적자이다. 만약 조선족의 절대다수가 중국과 한국(조선)의 국적을 동시에 취득했다면 조선족은 이중 국적 민족으로 이중성을 갖는다 할 수 있다. 그러나 중국은 이중 국적을 승인하지 않는 나라이기 때문에 이 가설은 불가능하다. 그리고 만약 조선족 민족구성원의 절대다수가 조선족과 다른 민족 사이에 태어난 혼혈아라면 민족의 혈연적(ethnic) 이중성을 이야기할 수도 있다. 적어도 현제의 조선족은 그렇지 않다. 그러나 국적과 민족이라는 완전히 다른 개념을 하나로 묶어 서로 다른 두 가지 성질이라 할 수는 없다.

그리고 "조선족은 세계 한(조선)민족공동체(ethnic group)에 속하면서 중국의 소수 민족 일원이기 때문에 이중성 민족이 아니냐?"라고 물어오는 사람들도 있다. 세계 한(조선)민족공동체가 존재하느냐라는 문제는 접어두더라도, 만약 그런 공동체가 존재한다면 세계 한(조선)민족공동체와 중국 조선족은 서로 다른 두 가지 성질의 개념이 아닌 하나의 민족공동체

(ethnic group) 속의 전체와 일부분 사이의 관계일 뿐이다.

허구의 이중성 민족론은 중국에서 조선족에 대한 불신의 풍조를 키워가고 있다. "장족과 위구르족은 서장독립, 신강독립 문제가 있지만 그것은 해외세력의 활동일 뿐이고 국내의 장족과 위구르족은 자신들이 중국 사람이라고 생각한다. 진짜 중국과 한마음 한뜻이 아닌 (민족은) 도리어 선족(鮮族), 즉 조선족이다. 그들은 김씨 부자에게 충성하거나 혹은 가난을 혐오하고 부(富)를 추구하면서 자기들이 한국 사람이라고 생각한다. 자신이 중국 사람이라고 인정하는 사람은 보기 드물다."10) 이렇게 믿지 못할 민족이라는 비난이 중국의 지성인들 사이에 만연되고 있다. 우리민족 선대들이 귀중한 목숨과 피땀으로 쌓아온 조선족의 이미지가 계속 무너져내려가고 있다. 56개 민족 중에서 인구비례로 혁명열사가 가장 많은 민족, 교육수준이 가장 높은 민족, 문화수준이 가장 높은 민족… 등등 화려했던 월계관은 점점 퇴색되어가고 있고 중국 다민족의 대가정에서 조선족은 이제 진짜 중국과 한마음 한뜻이 아닌 믿지 못할 민족으로 전락되고 있다.

조선족에 대한 불신의 풍조가 만연되고 있는 사회에서 가장 큰 피해를 입는 사람들은 중국의 주류사회에 진입해야 할 조선족 젊은이들이다. 총명, 근면, 지식 등 주류사회에 진입할 수 있는 자질이 구비되어 있음에도 불구하고 조선족에 대한 사회적 불신 때문에 그들의 길이 막혀진다면 그것은 우리세대의 책임이 아닐 수 없다. 주류민족이나 기타 형제민족들이 조선족에 대한 편견이 생겼다면 우리는 그러한 편견을 해소하기 위해 모든 노력을 아끼지 말아야 한다. 우리의 선대들이 귀중한 생명까지 바쳐 우리세대가 중국에서 뿌리내릴 수 있는 조건을 만들어 주었듯이 우리는 우리 후세들의 주류사회진출을 위해 노력을 경주해야 한다.

---

10) 肖河, "五十六個民族是一家, 中國屬于所有些民族", 人民網, 2002년 8월 23일.

미국의 대표적인 국제법 학자로서 빌 클린턴 대통령 시절 한국계미국인으로서는 최고의 직위인 국무부 차관보를 지냈던 예일대학 법과대학원 학장 헤럴드 고는 "한국계미국인으로서 정체성 위기(identity crisis)를 느낀 적은 없습니까?" 라는 한국 중앙일보 기자의 질문에 "성인이 된다는 건 내가 바꿀 수 없는 것들을 인정하는 과정이 아닌가 싶습니다. 어느 시점에 나는 100% 한국인이 아니라는 것을 깨달았어요. 몇% 한국인이고 몇 % 미국인인가 고민하다가 '100% 한국계미국인' 이라는 결론을 내렸더니 쉬워지더군요."라고 대답했다.[11]

1987~88년 내가 하버드대학에서 한국계미국인사회에 대한 보고서를 준비하기 위해 사회조사를 할 때 대부분 코메리칸지식인들은 정체성에 대한 고민을 하고 있었다. 그들도 미국국적을 딴 후 한국 사람들로부터 축구경기응원에 대한 질문을 받았고 자기 자신들과 후세들의 미국주류사회 진입을 위해 고민하고 있었다. 그들은 코메리칸 아이덴티티를 한국적인 것이 얼마나 미국적인 것과 다른가에 대한 시시비비에서 발상된, 한국적인 것이 있어도 좋고 없어도 섭섭하지 않은 상태의 탈 한국적인 것으로 설명했다.[12] 그들은 한국문화와 차별되는 미국 코메리칸문화의 창출해야 한다고 인식을 같이 했다.

미국의 코메리칸사회의 미국이민 역사는 1903년 7,226명이 하와이 사탕수수농장에 이민한 사건을 제외하면 불과 40여년밖에 되지 않는다. 그러나 300년 이전에 이민해온 '박가촌' 사람들을 제외하더라도 중국 조선족 사회의 이민 역사는 150년이나 된다. 오랜 역사과정에서 성공적으로 중국에 뿌리를 내렸고 조선족문화도 창출해냈다. 우리는 조선족의 정체성 때문에 고민해야 할 이유가 없다.

---

11) 중앙일보, 월요인터뷰, 2006. 7. 31.
12) 한상준, 「재미교포의 아이덴티티」, 『교포정책자료』, 제20집,1983년.

조선족이라는 3글자 속에는 우리 선대들이 즈선(한국)에서 이민해 왔고, 우리는 조선(한)민족공동체(ethnic group)에 소속되며, 우리는 중국국적을 가진 중국 소수민족의 일원이라는 내용들이 함께 포함되어 있다. 따라서 우리는 헤럴드 고가 말한 것처럼 "우리는 100% 조선족이다"라고 떳떳하게 말하면 된다.

우리 자신과 후세들이 중국 주류사회진입을 위해 노력을 게을리하지 않고 중국에서 계속 타민족의 칭찬을 받는 민족으로 거듭날 때 조선족은 축구경기 때 한국 팀을 응원하는 정도가 아닌, 조국과 고국의 정치, 군사, 경제, 문화를 포함한 전 방위적인 교류를 위해 더 많고 더 큰 기여를 할 수 있다.

3. 발전과 해체의 딜레마에 빠진 조선족사회

중국의 개혁개방정책이 본격적으로 전개되면서 중국 조선족사회는 미증유의 충격을 받으면서 80년대에 이루어진 농민들의 도시진출을 경험하게 된다. 중국 조선족 농민들은 전통적으로 기술과 경험을 필요로 하는 수전농사에 종사해왔기 때문에 수원이 충족한 양질의 땅을 적당한 규모로 경작해왔다. 개혁개방을 맞이하면서 그들은 상품경제 시대에서는 제한된 땅에서 얻는 수확으로 도저히 더 잘살 수 있는 승산이 없다는 것을 인식하게 되었다. 따라서 수많은 농민들이 농촌을 떠나 도시로 진출하게 되었다.

도시진출 농민들이 초기에 제일 많이 선택한 생업이 김치장사인데 적은 자본금으로 시작할 수 있어 좋은 점도 있지만 그 대신 그들을 상대적으로 집중시키지 못하고 보다 넓은 지역으로 분산시키는 결과를 초래하게 되었다. 김치장사로 번 돈은 대부 분 식당업으로 재투자되지만 그 외에 단순 서비스업이나 제조업에 투자되는 경우도 있었다.

1992년 한 · 중수교가 이루어짐에 따라 조선족 사회는 새로운 기회를 접하게 되었다. 더 많은 사람들이 함께 모여 살던 마을들을 떠나 부(富)를 찾아 나섰고 한국 경제인들의 중국진출 붐에 따라 조선족들은 북경, 천진, 심양, 대련, 청도, 상해, 광주 등 연해개발지역으로 진출하게 된다. 그들은 주로 한국관련 회사나 공장의 노동자, 회사직원으로 취직되거나 한국인을 상대하는 유흥업소, 여행사 등 서비스업소를 운영하기도 했다.

90년대의 또 다른 추세는 한국 노무의 붐이었다. 수많은 농민들이 코리안 드림의 유혹에 끌려 한국으로 몰려가게 되었다. 그러나 불법체류 외국인 노무자가 사회문제로 비화되자 조선족들의 한국입국은 점점 어려워지게 되었고 그들 노무 희망자들은 미화 6천 달러에서 1만 달러 정도의 수수료를 노무 중개업자들에게 지불하면서 '기회의 나라'에 입국하기 위해 온 가족의 생계와 심지어 그들의 사활을 내건 도박을 하게 되었다. 그러나 악덕 브로커들의 사기가 빈발하면서 90년대 후반기에 한국과 조선족 사회를 떠들썩하게 했던 노무사기 사건들이 속출했다.

코리안 드림으로 시작된 조선족 사회의 한국노무 붐이 여성들의 한국으로 시집가기 붐으로 이어지면서 2000년 말 현재, 약 6만 명의 조선족 여자들이 한국으로 시집갔는데 그것은 중국에서 가정을 이루고 아들딸 낳아 조선족 공동체를 유지해 가야 하는 조선족 여성 3명 중 1명이 한국으로 가버렸다는 말이 된다. 따라서 중국조선족 출산인구는 급 하강선을 타게 되어 1999년 말 현재, 연변 조선족자치주의 조선족 신생아 출산 수는 1989년의 1/4밖에 안 되는 3,800명이었다.[13]

조선족 사회가 전통적인 농업경제를 탈피하고 도시경제에로 진입하는 과정에서 우선 일인당 평균 경제수입의 증가를 실현할 수 있었다. 조선족 전체의 경제수입 실태를 추출해낸다는 것은 거의 불가능한 일이지만 그러

---

13) 黃有福, 「關于延邊朝鮮族人口問題的思考」, 『중국조선족 사회와 문화의 재조명』, 요녕민족출판사, 2002년. P.128.

나 개별지역 통계에서 우리는 그 전반을 감지할 수 있다. 예를 들면 2006년, 연변자치주에서 외국에 노무나간 사람들이 연변에 부쳐온 돈은 10억 달러에 육박했고 휴대해 들여온 돈까지 합치면 20억 달러로 추산되었다.[14]

그러나 이러한 경제적 수입의 증가를 실현하기 위해 조선족사회는 많은 귀중한 것들을 상실하게 되었다. 조선족의 문화영토로 인정되던 조선족 마을의 공동화와 해체, 그리고 그에 따르는 조선민족학교의 폐쇄, 민족 정체성의 혼돈, 그리고 민족공동체의 존망과 직결되어 있는 전통적 가치관을 잃어가고 있다. 급변하는 중국조선족 사회는 지금 민족교육체계의 붕괴, 민족문화영토의 상실, 출산인구의 기하급수적 감소 등 여러 가지 위기상황에 직면하고 있다. 중국 조선족사회는 발전과 해체라는 딜레마에 빠지게 되었다.

개혁개방 이래 중국 조선족은 전통적인 거주지역인 동북 3성을 떠나 중국의 연해지역 대도시로 대거 진출하게 된다. 현재 중국 조선족의 거주판도는 동북 3성 대도시에 40여만 명, 현·시 이하 농촌에 45여만 명 그리고 중국 동남연해지역에 60만 여명으로 이루어져 있다.

중국사회과학원의 중국 도시경쟁력보고서에 따르면 중국의 경제중심지역은 1) 심천, 홍콩, 마카오를 포함한 화남지역, 2) 상해 등 도시를 아우르는 양자강 하류지역, 3) 북경, 천진을 중심으로 하는 화북지역, 4) 심양, 대련, 장춘, 길림, 하얼빈를 중심으로 하는 동북지역, 5) 청도, 제남을 중심으로 하는 황하 중하류지역이다. 조선족들은 이러한 중국의 경제발전을 주도해 가는 지역이자 또한 5만개 이상의 한국회사와 기업들이 자리잡고 있는 지역에 진출해 있다.

그리고 조선족의 해외진출도 현재진행형으로 전개되고 있다. 한국법무

---

14) 黃有福, 「東北アジアと時代と中國朝鮮族」, 《朝鮮族のグローバルな移動と國際ネットワーク』, アジア經濟文化研究所, 2006. p 63.

부의 통계자료에 따르면 2005년 현재, 한국에 체류하는 조선족인구수가 23만 여명이었는데 2007년 초부터 방문취업제를 실시함에 따라 지금은 한국진출 조선족인구가 30만을 헤아린다. 그 외에도 일본에 8만 여명, 러시아에 5만 여명이 진출해 있으며 미국과 유럽, 동남아시아, 중동, 호주, 남미 등 지역에 진출한 조선족까지 합치면 50만 명을 넘어섰다.

때문에 현재의 중국 조선족출산인구의 급격한 감소와 해외진출의 증가로 7~8년 후에는 중국거주 조선족 인구가 100만으로 줄어들 것으로 예측된다. 그 대신 중국정부가 2005년 말부터 중국체류 외국인들에게 영주권을 부여하고 있기 때문에 현제 80여만 명의 한국인들이 중국에 장기 체류하고 있으며 조선족인구가 100만 명으로 줄어들 때 중국체류 한국인은 100만 명으로 증가될 것이라는 예측이 있다. 그 때가 되면 재중 조선족과 재중 한국인 사회는 새로운 형태의 재중 코리안 사회를 형성하게 될 것이다.

2006년부터 시작된 중국 제11차 5개년 계획의 청사진에 따르면 도시화는 전면적 소강사회의 실현과 현대화 발전을 실현하는 중대한 전략으로 채택되어 지금은 중국대륙의 현대화 발전의 거대한 흐름으로 되어 있다. 다행히 우리 민족은 다른 어느 소수민족보다 재빨리 도시화 과정에 참여했고 중국의 평균 수준보다 높은 도시화 수준을 이룩하였다. 조선족은 개혁개방 이후 도시진출 민족 중 가장 돈을 많이 번 민족으로 집계된다. 중국에 30개 소수민족 자치주가 있는데 이 가운데 연변조선족자치주는 봉급수준이 가장 낮지만 개인 저축은 가장 많다고 한다. 그러나 조선족의 도시화 과정에는 해결되어야 할 많은 문제점들을 안고 있다. 많은 학자들이 중국에서 조선족이 가장 먼저 도시화를 실현한 민족이라고 하지만 사실 그렇게 밝은 현실은 아니다.

급격히 변모하는 조선족 사회가 우리에게 기대하는 역할과 과제 역시 부단히 변하고 있으며 또 외적, 내적 변화 속에서 새로운 모색을 게을리 하지 않을 것을 바라고 있다. 돈은 좀 벌었지만 조선족 사회는 무너져버린다는 미래상은 그 어느 하나도 바람직한 것이 아니다. 여러 가지 문제들 가운데서 우선 사회와 경제의 균형적 발전이라는 핵심적 문제를 지혜롭게 풀어나가야 한다.

중국 조선족기업의 기본 특징은 아직도 대브분 기업들이 요식업, 유흥업, 여행사 등 단순 서비스산업에 집중되어 있다는 점이다. 그 중에는 연간 4,000만 달러의 이익을 창출하는 슈퍼 요식체인업체 (예를 들면 북경한라산 요식체인기업)[15]도 있지만 대부분의 경우에는 이윤마진이 빈약한 상태이다. 이들 기업들은 제한된 지역에서 유사한 비즈니스 모델로 시장을 공유하고 있기 때문에 동족 기업간의 소모적 경쟁이 빈발하고 있다.

중국 조선족기업의 또 다른 특징은 중국진출 한국기업과 밀착되어 있다는 점이다. 자본, 기술, 상품, 경영노하우, 비즈니스 모델 등 많은 조선족 기업들이 자체의 생존공간을 한국인이나 한국기업에 초점을 맞추고 있기 때문에 시각을 바꾸어 보면 스스로 자체의 발전공간을 제한하고 있는 셈이다. 그 결과 조선족은 다른 민족 못지않게 일찍 시장경제체제에 뛰어들었고 또한 이중 삼중 언어의 우세도 있지만 중국 500대기업 서열에 든 조선족 기업도 없고 상장기업도 없다. 기타 소수민족은 있는데 조선족은 없다. 그들은 언어의 우세도 없고 해외관계도 없는 상황에서 '중국 돈' 버는데 전념했기 때문이다.

글로벌 금융위기가 몰아온 세계적인 경제 불황속에서 이제 조선족 기업인들은 자기들의 생존공간을 한국관련 기업으로 제한시킨 현실을 극복하고 자체적 발전공간과 미래의 진로를 고민해야 할 것이다.

최근 미국의 권위경제지 『포브스』(FOBES)가 선정한 재부서열에서 중

---

15)황유복, 「조선족의 발전을 위한 글로벌 코리안 네트워크」, 『글로벌 코리안 경제 문화 네트워크』, 민족출판사, 2008. p 6.

국의 억대부자들 수가 미국 다음으로 세계 제2위를 차지했다. 그런데 중국에서 돈이 가장 많은 10대 부자들 중에 6명이 부동산업자들이었다. 다시 말해 그들은 땅장사를 하는 대지주(大地主)들이었다. 중국 부자서열에서 첫 자리를 차지하는 楊惠姸은 26세의 여성이지만 중국정부 다음가는 땅의 소유자이다. 2007년 10월 1일 신화통신사가 보도한데 따르면 그녀가 소유한 땅은 4,500만㎡에 달하는데 20여년 개발할 수 있는 땅을 확보하고 있는 셈이다.『포브스』에 따르면 그녀의 재산은 1,215억 원이다.

미국의 갑부 빌 게이츠나, 일본의 갑부 손정희는 IT산업, 즉 첨단기술을 필요로 하는 하이테크산업으로 돈을 벌었다. 그러나 중국의 갑부는 기술함량이 낮은 땅장사로 재부를 축적했다. 이것도 중국특색이라면 특색이다. 중국 에서 기업 활동을 하는 조선족기업인들은 우선 형제민족기업인들과 같이 중국특색에 따라 중국 돈을 벌어야 한다. 현제 중국에서 비교적 성공한 조선족기업가들 중 대부분은 조선족사회에서 별로 잘 알려지지 않은, 기타민족들 속에서 기업 활동을 하고 있는 사람들이다.

그다음 글로벌경쟁시대에 있어서 자신들만의 우세와, 다른 민족 집단이 대체할 수 없는 특수한 역사적 역할이 무엇인지를 자각해야 한다. 조선족기업들은 한국계기업들과 차별화된 중국특색의 기업발전공간을 개척하는 동시에 한국계기업들과 생존을 함께하는 전략적 제휴관계를 유지하고 발전시키면서 자체적 발전공간과 미래의 진로를 개척해 나가야한다.

4. 조선족이 살아남으려면 민족문화를 공유할 수 있어야

21세기에 조선족사회가 살아남는 길은 지속적인 경제성장과 새로운 문화를 창출해가는 길밖에 없다.

그동안 조선족은 경제적 수입의 증가를 위해 집중거주 지역에서 중국의 대도시들과 해외로 진출하게 되었다. 192만 조선족인구 중 70% 이상을 차지하는 150여만 명이 화남지역, 양자강하류지역, 화북지역, 동북지역, 황하중하류지역 대도시들과 한국, 일본, 미국. 러시아 등 외국으로 흩어져 나갔다. 이제 조선족은 명실 공히 글로벌민족으로 되었다.

흩어져버린 조선족사회가 하나의 민족사회로 생존하려고 한다면 부동한 자연환경과 문화 환경에 노출되어있는 민족구성원들이 계속 조선족문화를 공유할 수 있어야 한다. 다시 말해 조선족의 딘족 정체성과 전통적 가치관을 유지해가야 한다. 분산된 조선족사회를 유지하는 대안으로 일부학자들이 '이산(離散) 유대인'이라는 의미에서 유라 한 '디아스포라'(Diaspora) 민족론을 제시하고 있다. 혈통과 언어가 바뀌어도 디아스포라가 하나의 민족으로 살아남을 수 있게 된 데는 끈질기게 작용해온 유대교가 디아스포라들의 민족정체성과 전통적 가치관의 기반으로 되어주었기 때문이다. 강한 결집력을 가진 민족종교가 없는 조선족사회어 디아스포라는 그대로 적용될 수 없다. 그 어떤 이론보다는 좀 더 현실적이고 실천적인 차원에서 민족교육체계의 붕괴, 민족문화영토의 상실, 출산인구의 기하급수적 감소 등 여러 가지 위기상황을 극복할 수 있는 대안을 마련해야 한다.

1991년부터 2000년까지 출생된 조선족 아기 수는 도합 136,585명인데 10년 전(1981~1990)의 329,207명에 비해 60%가 줄어든 실정이다. 민족을 나무에 비한다면 10년 동안 뿌리가 60%나 잘린 샘이다. 민족공동체를 이어가야 할 후계인구가 없어지고 있다. 출산인구가 감소되고 있는 원인은 농촌출신 조선족 총각들이 장가를 못가기 때문이다. 국외로 시집가는 여성들과 도시로 진출하는 여성들이 늘어나면서 총각들이 장가가기가 하늘의 별따기와 같이 어려워졌다. 교육위기, 문화위기도 출생인구의 급격한 감소 때문에 발생된다. 태어나는 애기가 없어 학생이 없어지고 따라서 조선족학교가 무너지고, 우리말 배우는 학생이 없어지니 조선어가 위축되고,

우리글 신문, 잡지 보는 사람도 점점 적어져 신문, 잡지도 문을 닫게 된다. 여기에서 근본 원인이 출산인구의 감소인 것이다.

연변 조선족인구의 기하급수적 감소현상을 극복하기 위한 노력으로 연변 조선족자치주 정부는 2000년과 2002년에 연변 조선족인구 마이너스 성장문제 대책회의를 2차례 걸쳐 개최하였다. 회의에서 연변 조선족자치주 조선족인구 마이너스 성장문제 해법을 위한 특별과제를 설립함으로써 조선족인구문제 해결을 위한 노력은 새로운 국면을 맞이하게 되었다. 중앙정부와 성, 자치주 관계부문 영도들과 행정인원 그리고 전문가들로 조직된 프로젝트 담당 기구가 설립되었고 2003년 11월까지 정부차원의 정책건의가 마련되었다. 조선족인구의 감소문제는 국가차원의 특별정책제정도 중요하지만 조선족공동체가 직면한 사회경제, 교육, 가치관 등 문제들을 종합적으로 풀어나가야 해결될 수 있는 문제이다.

연변 조선족자치주정부의 정책적인 배려로 2006년부터 조선족의 1가족 2자녀의 비례가 증가되는 추세를 보이고 있다. 산재지역에서도 이와 같은 대책이 있어야 된다. 총각들에게 기술 교육을 시켜 농촌이든 도시든 관계없이 돈을 벌수 있게끔 도와야 한다. 돈이 있으면 결혼할 수 있고 출산도 늘 수 있다. 조선족 출산인구의 회생을 위해 우리는 조선족공동체 구성원들의 공감대를 이끌어내야 된다.

민족문화의 문제는 민족교육, 민족문화예술, 언어 등을 포함해서 생각할 수 있는데 가장 중요한 것은 역시 교육문제이다. 1996년에 존재했던 1200여개의 조선족학교가 2005년에 와서 400개로 줄어들었다. 조선족학교가 줄어드는 속도는 조선족 출산인구의 감소속도와 거의 맞먹는다.[16] 조선족들이 도시에 모이고 있는 상황에서 도시에서 민족교육문제를 어떻게 해결

---

16) 황유복, 「세계화시대에 조선족이 살아남는 길」, 『문학과 예술』, 2007, 6기.

하느냐 하는 문제가 대두된다. 도시공립학교의 인적자원과 공간을 이용하여 민족교육을 발전시키는 방법을 생각할 수 있다. 1999년에 우리는 북경의 중앙민족대학 부속소학교에 120명의 조선족 학생들을 입학시켜 정규교육과 민족교육을 접목시키는 실험을 한 적이 있다. 오전에는 정규교육을, 그리고 오후에는 민족어교육을 받게 하여 훌륭한 교육의 효과를 거뒀다. 그리고 우리는 도시화에 대비하여 1989년부터 북경 등 15개 대도시에서 주말 조선어교육을 지금까지 실시해오고 있다. 각 지역에서 이런 형태의 학교를 만드는 것도 민족교육을 해결하는 한 가지 효과적인 방법이라고 말할 수 있다.

조선족의 신문, 문학지나 문예지는 살려나가야 한다. 그러기 위해서 기업인들의 도움이 상당히 필요하다. 조선족 문학인, 예술인들도 전통만 고집하지 말고 현대에 맞는 새로운 길을 모색하야 한다. 중국조선족의 문화콘텐츠를 개발하는 것은 문화인들의 몫이다. 문화의 세기를 살아가면서 우리도 문화산업, 콘텐츠산업, 창의 산업을 생각하지 않을 수 없다. 그렇게 하려면 우리는 기업인들과 문화인들이 서로 협력하는 산학협동의 길을 모색해야 한다.

한국어를 배운 한족이나 기타 민족의 학생들이 조선족 학생들보다도 더 표준적으로 한국어를 구사하는 경우를 자주 브게 된다. 동아시아 시대에서 두 가지 이상의 언어를 사용할 수 있다는 것이 큰 우세임에도 불구하고 학부모들은 조선어를 홀시하고 중국어만 중시한다. 유명대학에 입학하는 것만 중시하고 이후의 취직은 생각하지 않는다. 어느 대학을 졸업하든 두 가지 언어를 확실히 장악하면 취직이 그렇게 어렵지는 않다. 현재 2만여 명의 한족학생들이 한국에서 유학하고 있고 중국 내에도 130여 대학에 한국어학과가 개설되어 있어 한국어를 바우는 한족들이 점점 많아지고 있다. 그와 반대로 우리말을 모르는 조선족젊은이들도 점점 많아지고 있다. 연변

의 경우 정책상 원인으로 조선족 중소학교의 조선어강의시간을 많이 줄인
다. 때문에 대학 조선어학과에 입학하는 학생들의 조선어 수준이 매우 낮
다. 이런 문제가 반드시 해결해야 할 문제로 대두되고 있다.

현재 조선족들이 흩어져 사는 중국의 대도시들에는 여러 가지 명칭으로
된 조선족단체들이 활동하고 있다. 동북지역 도시들에는 심양시조선족련
의회와 같이 현지 정부의 민정국에 등록된 법인단체도 있지만 관내지역의
절대다수 단체들은 무허가상태에서 어렵게 조선족문화관련 활동들을 전개
하고 있다. 지역운동회, 설맞이 모임, 노래자랑모임, 장학회 모임, 동호인
모임, 경로행사 등 활동내용도 다양하다. 이러한 기성세대가 주도하는 문
화 활동들은, 조선족들이 바다에 뿌려진 모래알같이 흩어져 있지만, 조선
족사회는 아직도 살아 숨쉬고 있다는 상징적 의미를 보여주고 있기 때문에
그러한 행사는 지역사회의 친목활동이라는 의의를 훨씬 뛰어넘는다.

이제 각 지역 조선족단체들은 현지 정부의 민족 사업을 협조하는 위치에
서 NGO의 합법적 지위확보에 힘을 기울여야 한다. 그래야만 우리는 더
효과적으로 민족문화의 계승과 창출을 통한 민족정체성을 확보할 수 있다.
그리고 더 높은 차원에서 청소년들에게 민족 언어교육과 민족문화교육을
실시해야 한다. 전통과 현대화, 미래에 대한 준비를 함께 고민하는 과정에
서 새로운 민족정체성을 확보할 수 있다. 나이 드신 분들은 옛 전통만 고집
하지 말고 새로운 사물을 접수하려 노력해야 하고 젊은 사람들은 현대에만
집착하지 말고 민족문화전통을 이어가야 한다. 문화전통과 세계화 이 두
가지를 조화시킬 수 있는 방안을 마련해야 한다. 연변조선족자치주는 이러
한 대도시 조선족단체들을 위한 문화의 항공모함이 되어야 한다. 그들에게
조선족문화 활동에 필요한 콘텐츠를 제공할 수 있어야 하고 그들이 건전하
게 발전할 수 있도록 지도해주어야 한다. 연변의 연출단체들은 그들을 위
한 순회공연을 당연한 책임으로 생각해야 한다.

　그리고 세계로 흩어진 조선족의 사회와 경제의 지속적인 발전을 위한 글로벌조선족네트워크의 구축과 상응한 시스템 도입이 시급하게 우리 앞으로 다가왔다. 엘리트 경제인들과 학자들이 주축을 이루는 세계적인 글로벌조선족네트워크를 구축하여 전체적인 경제사회발전을 고민하는 것이 필수적이며, 이러한 네트워크가 조선족사회의 민족문화와 경제발전에 촉매 역할을 하게 해야 한다. 또한 이러한 글로벌네트워크만이 우리가 지금까지 연구하고 도전해온 조선족사회의 현실적인 문제들을 해결할 수 있다고 생각한다. 그러한 취지로 우리는 북경(2006년)과 부산(2007년)에서 제11회와 제12회 조선족발전을 위한 학술심포지엄을 열어 글로벌조선족네트워크의 구축과 활용에 관한 사안들을 진지하게 연구하고 토론하였다.

　조선족은 중국에서 150년 이상의 역사과정을 거치면서 중국의 일개 소수민족으로 자기정체성을 확보했다. 이제 21세기에 진입하면서 조선족사회가 살아남는 길은 세계화에 걸맞게 지속적인 경제성장을 이루어가는 동시에 새로운 민족문화를 창출해가는 길밖에 없다. 어렵지만 도전해야 한다.

CIS 고려인 사회의 변화와 전망

임 영 상

한국외국어대학교 교수

우리는 누구인가

구소련 시절 공화국간 유일의 한글신문 『레닌기치』(1990. 12.23)에 실린 글의 제목이다. 소련의 한인동포들은 자신들을 '고려 사람', '조선 사람', '한인'이라는 칭호를 혼용하는데, '고려사람' 칭호가 적합하다는 것이 글쓴이(강상호)의 주장이다. 1911년 블라디보스톡에 새로운 한인주거지 '신한촌'과 '한인학교'가 세워졌고, 1919년 3월 17일 블라디보스톡에서 독립만세를 부를 때도 한인들은 '대한독립만세'라고 외쳤다. 1921년에는 '한인총회'라는 민족행정기관도 있었다. 조선(왕조)이 대한(제국)으로 국호가 바뀐 것이 반영된 셈이다. 그러나 1921년 이르쿠츠크에서 '고려공산당'이 조직되었고, 1923년에 발행되기 시작한 『선봉』은 '고려 말' 신문으로 불렸다. 이 무렵부터 소련의 동포들은 자신을 '고려 사람'이라고 부르기 시작했다.

그러면서도 글쓴이는 반도의 남반부에서는 대한 사람, 북반부에서는 조선 사람, 소련에서는 고려 사람 ― 이것이 얼마나 복잡하고 불합리한 상황인가? 라고 자문하면서 통일의 날까지 어쩔 수 없는 일이 아니냐는 의견을 제시했다.[1] 140년 이상 러시아, 특히 한반도와 멀리 떨어진 중앙아시아에서 (소비에트) 러시아문화, 중앙아시아문화와 만난 고려인문화는 한국의 전통문화와 소통이 가능하면서도 차별적인 문화가 되었음을 우리는 인정해야 할 것이다.

러시아와 중앙아시아로 이주한 고려인은 '인내와 성실로 역경을 이겨내 성공신화를 만들어낸'[2] 한민족의 전형이다. 초기 정착지인 러시아 연해주와 1937년 강제이주 당한 중앙아시아에서의 삶의 자취를 차례로 개괄한다. 이어서 페레스트로이카와 독립국가연합(CIS) 체제 이후 고려인사회의 변화양상을 살펴본 후, '한류'의 영향이 확대되고 있는 문화의 시대에 고려인사회와 한국사회의 협력방안을 전망해 본다.

1. '자진 이주'에서 '강제 이주'로

1860년대 초반부터 조선왕조의 억압정책을 피해 지리적으로 인접한 비옥한 토지를 찾아 두만강을 넘어 러시아 연해주로 이주하는 한인들이 나타났다. 이주 한인을 바라보는 러시아 지방 당국의 시각은 크게 두 가지였다. 하나는 한인들의 농업적인 재능을 적극 활용하여 극동지역을 개발하려는 경제적인 측면이고, 다른 하나는 증가하는 이주 한인이 극동지역의 안보에 미칠 수 있는 정치적인 입장이었다.[3]

---

1) 『레닌기치』 1990.12.23(4) 「우리는 누구인가」(강상호). 반병률은 1920년대 초반부터 연해주 거주 한인사회에서는 '대한'을 '고려'로 사용하곤 했으며, 실제로 당시 신문기사, 단체, 기관 등의 명칭과 관련하여 소비에트화 시기부터 '고려'가 통칭된 점을 고려하여 1922년 내전 시기까지는 '한인', 1923년 이후는 '고려인'으로 사용해도 좋을 것이라고 주장한다.(반병률, 「'전면적 집단화' 시기 러시아 연해주 수청(水淸) 지방 한인 농촌사회의 제문제」, 『역사문화연구』, 제30집, 2008.6, 155쪽) 설득력이 있는 가설이다. 필자도 따르기로 했다.
2) http://kosa.culturecontent.com

1864년 러시아 정부는 지신허 마을 한인 13가구의 이주를 공식 허락했으며, 1869년에는 조선 북부지방의 자연재해로 약 4,500명의 한인들이 연해주로 대거 이주하여 한인 마을들이 늘어났다. 러시아측은 한인의 불법이민에 대한 조선정부의 항의에도 불구하고 조선으로의 추방 대신에 인도주의적인 차원에서 한인들을 수용하기도 했다. 한인들이 조선으로 돌아가 참수당하기보다 러시아 땅에 남기를 강력히 원했기 때문이다.

1884년 연흑룡(프리아무르) 지역이 동시베리아로부터 분리되어 연흑룡 총독부가 신설되고, 조선과 러시아 간에 조로수호통상조약(1884. 7)과 조로육로통상조약(1888. 8)의 체결로 한인들의 이주는 새로운 국면을 맞았다. 러시아는 이주문제를 외교채널을 통해서 해결하고자 했다. 한인 이주자는 대부분 '살 길을 찾아' 떠난 농민이었다. 따라서 한인 이주자들에게 있어서 가장 중요하고 민감했던 문제는 바로 러시아 국적편입과 토지분여 문제였다. 그런데 이 문제들은 총독들의 성향과 한인을 바라보는 시각에 따라 불안정하게 다루어졌다. 코르프(1884~93)와 운테르베르베르(1906~10)는 한인에 대해 부정적인 시각을 갖고 있었다.[4] 반면에 두호프소코이(1893~98)는 한인들에게 국적을 부여하여 극동의 식민화에 한인을 이용하고자 했으며, 그로데코프(1898~1902)는 1898년 「프리아무르 청국인 및 한인공민법령」으로 국적에 포함되지 않은 한인들을 국적에 받아들이고 5년 이상 거주한 한인들을 국적에 편입시켰다. 곤닫티(1910~17)는 한인노동력의 유용성을 재인식하고 토지분여 없이 한인의

---

3)이항준, 「제정러시아의 동아시아 정책과 한인 이주: 한인 이주 정책을 중심으로」, 재외동포총서 07 『러시아 · 중앙아시아 한인의 역사(상)』, 국사편찬위원회, 2008, 13쪽.
4)특히 후자는 "귀화한인이 러시아에 동화한다는 것은 근거 없는 소리다. 한인은 여전히 그 국민성을 보유하고 있으며, 러시아가 일본, 청국과의 전쟁시에는 한인들은 간첩이 될 위험이 있다"며, 한인을 위험한 존재로 보았다. 이병조, 「러시아 프리아무르 한인사회와 정교회 선교활동(1865-1916)」, 한국외국어대학교 대학원 박사학위논문, 2008, 111~112쪽.

국적 편입을 허용하기도 했다.[5]

　1897년에 실시된 전(全) 러시아 인구조사 결과, 연해주 거주 한인의 수는 24,306명이었으며, 1910년 경에는 약 51,700명에 이르렀다. 1910년 한일합방 이후 러시아로의 한인 이주가 급격히 증가하여 1914년에는 한인 주민수가 63,949명으로 늘어났다. 그러나 이는 공식적인 수치일 뿐이며, 거주등록증 없이 거주하거나 돈벌이를 하고 있는 한인들의 수는 훨씬 많았을 것이다. 그 당시 러시아 국경은 사실상 전역이 개방되어 있는 상황이었고 자유롭게 국경을 넘나들 수 있었다. 게다가 경찰과 국경수비대의 인력 부족으로 러시아로 넘나드는 한인의 이동을 공식적으로 등록하는 것은 사실상 불가능했다.[6]

　조선의 외교권을 일본이 강탈한 1905년 을사늑약 이후, 연해주 한인 사회는 정치적 망명이민자가 늘어가면서 만주(용정)의 한인 사회와 함께 의병부대나 항일인사들의 무장투쟁을 지원하는 중심지로 부상했다. 그러나 러일전쟁 승리 후 일본은 페테르부르그 공사관과 블라디보스톡 영사관의 외교채널을 통해 한인 사회에 대한 탄압과 압력을 가중시켜 나갔다. 1909년 10월 26일 하얼빈에서 안중근의 이등박문 암살은 일본의 외교적 간섭을 받으며 일본의 눈치를 보고 있던 러시아의 입장을 곤혹스럽게 만들었다. 러시아로 귀화하고 러일전쟁에도 참전한 거부 최재형은 이미 1906년 포세이트 지구에서 의병부대를 조직하고 국경지역 일본군을 급습하고 이범윤, 안중근 등의 의병부대나 항일인사들의 무장투쟁활동을 지원했다. 1910년을 전후로 연해주 일대에서 의병부대들을 이끌었던 주요 인물들은 블라디보스톡 지역의 이범윤과 니콜스크-우수리스크(우수리스크)와 블라

---

5)이병조, 79~125쪽 참조.
6)보리스 박 · 니콜라이 부가이, 『러시아에서의 140년간』, 김광환 · 이백용 역, 시대정신, 2004, 106~7쪽.

디보스톡에서 활동하던 홍범도, 유인석 등이었다.[7]

1917년 사회주의 혁명은 한인사회에 커다란 영향을 미쳤다. 연해주 한인들에 대해 황국신민을 주장하는 일본 정부를 의식한 러시아 정부의 조치로 한인들은 소비에트 국적에 편입되기 시작했다. 아울러 한인들은 내전기(1918~1922)에 백위파(백군)를 지원하는 일본군에 맞서 빨치산 부대를 조직하여 용감한 투쟁에 돌입하여 눈부신 활약과 전공을 세웠다. 조선을 식민지배하며 소비에트 러시아에 들어와 백위파를 배후 지원하는 일본을 한인들이 공동의 적으로 간주한 것은 당연한 처사였다. 하지만 백위파와 외국 간섭군에 의해 1918년 9월까지 해삼(블라디보스톡)항, 하바로프스크에 이어 연해주 소비에트 정권이 붕괴되고 극동전체가 점령되었다. 극동 전역에서 한인과 러시아인 빨치산부대들이 조직되기 시작했으며, 극동지역 해방임무에 돌입한 한인 빨치산부대들은 1919년 12월에는 니콜라예프스크-나-아무레, 1920년 2월에는 블라고베쉔스크와 하바로프스크 해방전투에 참전하여 눈부신 활약을 펼쳤다.

백위파와 싸우는 가운데 최초의 한인 여성 공산주의자 김 알렉산드라 스탄케비치[8]가 1918년 9월에 하바로프스크에 쳐들어온 백위파를 피해 '바론 코르프' 호를 타고 아무르강을 거슬러 몸을 피하다 체포되어, 9월 16일 일명 '죽음의 골짜기'에서 무참히 살해당했다. 1920년 4월에는 연해주 한인사회의 정치·문화의 중심지로 애국지사들의 독립운동의 메카로 등장한 블라디보스톡 신한촌[9]이 일본군의 무차별적인 공격을 받았다. 이른 바, '신한촌 사건'[10]으로 많은 건물들이 불타고 무고한 한인들이 무참히 학살

---

7) 러시아 지역의 의병활동에 대한 자세한 내용은 다음을 참조. 박환, 「러시아 극동 지역의 한인 민족 운동」, 『러시아·중앙아시아 한인의 역사(상)』, 73-75쪽.
8) http://kosa.culturecontent.com의 스토리뱅크-원형스토리 은행(8번: "한인여성 공산주의자"- 최초의 한인 여성 공산주의자 김 알렉산드라) 참조.

당했으며, 최재형과 그 측근들도 체포되어 총살당했다. 1921년 6월 아무르주 스보보드느이(자유시)에서는 한인세력 간의 주도권 다툼 끝에 무장충돌이 벌어진 자유시 참변 사건이 발생한 후, 한인 무장세력은 소비에트 정부에 의해 무장해제를 당하고 말았다. 1922년 내전의 종결과 함께 한인사회는 소비에트 체제에 흡수되어 갔다.

1923년 고려인은 106,193명으로 연해주 전체의 17%에 달했는데, 1926년의 조사에서는 110,480명으로 증가했다. 당시 평균 1일 1,500명 이상 2,000명 이하의 고려인들이 '자진' 이주해온 것으로 알려졌으며, 이들 대부분은 함경도, 훈춘 및 간도 방면으로부터의 유입에 따른 것이었다. 소비에트 당국이 한인이주민에 우호적이고 적극적인 토지분배정책을 폈음에도 불구하고 '해마다 무계획적, 무제한적으로 몰려오는' 고려인 농민들의 연속적인 이주로 토지문제 해결이 어려움에 처하게 되었다. 고려인 농촌의 협동조합(농업집단화)운동 과정에서 선봉적인 역할을 한 것은 빈농들과 과거 빨치산 출신들이었다. 1929년 스탈린 정부의 전면적 집단화정책의 시행과 함께, 고려인 농촌에서도 농촌계급분류상의 문제, 경쟁적 콜호스화, 농민들의 자발적 참여 없는 콜호스와. 지나치게 조급한 콤무나화 등의 문제가 야기되었으나 1934년 말에 이르러 고려인거주지는 완전한 집단화가 이루어졌다.[11]

---

9) 1873년을 전후로 형성된 카레이스카야 슬라보드카(고려인촌, 개척리)에 1911년 콜레라가 창궐하자 러시아 당국은 한인 전체를 시의 북서쪽으로 이주토록 했다. 약 200여 채의 러시아식 목조 및 석조 건물들이 들어선 신한촌이 형성된 것이다. 1919년 3·1운동 이후, 용정(3,13)에 이어 신한촌(3,17)에서도 태극기가 계양되고 학생들이 탄 수대의 차량을 선두로 시가행진을 했는데, 일본총영사관 및 주둔 일본군사령부 앞을 통과하면서 열렬한 만세시위를 전개하였다.(이상근, 「러시아 연해주에서 한인 마을 형성」, 재외동포총서 08 『러시아·중앙아시아 한인의 역사(하)』, 30-33쪽) 이 신한촌의 역사를 잊지않기 위해 1999. 8.15 해외한민족연구소가 기념탑을 세웠다.

10) http://kosa.culturecontent.com의 스토리뱅크-원형스토리 은행(10번: "신한촌 학살"-죽음의 신이 휩쓸고 간 신한촌) 참조.

1930년대 중반 이미 204,000명에 달한 고려인 사회는 학교교육, 문화·계몽, 문학 분야에서 눈부신 성과를 올리고 있었다. 1924년 설립된 니콜스크-우수리스크 고려교육전문학교는 최초 5년간 420명의 교사를 양성했고, 1930년 유아교육학과가 개설된 포시에트 지구에 정원 280명의 또 하나의 교육전문학교가, 1931년에는 블라디보스톡에 780명 정원의 극동조선사범대학이 문을 열었다. 1932년 고려인거주지의 대중도서관이 200개 이상이었고, 『선봉』, 『문화』, 『새 세계』, 『노동자』, 『노농신보』, 『동아공산신문』 등 6개의 잡지와 7개의 신문이 한글로 발간되었다. 또한, 1932년 초 블라디보스톡에서 드라마극장이 창설되었고, 조명희 시인을 시조로 하는 고려인문학도 급속히 발전하고 있었다.[12]

1937년 가을 17만 이상 고려인의 중아아시아 강제 이주는 스탈린의 소수민족 탄압정책의 산물로서 한민족 근현대사의 최대 비극이 아닐 수 없다. 일본의 극동 및 만주 진출에 따른 태평양 지역의 안보우려 속에 '일본의 스파이'라는 불명예를 안고 이주당했다. 물론 그 이면에는 한인의 우수한 농업적 기술을 이용한 중앙아시아 지역의 농지개발 및 식량확보 등이 고려된 정책이었다. 문제는 강제 이주 직전에 고려인 지도층 인사 2,500여 명이 체포되어 총살당하고, 심지어 중앙아시아까지 추적당한 점이다. 고려인이 남기고 간 재산에 대한 보상약속이 이행되지 않은 것은 사소한 일일 정도였다.

비인도적인 차원을 넘어 반인륜적인 처사였지만, 고려인들은 1980년대 말에 가서야 공포에서 벗어나 역사적인 진실을 말할 수 있었다.

---

11) 반병률(2008.6), 176~193쪽에서 발췌.
12) 보리스 박·니콜라이 부가이(2004), 289~291쪽. 보다 자세한 내용은 다음을 참조. 배은경, 「초기 소비에트 사회 건설과 한인 사회의 재편」, 『러시아·중앙아시아 한인의 역사 (상)』, 158-164쪽.

2. 농촌 콜호스에서 도시로, 더 넓은 세계로

1937년 늦가을 카자흐스탄과 우즈베키스탄의 초원과 반사막지역에 도착한 고려인들은 생존을 위한 불굴의 노력과 함께 새로운 조국을 찾아냈다.[13] "고려 사람들은 능숙한 기술로 토지를 개간하고 농사를 지었다. 원주민들이 고려 사람들을 순탄하게 받아준 것은 단지 노동활동 때문만이 아니었다. 고려 사람들은 원주민들과 멘탈리티와 도덕적 기반, 전통과 관습, 풍속 등이 상당 부분 비슷했다. 조상을 섬기고, 노인을 공경하며, 이성에 대해 보수적인 태도를 취하고, 노동과 곡식을 아끼며, 토지를 신성시하는 것, 이 모든 것이 원주민들에게 고려 사람들이 형제라는 것을 느끼게 해주었고, 열린 가슴으로 자신들의 가족으로 받아준 원동력이 되었다."[14]

카자흐스탄으로 9만 5,427명, 우즈베키스탄으로 7만 6,525명이 처음에는 현지 타민족의 콜호스에 추가 배치되는 방식이었으나, 점차 고려인들의 생산 활동 특성을 고려하여 고려인들만의 콜호스를 형성하거나 어업단지, 광산 지역 등에 배치되기도 했다. 소비에트 연방이나 지방정부가 준비해 놓은 계획도 곧바로 실행되지 않고 지연되는 일이 잦았다. 때문에 이주 고려인들이 처음 배치된 지역을 떠나 다른 곳으로 이동하는 경우가 빈번하게 발생했다.[15]

이주 첫해나 다름없는 1938년 5월 15일에 창간호를 낸 『레닌기치』에는

---

13) "우즈벡스탄인들은 고려인들에게 진정으로 친절하게 대해줬고 결국 우즈벡스탄 공화국은 고려인들에게 제2의 조국이 되었던 것이다." 한 세르게이 · 한 발레리 공저, 『고려사람 우리는 누구인가』, 김태항 역, 高談社, 1999, 326쪽.

14) 황 류드밀라, 「중앙아시아 고려인들의 비극적인 역사변화와 현대의 문제점」, 『중앙아시아 고려인의 삶과 문화(제26차 국제학술회의)』, 영남대학교 민족문화연구소, 2005, 77쪽.

15) 강제 이주된 고려인의 배치 및 정착 과정은 다음을 참조. 심헌용, 「중앙아시아 한인의 현지 정착과 사회적 지위」, 『러시아 · 중앙아시아 한인의 역사(상)』, 211-219쪽.

이산가족을 찾고자 하는 고려인들의 광고(호소)가 줄을 이루었다.[16]

　대부분의 고려인 이주민들은 경작을 하기에는 거의 불가능한 지역에 배치되었다. 카자흐스탄에서는 반년 만에 파종에 필요한 물이 없어 다른 지역으로 이주해야 했으며, 전혀 경험이 없던 축산업에 종사할 것을 강요당하기도 했다. 카자흐스탄 이주민들에게 물이 없는 황무지가 문제였다면, 우즈베키스탄에서는 늪지대라는 난관에 직면해야 했다. 비옥한 땅들은 목화 재배용이었기 때문에 벼 재배를 하는 고려인 콜호스들에게는 목화 재배에 부적절한 늪지대나 갈대로 무성한 강기슭 땅이 배정되었다.[17]

　중앙아시아 고려인은 제한된 구역을 벗어나 살 수 없었고 정치 · 사회 활동이 금지되었다. 1941년 6월 히틀러가 독소불가침조약을 일방적으로 폐기하고 소련을 공격했을 때도 고려인은, '위기에 처한 소비에트 조국'을 위한 전사(군인)마저 될 수 없었다. 고려인이 할 수 있고, 또 해야만 할 일은 오직 콜호스에서 죽도록 일함으로써 높은 성과를 올리는 일이었다. 카자흐스탄 크즐오르다 주 칠리 구역 선봉 콜호스의 김만삼이 먼저 고려인 콜호스의 선봉장이 되었다. 분조장 김만삼은 1938년 농사시작과 더불어 매일같이 규정된 작업량을 150-200%씩 넘쳐 실행하며 콜호스의 벼농사를 주도해 나갔다. 그의 끊임없는 노력의 결과 1942년에는 1헥타르당 15톤의 수확이라는 놀라운 대기록을 일구어 내기에 이르렀다. 김만삼의 벼재배 기술은 현지인들을 매료시켰으며, 많은 이들이 그의 기술을 전수받기를 원했다. 1945~46년 김만삼은 두 번에 걸쳐 붉은 노동훈장을, 1947년에는 스탈린상을 받았다.[18]

---

16)『레닌기치』1938.5.28(4)「부친을 찾소」(유성엽). 이후 6월6일자에「녀동생을 찾소」, 6월10일자에「송용준을 찾소」등 기사가 줄을 잇게 된다.
17)한 발레리, 「중앙아시아 한인 콜호스의 형성 과정」, 『러시아 · 중앙아시아 한인의 역사(하)』, 71-72쪽.

카자흐스탄에 김만삼이 있었다면, 우즈베키스탄에는 김병화와 황만금이 있었다. 1940년 타슈켄트 주 중 치르치크 북극성 콜호스 회장으로 선출된 김병화는 콜호스의 농업 및 건설분야에서 탁월한 성과들을 거두었다. '북극성' 콜호스는 1940년대부터는 밀, 벼, 채소작물 외에도 목화재배에도 착수했다. 제2차 세계대전 시기에 북극성 콜호스는 밀 867톤과 목화 163톤을 수확했고, 이를 기초로 전투기 생산에 221만 1천 루블을 기증했으며, 1944년에는 수력발전소를 건설했다. 1941년~45년 시기에 한인 콜호스들은 경지면적을 3배나 늘렸는데, 〈북극성〉 클호스도 4년 동안 약 5배인 1,080헥타르의 토지를 개척했다. 목화와 벼능사를 위한 파종 면적이 약 10배 정도 증가했다. 김병화의 지도에 힘입어 1946~50년 시기에는 1헥타르당 4~5톤의 쌀을 생산했고, 일부 작업반들은 8톤까지 생산했다. 이러한 농업적 성과와 김병화의 지도력을 높이 평가한 소비에트 당국은 1948년 4월 김병화에게 사회주의 노력영웅의 칭호를 수여했다. 그의 탁월한 농업적 조직능력과 지도력에 힘입어 콜호스는 계속해서 발전해 나갔으며, 1951년 8월 다시 사회주의 노력영웅 칭호를 부여받음으로써 김병화는 사회주의 이중 노력 영웅이 되었다. 또한 1956년에 소련공산당 기관지인 『프라브다』에 소개되면서 김병화는 우즈베크공화국을 넘어서 전 소련에 알려지기 시작했다.[19]

중앙아시아의 고려인 콜호스는 초기 건설기(1938~41)와 고려인의 제2

---

18)http://kosa.culturecontent.com의 스토리벙크-원형스토리 은행(17번: "김만삼 '선봉'에 서다"- 콜호스의 선봉장 김만삼) 참조.

19)http://kosa.culturecontent.com의 스토리벙크-원형스토리 은행(24번: "별이 된 김병화" - 북극성의 한가운데에 선 김병화) 참조. 2005년 탄생 1백주년을 맞은 김병화에 대한 연구서가 러시아와 한국에서 나왔다. Пак Б. Д(составитель), *Ким Пен Хва и колхоз* 《Полярная звезда》, М.: Институт востоковедения РАН, 2006; 성동기, 『우즈베키스탄 불멸의 고려인 영웅 김병화』, 재외동포재단, 2006.

의 고난인 노동군[20] 동원이 행해진 독소전쟁시기(1941~45)를 겪으면서
도 경제적인 안정을 이루며 발전해 나갔다. 그러나 소비에트 정부의 시책
에 따라 부실 콜호스의 통폐합이 이루어지면서 중대한 변화가 일어나기 시
작했다. 상대적으로 부유함을 유지해 왔던 고려인 콜호스들이 경영상태가
나쁜 콜호스들의 채무까지 떠안으면서 통합된 콜호스들은 점차 쇠퇴하기
시작했고, 이는 결국 고려인 콜호스원들이 콜호스를 떠나게 되는 결과를
낳았다. 고려인들은 '고본질'[21]이라는 계절농업을 위해 토지가 비옥한 러
시아의 카프카즈나 볼고그라드, 우크라이나 등지로 떠났다. 고본질은 개인
단위로 운영되는 것이 아니라 구성원 모두가 참여하는 소공동체 단위로 운
영되었다. 사실 이 시기에 소속된 콜호스를 벗어나는 것은 불법적인 행위
였다. 하지만 고본질은 고생하는 만큼 많은 수익을 보장해 주었고, 이를 통
해 재산축적이 이루어진 고려인들이 알마티와 타슈켄트 등 거주국의 도시
로 이주해 갈 수 있는 기반을 제공해 주는 원천이 되었다.[22]

　중앙아시아 고려인들이 농촌 콜호스에서 도시로, 그리고 더 넓은 세계인
러시아와 우크라이나의 대도시로 나아가게 된 동기는 무엇보다도 한민족
특유의 교육에 대한 열정이었다.[23] 1950년대 초반 콜호스의 생활이 안정
기에 접어들면서 고려인들은 그들 자녀들이 타슈켄트와 알마티뿐만 아니

---

20) 황 류드밀라, 「노동군: 고려사람에게 가해진 두 번째의 비극적 운명」, 『역사문화연구』, 제
　　19집, 한국외대 역사문화연구소, 2003, 309-331쪽.
21) 집단농 형태로써 고본질의 영농주체는 고려인이 유일했다. 고본질의 역사적 전개에 대해
　　서는 다음을 참조. 백태현, 「중앙아시아 경제의 산업화와 고려인의 역할」, 『러시아·중앙
　　아시아 한인의 역사(상)』, 253-257쪽.
22) http://kosa.culturecontent.com의 스토리뱅크-원형스토리 은행(28번: "더 넓은 농토를
　　찾아서" – 도시로 향하는 발걸음) 참조.
23) 1940년 조직된 우즈베키스탄 타슈켄트 주 스베르들로프 콜호스의 경우도 이미 1944년
　　에 학급당 15-17명의 10년제 학교를 세웠으며, 다른 콜호스에서도 학생들이 입학을 원할
　　정도의 명문 학교가 되어갔다. 임영상, 「타쉬켄트 주 고려사람 콜호스의 변화: 상치르치
　　크 구 스베르들로프 콜호스」, 『역사문화연구』, 제27집, 2007. 6, 320쪽.

라 모스크바와 상트페테르부르크, 키예프, 하리코프 등 러시아와 우크라이나 대도시의 고등교육기관에 진학할 수 있도록 온갖 노력을 기울였다. 크즐오르다 선봉 콜호스 출신의 황 알렉세이(1931년 하바로프스크 지방 출생)는 온 가족과 이웃의 성원으로 우크라이나 하리코프 유학길에 올랐으며,[24] 타슈켄트 주 양기율 구역 레닌 콜호스 출신 김 표트르(1932년 연해주 출신)는 "조선사람은 글공부해야 한다."라는 모친의 가르침을 잊지 않고 각고의 노력 끝에 시베리아(크라스노야르스크)의 저명한 물리학자가 되었다.[25] 황 알렉세이와 김 표트르의 우크라이나와 러시아 유학 성공스토리는 특별한 경우였다. 고려인들이 합법적으로 러시아, 우크라이나의 대학도시로 유학을 갈 수 있게 된 것은 1953년 스탈린 사망 이후 스파이 민족이라는 불명예가 벗어진 이후였다.

유럽러시아와 우크라이나, 시베리아의 도시에서 고등교육을 받은 고려인 2세들 중에는 다시 그들 부모가 있는 농촌 콜호스로 돌아간 경우도 있다. 그러나 대부분이 알마티나 타슈켄트, 사마르칸트, 누쿠스 등 출신지역의 도시, 아니면 아예 그들이 유학했던 러시아와 우크라이나, 시베리아의 도시에서 직장을 얻었다. 도시에서 기반을 잡은 고려인은 거의 예외 없이 콜호스의 친인척을 도시로 불렀다. 1990년대 초반 이래 과학도시 시베리아(노보시비르스크, 톰스크, 크라스노야르스크 등) 고려인사회가 대학과 연구소의 과학자들 중심으로 형성된 이유도 여기에 있었다.[26]

---

24)황 알렉세이의 유학을 위해, 거주지 제한이 없는 여권은 그의 큰 형이 관리에게 비정상적인 방법으로 만들었으며, 부모와 마을 사람 전체가 그의 우크라이나 유학을 도왔다. Хан Онам, *Чокпо*, (Новосибирск, 2003), 156쪽

25)김 표트르는 여권에 새겨진 '우즈베키스탄 영토 내로 제한' 글귀를 스스로 지우고 러시아 대학에 진학하고자 했으며, 아이러니하게도 경찰서장의 호의로 5년짜리 러시아인 여권을 받게 되었다. 임영상, 「시베리아의 고려인 과학자: 크라스노야르스크의 물리학자 김 표트르」, 『국제지역연구』 제9권 제1호(2005), 303-304쪽.

　　1959년 중앙아시아 거주 고려인의 전체 70%가 농촌 지역에 살았으나, 1970년의 인구조사에 의하면 약 60%가 도시에 거주하고 있는 것으로 조사되었다. 1960년 이래 두드러진 고려인의 도시화 경향은, 고본질과 마찬가지로, 중앙아시아의 다른 민족과는 구별되는 독특한 현상이다. 이는 높은 교육열과 사회경제적 지위 향상을 추구해간 고려인의 강한 역동성에서 비롯되었다. 최근 상황이 바뀌었지만, 고려인 가정에서 대학진학은 당연한 일처럼 간주되었다.[27] 고등교육을 받은 도시 거주민의 수가 늘어감에 따라 고려인들의 직업구조도 강제이주 초기의 농업 관련 직업 일변도에서 탈피하여 더욱 전문화되고 세분화되었다. 학자, 교사, 의사, 건축가, 엔지니어, 법률가, 문화예술인, 공무원, 사무직 노동자, 정치가 등 사회의 다양한 직업 분야에 진출하여 그 역량을 발휘하게 되었다. 이를 바탕으로 중앙아시아 고려인은 경제적으로 높은 생활수준을 누릴 수 있게 되었고, 또 사회적으로도 각 분야에서 능력을 인정받게 되었다.[28]

　　그러나 농촌 콜호스를 떠나 도시로의 이주는 중앙아시아 고려인의 민족적인 삶의 방식에는 부정적인 영향을 끼치기도 했다. 1960년대 말부터 1970년대에 들어서 고려인들의 콜호스(농장) 수가 급속히 줄어들면서, 이주 초기 피땀을 흘려가며 세워 놓은 집, 학교, 유치원, 구락부(회관) 등 건물들조차 잃어버리게 되었다. 무슬림사회인 농촌과 달리 도시는 러시아인이 상층계층을 이루고 있고, 러시아어는 고려인을 포함한 전 소비에트 신민의 모국어가 되었다. 민족간 접촉에서 고려인과 러시아인의 만남은 가정

26)임영상 · 김건숙 · 김민수, 「시베리아의 고려인 사회와 한민족」, 임영상 · 황영삼 편, 『소련 해체 이후 고려인 사회의 변화와 한민족』, 한국외대 출판부, 2005, 150-192쪽 참조.
27)1989년도의 인구조사에 따르면 18세 이상의 고려인 성인 남녀를 기준, 총 25,489명 또는 21.7%의 고려인이 대학을 졸업했거나 중퇴했다. 우즈베크 전체 인구 대비 평균 4%만이 대학을 졸업한 반면, 고려인은 그 비율이 11.7%에 달했다. 한 세르게이 · 한 발레리, 324-325쪽.
28)백태현, 265쪽.

생활뿐만 아니라 생활서비스 시설(백화점, 식당, 카페, 우체국, 시장 등)에서 긴밀해졌다.[29] 젊은 세대 고려인들에게 한국어는 부모세대의 언어에 불과했고 유창한 러시아어 구사만큼이나 고려인은 지배문화인 러시아문화에 영향을 받게 되었다. 소비에트 시절 고려인을 고려인답게 해준 한식 명절을 제외하고 한민족의 전통명절과 관습들도 줟차 사라져갔다. 그들 스스로는 '조선 사람'이라고 칭했어도 몸과 마음이 '소비에트 고려 사람'으로 변해가고 있었던 것이다.

3. 페레스트로이카, CIS 체제와 고려인 사회의 변화

사회주의 러시아혁명(1917년)과 소비에트사회주의연방공화국의 붕괴(1991년)는 현대 세계사의 획을 그은 사건이다. 이 두 사건의 격랑에 러시아의 한인 또한 역사의 한 가운데에 휩싸였다. 1917년 혁명 이후 극동지역에서 전개된 적위파와 백위파의 내전 기간에 수많은 한인들이 희생을 당했으며, 1991년 소련의 해체와 CIS 체제의 성립 이후 정체성의 혼란과 함께 일부 고려인은 중앙아시아를 떠나 러시아, 우크라이나로 끝나지 않은 유랑의 길을 다시 떠나야 했다.

1) 페레스트로이카와 고려인 사회의 변화

1985년 공산당 서기장 고르바초프의 페레스트로이카(개편)와 글라스노스치(공개성) 정책을 발표했을 때, 세계는 열렬한 환영을 표시했으나 정작 소련사회는 서기장의 진의가 무엇인지 반신반의하는 분위기였다. 1987년

---

29) 유가이 일리야 그리고리예비치, 「중앙아시아 高麗人의 民族的 獨創性」, 『재외한인연구』, 제7호, 1998, 46-47쪽.

에 가서야 소련의 역사학자들은 스탈린에 의한 역사 왜곡, '하얀 얼룩'을 지우는 작업에 착수했다. 1988년 서울올림픽을 계기로 자랑스러운 역사적 조국이 남쪽에 존재함을 알게 된 중앙아시아 고려인사회에서도 페레스트로이카 효과가 나타나기 시작했다. 1988년 9월에 개최된 제19차 소련 공산당 전당대회에서 행한 "우리 다민족국가의 원칙은… 자기들의 모국어를 자유롭게 발전시키고 이용하게 하는 것"이라는 고르바초프의 연설문을 인용하면서, 타슈켄트의 소련작가동맹원인 시인 박 보리스는 고려인사회도 자신의 의사를 표명할 수 있는 단체가 필요하다는 주장을 1988년 9월 6일자『레닌기치』에 게재했다.[30] 9월 21일에는 소련작가동맹 맹원 한진의 "조선말을 살리자", 10월 14일에는 주영윤이 한진의 주장을 지지하는 "언어는 민족의 재부이다"라는 기사가 나왔다.[31] 니자미명칭타슈켄트국립사범대학 조선어교원인 명월봉은 "개편, 공개성… 이런 기회를 놓친다면 력사는 우리를 용서하지 않을 것"이라고 주장하면서 조선말을 살리는 방안으로 사범대학에 조선어과의 상설운영과 교수요강의 개선, 교수의 질 제고방안을 제시했고, 타슈켄트에 "조선사람을 위한 문화중앙 창설하자"는 박 보리스 시인의 의견에 전적인 동의를 보냈다.[32]

　농촌 콜호스에서 거주공화국의 도시로, 또 러시아와 우크라이나의 대도시로 이주하여 흩어져 살게 되면서 중앙아시아 고려인 2세들은 거의 대부분 한글을 상실했다. 언어뿐만이 아니었다. 가족 친지와 떨어져 살고 또한 소비에트 러시아문화에 동화되어감에 따라 민족문화전통도 소멸되었다.

---

30)『레닌기치』1988. 9. 6「조선인들의 문화중앙은 반드시 있어야 한다」
31)『레닌기치』1988. 9. 21「조선말을 살리자」,『레닌기치』1988.10.14(4)「언어는 민족의 재부이다」
32)『레닌기치』1988.11.12「우리에게 많이 달렸다(조선말을 살리자)」그러나 우즈베키스탄 고려인협회는 분열과 갈등을 야기했는데, 오늘날까지 그 양상이 계속되고 있다.

따라서 1989년 5월 처음 결성된 모스크바고려인협회 [33] 등 소련 내 공화국과 도시, 고려인 콜호스 등에서 성립한 고려인협회(문화중앙) 모두 모국어의 부활 교육과 한민족의 전통명절 등 민족문화의 재생을 목표로 내걸었다.

1989년 2월 28일자 『레닌기치』는 "음력설맞이가 재생된다"라는 제목으로 개편과 공개성 정책으로 고려인들의 음력설명절이 개최되었다는 소식을 전했다. 타슈켄트 주 상치르치크 구역 우즈베키스탄 콜호스가 개최한 행사에 인근의 폴리타젤, 프라우다, 스베르들로프 고려인 콜호스원들도 참여했을 뿐만 아니라, 우즈베크여성들과 카자흐인민의 명의로 카자흐두따라연주앙상불이 조선신년을 축하했다. 기사는 다음과 같은 필자(타슈켄트 시인 박 보리스)의 기원으로 마무리되었다. "명절의 빛나는 금관에서 로씨야의 신년소리를 비롯하여 우스베크민족절 나부르스와 함께 이제부터는 음력에 의한 조선신년맞이도 아름다운 진주로 되어 우스베키쓰딴에서 뿐만 아니라 전국적 범위에서 조선인들의 전통적인 명절로 될 것이라고 확신한다. 신년명절이여, 부디 길이 후손 만대로 빛나리!"[34]

페레스트로이카는 소련의 러시아 이외 민족들에게 언어뿐만 아니라 전통문화가 부활될 수 있는 계기를 제공했다. 그런데 민족명절의 재생 노력에서도 고려인은 '소비에트 고려인'의 정체성을 드러냈다. 1월 1일의 러시아(정확하게는 소련) 신년, 우즈베키스탄공화국의 대표민족 우즈베크인의 새해인 나부르스명절과 함께 한민족의 음력설을 같이 기념하자고 기원한 것이다. 1990년에 처음으로 개최된 단오명절에 대한 언급에서도 나부르스명절뿐만 아니라 콜호스 내의 타민족과의 친선 교류도 강조했다. 우즈베키

---

33) 최초의 고려인협회는 1989년 5월 모스크바 동양학연구소에서 300명이 참석한 가운데 창설대회 개최되었다. 동 대회에서 '개편정책으로 쏘련조선인들에게도 자기 언어와 문화를 부흥하는데 있어 유리한 조건이 조성된 것'을 강조했다. 『레닌기치』 1989.5.13(3) 「재쏘 고려인협회를 결성」

34) 『레닌기치』 1989.2.28(4) 「음력설맞이가 재성된다」

스탄에서 단오명절을 처음 쉰 타슈켄트 주 하치르치크 구역 레닌그라드콜
호스 부위원장 박 클리멘트는 "올해 우리는 '나우르스' 명절과 조선의 단
오절을 굉장하게 쇠었습니다… 또한 친선명절도 성대하게 지냈습니다. 조
선, 우스베크, 로씨야, 따따르 등 민족노래가 울려났습니다. 그리고 꼴호스
원들의 손으로 만든 민족음식들을 맛볼 수 있었지요. 이외에도 여러 민족
경기[35]가 있었습니다… 우리 꼴호스에는 얼마전부터 우스베크인문화중앙
과 카사흐인문화중앙도 활약하고 있습니다."[36]

2) CIS 체제, 포스트소비에트 시대의 전개와 고려인 사회의 변화

1991년 12월 소비에트사회주의연방공화국이 해체되고 1992년 1월부
터 독립국가연합(CIS) 체제가 출범했다. 스탈린 사후, 소비에트 시절 고려
인은 정치, 경제, 사회 등 모든 면에서 인종적 특징 때문에 차별 대우를 받
지 않았다. 콜호스의 고려인들이 국가에서 수여하는 훈장, 메달을 받았으
며, 정부의 고위직에 오른 사람도 많았고 저명한 학자, 문화, 예술계 인사
들도 배출되었다. 고려인들은 다른 소련 인민들과 동등한 지위를 지녔고
자신이 평등하다고 느꼈다. 민족학교의 폐교와 모국어의 상실을 비극으로
인식하지 않았는데, 그것은 고려인뿐만 아니라 수십, 수백에 이르는 다른
소수 민족도 상황은 마찬가지였기 때문이다. 소비에트 고려인 사회는 소련
이라는 국가의 한 나라 국민이라는 동질성 이외에도, 러시아어를 공동으로
사용하였고, 고려극장 같은 공통의 민족문화의 본거지를 공유하며, 『레닌
기치』, 『고려일보』 같은 공화국 차원의 신문도 공유하고 있었다.[37] 그러나

---

35) 『레닌기치』 1990.6.19 「민족놀이 줄당기기」〔내용과 경기규정 설명〕
36) 『레닌기치』 1990.12.25 「(농촌문화 및 생활양식)지시가 내리기 전에」
37) 김 게르만, 「소련의 붕괴와 포스트소비에트 고려인들」, 『러시아 · 중앙아시아 한인의 역사
　　(상)』, 314-315쪽.

CIS 체제, 포스트소비에트 시대가 전개되면서 다시금 큰 변화를 맞게 되었다.

먼저, 중앙아시아 국가들의 독립과 자민족중심 민족주의, 그리고 내전 (타지키스탄)으로 고려인들은 다시 '끝나지 않은 유랑'을 떠나야 했다. 러시아인이 40%에 이르고 러시아와 긴 극경을 닿댄 카자흐스탄에서는 처음부터 과도한 카자흐민족주의를 내세울 수 없었다.[38] 반면에, 우즈베크 민족이 다수를 차지한 우즈베키스탄에서는 문자도 키릴문자에서 라틴문자로 바꾸고 우즈베크어를 국어로 채택하고 자민족중심주의를 노골화시켰다. 지배민족에서 하루아침에 소수민족으로 처지가 바뀐 많은 러시아인들이 우즈베키스탄을 떠났다. 우즈베크어를 모르기는 마찬가지인 고려인들도 미래에 대한 불안으로 조상들의 고향인 러시아 연해주로 이주하는 사람들이 늘어났다.

그러나 중앙아시아 고려인 모두가 연해주로 이주할 수도 없고, 또 이주할 필요도 없었다. 특히 중앙아시아에서 태어나고 자란 고려인 3, 4세대 (중앙아시아 고려인 2, 3세대)의 생각은 그들 부모세대와 다를 수밖에 없었다. 2000년 여름 중앙아시아(우즈베키스탄, 카자흐스탄)의 고려인 3,4세대를 대상으로 한 조사연구[39]에서 30대와 40대가 각각 67%, 65% 비율로 현지정착을 희망했다.[40] 또한 연해주보다는 계절농사, 고본질로 익숙한 러시아 남부의 볼고그라드나 남부 우크라이나 지방이 더 선호되기도 했다.

---

38) 한국 외교부가 주최한 제1차 한·중앙아시아협력포럼(2007.11.15) 제4회의 한·중앙아 문화교류 증진 방안 토론에서 카자흐스탄 대표(카자흐스탄 문화정보부 국장)는 카자흐스탄은 다민족, 다종교 사회로 종교 간 분쟁이 없다고 언급했다.

39) 「현지정착지원을 위한 러시아 고려인 3,4세대의 일상생활문화 변화 연구」, 2000년 재외동포재단의 연구용역으로 한국외대 역사문화연구소가 수행했다.

40) 임영상·김상철, 「중앙아시아 3,4세대 고려인의 의식과 생활문화 변화」, 『국제지역연구』 제4권 제4호, 한국외대 외국학종합연구센터, 2000, 212쪽.

특히 볼고그라드는 1992년 타지키스탄에서 내전이 일어나자 18,000명의 타지키스탄 고려인들은 순식간에 생활의 터전을 잃어버리고 다른 나라로 피신해야 하는 난민이 되었다. 이 중 러시아로 이주한 대다수가 볼고그라드주의 농촌지역으로 이주했다. 1990년대 중반부터는 우즈베키스탄 출신 고려인들이 집중적으로 이주했다. 2000년에는 우즈베키스탄 카라칼팍스탄 자치공화국 출신 고려인들이 한국의 지원을 받아 볼고그라드주 노보알렉세예프카 지역으로 카자흐스탄을 거쳐 농사 장비를 갖고 집단 이주했다.[41]

CIS 체제의 성립 이후, 중앙아시아 고려인의 신이주는 대체로 러시아 연해주, 러시아 남부의 볼고그라드, 남부 우크라이나의 농촌 지역으로 향했다. 러시아 연해주와 볼고그라드 지역으로의 이주는 한국사회의 관심과 지원으로 상당 부분 안정적인 정착단계에 이르고 있다. 그러나 남부 우크라이나 지역의 경우, 우즈베키스탄에서 이주한 고려인들 일부가 도시지역으로 이주, 정착했으나, 아직도 상당수 농촌 지역의 고려인들이 무국적 상태로 2006년과 2007년 연이어 언론의 집중보도를 받은 바 있다.[42]

CIS 체제의 성립으로 중앙아시아에서 러시아어가 국제친선어의 위치로 바뀌었다. 1988년에 이미 80% 이상이 도시와 도시형 농촌에 거주하고 있는 고려인의 생활에 당장 지장을 주는 것은 아니다.[43] 그러나 포스트소비에트 시대 이후 러시아어만 구사하는 고려인들은 더 이상 공직에 머무를 수가 없었다. 그리고 이미 고려인사회는 거주 국가에 상관없이 학생, 예술,

---

41)송준서 · 김상철, 「변화하는 우랄 · 볼가지역 고려인 사회: 확장과 새로운 도전들」, 임영상 · 황영삼 외,『소련 해체 이후 고려인 사회의 변화와 한민족』, 한국외대 출판부, 2005, 142-144쪽.
42) KBS-2 TV「추적 60분」① 2006년 1월4일, ② 2007년 8월15일.
43) 2000년의 조사에서 중앙아시아 고려인 젊은 세대 중 어느 누구도 카자흐어나 우즈베크어를 일상생활언어로 사용하지 않았다. 임영상 · 김상철, 198쪽.

학문, 기술 분야의 지식인 수가 줄었고, 학계, 교육, 문화, 보건, 건축 등 전문직을 떠나 중소 비즈니스 분야로 이직하는 청년 고려인이 많아졌다. 고려인의 지적 잠재력 유출은 인구가 많은 다른 인종보다 더 심각하다.[44]

한국정부가 국제교류재단과 한국학중앙연구원을 통해 한국어(학) 연구자에게는 약간의 혜택을 주고 있으나, 한국학 분야뿐만 아니라 다양한 분야에 고려인 학문 후속 세대를 위한 대책을 강구할 필요가 있다. 시베리아의 고려인 과학자들의 노령화 현상도 심각한 상태이다.[45]

대학을 졸업해도 일자리가 없다는 현실인식으로 교육에 대한 고려인 사회의 생각도 달라졌다. 소비에트 시기와 달리 대학공부가 고비용이 드는 문제도 있으나, 부모도 학생 자신도 굳이 대학공부에 대한 매력이 떨어진 것이다. 2008년 현재 연간 600달러 내외의 등록금이 없어 우즈베키스탄에서 고려인 학생들이 대학공부를 포기하고 있다. 뿐만 아니라 농촌 콜호스의 고려인 학생들은 11학년 졸업 이전 3, 4년 전부터 준비해야 하는 수험과목(한국어, 노어, 영어, 역사, 수학)을 위한 특별공부를 할 능력이 없다. 고려인 교사들도 하나둘씩 학교를 떠나고 있다. 부모세대 고려인들이 명문으로 육성해온 콜호스 학교를 지켜야 할 고려인 교사와 대학진학을 원하는 고려인 학생 모두를 만족시킬 수 있는 방안이 마련되어야 할 시점이다.[46]

---

44) 김 게르만, 337쪽.
45) 김민수 외, 「시베리아 고려인 과학자 현황과 학술적 업적」(2005 재외동포재단 연구용역), 2001. 노보시비리스크 17명, 톰스크 16명, 옴스크 1명, 바르나울 7명, 노보쿠츠네츠크 1명, 예카테린부르그 1명, 크라스노야르스크 14명, 이르쿠츠크 1명, 하바로프스크 8명 등 2005년 현재 생존한 총 69명 연구자 가운데 20대가 1경, 30대가 9명, 4C대가 17명, 50대가 19명, 60대가 10명, 70대가 9명, 80대가 1명이었다. 이 중에 50대 몇 명은 학계를 떠나 사업가로 변신했다.
46) 타슈켄트 주 김병화, 스베르들로프 콜호스 학교의 경우, 몇몇 한국인들이 월3만원 장학금을 모아 고려인 교사들에게 월50달러를 주고 대학진학 준비를 원하는 희망학생들에게 방과후 공부를 시키고 있다.

　　자본주의 경제체제의 진전으로 비즈니스 업종의 중요성이 커짐과 동시
에 고려인협회의 지도부도 초기의 학자 계층에서 비즈니스맨으로 바뀌었
다.[47] 가장 두드러진 활동을 하고 있는 카자흐스탄고려인협회(회장 채유
리)의 경우, 2007년 '고려인거주 70주년 기념행사'를 한국정부 등 외부
지원을 받지 않고 대대적으로 거행했다.[48] 한국사회와의 만남도 포스트소
비에트 고려인사회에 상당한 변화를 가져왔다. 페레스트로이카 이후 북한
이, 그리고 뒤이어 남한이 경쟁적으로 중앙아시아 고려인 사회의 언어와
문화부흥을 지원했는데, 현재는 북한의 지원은 단절된 상태이다. 대학과
초중등학교의 한국어교재는 한국정부의 지원으로 이루어지고 있으며, 한
국과의 문화교류도 날로 확대되어왔다. 고려인의 장례의례 등 생활문화에
도 변화가 일어나고 있다.

　　포스트소비에트 고려인 사회에서 ① 같은 한민족 간의 단합과 타민족과
의 융합 문제, ② 민족부흥 및 생존의 문제 등이 당면 과제로 떠오른 상태
이다. 오늘날 독립국가연합의 고려인사회는 출신지역에 따라 '중앙아시아
출신 고려사람', '사할린 한인'. '북한출신 고려인'으로 구분할 수 있다.
또한 친북한과 친한국 성향의 단체, 도시거주자와 농촌이나 도시 주변의
'고려인 콜호스'에 거주하는 사람으로 구분할 수도 있다. 고려인사회 내부
에 존재하는 다양한 사회그룹 및 단체 간의 단합은 결코 간단한 문제가 아

---

47) 카자흐스탄국립대 김 게르만 교수는 고려인협회장이 교수에서 사업가로 바뀐 이유로 3가
　　지를 들었다: ①교수지도자들의 연령에 따른 협회 활동의 효율성 문제, ②현실감각의 둔
　　함과 비즈니스 프러젝트 수행능력의 부족에 따른 물적 토대 능력, ③직업과 나이에서 오
　　는 보수성으로 인한 사고방식과 업무추진방식 변경 능력부재. 김 게르만, 324쪽.
48) 김 게르만, 324쪽. 러시아에서는 2003년 5월 24일-26일 시베리아의 톰스크 고려인협회
　　(회장 김 올레그)가 모스크바가 아닌 톰스크에서 제2회 전러시아고려인협회 개최, 2004
　　년 9월 23-25일에는 톰스크 도시 창설 400주년, 고려인 러시아 이주 140주년, 톰스크 고
　　려인 이주 50주년을 기념하는 '한국문화의 날들: 러시아 고려인 140년' 행사를 성대하게
　　개최하였다. 임영상 · 김건숙 · 김민수, 「시베리아의 고려인 사회와 한민족」, 임영상 · 황
　　영삼 외, 『소련 해체 이후 고려인 사회의 변화와 한민족』, 172쪽.

니다. 지역, 국가에 따라 고려인협회가 그들만의 협회로 일반 고려인의 외면을 받고 있는 점이 이를 반증하고 있다. 타민족과의 융합 문제와 관련, 중앙아시아 고려인 사회는 현지어를 습득해야 하거나 시간이 더 지나면 모국어가 된 러시아를 버리고 카작어나 으즈베크어를 써야 할지도 모를 것이다.[49]

중앙아시아 고려인사회의 민족부흥과 생존의 문제는 더 본질적인 문제인 바, 다음 장에서 이 글의 결론을 대신하여 다루고자 한다.

4. 문화의 시대, 한 · CIS 교류와 고려인 사회의 전망

"전 세계 한인 디아스포라 중 그 어떤 집단도 고려사람, 특히 중앙아시아의 한인들과 같이 사회에서 높은 지위와 성공을 이룩한 예는 없었다."[50]

우즈베키스탄 학술원 역사연구소 한 발레리 부소장의 말이다. 3년 후인 2012년이면 CIS 체제, 포스트소비에트 시대 20년이다. 과연 중앙아시아를 비롯한 CIS 국가의 고려인 사회가 다시 그 영광을 회복할 수 있을까? 카자흐스탄의 고려인 기업가들과 시베리아의 고려인 기업가들의 경우를 본다면, 최소한 비즈니스 분야는 가능한 것처럼 보인다. 국제적 해외교포 경제 · 무역단체인 (사)세계해외한인무역협회 World-OKTA(World Federation of Overseas Korean Traders Associations)와 재외동포재단이 주관하고 있는 한상(韓商)네트워크에 최근 CIS 고려인 기업가들도 참

---

49) 김 게르만, 336-337쪽.
50) 우즈베키스탄의 김병화, 폴리타젤 등과 같은 고려인 콜호스는 소련의 지도자나 외국 국빈들의 단골 방문지였고, 고려인들은 어려운 환경을 극복하고 교육을 통해 ① 정부관료(장관)와 정치인, ② 학술원 회원과 교육분야 지도자(대학총장), ③ 대형 국영 혹은 개인 산업, 재정, 농업경제 대표자, ④ 유명한 스포츠선수(올림픽, 세계선수권 챔피언), 국제적인 상을 수여한 유명 작가, 작곡가, 화가와 오페라, 발레 등의 연기자들이 배출된 것이다. 한 발레리, 80-81쪽.

여하고 있다. 세계 각 지역의 한인사회 및 한국정부와의 협력이 긴밀해진 것이다. 한국정부도 2009년을 글로벌 코리안 네트워크(Global Korean Network) 구축사업을 본격적으로 전개할 계획이다.[51]

소련의 붕괴로 냉전 체제가 종결되면서 정치보다 경제가 중요해졌다. 한편, 21세기는 문화의 시대인데, 경제와 문화 또는 문화와 경제가 손잡고 가는 시대가 되었다. 문화가 경제적 이윤을 창출하는 유망주라 여겨져 경제인들이 문화투자에 관심을 기울이고 있다. 과거처럼 골동품이나 미술품 투자가 아니라 문화산업을 표방하고 문화상품을 만들어내는 것이다. 문화도 상품이 될 수 있다는 판단 아래 문화인들도 문화기획이라는 이름을 걸고 경제활동을 벌이고 있다.[52] 바야흐로 문화산업의 시대, 문화콘텐츠 개발의 시대가 온 것이다.

중앙아시아 고려인 사회의 민족(문화)부흥 문제의 해결방안을 문화산업 측면에서 찾아볼 필요가 있다. 먼저 고려인의 모국어(민족어) 문제이다. 현재 고려인 최장년층의 언어인 '고려말'은 그 뿌리가 15세기까지 거슬러 올라가는 독특한 방언으로 가족(생활) 수준에서 사용하고 있다. 따라서 사용인구가 급속히 감소하고 있고 구어로만 존재하는 고려말을 소생시키는 것이 가능하며, 또 필요할 지에 대해서는 고려인 학자도 의문을 제기한다.[53] 한 때 중앙아시아 고려인 사회는 북한과 남한 교수들이 동시에 체류하면서 각기 '조선말'과 '한국어'를 가르쳤으나, 이미 한국어가 학습어로 정착되었다. 이제 고려인 학자나 한국의 연구자나 연구지원기관은 고려말에 대한 연구, 어휘의 생성과 목록 작성 및 실제 사용 장면의 동영상자료

---

51)『공감』2009. 04. 01 No.05(통권 108호) http://gonggam.korea.kr 기획특집「대한민국의 새로운 힘 '재외동포 네트워크'」참조.
52) 임재해,「문화자산으로서 민속문화 유산의 경제적 가치 재인식」, 김수이 편저,『한류와 21세기 문화비전: 욘사마에서 문화정치까지』, 청동거울, 2006, 35-36쪽.
53) 김 게르만, 337쪽.

등을 구축하여 연구와 문화산업에 활용될 수 있도록 해야 할 것이다.

고려인들의 풍속 및 의례와 관련한 민족(문화)부흥 문제는 고려인사회
도 한국인 연구자와 지원기관들도 보다 사려 깊은 접근이 필요하다. 러시
아 및 중앙아시아문화와 상호 영향을 주고받으면서 전개되어 온 '고려인
의 생활문화'가 한국의 전통과 다르다고 해서 변경의 대상으로 이해하는
것은 잘못된 생각이다. 이는 고려인들에게 생활양식, 심리, 정서 모두를 바
꾸도록 강요하는 셈이다.[54] 단적인 예가 장례문화이다. 망자를 장지로 인
도할 때 악단의 연주 속에 꽃을 들고 상여 대신에 자동차(향도차)를 이용
하고 묘비에 사진 등을 새기는 것은 분명 러시아문화의 영향을 받은 것이
다. 고려인의 장례문화는, 고려인의 효문화를 드러내고 있는 성묘문화[55]
와 함께, 지역민의 그것과는 차별적이면서도 지역민과 한국인의 공감을 불
러일으킬 수 있는 문화콘텐츠로 기획될 수 있다. '한류'가 한국문화의 소
개와 전파라고 한다면, 70년 전부터 중앙아시아에 뿌리내린 고려인의 음
식문화(카레이스키 샐러드와 국수 등)는 원조 한류라 할 만하다 하겠다.[56]

최근 중앙일보는 카자흐스탄과 우즈베키스탄의 언론 및 문화재단과 잇
따라 협력 의향서를 체결해 중앙아시아 지역과의 협력을 강화했다. 2009
년 3월 30일 타슈켄트에서 우즈베키스탄 문화·예술 펀드 포럼과, 또 3월
27일에는 서울에서 『카자흐스탄 프라우다지』와 언론 및 문화분야 협력을
골자로 하는 양해각서를 체결했다.[57] 그 동안 한·CIS 문화교류는 한국정

---

54) 김 게르만, 337-338쪽.
55) 필자는 포스코청암문화재단의 후원으로 2008년 4월 우즈베키스탄 고려인 콜호스에서 한
   식행사를 관찰한 글을 재외동포재단이 간행하는 『한인네트워크』에 기고(「우즈베키스탄
   고려인과 한식」)했다.(http://www.korean.net/ 2008_05_13) 또한 이를 기초로 미니 다
   큐도 제작했다.
56) 정수일, 『실크로드 문명기행』, 한겨레출판사, 2006, 166쪽.
57) 중앙일보, 2009.4.3.「본지, 카자흐·우즈베크와 언론·문화분야 협력 강화」

부가 주도적으로 추진해왔는데, 양측 언론문화재단이 교류의 주체로 나선 것은 고무적인 현상이다. 그런데 앞으로는 문화교류뿐만 아니라 인문학과 산업의 만남인 문화산업 분야에서 활약할 수 있는 고려인 인재육성에 한국 사회가 관심을 가져야 한다.

중앙아시아 고려인 사회는 이주 초기 콜호스를 개척할 때부터 고려인 콜호스를 순회하면서 연극과 합창 등을 공연해온 '고려극장'을 자랑스럽게 기억하고 있다. 그들은 전문예술단이었으나, 콜호스 경제가 안정기에 접어들면서 규모가 큰 콜호스마다 '소인예술', 곧 아마추어 예술단이 조직되었다. 고려인들이 개척하고 주도적으로 운영해온 김병화, 폴리타젤 등 타슈켄트 주의 선진 콜호스마다 소인예술단이 있었다. 폴리타젤 콜호스의 황만금 회장은 콜호스의 '청춘가무단'을 전문가 수준으로 끌어올리기도 했다.[58] 과거 '고려인 콜호스 소인예술단'의 전통을 회복하면서 고려인 청소년들에게 '문화 활동이 경제 행위가 되는 문화산업의 비전'을 제시할 수 있는 방안이 가능할 것인가? 한류 바람이 거세게 불고 있는 '30만 고려인의 나라' 중앙아시아를 비롯한 CIS 지역에서도 문화교류를 넘어 한·CIS 문화산업의 교류를 선도할 수 있는 고려인 전문직업인이 나올 수 있을 것인가?

실크로드의 나라 중앙아시아(특히 우즈베키스탄)는 문화자원이 풍부한 지역이다. 중앙아시아의 고려인 콜호스가 쇠락한 것은 사실이지만, 아직도 카자흐스탄의 우슈토베 군과 우즈베키스탄의 타슈켄트 주의 고려인 콜호스에는 문화산업의 소재(스토리)로 개발할 수 있는 고려인의 전통생활문화 자원이 남아 있다. 김병화 콜호스는 이름조차 바뀌었지만, 김병화박물관은 건재하고 있다.[59] 역사를 온몸으로 감당해온 원로 고려인의 생애 또

---

58) 임영상, 「독립국가연합 고려인 청소년의 현황과 분석」, 『역사문화연구』, 제29집, 2008, 36쪽.

한 문화산업의 훌륭한 소재로 부족함이 없다.[60] 문제는 고려인의 역사와 문화, 한국과 중앙아시아의 역사와 문화에 대한 지식을 바탕으로 IT를 넘어 CT(문화콘텐츠기술)을 갖춘 문화콘텐츠기획자를 어떻게 양성할 수 있는가? 양측의 문화산업을 비즈니스 측면에서 주도할 수 있는 재일코리언 이봉우와 같은 비즈니스맨이 가능할 것인가?[61] 인문학과 정보학, 디자인, 문화마케팅을 아우르는 응용인문학 혹은 복합학 분야인 문화콘텐츠학을 한국과의 소통이 원활한 CIS 대학의 한국어학과의 고려인 교수와 고려인 학생들을 대상으로 소개할 수 있는 워크숍을 개최하고, 중앙아시아 대학 한국어학과의 교과과정에 포함시킴과 동시에 문화콘텐츠 전문가를 객원교수로 파견하는 노력 등이 필요할 것이다.[62]

CIS 체제 이후 중앙아시아(카자흐스탄, 우즈베키스탄)에서는 카작어와 우즈베크어가 국가언어로 되고 러시아어의 활용공간이 축소된 가운데, 행정단위, 마을, 지명 등의 명칭이 러시아어에서 현지어로 개명되었다. 이러

---

59) 이점에서 우즈베키스탄의 타슈켄트 주 프라우다 콜호스의 박물관과 호레즘 주의 알-호레즈미 박물관의 폐쇄는 가슴 아픈 현실이다. 이들 박물관의 개관에 대한 『레닌기치』의 기사는 다음과 같다: 1989.9.1(4)「꼴호스박물관에서」, 1990.9.11(4)「알호레즈미명칭 박물관」.

60) 최근 원로 고려인의 구술생애사를 다룬 논문들이 나오고 있다: 임영상, 「시베리아의 고려인 과학자: 크라스노야르스크의 물리학자 김 표트르」, 『국제지역연구』 제9권 제1호 (2005); 김석원, 「우크라이나 고려인협회의 산 역사, 심 콘스탄친」, 『역사문화연구』 제26집(2007.2); 박지배, 「원로 고려인 이 블라지미르의 생애와 톰스크의 한인사회」, 『역사문화연구』, 제29집(2008.2); 황영삼, 「고려인 학자 박 보리스 드미트리예비치 교수의 구술생애사: 중앙아시아 및 시베리아 생활 시기를 중심으로」, 『역사문화연구』 제30집 (2008.6); 고가영, 「우랄 지역 원로 고려인들의 생애사 연구」, 『역사문화연구』 제30집; 배은경, 「시베리아 과학자 김 파벨 가족의 구술생애사 연구」, 『역사문화연구』 제30집.

61) 재일코리언으로 프랑스에서 영화를 공부한 이봉우는 한일 간의 문화콘텐츠(영화) 교류에 기여한 전문 비즈니스맨이다.(임영상, 「우크라이나 고려인과 한·우크라이나 문화산업」, 『역사문화연구』 제32집, 2009.2, 302-304쪽).

62) 임영상, 「중앙아시아 대학 한국어과의 발전 방안」, 2008.(제2차 한·중앙아 협력 포럼 제3회의 '한·중앙아 문화/교육분야 협력방안'); 임영상 「우크라이나 고려인과 한·우크라이나 문화산업」, 『역사문화연구』, 제32집, 2009.2, 293-326쪽 참조.

한 상황에서 한국 기업들의 진출과 한국 상품 유행, 한류 붐에 힘입어 한국어와 문화에 관심을 갖는 중앙아시아 현지인들이 최근 크게 늘었다. 러시아와 우크라이나에서도 유사한 상황이 전개되고 있다. 한국은 이미 고려인들에게 든든한 친정이 된 것이다.[63] 한국사회는 고려인 문화의 부흥과 민족으로서의 고려인의 생존과 발전과 한·CIS 양측의 공동번영을 위해서 고려인 차세대의 역량제고를 위한 관심과 지원을 아끼지 않아야 할 것이다.[64]

이미 고려인은 유라시아 시대 글로벌화를 위해 노력하는 역사적 조국, 한국에 큰 힘이 되고 있다. '인내와 성실로 역경을 이겨내 성공신화를 만들어낸' 고려인 사회가 CIS 체제에서도 거주국가의 당당한 성원으로 자리잡을 날이 멀지 않을 것이다.

---

63) 문화일보, 2007.8.14. 「〈고려인 중앙아 강제이주 70년〉 '잘 사는 조국' 이야 말로 진정한 광복」
64) 우즈베키스탄과 한국을 오가며 활동하고 있는 박 루슬란 감독 등도 발전 가능성이 있는 젊은 인재다. 2009년 3월 한국외대 대학원 문화콘텐츠학과에 진학한, 우즈베키스탄에서 단편영화제작 경험이 있고 디자인 분야에 재능이 있는, 김 리타 또한 기대주이다.

재외동포정책의 비교연구

이 광 규
서울대 명예교수

1. 서론

재외동포에게 중요한 사항의 하나가 한국 정부의 교민정책일 것이다. 교민정책은 정부의 교민에 대한 기본적 정신의 발로이며 이것어 의하여 동포사회의 명암이 좌우되기 때문에 교민정책은 교포에게 가장 증요한 사항이라 하겠다. 따라서 해외에 교포를 가진 나라는 나름대로 교프정책을 수립하여 이들을 보호하고 이들의 역량을 활용하기도 한다.

문제는 우리나라의 교민정책이다. 우리는 짧은 역사에도 불구하고 몇 개의 정체가 다른 정부를 가졌었다. 이에 따라 우리는 이것을 공화국이라는 말로 표현하여 제1공화국, 제3공화국, 제5공화국이라 하였다. 각 공화국은 각기 다른 국내 정치와 외교정책 그리고 교민정책을 가졌었다.

이곳에서 문제 삼으려는 것은 과거 우리나라의 교민정책이 어떤 것이었느냐 하는 교민정책을 유형별로 나누어 보고 그러한 교민정책의 특성을 이룩한 시대적 또는 정치적 배경을 문제 삼으려 한다. 말하자면 왜 그러한 정책을 채택하였느냐 하는 교민정책의 원인을 규명하려 한다. 그리고 나아가 그러한 교민정책이 어떤 결과를 초래하였느냐 하는 결과론을 첨가하려 한다.

교민정책의 원인과 결과를 규명하는 동시에 그 특성을 규명하는 방법의 하나가 다른 나라의 교민정책과 비교하는 것이다. 따라서 한국 교민정책의 특성을 파악하기 위하여 비교연구라는 방법을 채택하였다. 한국의 교민정책과 비교할 수 있는 다른 나라의 교민정책이라 할 때 비교의 대상은 세계 나라의 수 만큼 많을 것이다. 모든 나라의 교민정책이 비교의 대상이 되지만 이곳에서는 한국과 가까운 중국과 일본 그리고 교민정책의 모범국이라는 독일과 이스라엘의 교민정책을 택하여 한국의 것과 비교하려 한다. 그리고 우리나라와 경쟁을 하는 북한의 교민정책을 첨가하기로 한다.

2. 한국의 교민정책

대한민국 수립 이후에 한국 정부가 실행한 교포정책을 시대별로 나누어 제1공화국 시절의 교민정책, 제3공화국의 교민정책, 제5공화국의 교민정책 그리고 문민정부, 국민정부, 참여정부의 교민정책으로 나누어 보기로 한다. 제2공화국은 단명하였기 때문에 교민정책이라 하여도 실제 효력이 없었다. 제4공화국은 유신체제이기 때문에 제3공화국의 연장선상에 있었다. 제1공화국의 교민정책이란 이승만정권의 교민정책이고, 제3공화국의 교민정책이란 박정희정권의 교민정책이다. 제5공화국 교민정책이란 전두환·노태우정권의 교민정책을 말하고 문민정부는 김영삼정권, 국민정부는 김대중정권, 그리고 참여정부는 노무현정권을 말한다.

1) 제1공화국의 교민정책-기민정책

건국에서 시작된 제1공화국 당시 우리의 재외 교포가 있었다면 그것은 재일동포뿐이었다. 물론 미국에 교포들이 있어 이승만박사가 대통령으로 근무할 때 한국을 도와주었고 한국의 중요한 교민이었다. 그러나 당시 수적으로나 정책상 중요한 교포는 일본에 있는 교포였다. 이승만대통령은 철저한 반공주의와 반일주의를 국시의 근간으로 하였기 때문에 재일동포에 대하여 부정적인 견해로 일관하였다. 달하자면 일본의 동포가 한국으로 귀국하여야 할 것이며 일본에 거주하는 한 그것은 일본에 동조하는 것이라 생각하여 재일동포에 대하여 몹시 못마땅하게 생각하였다. 동경에 주일대표부를 설치하면서도 한국 정부는 재일동포를 '친일파 아니면 공산주의자'로 보았던 것이다. 이것을 재일동포는 '기민정책'이라 하였다.(김봉섭 2009, 9)

한국전쟁 중 한국 정부는 한반도를 유지하기 위한 일정한 범위의 해안선을 설정하여 '평화선' 이른바 '이승만 라인'을 선포하고 일본 어민들의 한국 근해에서의 조업을 못하게 하였다. 따라서 많은 일본 어민들이 한국 해군에 의하여 체포되었다. 이에 일본의 요시다(吉田) 수상은 오무라수용소(大村收容所)를 만들어 한국 교민들이 사소한 불법이라도 저지르면 체포하여 가두고 한국과 협상을 하여 일본 어민과 고환을 하였다.

이와 같이 한국과 일본이 극도로 나쁜 사항에서 대립하고 있는 사이 북한 외상 남일(南日)이 유명한 '남일 선언'을 한다. 말하자면 해외에 거주는 모든 한인은 북조선의 공민으로 언제나 귀국하면 환영할 것이며, 귀국 전에 거주국에서 귀국 준비로서 조선에 관한 교육을 받으라고 하며 조선학교의 건립을 서둘러 124개 교를 설립할 자금을 조달한다.

북한의 재일동포정책 특히 교육정책이 적극적으로 실행되고 있는 사이 한국은 이승만대통령의 기민정책에 의하여 재일교포의 교육의 장을 잃어버리는 큰 손실을 보게 된다.

2) 제3공화국의 교민정책-이민 장려정책

제3공화국은 이승만대통령 시절과 달리 반공은 강화하면서 반일은 완화하였을 뿐만 아니라 한국은 일본에 의존하여 공업화를 추진하려 하였다

제3공화국의 교민정책을 분석할 때 세 시기 또는 세 범주로 나누어 보아야 한다. 하나는 1965년 한일조약이 체결되기 이전의 정책이고, 다음은 한일회담 이후의 정책이며, 다음은 문세광 사건 이후의 정책이다.

한일회담이 성립되기 이전 박정희정권의 시급한 문제의 하나가 인구문제였다. 인구과밀 문제도 문제려니와 산업 증가율보다 높은 인구출산율을 억제하여야 하는 인구문제이다. 이러한 인구문제를 해결하는 방법의 하나로 이민정책을 고려하여 박정권은 1962년 '해외이민법'을 제정하고 연이어 '이민공사'와 '해외개발공사'를 설립하는 한편 '한백문화협회'를 결성하여 브라질 현지와 연락을 갖고 남미로의 이민을 적극적으로 추진하여 간다. 한국의 문화사절단으로 브라질에 간 예비역 대령 정인규가 브라질정부로부터 117가구의 쿼터를 얻어와 1962년 12월 17가구 92명이 브라질을 향하여 부산항을 떠난다. 그 후 6회의 이민선이 떠났으며 아르헨티나로도 이민을 가게 된다. 당시 추진한 이민 장려정책은 일단 성공한 셈이다. 오늘날 10만 명에 가까운 한국 교민이 남미 여러 나라에 거주하며 안정된 생활을 유지하고 특히 섬유산업에 종사하고 있다.

또 하나의 인력 송출은 서독 광산의 계약노동자를 보내는 것이다. 서독을 방문한 박정희대통령이 한국에 독일 기술 이전의 명목으로 언약을 하고 귀국하여 한국정부와 서독의 석탄광산협회가 계약을 체결하여 한국의 광부를 서독으로 보내기로 한다. 이 계약에 의하여 1963년 제1진 247명이 3년 계약으로 서독 광산으로 간다. 그 후 1977년까지 15회에 걸쳐 8,395명의 광산 근로자가 독일로 간다.

이때와 유사한 시기에 한국 간호원이 독일 병원에 근무하기 위하여 한국을 떠난다. 간호원의 경우 서독 병원에 가 있던 의사 이수길 박사와 이종수 박사가 개인적으로 교섭하여 한국 간호원이 독일 병원에 근무하기 시작하였다. 그 후 한국의 해외개발공사와 서독 병원협회가 정식 계약을 맺고 한국 간호원을 초청한다. 간호원의 경우도 3년 계약으로 1965년부터 1977년까지 13회에 걸쳐 10,371명이 서독으로 간다.

서독으로 파견된 계약노동자인 광산 근로자와 간호원이 계약기간을 넘기고 서독에 머물러 교민이 된다. 광산 근로자는 간호원과 결혼하고, 간호원이 병원에서 연장 근무를 원하여 서독에 머물게 된 것이다. 이곳의 특징은 서독 교민이 되었으나 정착 후 한국에서 형제들을 초청할 수 없어 서독 교민은 광부, 간호원 가족과 그들의 후손뿐이다.

서독으로의 이민이 계약노동자로 출국하였다가 계약을 위반하고 정주하였다는 왜곡된 방법으로 이주하였으나 한인들의 이주의 목적이 이민이었다면 비록 그것이 비정상적인 방법이었으니 정부의 이민 장려책의 하나였고 그 나름으로 성공한 이민이라 하겠다.

또 하나의 방향이 미국으로의 이민이다. 1965년 10월 3일 미국 존슨대통령이 뉴욕의 자유의 여신상 앞에서 새로운 이민법에 서명한다. 이 법은 '하트-셀러법'(Hart-Celler Act)라는 것으로 종전의 이민법을 크게 바꾸어 동반부에서 17만 명 서반부에서 12만 명을 수용하기로 하고 한국에도 연 2만 명의 쿼터를 주었다. 이에 따라 한국에서 정식 이민이 미국으로 갔으며 미국에 이어 캐나다도 1966년부터 한국인들에게 이민의 문호를 개방하여 캐나다로도 이민을 가게 된다. 미국으로의 이민의 특색은 미국의 누군가가 초청하여야 하는 초청이민이다. 당시 한인을 초청한 사람은 한국전쟁 이후 미국으로 간 국제 결혼한 한국 여성이나 유학을 가서 공부를 마치고 미국에 남아 정주하게 된 유학생 이주자들이다.

한국의 이민자는 이와 같이 1965년 전후하여 남미, 서독 그리고 미국으로 이민을 가게 된다. 이들 세 지역은 동과 서로 멀리 떨어져 있으나 모두 백인문화권으로 진입하였다는 특색을 갖는다. 백인문화권에 진입하였기 때문에 한인 동포들은 새로운 거주지에서 서구문화로 인한 문화충격을 받는다. 그러나 한국의 정책은 이민을 보내는 것뿐이지 어떠한 교민을 보호하는 정책도 없었다. 심지어 가족을 동반하고 새로운 개척지에 정착하여야 하는 이민 초기 정착과정이 있음에도 불구하고 한국을 떠날 때 외화를 절약한다는 의미에서 한 사람 앞에 1천 불 이상을 가지고 나가지 못하게 하였다. 이것도 심하게 말하면 기민정책의 일종이라 하겠다.

보다 중요한 교민정책의 영역은 일본에 거주하는 동포에 관한 정책이다. 한국은 일본에 거주하는 동포에 대하여 관용정책을 구사하여 외무부에 교민과를 설치하고 1962년 서울대학교 내에 재외국민교육연구소를 설치하여 교포교육을 위한 교사 및 장학관을 파견한다. 또한 재외국민지도위원회를 설립하였다. 이러한 분위기에서 비 정부기관으로 재일동포의 교육을 연구하게 하고 1964년에는 사단법인 해외교포문제연구소가 설립된다.

그러나 한편 재일동포들에게는 귀화하여 일본에 빨리 적응하기를 권하였다. 말하자면 일본에의 귀화를 장려한 것이다. 당시 한일회담을 주도하던 김종필국무총리가 그러하였고 이동원 외무부장관이 그러한 발언을 서슴지 않았다. 그러나 재일동포에게 귀화란 항복을 의미하는 것이기에 가장 싫어하는 사항이다. 이것은 재일동포가 일제시대 귀화하면 성을 바꾸는 굴욕적인 행위라는 쓰라린 경험을 갖고 있기 때문이다.

가장 큰 사건이 1965년 체결된 한일조약이다. 한일조약은 한국이 처음으로 외국과 맺은 조약으로 외교적인 의미가 있고 특히 일본으로부터 유상 3억 불, 무상 2억 불의 원조를 받아 산업화를 추진하여야 하는 경제적인 중요성을 갖는 것이지만 한일조약에는 재일교포의 법적 지위에 관한 항목이 있어 재일동포들에게 중요한 의미를 갖는 조약이었다.

한일회담을 반대한 것은 우선 북한을 지지하는 조총련이었다. 조총련이 온 힘을 다하여 한일회담을 반대한 것은 마치 1967년에 있었던 민단의 북송반대 운동과 유사하였다. 그러나 한일회담을 적극적으로 반대한 것은 민단이다. 민단이 반대한 것의 하나는 한일회담에 임하는 한국 대표들의 저자세였다. 한국 대표단의 저자세에 분개한 민단 대표들이 대일굴욕외교 반대를 표명하고 대표단을 한국 대표부에 보내었다. 이것이 받아들여지지 않자 민단은 대규모 집회를 열고 한국대표부의 퇴거를 요구하고 본국 정부에 항의 대표단을 파견하였다.

이러한 재일동포의 반대에도 불구하고 재일교포의 운명을 결정하는 재일동포의 법적 지위가 포함된 한일조약이 일본 측의 원안대로 체결되고 만다.

재일 한국인으로 영주권을 신청하면 협정영주권을 갖게 된다. 이것은 종전의 강제퇴거 조항과 지문날인 조항을 그대로 둔 채 법률 126-2-6에 해당하는 1세들과 그들의 자녀로서 1971년 이전 일본에서 출생하여 계속 일본에 거주한 자가 협정영주권을 받을 수 있는 것이었다. 그리고 그 이후에 출생하는 자에 관하여 의문이 있으면 25년 후에 재론하기로 하였다. 이것으로 '1991년 사건' 이 발생하게 된다.

한일조약에 대하여 재일동포들은 재일동포들에게 5만 불을 거두어 달라 하여도 될 것을 한국 정부는 야속하게도 재일동포를 무시하였다는 하여, 이것을 기민정책의 효시로 하고, 기민정책을 한편 심하게 말하여 '3무(無) 정책' 이라고까지 하였다. 3무란 무관심, 무이해, 무대책이라는 것이다.

교민정책에 큰 영향을 주는 세 번째 사건이 문세광 사건이다. 1974년 8월 15일 광복절 기념 행사장에서 문세광이 쏜 실탄에 맞아 육영수 여사가 서거하는 사건이 발생한다. 문세광은 현장에서 채포되고 사형에 처하여 졌으나 한국정부는 이 사건을 계기로 재일동포에 대한 정책을 전환하여 관대한 정책을 실시한다. 한국정부는 우선 민단 단원들에게 50시간 이상의 민족교육을 실시하여 민단의 정신무장을 강화하고, 재일동포 학생에게 장학금을 주고 한국으로의 유학의 문을 크게 개방하였으며, 재일동포들의 모국방문 명절 성묘단을 조직하여 한국 방문을 장려한다. 성묘단은 민단계만이 아니라 조총련계 사람들에게도 개방하였다. 이러한 한국의 정책을 김봉섭은 '재일동포의 한국화 정책'이라 하였다.(김봉섭 2009,19)

이러한 한국 정부의 재일동포에 대한 그리고 재외동포에 대한 관심과 정책과는 달리 아이러닉하게도 이 시기에 특히 재일동포들이 정성껏 모국에 헌신한다. 자기들 자신이 힘들고 어려운 생활을 하면서도 자기 고향에 물건을 희사하고 새마을운동에 적극 참여한다. 특히 경상북도가 섬유도가 되고, 경상남도가 신발산업의 기초를 제공하며, 제주도에 감귤 묘목을 가져오는 것이 이때부터 시작되며, 특히 한국의 주일 공관을 희사하는 것도 이때가 된다. 말하자면 한국 정부의 무분별하고 무성의한 교민정책에도 불구하고 재일동포들은 애국심 애향심으로 보답을 한 것이다.

3) 제5공화국의 교민정책-현지화정책

전두환대통령으로 시작된 제5공화국은 헌법에 재외국민보호조항을 신설하여 재외동포의 보호를 헌법으로 보장하였다. 그리고 1985년 해외이주업무를 외무부로 이관하고 '재외국민정책심의위원회'를 신설한다. 재외국민을 보호하는 새로운 교민정책을 '현지화정책'이라 한다. 현지화 정책이란 동포들이 빨리 거주국에 정착하라는 것이다. 5공에 들어서면서 일본을 위시하여 미국, 중남미, 유럽 등지에 많은 교포를 갖게 되어 교포들이 부담스럽기 때문에 빨리 거주국에 정착하고 모범적인 소수민족이 되기를 원하였던 것이다. 현지화정책은 기민정책에 비하면 크게 발전한 것이 되지만 엄밀히 말하면 교포를 짐스러운 존재로 인식하여 빨리 거주국에 동화하여 조국에 대하여 불평이나 요구를 적게 하라는 의미이며 이런 의미에서 현지화정책은 기민정책에서 크게 벗어난 것이 아니라 할 수 있다.

노태우 정권의 제6공화국에 진입하여서는 헌법에 재외동포 보호를 재차 천명하였고 교민정책은 현지화정책을 답습하여 간다. 그리고 노태우 대통령 '7·7남북공동선언'에서 "민족의 자존과 자조의 통일 번영을 위하여 해외동포와 합심하며, 해외동포에게 자유로운 왕래를 보장하고, 남북과 동포 간의 상호 교류를 선언한다" 하였다. 이것은 남이나 북이나 여지껏 해외교포를 자기들에게 유리하게 통일방안에 이용하려는 동포관과는 다른 특별 조치라 할 수 있다.

무엇보다 중요한 변화는 1988년 서울올림픽 이후 한국이 중국, 구소련과 관계 정상화를 기하여 중국과 구소련에 거주하는 동포들이 동포범주에 들게 된 것이다. 서울올림픽 다음 해인 1989년 세계한민족체전을 개최하였으니 이것은 기존 동포 사회는 물론 사회주의 국가에서도 많은 동포 선수들이 참가하여 명실공히 세계 동포들의 큰 잔치가 된 것이다.

중국에는 200여만 명의 동포가 있고, 구소련 영내에는 50여만 명의 고려인이 있다. 중국 동포는 조선족이라는 이름을 가졌고 구소련의 동포들은 자기들을 고려인이라 하였다. 따라서 동포의 수도 많아졌으나 동포 호칭이 다양화하고 혼선을 빚게 된다. 이러한 다양한 호칭은 교민정책의 일관성이 없고 교민정책이 혼란스러운 것임을 증명하는 것이기도 하다.

재외동포에 대한 명칭이 중요한 것이 아니라 한국으로 밀려온 중국 조선족에 대한 한국 정부와 국민의 태도가 문제인 것이다. 말하자면 중국 조선족에 대한 태도가 한국이 얼마나 재외동포에 대하여 무관심하고 무성의한가를 단적으로 보여주는 사례가 된다. 많은 재중 동포들이 갑자기 몰려와 노동시장에 투입되자 한국사람들은 노동시장의 교란이라는 이유로 중국

동포를 배척하였다. 이에 대한 정부의 대처는 '취업할당제'였다. 이것은 산업 연수생이라는 명목으로 중국 동포의 입국을 제한한 것이다. 그러나 이것은 중국에 있는 브로커에게 상당한 액수의 뇌물을 주어야 하는 사항을 조성하였고 심지어 밀선을 타고 오다 한국 해안선에서 체포되어 구금당하고 추방당하는 불미스러운 상황이 발생하기도 하였다. 한국에 와서는 불법 체류자라는 불명예에 사기를 당하고 임금 체불이라는 사건도 발생하여 중국 동포는 크게 실망하였다. 중국 동포는 외국인 노동자와 같은 취급을 받았을 뿐만이 아니라 오히려 한국어를 알기에 외국인 노동자보다 더 심한 사기를 당하였다. 중국 동포는 한국의 법적 보호를 받지 못하고 방치된 상태에서 착취를 당하는 고통을 받아야 했다.

4) 문민정부 교민정책–신교포정책

문민정부는 중국과 CIS 지역의 동포로 인한 방대한 동포를 포용하고 비등하는 일본과 미국 동포들의 요구를 수용하며 특히 국제화시대라는 시대적 요구에 적합한 교포정책을 수립하여야 하는 중대한 과제를 안고 출발하였다.

이러한 사항에 원만하게 대처하기 위하여 문민정부는 대통령비서실에 교민담당비서관을 두고 1994년 국무총리 산하에 '재외동포정책위원회'를 두어 각 부처에서 실시하고 있는 중요 정책과제를 평가 조정하게 하였다. 한편 문민정부는 세계화추진위원회를 두고 이곳에서 재외동포사회 활성화 방안을 마련하였으며 마침내 1995년 새 교포정책을 발표하였다. 이것은 크게 네 개의 영역을 포함하고 있으니 말하자면 1) 재외동포의 개념정립, 2) 정책의 방향, 역할, 활용의 제시, 3) 동포사회의 현안문제, 4) 동포사회의 지원체제 등이다.

1996년 5월에 발족한 국무총리 산하의 재외동포정책위원회는 재외동포에 대한 기본 방향으로 1) 재외동포들의 자주노력을 권장하고 지원하며, 2) 재외동포들의 거주지역 발전에 기여하고 거주지역 사회 내에서 융화를 이룰 수 있도록 지원하며, 3) 재외동포들의 요구에 기초하여 언어, 전통문화, 예술 등의 차원에서 지원하고, 4) 자유, 민주, 인권의 보편적 가치에 입각한 재외동포 사회의 발전을 지원하며, 5) 재외동포들의 거주국 내 법적, 사회적 지위 향상을 위해 가능한 지원을 아끼지 않고, 6) 재외동포들의 한국 내에서의 투자 등 경제활동의 장려와 재산권 행사 등 이익보호를 위한 제도를 개선하는 것이다.

세계화추진위원회가 중심이 되어 논의하여 오던 이중 국적 문제가 백지화되면서 정부는 1997년 10월 재외동포재단을 설립하기에 이른다. 외무부 산하의 기관으로 설립된 재외동포재단은 재외동포를 위한 유일한 기관으로 재외동포 한인회장을 총괄하고 동포 경제인의 세계적인 네트워크를 이루기 위한 한상대회를 주관하며, 한글학교의 원활한 운영을 위한 지원사업, 교사 연수사업, 학생 장학 사업 등을 추진하며, 한민족 네트워크를 구축하여 동포사회의 발전에 기여하고 있다.

다각도로 추진하여 온 행정부와는 별도로 입법부인 국회에서도 동포에 대한 관심이 고조되어 몇몇 의원들의 발언이 있었다. 서정화의원은 북한과의 경쟁에 동포를 이용할 방안을 언급하였고, 이종찬의원은 중국 조선족 문제를 언급하였으며, 이우정의원은 재외국민의 보호를 언급하였으며, 김호일의원은 재외동포 교육을 언급하였다. 무엇보다 주목을 끄는 것은 재외동포기본법안을 제의한 제정구의원의 의안이다.

1997년 10월에 제기된 제정구의안은 재외동포정책의 기본이념, 재외동포정책의 대상인 재외동포의 범주, 재외동포정책의 기본방향과 추진 목표를 언급하고, 재외동포의 국내 출입국과 체류 시 편의 확대 방안, 재외동포에 관한 단체의 조직과 활동을 위한 지원책, 재외동포에 관한 국민의 관심

을 갖게 하기 위한 재외동포 주간 제정 등 재외동포에 관한 포괄적인 내용
을 포함하고 있었다. 그러나 당시 정치적 사항으로 이 법률안은 소관 소위
원회에서 제대로 검토 한번 못하고 2000년 5월의 국회 임기완료로 폐기되
고 말았다.

5) 국민정부 교민정책-재외동포법

김대중 대통령의 국민의 정부는 재외동포 문제를 더욱 구체화하여 100
대 정책과제 중 48번째로 '재외동포는 우리의 국력'이라는 제목의 동포관
련 사항을 언급하였다. 이 정책 과제 48은 세 개의 내용을 포함한다. 48-1
은 재외동포의 거주국에서의 지위향상을 위한 시책을 수행할 것과 재외동
포재단의 역량을 강화할 것을 언급하였다. 48-2는 한국학교 등 재외동포
의 교육에 관한 것으로 한글학교의 건립을 지원하고 동포교육용 교재를 개
발하며 교사들의 국내 연수를 지원하는 것이다. 41-3은 법무부에 관한 사
항으로 재외동포의 법적 지위를 강화하는 항목이다. 특히 재일동포들이 일
본 내에서 간절히 원하는 지방참정권을 유도하기 위하여 한국 내에 있는
외국인의 투표권 부여를 고려하는 항목을 첨가하고 있었다.

한편 정부는 대통령의 지시에 따라 1998년 '재외동포의 출입국과 법적
지위에 관한 법률'(재외동포법)을 제정하기로 하고 입법부에 통보하였다.
이곳에는 한국계 외국인이라는 개념이 첨가되고 재외동포들의 자유왕래,
재외동포들의 참정권, 공직 취임권을 부여하는 내용이 있었다. 그러나 당
시 외무부는 동포의 현지화정책을 내세워 재외동포법 제정에 반대하였다.

이와는 달리 입법부에서는 김원길의원안과 조응규의원안이 제출되었다.
김원길안은 외국 국적 동포를 조부까지 소급하게 하였으나 역시 외무부의
반대로 성사되지 못하였다. 조응규안은 재외동포기본법을 위시하여 재외
동포법, 시행령까지 갖추었으나 역시 외무부의 반대로 좌절되고 말았다.

우여곡절 끝에 김대중정부는 1999년 재외동포법을 제정하기에 이른다. 이것은 김영삼정부 시절의 재외동포재단 설립과 같은 김대중정부의 동포들의 권익을 증대시키는 큰 공적이 되었다. 그러나 이 법은 재외동포를 대한민국이 수립된 1948년 이후에 출국한 사람으로 한정하였기 때문에 1948년 이전에 한국을 떠난 재중동프나 CIS지역 동포 그리고 일본에 무국적으로 남아 있는 동포는 동포의 범주에서 제외된 것이다. 당시 중국 조선족은 수도 많았고 이들 중에는 한극에 와 있는 불법체류자가 많아 중국동포에게 미국 동포와 같은 재외동포의 지위를 주면 한국 노동시장에 큰 혼란이 올 것이라는 생각에서 동포 밭주에서 제외시킨 것이다.

이러한 재외동포법이 발표되자 바로 시민단체들은 궐기대회를 갖고 중국 동포나 CIS 동포도 미국이나 일본 동포와 같은 동포로 동포의 평등한 대우를 요구하며 시위와 투쟁을 계속하였다. 시민단체는 시위와 동시에 헌법재판소에 동포의 평등을 요구하는 재외동포법의 위헌 판결을 요구하였다.

헌법재판소는 해외동포를 1948년 이후에 출국한 사람으로 정한 제2조 2항과 시행령 제3조가 헌법이 정한 평등의 원칙에 위배된다고 판단하고 2003년 말까지 국회가 재외동포법을 수정할 것을 요구하였다.

이에 따라 국회에서는 2001년 12월 이주영의원이 발의한 재외동포법 개정안이 제출되고 2002년 2월에는 재외동포법개정대책위원회와 송선찬의원이 공동으로 주최한 재외동프법 개정을 위한 공청회가 개최되었다. 한편 시민단체에서는 재외동포법거정대책협의회가 결성되었다.

그간 국회에 제출된 재외동포법안을 총망라하고 가장 완벽한 형태로 제의된 것이 2003년 5월에 제출한 즈응규의원안이다. 이것은 재외동포기본법, 재외동포위원회법, 재외동포재단법개정안, 재외동포법개정안을 포함하고 있다. 이 법안 역시 국회 회기를 넘기지 못하고 폐기되고 만다. 다만

2004년 16대 국회가 끝나기 직전 재외동포 범위에서 제외된 1948년 이전에 한국을 떠난 동포도 동포의 범위에 포함하는 것으로 하고 국회를 마감한다. 그러나 법무부의 시행령은 중국동포와 CIS 지역의 동포를 여전히 묶어두고 있다.

6) 참여정부 교민정책-세계 한인의 날

참여정부의 노무현대통령은 김대중대통령이나 김영삼대통령에 비하여 해외교포에 신세를 많이 지지 않은 대통령으로 해외교포의 압력을 덜 받는 대통령이었다. 따라서 재외동포 문제는 뒤로 밀리면서 다른 사업의 부수적인 입장에 놓이게 되었다. 이것을 말하여 주는 것이 동포문제를 다룬 위원회들이 없어지고 다른 사업을 하는 위원회에 동포문제가 포함되어 버린 것이다. 이를테면 진실 화해를 위한 과거사 정리위원회나 국방부의 과거사진상규명위원회 그리고 강제동원피해진상규명위원회 등의 일부에서 일본 동포 문제인 '우투로 문제' 나 '사할린 문제' 가 취급되었다. ˜

참여정부의 특색이 있었다면 그것은 한국이 이민 수용국이 되어야 한다는 의견이다. 출산율 저하로 인한 인구의 감소와 사회의 노령화로 인한 노동력 감소 등에 따른 인구문제를 해결하는 방법의 하나로 정부는 2006년 국무총리 산하에 외국인정책위원회를 두고 외국으로부터의 이민 수용을 검토하였다. 한편 정부는 2004년 법무부 출입국관리국 내에 출입국정책추진단을 구성하고 이민행정위원회와 이민행정연구회를 두고 출입국정책포럼을 개최하였다.

이것과 더불어 강화된 것이 재중동포의 국적회복 운동이다. 재중동포는 1997년 이래 독립유공자의 후손이거나, 한국에 호적이 있는 1세, 그리고 한국인과 결혼한 자들이 한국 국적을 취득하였다. 이것이 2004년 4월 새로이 마련된 중국동포 국적업무처리지침으로 좀 더 체계화하고 확대하게 된다. 그 후 출입국관리국이 재중 동포를 위하여 마련한 것이 방문취업제이다. 이것을 친척의 초청 없이 2년간 한국에 체류할 수 있는 제도이다.

참여정부와는 달리 17대 국회에서는 재외동포에 관한 관심이 고조되어 세 명의 의원 법안이 말하자면 한명숙의원안, 권영길의원안 그리고 이화영의원안이 제기되었다. 한명숙의원안은 처음 총괄적인 재외동포기본법을 제안하였으나 외교통상부와의 마찰로 인하여 재외동포교육문화진흥법으로 수정하였다. 이것은 혈통주의에 입각한 재외동포 기본법에 해당하는 것으로 중국과의 외교마찰을 피하기 위하여 재외동포 후원을 재외동포의 교육과 문화업무에 한한다고 한 것이다. 한명숙의원안의 특색은 재외동포의 지원사업의 심의, 조정 그리고 집행을 담당하는 기구를 대통령 직속으로 하는 것이었다.

권영길의원안인 재외동포기본법은 한명숙의원안과 대동소이하며 다만 재외동포 사업의 전담기구로 대통령 직속에 동포업무행정위원회를 신설하고 현존의 재외동포재단을 폐지하는 것이었다. 한편 이화영의원안은 영사교민청를 외교통상부 산하에 설치하고 동포업무를 통폐합하는 것이었다. 이들 한명숙의원안을 비롯하여 권영길의원안 그리고 이화영의원안 모두 회기를 넘기지 못하고 폐기되고 말았다

참여정부가 교민사회에 공을 세웠다면 그것은 2007년 세계 한인의 날을 제정한 것이다. 이것을 계기로 동포를 위한 여러 사업들은 10월에 집중적으로 실시하여 국민들이 동포에 대한 관심을 고조시키고 동포들에게는 조국애를 다짐하는 기회로 삼게 하였다

7) 현 정부의 교민정책

현 정부가 출범하기 전 대통령 후보 시 대통령 후보로서 재외동포에 관하여 보호시스템을 마련하고 재외동포 권익을 향상하는 항목으로 재외동

포가 국내에 투자할 시 해택을 부여하며, 한글학교 지원을 확대하고, 동포의 모국방문 프로그램을 강화하며, 한민족문화공동체의식을 강화하는데 주력하기로 하였다.

대통령인수위가 발족되면서 인수위에서는 재외국민을 보호하고 재외동포의 활동을 지원하며 외교통상부 산하에 재외동포위원회를 신설하기로 하였다. 그러나 정부가 시작하면서는 현 정부는 종전대로 국무총리 산하에 재외동포정책위원회를 존속하는 것으로 재외동포에 관한 사항을 마무리하고 말았다.

그러나 입법부에서는 2009년 2월 재외 동포에게 참정권을 부여하는 의안을 통과시켰다. 이것은 실은 헌법재판소가 재외국민 참정권을 2008년 연말 이내로 통과시켜야 한다는 기한을 넘기고 임시회기 내에 통과시킨 것에 지나지 않는다. 우여곡절 끝에 이룩된 재외동포 참정권 부여는 교포사회에 큰 발전이라 아니할 수 없다.

3. 다른 나라의 교민정책

한국의 교민정책을 이해하기 하기 위한 하나의 방법이 다른 나라의 교민정책과 비교하는 것이다. 우리나라의 교민정책과 비교할 수 있는 교민정책은 모든 나라의 교민정책이 해당될 것이다. 그러나 우리나라의 교민정책에 참고가 될 5개 나라의 교민정책만을 비교하여 보기로 한다. 이 다섯이란 북한, 중국, 일본, 독일, 그리고 이스라엘이다. 북한은 우리와 가장 심한 경쟁관계에 있는 것이기에 우리나라 교민정책을 이해하는데 불가분의 교민정책이다. 중국과 일본은 이웃 나라이며 우리에게 크게 참고가 되기에 이를 선정하였다. 독일과 이스라엘은 교포정책의 모범국으로 이들의 교포정책을 보기로 한다.

1) 북한의 교민정책

북한은 한국과 동포문제에 대해 경쟁적 관계에 있기 때문에 다른 나라와 다른 특수한 사정을 갖고 있다. 북한의 재외동포정책은 두 영역으로 나누어 보아야 한다. 하나는 중국과 구소련을 포함하는 사회주의 국가에 거주하는 동포를 대상으로 하는 정책과 자유진영 국가에 거주하는 동포를 대상으로 하는 정책이다. 중국과 구소련은 북한의 입장에서는 형제지국이고 사회주의 국가에서는 소수민족정책을 있어도 해외동포에 대한 정책은 없었다고 말할 수 있다. 다만 중국과 같이 민족 교육이 필요하여 요청이 있을 경우 교과서를 보내거나 언어교사를 파견하거나 현지 언어교사 들을 북한에 초청하여 교육시키는 정도였다.

특기할 것이 있다면 중국에서 약진운동과 문화대혁명이 야기되어 몹시 어려울 때 중국에서 많은 중국 조선족이 북한으로 이주하여 갔다. 난민처럼 밀려온 중국 동포를 북한은 거처와 직장을 마련하여 편안하게 살게 하였다. 그리고 문화대혁명이 끝나자 대부분 중국으로 돌아갔다. 말하자면 중국 동포들은 북한을 비자 없이 마음대로 드나들며 특히 문화대혁명 시기 자기들을 도와준 북한과 최근에 남한에 와서 고생하는 것을 비교하는 동포가 많다.

북한은 헌법 제5장 5조에 재외동포의 권리를 옹호한다고 하였고 제5장 62조에는 "재외 공민은 거주지에 관계 없이 공화국의 보호를 받는다."라고 하였다. 북한은 노동당 내에 해외동포를 취급하는 부서로 '해외연락부' 와 '통일선전부' 그리고 '35호실' 이 있다 이러한 부서보다 재외동포를 직접 다루는 외곽 단체가 있으니 그것은 '조선해외동포원호위원회' (원호위), '조선아세아태평양평화위원회' (아태위) 그리고 '조국평화통일위원회' (조평통) 등이다. 원호위는 북한을 방문하는 해외 교포를 관리하는 곳이고, 아태위는 아세아 태평양 지역의 미수교국가를 위한 조직으로 이런 나라들이 교포를 초청하고 학술회의 등에 참석하는 사업을 하는 곳이다. 조평통은 통일전선을 구축하는 사업과 남한을 반대하는 사업을 추진하는 기구이다.

해외동포에 관한 정책이 있다면 그것은 재일 동포에 관한 것이었다. 위에서 본 것과 같이 한국과 일본이 '이승만 라인'을 갖고 심한 대립을 하고 있을 때 1954년 북한은 '남일 선언'을 한다. 이것은 해외에 거주하는 모든 동포는 북한의 공민이라는 공민권 선언이다. 해외 공민은 언제든지 조국으로 돌아올 수 있으며 귀국을 위하여 현지에서 교육을 하며 이것을 위하여 재일교포에게 2억 2천1백만 엔의 교육원조비 및 장학금을 지급한다.(허동찬 2003;22)

이러한 원조에 힘입어 일본에서는 재일본조선인총연맹(조총련)이 조직된다. 1955년 5월에 결성된 조총련은 바로 전국 조직을 완료하는 것이니 49개의 지방본부, 419개의 구부, 2,700개의 지부 그리고 246개의 단(團)을 갖고 25만 명의 단원을 확보하게 된다.

조총련이 착수한 가장 큰 사업이 재일동포를 북한으로 보내는 '북송사업'이다. 한국전쟁으로 폐허가 되고 부족한 인구를 해외교포로 충당하려는 북한의 교포유인정책에 따라 조총련은 전력을 기울여 재일 동포들을 북한으로 보내는 운동을 전개한다. 이것에 대하여 민단은 적극적으로 반대운동을 전개하였으나 결국 1959년 북송이 시작되고 1967년까지 88,611명이 북한으로 송환되고 중단된다.(윤인진; 2003,80)

소환된 재일동포는 북한에 인질에 불과하였다. 북한은 인질정책으로 일본으로부터 물자와 자금을 흡수하는 수단으로 삶았다. 북송된 사람을 지방에서 평양으로 옮기는 데도 돈을 주어야 하고 직장을 갖는 데도 돈을 주어야 한다. 이러한 돈은 일본에 있는 가족이 보내는 것이다. 개인용 옷, 식품, 의약품 등을 보내주어야 살 수 있었던 것이다.

한편 일본에서는 초등학교에서 중학교 고등학교 그리고 조선대학까지 124개의 학교를 지원하는 교육사업과 동시에 문화 사업에 치중하였다. 말하자면 주체사상을 보급하는 교양사업을 전개하고 출판과 문화선전 사업을 전개하며, 영화 보급 사업, 군중 문화 체육사업 그리고 성인학교 사업 등을 전개하여 갔다.

북한은 조총련을 통해 재일동포 기업인을 유도하여 북한에 공장을 짓게 하였다. 이에 따라 조총련계 기업인들이 북한에 라면공장, 제약공장, 철사 공장, 피복 공장, 제분 공장, 정미소 등 60여 개의 이른바 애국공장을 세웠다. 그러나 전기와 석유 부족으로 공장이 가동되지 못하였고 노동자들도 공장의 기계를 소중히 여기지 않아 결국 모든 문을 닫고 말았다. 이에 북한은 다시 1984년 합영법을 제정하여 재일 조총련계 기업인의 애국사업을 장려하여 200여 개의 합작회사를 설립하게 된다. 이러한 합영회사도 결국 사회주의 경영 방식으로 모두 실패로 돌아가고 만다.

북한에 투자한 조총련계 기업들이 대부분 도산되고 조총련 조직의 공동화 현상이 야기된다. 이와 동시에 조총련이 자랑하던 학교 교육마저 위기에 직면하게 된다. 조총련계 민족학교는 그간 북한의 교육을 그대로 답습한 교육을 실시하여 왔다. 이것은 북한의 역사, 북한의 지리, 북한의 사회를 배우는 것으로 북한으로 돌아갈 수 없는 2세들에게는 일본 사회의 문맹자를 만드는 교육인 것이다. 특히 젊은 세대는 개인숭배를 비판하고 북한식 교육에 염증을 느낄 때 북·일관계의 악화로 심지어 조선고등학교 여학생이 등교 길에 교복을 찢기는 사건이 발생하기도 하였다.

1990년대 들면서 북한은 조총련에 대한 교육비 지원도 중지하고 조총련계 사업가의 도산과 신용조합의 파산 등으로 조총련 사회는 극도로 쇠약하여지고 조총련 자체가 해산의 위기에 들게 되었다. 이러한 재일동포에 대한 북한의 정책 실패의 원인을 윤인진은 북한의 강요한 동포 개념, 북한 정책 이론의 단순화, 정책 논리의 빈약, 그리고 과도한 조국중심주의 등으로 요약하였다.(윤인진; 2003,82)

북한은 일본에 이어 미국을 제2의 대상국으로 재미동포의 포섭정책을 펴기 시작하였다. 1973년 북한은 UN에 상주 옵서버대표부를 설치하면서 이것을 거점으로 재미동포 중 친북성향의 동포를 포섭하였으며 1977년 카터행정부가 북한의 여행제한 조치를 해제한 후 더욱 포섭정책을 활발히 전개하였고 특히 1980년대 초 박정희정권에 비판적인 인사를 포섭하여 남한에 대한 반정부 운동을 전개하도록 권유하였다.

북한은 재미동포 중에서 북한에 가족이 있는 인사들에게 이산가족 재회를 추진하고 경제인의 방북을 권유하는 이른바 초청 회유정책을 실시하기 위하여 1987년 '조국통일북미협회' (통협)을 결성한다. 이곳에서 취한 북한의 수법은 일본에서와 같았다. 이를 테면 북한에 있는 가족의 직장이나 거처를 보다 나은 자리로의 이동을 위하여 재미 동포에게서 금전을 요구하거나 북한을 방문한 동포에게 북한의 친척을 미끼로 많은 금전을 요구하기도 하였다. 이러한 술책이 폭로되고 재미동포들이 등을 돌리자 이번에는 경제인들을 집중적으로 공약하여 1997년 '재미동포전국연합회'를 경성하고 산하에 '재미실업인회'를 설치하여 재미실업인의 방북을 추진하여 북한에 투자하기를 권하였다. 그러나 재미동포 실업인은 북한의 조건이 투자하기에 적절치 않다는 것을 알고 북한 제의를 회피하고 만다. 말하자면 재미동포를 대상으로 하는 회유정책이나 투자유치 정책이 실효를 거두지 못한 것이다.

북한은 재미동포 포섭정책의 실패를 자인할 무렵 안심하였던 중국과 CIS 지역의 동포문제가 야기된다. 중국의 개혁 개방정책으로 한국과 국교를 수립하여 중국으로 밀려오는 한국 기업과 중국 조선족의 한국 방문이라는 새로운 국면을 맞이하였다. 같은 현상이 CIS에서도 전개된다. 북한은 중국 동포를 대상으로 1995년 '재중조선인총연합회'(재중총련)을 결성하고, CIS에는 '조선통일촉진위원회'(아숫크)를 조직하여 교포들을 단속하고 북한 성향으로 유도하려 하였다.

재외동포 운동을 전 세계적으로 확산한 북한은 각국 교포를 초청하여 북한의 연방제 통일방안 지지운동을 전개하여 갔다. 한국이 1988년 서울올림픽을 계기로 해외동포들의 관심을 끌고 다음 해인 1989년 '세계한민족체전'을 서울에서 개최하였다. 이것에 대항하기 위하여 북한은 1989년 많은 해외 동포를 평양에 초청하여 '범민족대회'를 개최하였다. 대대적이고 화려한 대회는 잘 치러졌으나 북한은 힘에 겨운 막대한 재정부담을 지고 더 이상 계속할 수 없게 되었다.

남한을 의식한 북한의 교민정책은 교포를 포용하거나 교포를 위한 정책이 아니라 교포나 가족을 인질로 교포의 경제력을 착취하는 유인착취정책이라 하겠다. 교포들의 지원으로 북한에 세워진 공장이나 기업체가 잘 운영되어 성공을 한다면 그것은 북한이 말하는 애국적인 행동이 되지만 북한에 투자한 것이 전부 소멸된다면 그것은 투자가 아니라 착취라는 표현이 가능한 것이라 하겠다.

2) 중국의 화교정책

대만성 화교위원회 자료에 의하면 1998년 현재 화교인구는 3,581만 명이고 그 분포는 인도네시아에 731관 명, 타이에 636만 명, 말레이시아에 552만 명, 미안마에 300만 명, 미국에 273만 명, 싱가포르에 268만 명, 필리핀에 103만 명, 베트남에 100관 명, 러시아에 100만 명, 캐나다에 92만 명, 페루에 50만 명, 터키에 40만 명, 호주에 37만 2천 명, 캄보디아에 30만 명, 사우디아라비아에 27만 명, 영국에 25만 명, 일본에 24만 3천 명, 프랑스에 22만 5천 명, 인도에 16만 7천명, 라오스에 16만 명이라 한

다.(장세화; 2004,1)

중화인민공화국 헌법 제50조는 "중화인민공화국은 화교의 정당한 권리와 이익을 보호하고 귀교(歸僑)와 교권(僑眷)의 합법적 권리와 이익을 보호한다."라고 하였다. 이곳의 귀교란 해외에서 살다가 귀국하여 정착한 화교를 말한다. 교권이란 화교와 귀교의 국내 친척을 말한다. 말하자면 중국은 화교와 귀교 그리고 이들의 국내 친척인 교권을 헌법에서 보호한다고 천명한 것이다. 중국에는 화교(華僑), 화인(華人), 화예(華裔) 귀교, 교권 등의 개념이 있다. 화교란 해외에 거주하는 중국인으로 중국 국적을 소유한 자이고, 화인은 중국 국적을 포기한 자를 말한다. 화예란 화인과 같이 해외에 거주하며 중국 국적을 포기한 중국계의 후손을 말한다.

헌법 이외에 교포에 관한 법으로 '중화인민공화국 귀교, 교권의 보호법'(약칭 권익보호법)이 있다. 이것은 1990년 9월 7일에 개정한 제7기 전국인민대표자대회 사무위원회 제15차 회의에서 통과한 법령이다. 이곳에서 귀교와 교권을 강조하는 이유는 중국이 문화대혁명을 경과하면서 귀교의 재산을 몰수하고 교권을 압박한 경험이 있기 때문에 정부가 귀교와 교권을 법적으로 보호하려는 의도에서 이루어진 것이다.

중국이 자랑하는 것은 화교와 화인을 취급하는 기구이다. 화교 화인을 취급하는 기구로 우선 들 수 있는 것이 공산당 내의 '통일선전부'이다. 통일선전부는 대만을 통일하기 위한 기구이며 특히 화교에 대하여는 '제3실'과 '사회부'가 있다. 제3실은 화교 화인사회의 각종 조직들을 지도 감독하는 곳이고, 사회부는 정보수집과 무기 비밀수송 등을 담당하고 있다.(조정원; 2009,132)

우리의 국회에 해당하는 전국인민대표자대회에 '화교위원회'가 있다, 국회 수준에서만이 아니라 각 성의 지방인민위원회에도 화교위원회가 있으니 현재 20여 개의 성, 자치구, 직할시에 '화교전문위원회'가 있고, 중점

교구의 시, 현의 인민대표자대회의 '화교공작위원회'가 있으니 이들을 합하면 200여 개가 된다.(조정원; 2009,132)

국무원에 '교무판공실'이 있으며, 부장급(한국의 장관급)만이 아니라, 각성, 직할시, 시 형정부에도 교무판공실이 설치되어 있으니 현재 티베트를 제외한 29개의 성에 교무판공실이 있고 중점교구인 1,300여 개의 시, 현의 인민정부에 교무판공실이 설치되어 있다.(조정원; 2009,132)

행정부와 입법부의 공적 기구에 설치되어 있는 기구 이외에 인민의 단체로 이룩된 '중화전국 귀국화교연합회'(교련)가 중앙에서부터 각 성, 시, 현급의 행정지역에 이르기까지 지방별 기구가 설립되어 있다. 현재 티베트를 제외한 2,700개의 시, 현, 향, 진, 촌에 도합 8,000여 개의 조직이 구성되어 있다.(조정원; 2009,132)

이러한 일반적인 조직과는 별도로 대만, 홍콩, 마카오를 연결하는 '전국정치협상회'(정협)가 있다. 이것은 국가 건립과 동시에 이룩된 인민민주통일전선으로 공상당원보다 민주 제당파, 인민단체, 화교 등이 대거 참가한 특별조직이다.

중국에는 화교로 이루어진 '치공당'이라는 정당이 있다. 1948년 샌프란시스코에서 조직된 이 정당은 귀국 화교의 중산층 인사로 구성되었으며 18,000명의 당원을 가지고 중국 17개 성, 직할시, 자치구에 79개의 지부를 가진 화교의 정당이다.(조정원; 2009,133)

이 이외에도 신화사통신, 중국국제방송국, 인민일보사, 중국신문사, 화성보사 등 언론기관에 화교부가 있으며 화교 대학으로 기남대학, 화교대학 등이 있다. 이들은 주로 화교 실태파악과 화교정책 협조, 건의의 기능을 담당하고 있다.

중국이 개혁 개방 정책을 우선하면서 강조하는 화교정책은 '중화인민공화국 귀교교권권익보호법', '중화인민공화국 국적법' 등에 잘 표현되어 있다. 이것은 화교, 귀교, 교권을 명확히 구별하고 나아가 화교를 위한 정책을 확실히 하고 있다. 말하자면 교포들에 대한 사단 설립법(6조), 귀교들에 대한 농장이나 임업장 설치와 경영 원조(7조), 화교와 교권들의 공상업 자본투자에 대한 지방정부의 지원과 법적 보호(8조), 이들의 공익사업(교량, 도로, 노인홈, 유치원 등의 건설) 경영에 대한 지방정부의 협조와 법적 보호 세제 면에서의 우대(9조), 가옥 사유의 보호(10조), 귀교학생, 귀교 자녀 및 화교의 중국내 진학, 취직 배려(11조), 화교로부터 송금된 돈의 보호(12조), 유산 상속의 보호(13조), 국외 친구들과의 왕래, 통신 보장(14조), 친척 방문을 위한 출국의 보장(16조), 국외 정착 보장(17조), 유학 보장(18조), 합법적 권리가 침범 당하였을 경우 관계기관, 재판소에 제소할 수 있는 권리(20조) 등을 구체적으로 규정하여 귀국 동포들을 보호하는 내용을 명문화 하였다.(조정원; 2009,134)

이러한 국내 화교정책을 요약하며 말하기를 "일시동인(一視同仁), 부득기시(不得岐視), 근거특점(根據特點), 적당조고(適當照顧)"의 16자 원칙을 갖고 있다. 말하자면 귀교와 교권들을 일반 인민들과 같이 평등하게 취급하고, 해외에서의 생활 체험과 해외와 관계를 갖고 있는 그들의 특징에 기초하여 적절한 배려를 한다는 것이다.(조정원; 2009,144)

실제 귀국화교는 부유한 투자자만이 아니라 생활이 어려워 귀국한 화교들이 많았다. 1950년 11월부터 1952년 8월까지 말레이시아에서 광동성으로 돌아온 화교가 19차에 걸쳐 13,000명에 달하였고 그 중 7,500명은 광동성 정부가 경비를 부담하여 고향에 보내 생산에 참여하게 하였고, 2,800명은 해남도의 만영현와 동완의 만경사 농장에 안착시켰다. 1952년 정부는 거액의 돈을 내서 각 지역에 화교농장을 설립하였다. 국가화교사무위원회는 광동과 운남 등 지방정부의 협조 하에 몇 십 개의 화교농장을 조성하여 20만 명 이상의 귀국화교를 안착시켰다. 1960년 이전까지 귀국 정착한 화교들이 30만 명이 달한다고 한다. 당시 화교농장이 광동성에만 23개나 되었다.(정신철; 2004,114)

1978년 베트남에서 귀국한 화교, 화인 들을 안착시키기 위하여 몇 개의 농장과 임업장을 만들어 운남성의 화교농장이 13개로 증가하였다. 현재에도 중국에는 80여 개의 화교농장이 있다.

중국의 국외 화교정책은 기본적으로 다음의 4가지로 요약할 수 있다. 첫째, 화교에 대하여 이중국적을 인정하지 않고 거주국의 국적을 취득하도록 권유한다. 둘째, 화교의 정당한 권리를 보장하고 화교 거주국 정부에 대하여 화교의 합법적 권익을 보장할 것을 요구한다. 셋째 화교가 거주국과 거주국의 법률을 존중하고 거주국 국민과 우호 관계를 유지하며 장기간에 걸쳐 공존할 수 있도록 교육한다. 넷째, 화교동포의 애국주의 정신을 수호하고 발양하여 가족보다는 나라를 사랑하도록 장려함으로써 화교동포 전체의 단결을 도모한다.(조정원; 2009, 144)

국외 화교에 대하여 특히 고통을 받는 수난 화교들을 적극적으로 구조하는 정책을 실시하였다. 1950년에서 1970년대까지 동남아시아 일부 국가에서는 화교를 반대하고 배척하는 사건들이 있었다. 이러한 사건으로 동남아시아 국가의 수많은 화교들이 정당한 직업에 종사하는 권리마저 박탈당하고 많은 화교들이 재산은 몰수당하였으며 어떤 사람은 구금을 당하기도 하고 심지어 살해당하기도 하였다. 수난 화교들은 모택동과 중앙정부에 전보와 편지를 보내 도움을 요청하였다. 이에 중국정부는 즉각적인 대응을 취하여 해당 국가에서 화교에 대한 박해행위를 중지하게 하고 분쟁을 해결하도록 노력하는 한편 주재국 중국대사관은 분쟁지구에 가서 화교들을 위문하고, 화교들은 조직적인 방위체제를 갖추게 하였다.(정신철 2004,113)

화교정책은 무엇보다 화교 화인의 자본을 유치하여 중국의 경제발전에 기여하는 것이다. 1992년 남행시찰 중 등소평은 4개의 경제특구 설치를 천명하였다. 4개의 특구란 심천, 주해, 산두, 하문이다. 심천은 홍콩에 가까운 곳이고, 주해는 마카오에 가까운 곳이며, 산두는 동남아시아 화교 중 조주 사람이 많은 것을 고려한 곳이고, 하문은 외국에 만남인이 많이 거주한 것을 고려한 곳이다.(정신철 2004,118)

동남아시아에 거주하는 화교들에 재력가가 많다. 이들 화교가 가진 재력이 2조억 불이라 하니 이것의 10%만 활용하여도 경제발전에 큰 도움이 되는 것이다. 3포(해외동포, 홍콩·마카오 동포, 대만 동포)의 자본을 흡수하기 위해 1984년 등소평이 특별 지시를 내린다. 이에 따라 화교 화인의 자본의 적극적인 투자와 합작이 이루어지는 것이니 1978년에서 1993년 사이 중국의 국외 직접투자 600억 불 가운데 70%가 홍콩·대만 자본을 포함한 화교 화인의 자본이다. 그리고 1996년에서 1997년 사이 국외 직접투자 875억 불 가운데 75%가 화교 화인의 자본이다.(정신철;2004, 120)

경제력만이 아니라 중국은 화교 화인의 두뇌 유입에도 진력하였다. 중국은 1979년 이후 외국에서 활동하는 중국계 학자, 전문가, 기술자 등을 초청하여 근무하게 하는 동시에 과학자를 초청하여 학술교류를 하고 기술 전수에 주력하였다. 기술자와 과학자 등을 우대한 결과 귀국화교 가운데 약 40만 명이 지식인과 과학기술 인사들이 있었다고 한다. 그 들 중에는 세계적인 인류학자와 우수한 인재가 많았다고 한다.(정신철; 2004,121)

중국은 재외 화교 화인에 대하여도 적극적인 정책을 실시하였다. 화교 화인의 직업훈련을 실시하고, 언어기능 향상을 위한 교육사업과 중국 문화를 전파하는 문화사업을 전개하여 갔다. 중국은 이러한 사업을 위한 기구를 설치하여 화교 화인을 적극적으로 후원하였다. 동시에 중국은 귀국 화교 화인 자녀들을 위한 각급 학교를 설립하여 중국화 교육에 진력하였다.(정신철; 2004,120)

3) 일본의 교포정책

2006년 현재 일본의 재외국민 총수는 1,063,695명이라 한다. 이 중 이 중국적자를 포함한 영주자가 328,317명이고 장기체류자가 735,378명이다. 일본 재외국민의 중요 분포 국가를 보면 미국에 370,386명, 중국에 125,417명, 브라질에 64,802명, 영국에 60,751명이다. 장기체류자의 경우 미국에 246,988명, 중국에 124,476명, 영국에 48,289명, 태국에 39,484명이다. 이러한 인구 분포로 보아 일본의 재외국민은 남북미 대륙에 많이 분포되어 있고 장기체류자는 북미와 아시아에 많이 분포되어 있음을 알 수 있다.(송석원 2009;109)

일본계 사람들은 거주국에서도 주로 대도시에 집중되어 있으니 재외국민의 경우 뉴욕에 61,364명, 로스앤젤레스에 59,220명, 상하이에 43,990명, 방콕에 29,919명이고, 장기체류자의 경우 뉴욕에 48,439명, 상하이에 43,960명, 로스앤젤레스에 38,711명, 방콕에 29,347명이다.(송석원; 2009,110)

장기체류자는 민간기업, 정부관료, 보도진, 자유업, 유학, 및 연구자, 기타 등이며 아시아 체류의 70%가 이에 속하고 중동, 중남미, 중부 및 동유럽 등에 민간기업 종사자가 많으며 정부 관리의 경우 아프리카와 중남미에 많이 분포되어 있고, 유학 및 연구자의 경우 북미와 서유럽에 많은 분포되어 있다. 재외국민의 다수는 중남미 특히 브라질과 아르헨티나에 많이 거주하고 있다.

일본은 해외에 거주하는 사람을 두 종류로 나눈다. 하나는 재외국민이고 하나는 일계인이다. 재외국민이란 말 그대로 일본 국적을 갖고 일본을 벗어나 해외의 어딘가에 거주하며 삶을 영위 하는 사람을 말하고, 일계인이란 외국에 거주하며 일본국적을 이탈한 사람과 그 후손을 말한다.(송석원;

2009,108)

　이론적으로 말하면 일계인은 일본 국가의 보호 대상이 아니다. 그러나 실제적으로는 재외국민과 구별 없이 일계인에 대하여도 다양한 형태의 지원과 후원을 하고 있다. 이들을 돕는 기관으로 정부 후원의 '국제협력기구'(Japanese International Cooperation Agency)와 민간기구인 '일본재단'(The Nippon Foundation)(일명 사사가와재단)이 있다. 국제협력기구의 주된 사업은 일본정부의 공적개발원조(ODA, Official Development Assistance)사업을 수행하는 것으로 이를테면 개발도상국에 대한 기술협력, 유상 자금원조, 무상 자금원조, 국제긴급원조 등을 행하고 있다. 그러나 국제협력기구는 해외 일계인의 지원 사업도 활발하게 추진하고 있다.

　일계인을 위하여 국제협력기구가 수행하는 중요한 사업의 하나가 해외이주자료관(Japanese Overseas Migration Museum)을 운영하는 것이다. 현재 미국 로스엔젤래스에 '전미 일계인박물관'이 있고, 브라질 상파울로의 '브라질 일본이민사료관'이 있다. 이곳에서는 일계 자료를 가진 대학이나 공공기관과 연계하여 자료를 수집하고 개인이나 단체를 통하여 자료를 수집하고 있으니 이미 12,000여 점을 보유하고 있다고 한다. 해외이주자료관에서는 『해외이주자료관 소식지』를 연 4회 발행한다.(송석원; 2009,114)

　국제협력기구가 수행하는 중요한 사업이 교육사업이다. 교육사업은 일계인 연수사업, 일계 사회리더 육성사업, 일계 유학생 중앙연수회 등이다. 연수사업은 특히 중남미에 거주하는 일계인을 기술협력을 통하여 거주국에 발전에 공헌할 인재를 육성하는 사업이다. 일계사회리더 육성사업은 일계인으로 장차 리더가 될 사람을 선정하여 일본 대학원에 유학을 시키고 이들 유학생의 생활바와 학비를 돕는 사업이다. 일계유학생 중앙연수회는 일본에 와서 유학중이거나 연수중인 일계 학생을 대상으로 일본문화 강의

나 문화시설을 견학시키는 사업이다.(송석원; 2009,116)

일본재단의 사업으로는 '일계 스칼라십 꿈 실현 프로젝트' 라는 것이 있다. 이것은 거주국과 일본 간의 이해를 증진하고 거주국 지역사회 발전을 위한 구체적인 방안을 갖고 있는 젊은 일계인에게 일본 유학의 기회를 주는 것이다. 한편 일본의 청년이나 시니어 자원봉사자를 선발하여 기술이나 경험을 일계인에게 전하는 사업이다. 청년 봉사단은 약 1,400명 가량을 보내고 시니어의 경우 약 500명을 보낸다.(송석원; 2009,117)

이러한 것은 외형으로 공개된 사업이지만 이러한 가시적인 지원과 후원 이외에도 브라질의 일계인이 생산한 농산물을 수입하여 일계 농민들이 안심하고 농사를 지을 수 있게 하거나, 일계인이 정치적 사회적인 진출을 위하여 간접적으로 지원하고 있다. 페루의 일계인 대통령 후지모리가 있었던 것은 너무나 유명한 사실이다.

해외에 거주하는 일본계 인들이 조직한 단체가 '해외일계인협회' 이다. 이 협회의 구성원은 일본을 떠나 해외에 븐거지를 옮겨 영주의 목적으로 생활하고 있는 일본인 및 그 자손이며 국적과 혼혈을 문제 삼지 않는다. 2004년 집계에 의하면 협회 회원이 260만에 달한다고 한다(송석원; 2009,112)

해외일계인협회의 목적은 해외일본계의 단결을 도모하고 동시에 협회 구성원과 일본의 유대를 강화하는 것이다. 이에 따라 1957년 협회 성립 이후 매년 연차 대회를 일본에서 개최하여 왔다. 그러나 1968년에는 하와이, 2007년에는 상파울로에서 대회를 개최하겠다. 1964년 제6회부터는 전국 지사회가 참가였고 1965년부터는 황족이 참가하고 있다. 황실이 참가한다는 것은 그만치 중요도가 높다는 것이다.(송석원; 2009,112)

4) 독일의 교민정책

독일은 주로 독일의 동쪽에 위치한 나라들에 많은 동포를 갖고 있다. 1950년 현재 1,275만 명이 해외 독일인으로 그의 분포는 독일 동부지역 698만 명, 단지히 자유시에 29만, 폴란드에 69만, 체코슬로바키아에 300만, 발트 국가에 17만, CIS에 10만, 항거리에 21만, 루마니아에 25만, 유고슬라비아에 30만, 오스트리아에 8만, 기타 유럽에 13.5만, 기타 해외에 2만으로 합계가 1,275만 명이다(Info-Dienst Deutsche Aussiedler Nr.116. 2003;5).

독일은 과거 수 차례 국경을 바꾼 적이 있으며 국경은 민족을 기준으로 이루어진 것이 아니라 정치적인 목적에 의하여 이루어졌으며 그것도 수차에 걸쳐 변경된 것이다. 예컨대 폴란드의 경우 독일과 오스트리아 그리고 러시아가 3차에 걸쳐 분할하여 폴란드가 없어졌던 때가 있었고 1차 대전 후에 독립된 플란드는 국경 내에 많은 독일인을 포함하였다. 그 후 나치시대 다시 국경선이 변경되어 독일계 주민들이 독일 국민으로 편입되었다. 2차 대전 후 다시 국경선이 변경되어 현재 많은 독일인이 독일 국경선에 가까운 폴란드 지역에 거주하고 있다. 이러한 사정은 독일과 국경을 접한 루마니아와 체코슬로바키아도 같다.

그러나 독일은 독일계 사람들이 거주하고 있는 나라들과 조약을 체결하여 소수민족인 독일계 사람들을 법적으로 보호하고 있다. 독일계 인들이 거주하는 나라에 조정관을 파견하여 현지 원조의 면목으로 독일계 사람들을 위한 사업 예컨대 문화와 언어 교육, 의료보험 경제 원조 등을 추진하고 있다.

독일이 가장 중요한 동포정책은 독일로 귀국하는 동포를 돕는 사업이다. 독일에는 2차 대전 후 패망한 나라이지만 전후 복구시절부터 노동력이 부족하여 동유럽의 사람들이 노동자로 유입되었고 특히 독일계 사람들은 많이 수용하였다. 독일이 통일 된 후에는 동유럽 인들이 더욱 많이 유입되어 1987년에서 1992년 6년간 동유럽 동포가 유입의 절정기에 150만 명이 유입되었다. 특히 구소련이 붕괴되고 독립국가연합이 성립되는 시기 많은 독일계 사람들이 러시아와 중앙아시아에서 독일로 유입되었으며 1998년과 1999년에도 각각 103,080명과 104,916명이 독일로 이주하여 왔다.

구소련이 붕괴하고 독일로 이주하려는 독일계 사람들은 러시아로 이주하여 온 지 벌써 2백 년 이상이 되어 독일어는 물론 전혀 모르고 러시아어밖에 모르며 독일계라는 증명서가 있는 것도 아니자만 독일계라는 집단적인 인정만으로 독일은 그들을 수용하고 있다. 그 절차도 극히 과학적이어서 러시아의 경우 모스크바에 귀국업무를 담당하는 사무실을 설치하고 독일인을 파견하여 귀국 희망자가 머둘 숙소를 마련하고 귀국하기 전 독일에 대한 교육을 실시한다. 간단한 어학교육을 받게 하고 독일의 어느 지역을 선택할 것인가를 선정하기 위하여 독일 공부를 시키고 무슨 직업을 택할 것인가에 따라 직업 훈련을 시킨다. 수개월간 이러한 독일에서의 적응 훈련을 실시한 후 적당한 시기에 가족 전원을 희망하는 지역에 이주시킨다.

5) 유대인의 교민정책

유대인은 1948년 5월 14일 이스라엘이라는 나라를 건립하여 세계에 분산된 유대인들이 모여들었으나 이스라엘은 특이하게 해외에 거주하는 유대인이 본국에 거주하는 유대인보다 많은 나라이다. 2003년 현재 이스라엘을 포함 전 세계의 유대인은 13,558,000명이고 이들의 분포를 보면 이스라엘에 6,228,000명, 북미대륙에 5,581,000명,(미국에 5,200,000명, 캐나다에 381,000명) 남미대륙에 364,000명,(아르헨티나에 147,000명, 브라질에 87,000명, 멕시코에 42,000명, 기타에 86,000명) 유럽지역에

1,030,000명(불란서에 482,000명, 영국에 238,000명, 독일에 106,000명, 헝가리에 34,000명, 기타 EU에 134,000명, 비 EU에 34,000명 등) CIS에 173,000명(러시아에 130,000명, 우크라이나에 25,000명, 기타 유럽에 15,000명, 기타 아시아에 3,000명) 아시아에 21,000명, 아프리카에 60,000명, 오세아니아에 101,000명(호주에 95,000명).(페르골라, 셀르기오 2004:49)

이상에서 보는 것과 같이 유대인은 세계 없는 대륙이 없으리만치 넓게 분포되어 있다. 위의 집계에 의하면 유대인의 80%가 미국과 이스라엘에 거주하고 있으며, 유대인의 87%가 미국, 불란서, 캐나다, 영국, 러시아, 그리고 독일에 분포되어 있다.

이스라엘은 오랫동안 유대인들의 고향 '약속의 땅' 이었다. 그리하여 나라를 세운 다음 많은 사람들이 이스라엘로 돌아갔다. 이때에 기준이 되는 것이 '귀환법' 이다. 이것은 이스라엘로 돌아갈 수 있는 유대인의 범주를 정한 것이다. 유대인의 기준은 어머니가 유대인이면 유대인이고, 유대교를 신봉하거나 유대인의 3대 자손과 그들의 배우자들이 유대인으로 이들에게 무한정 이주의 권리와 시민권을 부여하였다.(페르골라, 셀르기오 2004,36).

유대인 정체성의 기준이 유대교를 신봉한다는 종교에 있으나 이것도 많이 퇴색하여 종교로만 유대인 기준으로 하기 어렵다. 다른 민족과 같이 유대인도 교육을 통한 유대인 정체성 유지에 힘쓰고 있다. 유대인 학교로는 주간유대학교가 있다. 그러나 이것도 지역에 따라 차이가 있으니 미국에는 이런 학교가 많으나 불란서에서는 적고 CIS에는 없다. 교육기관의 하나로 유대교육설비라 하는 방과후학교 또는 일요일학교가 있다. 이것은 특히 남미 여러 나라, 남아프리카 그리고 호주에서 실시하고 있다. 유대인 정체성 유지에 중요한 사안이 해외에 거주하는 유대인이 이스라엘을 방문하는 것이다. 이스라엘 방문은 유럽 여러 나라에서 갚이 이루어지고 있으며 미국은 약 3분의 1이 다녀간 셈이다.

유대인에게서도 정체성을 잃고 유대인의 범주에서 이탈하는 것이 국제결혼에 의한 것이다. 멕시코, 남아프리카, 호주에서는 30%가 다른 민족과 결혼을 하고, 미국의 경우 약 50%가 국제결혼을 하며, CIS, 동유럽, 중앙유럽 등에서는 60% 내지 80%가 국제결혼을 하여 빠른 속도로 비 유대인화가 이루어지고 있다.

유대민족의 특성이 있다면 그것은 유대인들의 조직이 많은 것이다. 세계적인 조직을 열거하자면 우선 '세계 시오니스트기구'(WZO), '이스라엘을 위한 유대 기구'(JAFI) 등이다. 이들은 준국가기관으로 이스라엘 건국에 주력하였고 이스라엘로 돌아오는 귀환자를 돕는 사업을 하였다. 이것과 유사한 단체로 '케린-하이에소드'(Keren- Hayesod) 재단과 '유대민족기금'(Jewish National Fund)이다. 1920년 세워지고 런던에 본부를 두고 있는 캐린-하이에소드는 이스라엘을 위한 모금운동을 하는 재단이고, 유대민족기금은 1901년 설립된 것으로 기금을 모아 이스라엘 토지 구매를 하는 재단이다.

널리 알려진 것이 '세계유대인회의'(WJC)이다. 1936년 세워지고 제네바에 본부를 둔 이 기구는 6대주에 100여 개의 유대인 조직의 대표로 이루어졌으며 나치 만행을 세계에 알리고 유대인의 이익을 도모하는 단체이다. 이에 소속된 '예루살렘 연구소'는 뉴욕에 위치하고 홀로코스트의 희생자에 대한 배상문제 보상 계획 등을 연구하고 있다.

세계적으로 유명한 것의 하나가 '미국유대인합동분포위원회'(American Jewish Joint Distribution Committee)이다. 1914년 세워진 이 위원회는 팔레스타인 공격 시 구호활동을 전개한 것으로 널리 알려진 것이다. 근년에는 해외 유대인의 사회봉사를 행하고 있으며 특히 동유럽의 가난한 유대인 노인을 위한 사회봉사를 행하고 있다. 2,600개 도시의 노인 25만 명을 대상으로 한다고 한다.(페르골라, 셀르기오 2004,73)

이민을 돕는 기구로 '헤브류 이민원조회'(Hebrew Immigrant Aid Society, HIAS)가 있다. 1881년에 세워진 이 회는 유럽에서 미국으로 온 유대인을 돕는 사업을 하였고 다시 미국에서 남미, 호주, 뉴질랜드 등으로 이주하는 것을 도와주기도 하였다. 국제적으로 유명한 조직의 하나가 '국제 여성 지오니스트조직'(Women's International Zionist Organization WIZO)이 있다. 여성국제위원회라고도 하는 이 조직은 런던에 본부를 두고 47개국 52개의 유대인 여성단체가 가입되어 있으며 지역사회의 봉사활동을 하는 기구들의 연합체이다.

학생을 지원하는 단체로 '세계 학생 기구'(World ORT)가 있다. 이것은 100여 개국의 학생을 대상으로 교육을 하고 직업 훈련을 하는 기구로 연간 28만 명이 혜택을 받는다. 학생 단체로 '세계 이스라엘 동맹'(Alliance Israelite Universeile)가 있다. 파리에 본부를 둔 이 기구는 2만 명을 후원하는 단체이다. '세계 유대인학생연맹'(World Union of Jewish Students)은 1924년 반유대주의를 타파하기 위하여 이룩된 조직으로 특히 교육 지도자를 훈련시키는 것으로 51개국에 70만 명의 학생을 대상으로 하고 있다.

간접법으로 교육과 관련된 기구로 '브나이 브리트'(Bnei Brith)라는 조직이 있다. 1843년에 건립된 이것은 공동체 활동으로 박애를 실천하는 기구이며 58개국에 회원이 있고 본부를 미국 워싱턴 D.C.에 두고 있다. 유사한 단체로 '차바드-루바빗치운동'(Chabad - Lubavitch Movement)이 있다. 1940년에 세워진 이것은 교육과 사회봉사를 위한 기구로 4천 명의 회원을 갖고 3,300의 기관을 관리하고 있다. '로더 재단'(Ronald Lauder Foundation)은 특히 동 유럽의 교육을 위하여 조직된 재단이다.(페르골

라, 셀르기오 2004, 74)

이상에서 본 것은 국제적이 연대를 갖는 조직이었다. 이번에는 한 나라에 있는 조직으로 미국을 보기로 한다. 대표적인 조직으로 '대통령회의'(President Conference)가 있다. 1954년 설립된 이 기구는 미국 행정부와 이스라엘 정부를 연결시키는 것을 목적으로 기록된 조직으로 50개 이상의 기구를 포함하고 있다.

'유대인 연합 호소'(United Jewish Appeal)와 '유대인 연합위원회'(The Council of Jewish Federation)를 합하여 1999년 '연합유대위원회'(UJC)가 성립되었다. 이것은 이스라엘을 위하여 모금운동을 하거나 사회정책을 수립하는 곳이다. '공공문제 유대인 위원회'(The Jewish Council for Public Affairs)는 유대인 공공 둔제를 미국 의회에 제공하는 역할을 한다. '미국 유대인 위원회'(American Jewish Committee)는 유대인 문제를 연구하는 부서이며 유대인 연감을 발행하는 곳이다. '미국 유대인의회'(American Jewish Congress)는 변호사들의 모임으로 유대인 이익을 대변하는 조직이다. '반 유대연맹'(The Anti-Defamation League)은 반 유태주의를 타파하기 위하여 조직된 단체이다. 위에서 본 미국의 '브나이-브리트'는 독일계 유대인이 미국에 도착하여 조직된 것으로 교회당 이외에서 친목과 봉사활동을 전개하는 단체이다.

위에서 이미 정치적인 목적의 단체를 보았으나 보다 구체적으로 정치적인 활동을 목적으로 조직된 단체로 '미국-이스라엘 공공문제위원회'(American-Israel Public Affairs Committee)가 있다. 이것은 입법을 위한 의안을 연구하고 로비활동을 주로 하는 기구이다. '정치 행위위원회'(Political Action Committee)는 친 이스라엘계 의원의 당선과 재선을 돕는 단체이다. 미국 민주당의 편에 선 단체가 '유대인 민주당위원회'(National Jewish Democratic Council)이고 공화당을 지지하는 단체로

‘공화당 유대인연맹’ (Republic Jewish Coalition)이 있다.

종교와 관련된 조직으로 ‘유대인 정교회연합회’ (Union of Orthodox Jewish Congregation of America)는 1000여 개의 교회를 포함하고 있다. 중도파에 속하는 단체가 ‘미국 랍비위원회’ (Rabbinical Council of America)가 있고 보수파 신학교 출신이 결성한 ‘보수 운동’ (Conservative Movement)이 있으며, 개혁파의 단체인 ‘개혁 유대교연합’ (Union for Reform Judaism)이 있다. 또한 재건파로 불리는 ‘재건 랍비연맹’ (Reconstuctionist Rabbinical Association)이 있다.

교육과 관련된 단체로 ‘북미 유대인 교육 봉사’ (Jewish Education Service of North American)가 있다. 이것은 국가에서 시행하는 유대인 교육을 지원하는 기구이다. ‘유대인 교육향상지원회’ (Partnership for Excellence in Jewish Education)는 시립 학교를 지원하는 기구로 150개 학교가 이 회의 지원을 받고 있다. ‘유대인 교육증진연합’ (Coalition for the Advancement of Jewish Education)은 유대인 학교에서 유대인 교과 과정을 편성하는 연구를 하는 기구이다.

이들 이외에도 교육을 돕는 기구인 ‘유대 교육기구’ (Boards of Jewish Education)는 교사 선발, 교사 훈련 등 공동체 교육을 위한 기구이다. ‘전국 유대인 학습 지도자 중심’ (National Jewish Center for Learning and Leadership)은 전문가 훈련을 목적으로 한 기구이고, ‘윅스너 전통 교육’ (Wexner Heritage Education)은 일반 지도자 양성을 위한 기구이며, ‘유대인 외곽연구소’ (Jewish Outreach Institute)는 유대인과 결혼한 비 유대인에게 유대인의 생활양식을 교육하는 기관이다.

문화를 위한 기구로 ‘유대인 문화를 위한 전국재단’ (National Foundation for Jewish Culture)과 ‘유대인 문화기념재단’ (Memorial Foundation for Jewish Culture)이 있다. 이들은 홀로코스트 이후 유대인

문화의 재건을 위해 조직된 단체들이다. 여성들로 이루어진 '전국유대인 여성위원회'(National Council of Jewish Women)는 소외계층을 위한 사회봉사를 하는 단체이다. 여러 사회문제를 관여하는 단체로 '하밧사'(Habassah)가 있다. 유대인들은 개인적으로 기증을 하는 사례가 많고 이들은 개인적인 기금 내지 재단을 구성하고 있다. 이러한 개인의 재단을 연결하는 '유대인 기증자 연맹'(Jewish Funders Network)이 있으며 이에 속하는 사람이 850명이나 된다.(페르골라, 실르기오 2004;83)

4. 교민정책 비교

위에서 열거한 다른 나라의 교민정책과 한국의 교민정책을 비교하면서 교민정책을 분석하되 그 내용을 이민을 보내는 이민정책, 참정권과 이중국적을 수여하는 동포법의 법제적 측면, 동포정책의 실제적 측면, 그리고 정책의 내용을 다루는 기능적 측면으로 나누어 보기로 한다.

1) 이민정책

다른 나라로 이민을 나가는 이민정책을 언급하자면 우리나라 이민은 두 종류로 나눌 수 있다. 하나는 연해주나 북간도 또는 일본으로 이주하여 간 이민 초기의 이민과 1965년 이후에 출국한 이민이다. 만주와 연해주로의 이민은 초청을 하거나 비자를 갖고 떠난 것이 아니기 때문에 '유민'이라 할 수 있고, 1965년 이후의 이민은 한국에서 여권을 갖고 떠난 것이기에 정식 이민이라 할 수 있다.

정식 이민을 문제삼을 때 여기에는 이런 특성이 있었다. 첫째, 한국의 이민은 자유이민이지만 초청을 받아야 하는 초청이민이다. 미국이나 캐나다로 이주하여 간 사람들은 미국에서 초청하는 친척들의 간접적인 정보에 의존하여 행선지를 알았을 뿐 자세한 사정을 알고 떠난 것이 아니다. 둘째, 정부의 입장에서 말하면 극히 소극적인 이민정책에 의하여 이민이 이루어 진 것이다. 계획이민이라 하는 남미로의 이민도 행선지에 관한 극히 적은 정보만을 갖고 떠났으며 심지어 제3차 이민의 경우 행선지의 조건이 불리 하다는 정보를 듣고도 이주자들이 원하여 브라질로 향하였으며 브라질에 도착하자 바로 도시로 나가 버렸다. 한국의 이민정책이 소극적이라는 것은 미국으로 이주한 동포의 경우 출국 시 한 사람에게 1천 불만 휴대하게 한 것이며 이런 것으로 한국의 이민정책은 기민정책의 연장에 불과하다고 하 겠다.

이민정책의 모범국은 일본이다. 일본은 이민 가는 사람들에게 행선지의 사정을 정확하게 알려 주어 이민을 잘 선택하게 하고, 떠나는 사람들에게 이민 정착금을 지불하고 이것을 이민가서 정착한 후 직업이 생기면 몇 개 년으로 나누어 반환하게 한 것이다. 이것은 이민의 모범적인 사례라 하겠 다. 이것에 비하면 한국은 이민정책이 없었다고 말할 수 있다.

2) 동포정책 제도적 측면

재외 동포에게 참정권을 주는 것과 이중국적을 주는 제도적 측면을 말하 자면 한국은 이제 처음으로 참정권을 수여하였고 이중국적은 주지 않는 나 라이다. 대부분의 나라는 어떠한 방법이라도 해외에 거주하는 재외 국민에 게 참정권을 준다. 이것에 비하면 우리나라의 참정권 부여는 늦은 편이다. 현재 세계에서 이중국적을 주는 나라가 64개국이다. 이들 나라들은 예컨 대 이태리나 폴란드와 같이 대부분 이중국적을 줌으로써 자기 동포들이 유 리하다고 생각하는 나라들이다.

이중국적을 주지 않으나 이것을 심하게 금지하는 나라와 느슨하게 하는 나라가 있다. 심하게 이중국적을 금하는 나라가 중국이고 이것이 유한 나라가 미국이다. 이중국적 문제에 중국은 민감하였다. 동남아시아에 분산된 화교들 중 중국국적을 가진 자가 절반이나 되었다. 이것은 중국을 적대시하는 나라들에게 위협이 되고 중국과 동남아시아 나라들을 이간시키는 구실이 되었다. 이에 1951년 중국 중앙교무사업위원회는 화교가 거주국 혁명에 참여하지 않는다는 의미에서 중국국적을 버리고 현지 국가의 국적을 취할 것을 적극 권유하고 이중국적을 거부하는 정책을 취한 것이다. 그 결과 현재는 동남아시아 화교들이 90% 이상이 거주국의 국적을 취득하였다.(정신철 2004,1,17) 미국의 경우 상대국이 이중국적을 주면 그 나라에 대하여 호혜적 견지에서 이중국적을 허용하고 있다.

한국의 경우 이중국적 문제 논의가 문민정부 시절 세계화추진위원회에서 논의되었다. 그러나 그 논의가 백지화되면서 1997년 10월 31일 재외동포재단을 설립하기에 이른다.

한국의 국적법은 이중국적을 인정하지 않는 단일국적주의를 표방하고 있다. 비 자발적 이중국적의 취득은 국적법 제15조 2항에 저촉되는 경우로 결혼, 입양, 인지 그리고 "외국국적을 취득하여 대한민국 국적을 상실한 자의 배우자 또는 미성년자의 자(子)로서 그 외국 법률에 의해서 그 외국국적을 취득하게 된 자" 들에게 해당된다.(김병찬 1999,320)

1948년 국적법이 제정된 이래 62년, 63년, 72년의 세 번에 걸친 부분적인 수정이 있었지만 98년의 제4차 국적법 개정은 한국 국적법의 부계혈통주의의 주요한 골격을 바꾼 첫 번째 개정이다. 말하자면 출생한 당시에 부 또는 모가 대한민국의 국민인 자는 한국국적을 취득할 수 있는 것이다. 이러한 양계혈통주의가 이중국적을 수용하는 것은 아니다. 개정 국적법은 제15조 1항에 "자진하여 외국의 국적을 취득한 자는 그 국적을 취득한 때에 대한민국 국적을 상실한다."라는 '외국국적 취득에 의한 국적 상실'을 명시하고 있다.(김병찬 1999,322)

그러나 예외 조항으로 한시적 기간이지만 두 가지 경우에 이중 국적 유지를 인정하고 있다. 첫째는 한국 국적의 부모가 미국과 같이 출생지주의를 채택하고 있는 나라에서 출생한 자녀와, 성년인 한국인이 입양에 의하여 외국의 실부모로부터 그 나라 국민으로 인지되었을 때이다. 두 번째 경우에 해당하는 이중국적자는 극히 드물기에 이중국적 유지 인정자는 첫 번째가 대부분이다. 그러나 첫 번째의 경우에도 차후 국적선택주의에 의해 단일국적을 선택하도록 규정하고 있어 평생 이중국적을 유지할 수 없다.(김병찬: 1999.323)

말하자면 미국과 같은 속지주의에 의하여 이중국적을 소지한 자로 만 20세 이전에 소지하였으면 만 22세까지 하나의 국적을 선택하여야 한다. 만 20세 이후에 소유한 이중 국적은 2년 이내에 하나를 포기하여야 한다. 어떠한 경우라도 국적을 선택치 않으면 한국국적을 자동적으로 상실하게 된다. 한국의 경우 특이하게 원정출산이라는 것이 있다. 속지주의를 취하는 나라에 가서 출산하여 시민권을 받는 것이다. 이런 경우 병역의 의무가 있는 남자의 경우 병역의무 이행 후 선택권을 갖는다.

한국은 이명박 정부에 들어 국가경쟁력강화위원회는 이중국적 조항을 신설하여 과학, 경제, 문화, 체육 등 분야에서 탁월한 능력을 소지한 자를 특별 귀화 대상으로 하여 이중국적을 허용하기로 하였다.

3) 동포정책 실체적 측면

재외동포정책의 실체적 측면이란 외국에 거주하는 동포를 어떻게 보호하는가를 문제삼은 것이다. 우리나라는 현지화정책이라 하여 거주국의 모범적인 소수민족이 되라는 것이며 이것을 위하여 재외동포재단이 한인회를 후원하는 사업과 한글학교를 돕는 사업을 추진하고 있다.

한인회를 돕는 사업은 충분하지 못하지만 한국의 교민이 1세가 지배적이기 때문에 가능하며 한인회장을 한국에 초청하여 한인회장대회를 하는 것도 교포 1세이기 때문에 가능한 것이다.

한국학교의 경우 이 영역에서도 아직 1세가 주도하기에 잘 진행되고 있으며 미국의 NAKS와 같이 지역 조직과 전국 조직이 잘 되어 있고 한국에서도 잘 후원하고 있어 모범적이라 할 수 있다. 그러나 현재 주말 학교인 한글학교가 잘 되는 것이지 전일제 한국학고는 극히 드문 상태이고 주말 학교가 잘 된다하여도 취학아동의 15%만이 주말 학교에 다니고 있어 성공적이라고 말할 수 없다.

재외동포의 실체적 측면의 모범적인 민족이 유대인들이다. 유대인들은 나라 없이 오랜 세월을 이 대륙에서 저 대륙으로 이 나라에서 저 나라로 옮기기도 하고 박해를 많이 받은 민족이기에 그러한 악조건에서 살아남기 위하여 누적된 노하우에서 성립된 많은 조직과 기구를 갖추고 있다. 위의 유대인 사례에서 본 것과 같이 우리의 한인회와 같은 자체적인 조직보다 대외활동 특히 정치적인 활동을 하는 조직기 많고 종교조직, 교육을 위한 조직, 문화를 위한 조직 그리고 사회사업을 하는 조직들이 발달하여 있다. 이러한 모든 조직과 기구가 유대인들의 모금에 의하여 추진된다는 것은 유대인 사회가 원숙한 단계에 이르렀다는 것을 말하는 것이다. 이것에 비하면 한국의 교민사회는 아직 기부문화가 없고 사회사업 단체가 빈약하며 이러한 기능을 담당할 수 있는 한국 교회가 교민의 지역사회에 너무 등한시하는 심각한 사회문제를 갖고 있다.

4) 동포정책의 기능적 측면

동포정책의 기능적 측면이란 동포의 역량을 어떻게 활용하느냐 하는 것을 보려는 것이다. 우리의 경우 동포 경저인을 포함한 한상대회가 있고 과학자대회가 있다. 한상대회는 본국과 교포사회 간의 경제적인 협력을 도모하려는 것으로 하는 것으로 이미 7, 8회를 거듭하면서 나름대로 노하우를 쌓아가고 있다. 이것은 중국의 화상대회와 비교할 수 있는 것으로 화상대회보다 한상대회가 조직적이고 적극적으로 추진하여 성공한 사례가 되겠다. 그러나 한상대회는 한국이 주동하고 화상대회는 화교가 주동한다는 차이가 있다. 따라서 한상대회는 교포가 2세, 3세로 넘어갔을 때 어떻게 될 것이냐 하는 문제를 갖고 있다.

과학자대회는 한국이 제3공화국 시절 중화학공업화를 추진할 때 미국 교포 과학자, 기술자, 연구가, 교수 등이 한국에 기술을 전한 데서 시작하여 오늘에 이르고 있다. 매년 한국과 외국을 번갈아가며 개최되는 과학자대회는 성공한 사례라 하겠다.

해외동포의 역량을 활용한다 할 때 그것은 흔히 경제적인 도움을 말한다. 우리는 동포의 경제력을 이용하려는 정책을 전개하기 이전 1960년대와 1970년대 새마을운동을 전개할 때 재일동포들의 자발적이고 보수를 바라지 않는 순수한 애국심 애향심의 발로로 많은 도움을 받았었다.

이러한 해외동포의 역량을 활용하기 위한 정책은 중국의 동포 인수정책과 비교하려는 것이었다. 중국의 경우 당을 위시하여 행정부는 물론 입법부에서도 적극적인 태도로 재외동포를 유도하기 위한 경쟁체계를 갖추고 중앙정부만이 아니라 성, 주, 시 등 지방 자치단체도 적극적으로 동포의 투자와 이주를 지원하고 있다. 중국 자체는 공산주의가 지배하기 때문에 사유재산을 인정하지 않을 때도 해외 동포가 중국으로 이주하면 토지와 가옥의 사유재산을 인정하고 이것을 보호하는 정책을 취하였다. 이러한 중국에 비하면 한국은 적극적이지 못하고 동포의 국내 경제활동을 적극적으로 지원할 제도적 장치가 없다고 말할 수 있다.

이곳에서 언급하려는 것이 중국 조선족에 관한 한국 정부와 한국 사람의 태도이다. 재중 동포에게 3개월의 방문 비자를 주고 한국에 오기 위하여 사용한 비용마저 장만할 수 없게 하고 이것으로 인하여 불법체류자가 되면 이것을 구박하고 이것을 미끼로 임금 체불과 임금 사기를 일삼는 것은 동포정책의 부재만이 아니라 이것을 묵인하는 정부에 과연 동포정책이 있는가 하는 물음을 던지지 않을 수 없다. 야박하기 그지없다는 일본에서도 브라질에 간 일계 후손들이 일본에 와서 노동을 하면 외국 노동자와는 다른 특별대우를 하고 일계인이라는 것을 자기 집에 있는 날을 부채 하나만으로도 충분하다고 인정을 하고 안심하고 돈을 벌어 귀국하도록 한다고 한다. 이것과 한국의 경우를 비교하면 한국인이라는 것이 창피할 정도이다. 특히 미국에서 온 동포들에게 '거소증'을 주어 한국에 거주하면서 이중국적자가 누릴 수 있는 자유를 누린다는 것이 있는 것과 대조하면 중국 동포에게 지나친 처사라 아니할 수 없다.

5. 결론

21세기에 진입한 지 어언 10년이 가까워 온다, 세계화시대 교민의 중요성은 아무리 강조하여도 모자람이 있다. 특히 세계정세가 급변하고 동포사회가 급변하는 이 시기에 동포의 중요성은 더욱 절실한 것이다.

미국을 포함하여 동포사회도 최근에 급변하고 있다. 무엇보다 달라진 것이 재외동포의 역량이다. 하루가 다르게 성장하여 가는 동포의 힘은 눈에 보이게 급성장을 거듭하고 있다. 미국의 예만 보더라도 오바마 정부에 차관보로 임명된 한인 2세가 3명이고 정부의 핵심 업무를 담당하고 있는 사람이 100명이 넘는다 하고, 한국계 변호사가 1만 명이 넘었다고 하며 정계, 언론계, 금융계, 학계 등에 진출한 1.5세, 2세들의 수가 날로 증가하여 가고 있다.

특히 한국이 발달하고 국제 사회에 상위를 점하자 국제 사회의 경쟁은 더욱 심해지고 있다. 무엇보다 한국은 이웃에 있는 중국 그리고 일본과 도처에서 경쟁자로 부각되며 이들 동양 3국의 경쟁이 다른 유색인종, 다른 소수민족과의 경쟁보다 심하다. 이러한 상황에서 우리는 동포들의 역량을 모아 우선 경쟁에서 낙오가 되지말아야 하고, 경쟁에서 승리하여 우리의 기반을 확고히 다져야 하며 이것을 지속적으로 발전시켜야 한다.

이러한 사항과 조건에서 한국의 교포정책을 되돌아본다는 것은 앞으로의 교민정책에 참고가 되기 위함이다. 과거 우리나라는 교포정책에 소극적이었다. 만일 우리가 해방이 되고 건국을 할 때 동포를 포함한 우리 민족의 힘으로 이룩하였다면 우리는 지금보다 훨씬 교포를 아끼고 교포에 대한 좋은 정책을 마련하였으리라 생각한다. 그러나 우리의 해방과 건국에 해외 동포들이 별로 공헌하였다고 생각하지 않아 우리는 불미스러운 교민정책을 갖었던 것이다.

한국의 입장에서 교민은 보이지 않는 사람들이기에 교민정책이 다른 국내 정책보다 뒷전으로 밀리게 된다. 그리고 교민정책은 국가의 최고통치권자에 의하여 좌우되는 면이 강하였다. 따라서 최고통치권자의 동포에 대한 관심과 상식이 교민정책을 좌우하였다.

한편 우리의 교민정책의 대상인 교민사회도 한국이 급격한 근대화를 한 것과 같이 급격한 변화를 이루어 위정자들이 차분히 생각할 여유를 주지 않았던 측면도 있었다. 해방이 되고 혼란한 시기에 겨우 독립 국가를 이루었을 때 한국전쟁이 발발하였고 전쟁이 끝났을 때 최빈국으로 전락한 한국이 교포를 생각할 여지가 없었던 것이다. 그리하여 당시 유일한 대상인 재일교포에 대하여 빨리 귀화하여 일본 국민이 되라는 말밖에 할 수 없었다. 이리하여 우리의 교민정책은 기민정책으로부터 시작하는 불우한 시작을 한 것이다.

다음에 해외 동포를 한국의 인구문제를 해결하는 수단으로 보았을 뿐 해외동포가 자산이고 해외동포가 한국을 대변하는 민간 외교관이라는 생각도 하지 못하였다. 이민을 장려하는 제3공화국도 동포의 가치나 동포를 이용하려는 의도도 없었다. 군사정권의 연장인 제5공화국도 동포에 관한 한 외형으로는 현지화정책이라는 말을 사용하였을 뿐 대책 없이 무관심으로 일관하였다.

교민정책을 심각하게 생각하기 시작하는 것은 문민정부이다. 문민정부와 국민정부를 이끈 대통령은 우선 재일동포나 재미동포에게 많은 빚을 지고 있었기 때문에 해외 동포에 빚을 갚기 우하여 교민정책을 심각하게 생각하기 시작한 것이다. 그리하여 이룩된 것이 새교민정책이다. 새교민정책으로 해외교포를 보호하려는 정책이 수립되기 시작한다. 그리하여 문민정부는 재외동포재단을 이룩하고 국민의 정부는 재외동포법을 제정하기에 이른다. 재외동포재단이 불완전하고 재외동포법이 결함을 갖는 것은 최고 통치권자의 의지가 아니라 집행부를 담당한 공무원들의 인식 부족과 미숙함이 원인이었을 것이다.

입법부에서 동포에 관심을 갖고 법안을 제출하는 것도 1990년대 문민정부 시절인 15대 국회에서 시작된다. 15대 국회의 서종화, 이종찬, 이우정, 김호일, 재정구의원 등 여러 의원들의 발의가 비록 실패로 끝났으나 동포문제를 입법부에서 거론하였다는 기념비적인 발의를 한 것이다. 16대 국회에서는 김원길, 조응규의원안이 거론되었고 17대 국회에서는 한명숙, 권영길, 이화영의원안이 거론되었었다. 이러한 선구자들의 노력도 행정부의 이기주의나 의회의 불성실로 모두 좌절하고 말았다.

이명박 정권에 진입하여 동포에게 참정권을 부여하는 교민정책의 큰 전환을 이루었다. 이것은 최고통지자의 강한 의지로 된 것이 아니라 전 정권 말기부터 시작한 사안으로 마치 디끄러지듯 헌재의 독촉과 어울려 성사된 특이한 현상이다. 산재한 교민정책을 앞으로는 이런 식으로 추진하여서는 아니 된다. 이제부터 교민정책은 학자들을 동원하여 차분하고 냉정하게 연구되고 그 토대 위에서 정교하고 철저한 교민정책이 이룩되어야 한다. 그러기 위하여 다른 나라의 교민정책을 비교하여 보았다.

앞으로 이민을 보내는 이민정책은 일본식을 본받고, 해외 동포들이 거주국에서 모범적인 시민이 되면서도 조국의 정체성을 잊어버리지 않는 국제인이 되게 하기 위해서는 유대인의 실체적인 측면을 참고하여, 해외동포의 역량을 조국의 발전을 향하게 하기 위하여서는 중국 식의 기능적인 강점을 모방하여야 할 것이다.

세계가 국제화 시대로 전진하면 할수록 교민정책을 더욱 차원 높게 발전하여야 한다. 170여 개국에 700만 명의 재외동포를 갖고 있는 '다국가 민족'의 국가다운 그리고 세계 경제 10대 강국다운 정책을 가져야 한다. 한편 한국도 이제는 단일민족국가가 아니다. 2006년 10월 현재 한국에 체류하는 외국인이 87만 5천 명에 달하고 외국적 동포가 25만 1천 명이나 되는 '다민족 국가'이다. 이러한 상황에 적합한 그리고 교민정책에서도 모범적인 나라가 되어야 할 것이다.

참고문헌

김병천 1999; 「김영삼정부의 재외동포 정책에 관한 연구」. 『재외한인연구』
    8. 317-358.
김봉섭 2009; 「한국 재외동포 정책 10년의 회고와 전망」. 『민족연구』 37. 6- 71.
김원주 1995; 「노일의 대 만한정책 1895-1903_. 『서울교육대논문집』 28. 31-44.
김인섭 2009; 「러시아의 재외동포 정책」. 『민족연구』, 37. 84-102.
김형찬 1991; 「미국과 소련의 소수민족 정책 비교」. 『미수연구』 5. 175-199
세계한상문화연구단 2004; 「세계각국의 재외동포정책 국제심포지엄」.
    광주. 세   계한상문화연구단
성동기 2002; 「중앙아시아 5개국의 자국 해외동포관련 법조문 분석」.
    『재외한인연구』 15,1. 207-236.
송석원   2009; 「일본정부의 일계인 정책」. 『민족연구』 37. 103-119.
심헌용 1999; 「러시아의 강제이주된 민족들 명예회복 정책」.
    『재외한인연구』 8. 359-378.
유정석 2009; 「캐나다의 재외동포 정책」. 『민족연구』, 37. 72-83.
윤인진 2003; 「북한의 재외동포정책」. 『한민족공동체 』11호. 65-85.
    2006; 「미래지향적 재외동포정책」. 『2006 흥사단 통일포럼』 14-25.
이광규 1990; 「박정희의 이민정책」. 동아일보사 편. 『현대사를 어떻게 볼
    것인가』 4. 470-490.
    1990b; 「해외교포의 현황과 교포정책의 과제」. 『국회보』 286. 58-63.
    1998; 「IMF시대에 생각하는 재외동포정책」. 『통일한국』 2. 20-82.
    2002; 「중장기 재외동포 정책」. 『송현 이광규 선생 고희기념논문집』. 13-36.
    2006; 「재외동포 현황과 정책과제」. 『2006 흥사단 통일포럼』 1-13.
이종훈 1993; 「교민정책의 문제점과 향후 과제」. 국회도서관 현안분석.
    1994; 「해외동포정책의 현안방안」. 국회도서관 현안분석.
    2001; 「재중동포정책과 재외동포법의 개선 방향」. 『재외한인연구』 11.165-190.

2004;「한국의 재외동포정책」. 세계한상문화연구단 7-14.

이창언 1998;「캐나다 소수민족 정체성과 사회문화적 적응」.『한국문화인류학』
　31,2. 559-596.

자투린, 콘스탄틴 2004;「러시아와 신생 독립국가에 거주하는 러시아 재외동포」.
　세계한상문화연구단 159-176

장세화 2004;「중국의 대 화인 우대정책의 근거와 내용」. 서울. 외교통상부
　재외국민영사국

정신철 2004;「중국의 화교 화인정책과 그 특성」. 세계한상문화연구단 111-158

조정남, 유호열, 한만길 2002;「북한의 재외동포정책」. 서울. 집문당.

조정원 2009;「중국의 화교정책에 관한 연구」.『민족연구』, 37. 120-156.

진희관 2003;「총련의 성격 변화와 재일동포 사회의 통합」.『한민족공동체』
　11. 39-64.

차종환 1994;「귀화동포와 이중국적 문제」. 서울. 한국인권문제연구소.

테이즈, 바린티 2004;「헝가리의 재외동포정책 사례」. 세계한상문화연구단 15-
　23.

레리고리아, 세르기오 2004;「이스라엘 국가와 유태인 디에스포라: 방향과 정책
　그리고 도전」. 세계한상문화연구단 24-110.

해외교포문제연구소 1998;「교포정책 포럼」. 서울. 해외교포문제연구소.
　1999;「99 교포정책포럼」. 서울. 해외교포문제연구소.

허동찬 2003;「북한 해외동포정책의 기본원칙」.『한인족공동체』11. 13-38.

Bade, Klaus 1992;「Migration in Geschichte und Gegenwart」.
　Muenchen. Verlage c.h.Beck

Bundesministerium des Innern 2003;「Zahlen Daten Fakten」. Bonn.
　Bundesministerium des Innern.

Informationen zur Politischen Bildung 2000;「Aussiedler」. Bonn.
　Budeszentrale foer Politische Bildung.

한민족 공동체(KC)의 미래와 꿈

이 만 우

미국 펜실바니아주 밀러즈빌 주립대학
정치학과 교수

"I like the dreams of the future than the history of the past."
(나는 과거 역사보다는 미래를 꿈꾸는 것이 더 좋다.)

-Thomas Jefferson-

머리말

2008년 8월 26일 미국 버지니아주 상원의원 후보(그 후 당선) 마크 워너(Mark Warner)는 콜로라도주 덴버시 민주당전당대회 기조연설에서 미국 3대 대통령 토마스 제퍼슨(Thomas Jefferson)을 인용, "나는 과거 역사보다는 미래를 꿈꾸는 것이 더 좋다"고 했다. 필자는 그 말이 마음에 들었다. 필자는 과거도 중요하지만 미래가 더 중요하다고 생각한다. 부정적인 것보다는 긍정적인 것, 비관적인 것보다는 낙관적인 것, 안 된다보다는 된다라고 하는 미래지향적이고 적극적인 태도를 좋아한다. 필자는 반세기 전에 미국으로 건너가 그곳에서 교육을 받고 지금까지 40년 이상 미국대학에서 정치학을 가르치면서 그동안 매년 두 번 이상 고국을 방문했다.

태평양을 약 200번 가까이 건너다니면서 필자는 고국과 한민족에 대해서 새로운 것을 많이 느끼고 배우고 조국인 한국을 다시 보게 되고 한민족의 장점과 약점도 많이 알게되었다. 반세기 전 10대 소년이 미국에 가서 큰 충격을 받았다. 필자의 눈에 미국이라는 나라가 기대 이상의 선진국이었다. 어떻게 이러한 훌륭한 나라를 불과 이삼 백년 만에 건설할 수 있었을까 하면서 감탄도 했다. 60년도 말에 공부를 마치고 교수가 된 후 13년 만에 처음 고국에 돌아와 보니 한국은 너무나 초라한 후진국으로 보였다. 한민족이 5,000년간 무엇을 했는가? 이렇게 마음속으로 질문도 했다. 그러나 10년, 20년, 30년, 40년이 지난 오늘 필자의 눈에는 한국이 엄청나게 변했고 때로는 한국이 선진국으로 보이고 오히려 지금은 미국이 후진국으로 느껴질 때도 있다. 50년 전에 미국에 건너갔을 때 미국이 어떻게 불과 이삼 백년 만에 이렇게 많이 발전할 수 있었을까 하면서 놀라움을 감추지 못했는데, 이제는 반대로 한국이 불과 삼사 십년 만에 후진국에서 선진국으로 둔갑을 한 것은 기적이라고 느낀다. 한국이 통신인터넷 그리고 국내 교통 면에서 세계에서 으뜸가는 나라가 된 것은 50년 전 나의 한국의 이미지를 완전히 뒤집어 놓았다.

한민족은 역사의 흐름과 급속도로 발전하는 과학과 기술혁신에 대해서 잘 관찰해보면 한민족이 어디로 가야하는지 알 수 있다. 필자의 거시적인 한민족의 역사관은 간단하다. 한민족이 19세기까지는 많은 다른 민족처럼 세계무대에서 활동하지 못하고 고립되어 있었다. 중국의 그늘 밑에서 빛을 보지 못했다. 19세기 말부터 1945년 일제식민지로부터 해방이 될 때까지는 일본의 침략으로 나라는 잃었으나 한반도에 근대화가 시작되었다. 그후 1945부터 지금까지 남한만이 미국의 힘을 입고 전세계로 뻗기 시작했고, 일부 한민족이 해방 전에는 중국으로 그리고 구소련으로 해방 후에는 미국으로, 캐나다로, 남미로, 구라파로 이주했다. 예술, 교육, 음악, 과학, 그리고 사업 면에 있어서 어느 민족보다도 활발히 움직이고 있다.

불행히도 북한은 이조시대처럼 고립을 자츠해서 과거에 살고 있다. 한민족이 이렇게 전세계에 뿌리를 내리고 살고 있다는 현실에 대해서 깊이 생각해 볼 필요가 있다. 그리고 지금 한국을 이끌고 가는 많은 실력자들 중 상당수가 외국에서 공부한 사람들이다. 불과 몇 십년 만에 한국이 선진국이 된것은 한민족이 타민족과의 교루가 활발해진 결과다. 역사의 교훈은 간단하다. 한민족은 세계무대에서 지금보다 더 활발하게 뛰어야 한다는 것이다.

KC이론

KC는 영어로 Korean Communities의 약자며 한민족 커뮤니티라는 뜻이다. 이 글의 목적은 전세계에 살고 있는 한민족 그리고 앞으로 태어나는 한민족 후손들에게 필자가 남기고 싶은 말이다. 그것은 한민족도 훌륭한 업적을 남긴 다른 민족 못지 않게 앞으로 인류를 위해서 큰일을 하라고 부탁하는 글이다. KC는 결코 한민족만 잘 살자고 하는 비전이 아니다. KC는 타민족과 더불어 지구촌 차원의 문제를 해결하는데 주역이 되어야하고 될 수도 있다고 생각하기 때문이다. 서양제국들은 나름대로 인류를 위해 공헌한 것이 많이 있다. 과학과 기술의 발전, 그로 인한 생활 수준 향상, 자유무역, 민주주의 보급, 인권신장 등 뚜렷한 업적이 있다. 주로 영어권 나라들이 이러한 공헌을 했다. 그리하여 영어가 세계어로 통하기도 한다. 필자가 지난 50년간 한국과 미국사이를 왕래하면서 깨달은 것은 한민족도 세계무대에서도 주역이 될 수 있는 민족이라는 것을 깨달았다.

그 이유는 여러 가지가 있다. 첫째, 서양제국들의 지도력의 한계점이다. 이 논문에서 이 문제를 상세하게 다룬다. 둘째, 한민족은 기술혁신과 정보통신 교통 혁명의 힘을 이용해서 전 지구촌을 무대로 경제적 문화적 활동을 위해 주역이 될 수 있는 충분한 자격을 갖추기 시작한 지 오래되었다. 부족한 것은 의지와 깨달음이다. 필자는 이점을 강조한다. 뜻이 있으면 반듯이 길이 있을 것이다. 셋째, 흩어진 한민족의 처지가 지난 세기에는 약점으로 인식되었지만 지금은 지구촌 도처에 뿌리를 내리는 것은 21세기에 있어서 다행이며 오히려 바람직하다. 넷째, 한민족의 의식수준은 날로 높아지고 있다. 특히 남한에 사는 한민족의 의식수준은 미국인들과 비교해 볼 때 더 우수하다고 느낄 때가 많다.

필자는 미국 TV와 한국 TV를 동시에 시청한다. 미국 TV 프로그램은 몇 가지를 제외하고 나면 수준 이하다. 광고가 지나치게 많고 돈버는 데만 신경을 쓰기 때문에 미국의 무식꾼들을 더 무식하게 만들고 있다. 미국은 푸른 주(blue states)와 붉은 주(red states)로 나누어 있는데 주로 무식하고 가난한 미국인들이 붉은 주에 살고 있다. 그들을 보고 레드 넥(red neck)이라고 한다. 레드 넥은 목이 빨갛다는 표현인데 땡볕에서 웃통을 벗고 일하며 밤에는 맥주 6병 마시는 미국인들을 말한다. 레드 넥들은 오바마 대통령 후보를 공산주의자로 혹은 사회주의자로 보고 빈 라든 (Bin Laden)과 생각을 함께 하는 위험한 인물로 평가하기도 했다. 미국 TV를 보면 세게가 어떻게 돌아가는지 알 길이 없다.

2008년 여름 붉은 주를 대표하는 매케인(John McCain) 공화당 대통령 후보가 '무식한' 사라 팰린(Sarah Palin) 알래스카 주지사를 러닝메이트로 결정했다. 팰린은 일부 미국인들의 정서를 잘 대변한 것이었다. 무식하고 안하무인격의 인간들이 미국에서는 아무 제한없이 활동할 수 있다. 그러한 사람들이 권력을 장악하고 다른 나라들의 운명까지 결정한다면 세계는 어떻게 되겠는가? 조지 부시 같은 철없고 무식한 레드 넥이 대통령을 지낸 아버지의 후광을 업고 대통령이 되어 필요 없는 전쟁을 하여 미국을 수렁에 빠지게 한 사실을 곰곰이 생각해 볼 필요가 있다. 한민족은 미국이 이라크에서 저지른 일들을 무비판적으로 보아서는 안 될 것이다. 한민족도 세계무대에서 주인의식을 가지고 인류가 처한 문제를 해결하는데 미국과 유럽 못지 않게 나름대로 고민을 해야 한다. 배부르게 먹고 놀기만하는 민족이 아니고 큰 포부와 희망을 가지고 지구촌 문제 해결에 도움이 될 수 있도록 한민족의 의식수준을 높이는 사업이 궁극적으로 KC가 나갈 길이라고 믿는다.

이 논문은 도처에 살고 있는 한민족의 슬픈 자화상을 그리는 것도 아니고, 그들이 당면하고 있는 언어, 교육, 복지, 정체성 등 여러가지 문제와 난제를 소개하는 글도 아니다. 필자가 구상한 KC 이론은 [1] 과학과 기술 혁신이 암시하는 한민족이 가야 할 진로이다. KC의 개념은 우리 민족이 한반도 영토 안에서만 바라보는 좁고 배타적인 민족의식을 초월해서 세계 도처의 한민족과 나아가서 전 인류를 포함하는 넓은 지평에서 한민족의 갈 길과 목표를 설정해보는 일종의 희망과 의지를 표명하는 글이다. 필자는 이러한 청사진을 가지고 대통령을 지낸 분 정당의 총재를 지난 분, 학계, 재계, 정계인사들과도 많이 이야기했지만 다들 좋은 생각이라고 하면서도 KC사업을 하자고 나서는 사람은 없었다. 그러나 앞으로 그러한 지도자나 집단이 반드시 나올 것이라고 확신한다.

그러면 KC의 의미를 좀더 세밀하게 살펴보자. KC의 개념은 과학과 기술혁신 때문에 가능한 것이라고 지적했다. 과학과 기술혁신은 인간의 사고를 변화시키고 인간을 새로운 세상으로 향하게 하기 때문에 그 힘에 적응해야 한다. 20세기 말 과 21세기 초에 가장 뚜렷한 새 개념은 가상장소가 될 것이다. 인간은 땅의 지배를 받아왔다. 지금도 그러하다. 그러나 장소

---

1)이만우, "한민족공동체(KC)의 이론정립," 한민족공동체 제7호, 해외한민족연구소, 1999년. pp.49~81.

(땅)의 수위성을 전제로 하고 모든 것을 해온 과거와는 달리 지금은 가상 장소(virtual reality) 혹은 무장소(placeless place)가 존재한다. 이것은 기술혁신으로 새로운 패러다임(paradigm)을 의미한다. 물론 아직도 가정, 학교, 공장, 직장 사무실, 교회, 국가 등등이 장소(place) 없이는 생각할 수 없고, 아직도 정치적, 경제적, 사회적 질서와 구조가 장소에 의해 가능하지만 또 한편으로는 장소를 초월하는 가상세계(virtual reality)도 의식하지 않을 수 없다. 이것은 인터넷(internet)의 위대한 힘 때문이다.

인간, 물질, 정보, 지식, 이러한 것이 거리와 공간의 지배에서 크게 해방된 세상을 체험해 볼 때 지금까지 장소에 기반을 둔 정치, 경제, 사회의 모든 가정을 뒤집어 놓는 셈이다. 이것이 혁명이 아니겠는가. 이러한 세계에서는 예를 들어 서울과 뉴욕 사이에 거리가 사라지고 순식간에 정보교환은 물론 화상통화도 할 수 있는 세상이 된 지도 오래된다. 기술혁신은 우리 인간의 의식을 초월하고 또 추월도 한다. 인간의 의식은 기술혁신이 요구하는 의식 개조를 따라잡는데 몹시 힘들어 한다. 이 세상은 낡은 사고와 의식이 지배하고 있다. 그래서 아직도 국적을 따지는가 하면, 이러면 안 되고 저러면 안 된다는 식으로 낡은 생각과 신사고가 싸우고 있다. 기술혁신이 우리 인간의 의식과 사고를 어떻게 변화하라고 암시하는가?

배타적 민족주의 타파

배타적인 민족주의를 긍정적인 민족주위로 전환하라고 암시한다.[2] 배타적인 민족주의는 비인간적이고, 파괴적이고 호전적이지만 긍정적인 민족주의는 정치적 사회적 경제적 성장과 발전에 큰 동기부여를 한다. 배타적

---

2) Gustavo de Las Casas, "Is Nationalism Good For You?" Foreign Affairs, March/April, 2008 pp. 51~56.

인 민족주의의 함정에 빠진 나라들은 모두가 호전적이고 가난하고 비인간
적인 사회의 수렁에서 못 벗어나고 있다. 북한이 가장 좋은 예가 될 것이
다. 미국의 첨단기술 본부인 실리콘 벨리(Silicon Valley)에 컴퓨터전문가
삼분의 2가 외국인이라고 한다. 배타적인 민족주의 국가에서는 이러한 것
이 불가능하다. 북한처럼 폐쇄적인 나라는 배타적인 민족주의 때문에 정
치, 경제, 인민사회 모두가 퇴보하고 못사는 나라로 전락했다. 모든 못사는
나라는 그렇게 된 이유가 있다. 모든 문제에는 반드시 이유가 있는 것이다.
배타적인 민족주의를 극복하는 새로운 교육이 필요하다. 과학과 기술혁신
으로 국경과 국적의 의미가 점점 희미해가고 있는 이때 인류가 공동 운명
체로서 전지구적 차원에서 환경보호, 인권신장, 삶의 질을 향상하는 세계
시민 의식 속에 KC의 철학이 존재한다.

KC와 의식 향상

기술혁신과 가상공간은 한민족을 전세계로 뻗치게 하고 좁은 땅(한반
도) 좁은 사고가 지배해온 한민족 의식구조를 대폭 변하게 한다. 한민족은
세계무대에서 21세기의 주역으로 행동할 수 있는 사고와 의지를 가져야
한다.

미국, 유럽국가, 중국, 일본만이 21세기 주역이라는 논리에서 해방될 수
있어야 한다. 남과 북 인구 7,000만 명과 해외한민족 800만 명을 합산하
면 21세기에 인구 일 억에 가까운 큰 아이덴티티(identity)를 KC를 통해
서 새롭게 구축할 수 있다. KC는 지리적으로 형성되는 것이 아니고 또한
정치적으로 결정되는 것도 아니다 KC는 문화, 통신, 교류에 의해서 전세
계의 한민족이 커뮤니티를 형성하는 뜻이다. 유감스럽게도 한국정부는 이
러한 개념에 대한 의식이 없다. 2008년에 노무현 전대통령이 지시한 2030

년 선진한국을 위한 청사진이 그려 있는 397페이지 책자가 영문으로 출판되어 읽어 보았다. 그 책은 청와대비서실, 한국개발연구원(KDI), 대학교수들이 연구한 책이다. 외교, 안보, 행정, 경제, 사회, 문화 등 각 분야를 다루고 새로운 패러다임, 새로운 비전을 운운했지만 한가지 아쉬운 것은 청와대와 연구원들이 남북관계를 16페이지로 처리하고 해외한민족에 대해서는 한마디도 없었다.[3) 재외동포에 관련한 아무런 언급이 없었다는 것은 엄청난 실수다.

한국은 아직도 재일 조선인, 중국 조선족, 구소련 지역의 고려인. 미국 남미 등에 거주하는 한민족을 잘 모르고 있다. 다른 나라들은 그들의 재외동포에 대해서 훨씬 관대한 대접을 하고 있다. 제한 없는 취업, 체류자격, 국적회복, 정착지원, 귀한의 권리를 부여하고 있는 나라가 상당히 많이 존재한다. 그리고 이 청와대 미래외교백서에 연해주 개발에 대한 말이 한마디도 없었다. 즉 KC에 대한 의식조차도 못하고 있었다. 필자는 그것을 보고 실망했다.

KC의 상징

KC가 한민족의 고유 브랜드 내임(brand name)이 되어야 한다고 필자는 오랫동안 주장해 왔다. KC는 앞으로 한민족이 살고 있는 모든 도시의 지명을 KC가 붙도록 하는 것이 바람직하다. 예를 들어 KC서울, KC평양, KC로스앤젤레스, KC뉴욕, KC시드니, KC연변, KC모스코바, KC동경, KC파리, KC런던, KC부에노스아이레스 등등이다. 이렇게 함으로써 KC라는 두 글자는 브랜드이름으로서 큰 힘을 발휘하고 전세계가 KC의 역할

---

3) Korea′s Ambition to Become an Advanced Power by 2030: Korea′s Future Vision and Strategy (Seoul, Korea: Seoul Selection Publications, 2008).

을 의식하게 될 것이다. 초등학생들부터 노년층까지 KC에 대한 개념을 심어 주어야 한다.

21세기에 한민족을 상징하는 심벌(symbol)을 바꿔야 한다. 두 동강이 난 한반도 지도가 우리 민족의 세계적인 발화을 반영하지 못한다. 한민족은 한반도, 중국, 러시아, 일본, 동남아, 아메리카대륙, 유럽, 호주, 아프리카 등 각 지역에서 생활하는 민족이다. KC네트워크라는 거대한 조직망을 구축할 필요가 있다. KC는 KC 각 지역의 경제생산 활동 및 인구는 물론 KC지역에 걸친 각종 생활정보를 체계화해야 한다. 전세계에 흩어진 한민족의 부(wealth)와 남과 북의 부를 합산하면 한민족의 경제적 위상이 대국에 가까울 수도 있을 것이다. 앞으로 태어나는 우리 민족의 어린이들은 한국이 작은 나라라는 고정관념에서 벗어나게 될 것이다. 그렇게 되면 더욱 더 대국인답게 국제무대에서 행동할 수 있을 것이다. 한민족의 과학자, 기술자, 예술가, 교수, 법관 등도 전 지구촌 차원에서 보면 엄청난 민족의 힘으로 보여질 것이다. KC는 또한 통신, 우주공학, 생명공학 등에 초점을 맞추어 어느 민족보다 21세기에 있어서 환경문제에 있어서 오염물질 처리, 특히 온난화 현상, 의료문제 해결을 위해서 큰 역할을 해야 한다. 물, 공기, 쓰레기 문제를 해결하지 못하면 선진국이 못된다.

21세기의 선진국은 바로 환경문제를 해결할 수 있는 능력을 가진 나라를 의미할 것이다. 이러한 관점에서 볼 때 현재로서는 의식수준이 가장 높은 곳이 미국도 아니고 동양도 아니고 유럽이라고 할 수 있다. KC는 국내외에 있는 많은 과학자들 기술자들 그리고 의식수준이 높은 학자, 학생, 예술인들을 동원해서 지구촌의 제일 과제인 환경문제를 위해 세계 어느 민족보다 더 앞장서게 동기 부여를 해야 한다.

지난 10세기 동안 서양 제국들은 오대양 육대륙을 누비면서 온갖 착취 행위를 해왔다. 그리고 그들은 서양문화를 끊임없이 수출해 왔다. 21세기에는 KC가 앞장서서 동양문화를 서양에 대대적으로 보급하고 서양의 장점과 동양의 장점을 혼합하는 새로운 문화 창출에도 KC가 기여해야 한다. 특히 미국은 동양문화를 받아들임으로써 더욱더 인간다운 사회로 더 좋은 나라로 만들 수 있도록 유도해야 한다. 이것도 KC가 할 일이다. 앞으로 KC는 많은 연구단지와 네트워크를 형성해서 인류의 문제를 해결하기 위해 활동하고 있는 모든 사람들과 손을 잡아야 할 것이다. 앨 고어(Al Gore)와 같은 세계적인 환경 운동가와 손잡고 환경문제에 있어서 주역이 되는 준비를 해야된다. 또한 빌 클린턴(Bill Clinton) 전 미국대통령이 주도하는 지구촌 이니셔티브에도 한민족은 동참해야 한다. 한민족과 전세계가 이러한 문제에 대한 의식수준 향상에 힘써야 할 것이다.

미국의 쇠퇴와 KC의 등장

한민족은 미국과 유럽만이 세계를 이끌어가는 주역이라고 생각하는 고정관념에서 해방되어야 한다고 거듭 주장했다. 세계의 무대에서 주역이 돼보겠다고 하는 야심을 보여야 한다. KC의 교육을 통해 한민족은 초등학생 때부터 한민족은 세계무대에서 주역이 될 수 있는 충분한 조건과 자격을 갖추고 있다고 교육해야 한다. 반기문 전 외무부장관이 유엔 사무총장이 된 것은 한민족 전체의 큰 영광이다. 만약 KC가 20년 전에 필자가 주장한 것처럼 체계적이고 조직적으로 발전했더라면 UN과 KC는 서로가 협조하면서 국제질서를 대폭 개선하는 데 기여했을 것이다.

서양은 국제질서, 평화, 그리고 번영을 부르짖으면서 한편으로는 이기주의적인 행동을 보여 주었다. 그러나 한민족은 경제적 문화적 패권주의 사상으로 무장해서 한번도 서양제국이나 일본 혹은 구소련처럼 남의 나라를 괴롭힌 적이 없다. KC는 사상과 행동 면에서 절대로 서양의 전철을 밟으면 안 될 것이다. 서양제국, 중국, 구소련, 일본제국주의의 붕괴, 그리고 지금 미국이 쇠퇴하는 공통된 이유는 오만과 자기중심적인 사고방식이 극치에 달했기 때문이다. 오만과 자기중심적인 태도와 사고방식은 인체에 있어서 암과 같은 역할을 하는 것이다. 한민족은 의식적으로 인간의 약점을 극복하는 교육을 받고 실천에 옮겨야 한다.

부시정권하의 미국은 국제사회를 이해하는데 있어서 거의 저능아에 가까울 정도로 무식한 나라로 전락했다. 그 이유는 9·11테러가 미국정부 수뇌부에 뇌손상을 가져왔기 때문이다. 9·11테러로 쇼크를 받은 미국은 정신을 잃고 생각 없이 마구 행동을 하게 되었다. 예를 들어보자. 2003년 이라크를 공격할 때 부시대통령은 시아파와 수니파의 차이도 몰랐다고 한다. 후세인의 수니파 정권을 붕괴시켜 시아파 정권을 창출해서 이웃 이란의 시아파에 큰 힘을 실어주는 어리석은 짓을 한 셈이다. 그리고 쇼크와 겁(Shock and Awe), 즉 폭탄으로 겁을 주면 이라크 수니파 사람들이 항복할 것이라는 무식한 구상을 가지고 이라크를 공격했다. 미국인들이 잘 모르는 것은 화가 난 사람들은 겁을 내지 않는다는 상식적인 인간심리조차도 잘 모르고 전쟁을 시작했다. 이러한 무지 때문에 미국은 이라크에서 수렁에 빠지고 미국 내에서는 여론이 분열되어 미국사회가 흔들리고 있다. 다른 예를 들어 보자. 일부 미국인들의 중국에 대한 인식 또한 성숙지 못한 태도를 보이고 있다. "중국은 경제적으로 성장하는 나라다". "성장하는 나라는 위험하다". "그리고 중국은 공산국가다." "공산국가는 악이다."[4] "악은 척결되어야 한다". 미국 보수당 지도층이 강력하게 외치는 논리다. 이러한 사고 방식으로 미국이 앞으로 세계를 이끌고 갈 수 있을지 의심해 보지 않을 수 없다. 그러나 다행히도 미국 내에는 건전한 생각과 세계를 옳게 보

---

4)Xu Wu, "The Real U.S. Deficit with China-Knowledge," Christian Science Monitor, May 1, 2008 Edition, www.csmonitor.com/2008/0501.

려는 사람들도 많이 있다.

　많은 미국인들은 왜 버락 오바마(Barack Obama)후보가 외국에서 70% 이상 지지를 받고 존 메케인 후보는 그러한 지지를 못 받는지 그 이유를 잘 모른다. 외국인들에게 인기가 있으면 자동으로 의심의 대상이 된다. 미국인들의 세계관이 많이 왜곡되어 있다. 특히 극단적인 복음주의자들(Evangelical)이 80년 후 득세한 후 이러한 현상이 더 뚜렷해졌다. 미국에도 시대착오적인 미국식 탈리반(Taliban)이 수천만 명이 있다. 인구의 약 삼분의 일로 추정된다. 그들은 모든 일을 선과 악으로 보려고 한다.[5] 그리고 미국은 잘못을 해 놓고도 사과할 줄 모르는 나라다.[6] 어떤 미국학자는 미국이 너무나 쩨쩨(petty)하고 억지를 많이 보여 주는 나라라고 했다.[7] 그리고 미국은 옛날로 돌아가야 된다고 하는 사람도 있다.[8] 투투 비숍은 미국에게 충고했다. "미안하다는 소리 한마디 하라고."[9] 미국은 공포에 떠는 나라다. 국제법도 인권도 서슴치않고 무시하고 미국의 이상과 원칙을 외면하면서 과잉반응에 익숙한 나라가 되었다. 관타나모만 수용소(Guantanamo)나 이라크에 아부그라브(Abu Ghraib) 고문 사례를 예로 들 수 있다. 미국은 엄청난 채무로 인해 로마가 붕괴하기 직전 같다고 미국 CNN이 보도했다.[10] 버락 오바마 대통령이 수렁에 빠진 미국을 건질 수 있을지는 앞으로 주시할 대목이다.

---

5) Reza Aslan, "Holy Orders," Foreign Policy, January/February 2008, pp.64~65.
6) Jorge I. Domingues, "Unrepentant Power," Ibid, pp.71~72
7) Fouad Ajami, "Steady As She Goes," Ibid, p.73.
8)Dominique Moisi, "An Old Dream for a New America," Foreign Affairs, September/October 2008, pp.140~146.
9) Desmond Tutu, "Say You're Sorry," Ibid, 74..
10) "America in Debt," CNN　보도, August 24, 2008.

변하는 세계

지금 세계는 많이 변하고 있다. 세계관이 이차대전 후 양극화(bipolar)에서 1991 소련 붕괴 후 다극화(multipolar)로 진입했지만 미국은 다극화를 거절하고 초강국 폐권주의 단극화(unipolar)을 주장했다. 어느 나라도 미국을 말릴 수는 없었다. 미국을 견제하는 세력부재를 틈타 미국은 이라크를 공격할 수 있었다. 구소련이 존재했으면 있을 수 없는 일이었다. 그러나 그러한 초강국 미국이 이라크를 공격해서 얻은 것이 무엇인가? 얻은 것은 한마디로 초라한 초강국의 모습이었다. 작은 나라 이라크 하나도 감당못하는 나라가 앞으로 어떻게 러시아, 중국, 유럽연합국 등 여러 제국들에게 힘을 보여 줄 수 있겠는가? 미국 입장에서 볼 때 이라크전쟁의 의미는 그 엄청난 인명피해도 아니고, 그 엄청난 재정적 부담도 아니고 미국이 아무 일도 제대로 못하는 한심한 국가로 전락했다는 것이다. 심지어 이란, 시리아, 베네주엘라를 포함해서 북한까지도 미국을 깔보고 있는 현실이다. 러시아는 이틈을 타서 미국에게 맞대응하기 시작하고 있다.

미국의 유일한 초강국 단극화(unipolar)시대는 순간적 단극으로(unipolar moment) 끝이 났다. 약 15~20년 계속했다. 새로운 세계는 양극, 다극, 유일 초강국 지배가 아닌 무극(nonpolarity)의 시대라고 주장하는 견해가 정확하다.[11] 21세기는 초강국이 지배하는 세계가 아니고 많은 나라, 많은 비정부단체, 많은 국제기구들, 많은 국제대중 매체들, 많은 정치 단체들, 많은 시민사회조직들이 세상을 움직이는 시대가 될 것이다. 국가별로는 미국, 유럽, 러시아, 일본, 중국뿐만 아니라, 브라질, 베네주엘라, 맥시코 같은 남미 국가들, 중동은 이란, 이스라엘, 시리아, 이집트, 동양에

---

11) Richard N.Haass, "The Age of Nonpolarity What Will Follow U.S. Dominance," Foreign Affairs, May/June 2008. pp.44~56.

서는 인도, 인도네시아, 호주, 한국 등등이 행위자(actors)가 될 것이고, 국제기구로서는 국제금융기구(the IMF), 유엔(the UN), 세계은행(the World Bank), 아랍연맹(the Arab League), 석유수출국기구(the OPEC), 국제보건기구(the WHO), 세계무역기구(the WTO) 등등을 뽑을 수 있고, 대중매체는 미국의 CNN, 영국의 BBC, 중동의 Al Jazeera, 중국의 CCTV, 일본의 NHK 그리고 한국의 KBS 등의 예를 들 수 있다.

세계무대에서 행위자(actor) 역할을 하는 것은 여기에서 멈추는 것이 아니다. 마약 카르텔(drug cartels) 등 각종의 무장단체들도 무시할 수 없다. 중동의 하마스(Hamas), 해즈볼라(Hezbollah), 이라크의 마디 군대(the Mahdi Army), 아프간의 탈리반(the Taliban)은 만만한 존재가 아니다. 그 외 비정부단체와 시민단체는 너무 많아서 여기서 다 나열할 수 없다.

미국이 21세기가 춘추전국시대가 되리라고는 상상도 못했을 것이다. 미국이 2003년 이라크를 공격하면서 독주를 시도했지만 실패했다. 2008년 11월 미국 수도 워싱톤에서 한국을 포함한 20개국 정상(G-20)이 모인 것은 21세기의 춘추전국시대의 전초를 보이는 것이다. 미국이 쇠약해진 이유는 많이 있다. 전 세계인구의 5%를 대표하는 나라가 세계를 지배한다는 것은 문제가 있다. 지난 반세기 동안 미국의 국력이 약화된 또 하나의 이유는 엄청난 부가 다른 나라로 이동했기 때문이다. 석유가 배럴당 20불 할 때와 지금 60~120불이 된 이때를 비교해 보면 짐작할 수 있다. 미국은 석유값, 전쟁비용, 정부 재정적자로 가난한 나라가 된 지 오래다. 약 5,000만 명 이상이 건강 보험이 없다. 최근 들어 극단으로 이기주의가 된 미국자본주의를 상징하는 월가(the Wall Street)는 상습적으로 조롱하던 사회주의(socialism)를 받아들여 월가 붕괴의 비상 구제책을 받아들였다. 미국 자신도 크게 놀랐다. 미국 월가는 고개를 숙이고 자본주의를 구제한다는 이유로 정부의 도움을 받기로 결정했고 정부는 자본가들의 주인 역할을 맡게 되었다. 미국은 정치적으로, 경제적으로, 외교적으로 새로 태어나지 않으면 안 되는 어려운 처지에 놓여 있다.

이러한 관점에서 미래를 전망할 때 미국을 대신해서 지구촌을 올바른 길로 인도할 만한 국가나 단체가 필자의 눈에는 보이지 않는다. 중국, 러시아, 유럽, 일본도 아니다. 이틈을 타서 KC는 지구촌의 모든 국가와 단체들과 함께 지구촌 문제해결에 동참해야 한다. 한 학자는 미국과 서양에 대해서 아래와 같이 말했다. 미국은 중동국가들을 너무나도 화가 나게 하고 있다. 이라크 침범은 이것을 더 악화시켰다. 미국은 국제법을 무시하면서 북한이나 이란에게 국제법을 준수하라고 할 자격을 상실했다. 세계는 핵보유국들에 대해 신임을 잃고 있다. 미국과 러시아의 핵무기는 말할 것도 없고 이스라엘의 핵에 대해서는 한마디도 언급이 없다.

미국과 구라파는 1850년부터 지금까지 공해(pollution, carbon dioxide)에 대한 책임이 각각 29%, 27%다. 그 반면에 중국은 8% 그리고 인도는 4%다. 이 학자는 끝으로 서양은(미국) 중동문제, 핵문제, 무역문제, 지구온난화문제 등 하나도 제대로 해결못하고 있으며 세계무대의 주역 역할에서 물러나지 않으려면 동양과 손을 잡고 지구촌이 당면하고 있는 문제를 함께 해결하는 노력을 해야 한다고 했다.[12] 이렇게 보면 KC의 진로가 보인다. 한마디로 KC가 세계무대에서 활동할 수 있는 틈이 보인다는 것이다.

KC는 정치적으로 경제적으로 제1, 2. 3세계를 대변할 수 있는 생활 경험이 있다. 어느 민족보다 전세계를 잘 이해할 수 있는 민족이다. 선진국에 사는 한민족(한국을 포함), 개발도상국가에 거주하는 한민족, 구 혹은 현재 공산국에서 생존하는 한민족들이다. 이들의 지혜를 모으면 서양제국보다 훨씬 더 현명한 국제질서와 평화와 번영을 누릴 수 있는 세계를 만들 수

---

12) Kishore Mahbubani, "The Case Against the West: America and Europe in the Asian Century," Foreign Affairs, May/June 2008. pp.111~124.

있을 것이다. KC는 앞으로 미국과 서양이 좀더 좋은 세상을 만들기 위해서는 동양과 손을 잡고 동양으로부터 많은 것을 배워야 한다고 설득해야 한다. 특히 미국은 지구촌 문제를 군사력으로 해결하려고 하는 무식하고 위험한 나라로 보이기도 한다.

미국은 인류를 위해 많은 공헌을 한 나라지만 치명적인 맹점(blind spot)에서 때로는 벗어나지 못하고 있다. 미국의 정책을 비난하면 무조건 악으로 몰아버리는 맹점을 말하는 것이다. 미국에서 발간한 책을 보면 김구, 안중근 등 이러한 한국의 애국열사들이 테러리스트(terrorists)들로 알려져 있다. 9·11사태가 왜 발생했는지 미국 대다수의 국민이 모르고 있다. 외국인들은 그 이유를 다 알고 있는데 유일하게 미국인들만 모르고 있다. 미국을 싫어하고 미국의 자유를 증오하는 악당(evil)들이 미국을 괴롭힌다고 생각하며 그들만 다 죽이면 문제가 해결된다고 믿는 미국인들이 많이 있다. 테러리즘은 미국이 생각하는 간단한 문제가 아니다. 총으로 해결할 문제는 더욱 아니다. 지구촌의 많은 종교 지도자들, 정치인들, 지식인들, 교육자들이 나서서 테러조직에 가담하는 젊은층들을 옳은 길로 인도해야 하고 이들이 지구촌의 일원이 되어 행복한 지구촌 만들기에 이바지하도록 유인해야 한다. 이것을 위해 KC가 21세기에는 적극적으로 나서야 한다.

최근에 필자의 생각에 용기를 주는 한 짧은 기사를 보았다. 기사 내용은 한국의 위상에 관한 것이었다. 정치적으로, 경제적으로, 문화적으로, 군사적으로 많은 새로운 나라들이 지구촌의 미래를 책임지고 있다는 내용이다. 미국은 쇠약해지고 새로운 세력들(rising powers)이 등장하고 있다는 글이다. 그중 하나가 한국이라는 것이다. 한국은 2025년쯤 되면 세계에서 9번째 가는 경제대국이 되고 개인소득에서는 세계에서 3번째 가는 나라가 되는 이유로 한국이 세계에서 과학 그리고 기술면에 있어서 선두를 달리고 있다고 했다. 고속인터넷 보급률이 90% 이상이라고 했으며 전자제품, 자동차제조업, 조선사업, 로버트와 생명과학 등 각분야에서도 세계에 으뜸가는 나라라고 했다.[13]

그렇다면 21세기 한민족은 자신들의 이미지에 대해 한번 생각해 볼 필요가 있다. 위에서 언급한 것처럼 한국이 세계에서 으뜸가는 나라가 된다는 소식에 그냥 기뻐할 것은 아니다. 우리민족이 미래에 어떠한 민족으로 태어나야 할 것인가에 대해서 남북과 해외한민족이 함께 생각할 때가 왔다고 본다. 지금까지 돈이나 벌고 강국의 눈치나 보면서 사는 평범한 민족으로 만족하면서 살 것이지 한민족의 이미지를 한층 높여 인류의 평화와 번영에 큰 공헌을 할 수 있는 민족이 될 것인가를 생각해야 한다. 한민족은 미국, 구라파, 러시아, 중국, 일본과는 다르게 오만, 무지, 억지, 월등의식 혹은 열등의식이 없는 투명하고, 정직하고, 당당한 민족으로서 전세계가 한민족을 모델(model) 민족으로 생각하도록 의식수준을 높여야 할 것이다.

KC의회

한민족에게는 KC의회(The Congress of Korean Communities)가 필요로 할 때가 올 것이다. 지금은 한민족의 모든 활동이 산만하게 분산이 되어 진행되고 있어 한민족이 어떠한 좋은 일 들을 세계무대에서 하고 있는지 잘 알지 못한다. 통신기술이 극도르 발달된 요즈음 전세계의 한민족을 KC 네트워크를 통해 하나로 묶어 국내뉴스와 국제뉴스의 차이를 없애야 한다. KC서울 소식, KC뉴욕 소식, KC북경 소식, KC평양 소식 등등을 마치 국내소식처럼 취급되어야 한다.

---

13) Keith Porter, "South Korea and the Changing Global Order," The Stanley Foundation-Articles, September 2008.

이렇게 되면 앞으로 태어날 KC의회도 더 큰 힘을 발휘 할 수 있을 것이다. KC의회는 한민족의 권익을 초월한 전세계의 권익(정의, 자유, 평화, 평등, 번영, 질서)을 장려하는데 세계무대에서 눈에 뜨이게 태어나야 한다. 한민족 커뮤니티 의회에 대한 구체적인 방안은 또 하나의 논문대상이 될 것이다. KC의회는 한민족의 활동을 더 능률적이고 정돈된 모습으로 발전시키는 원동력 역할을 할 수 있는 한민족의 만남의 장소가 될 것이다. 그리고 한민족 의회가 필요한 또 하나의 이유는 날로 국민국가(nation state)의 무능함을 극복하는 데도 그 목적이 있다. 전세계적으로 국가와 정부는 점점 무능해지고 있다. 남한이든, 북한이든, 한민족이든, 타민족이든 인간의 운명을 정부에만 맡길 수 없다. 21세기에는 정부, 시장, 시민사회와 국제사회가 권력과 재력을 나누어 가지는 복잡한 혼합 권력체제로 발전 할 전망이다.[14)]

KC센터와 지구촌 복지

KC센터는 한민족공동체를 형성하기 위한 미래의 도구다. 아직은 한민족 공동체가 존재한다고 볼 수 없다. KC는 미래를 그리는 청사진이며 일종의 희망이고 비전이다.[15)] KC는 김치, 냉면, 불고기를 좋아하는 전세계의 한민족과 타민족이 서로협조하며 문화와 언어를 보존하면서 한민족의 정체성을 느슨하게나마 유지할 수 있는 커뮤니티 센터를 세계도처에 설립해서 한민족이 세계평화와 번영에 공헌하는 공간이다.

KC센터가 할 일은 두 가지며 그것은 단기적으로 그리고 장기적으로 나

---

14) Jessica T. Mathews, "Power Shift," Foreign Affairs, January/February 1997, pp.52–62.

15) 정영훈, "한민족공동체의 이상과 현실", 국회 헌정기념관 세미나, 2002년 12월 7일.

누어진다. 단기적으로는 한민족의 복리와 권익을 위하는 일이고 장기적으로는 지구촌차원의 평화와 번영을 의한 활동이다. 장기적인 목적은 오직 단기적인 목적이 어느 정도 이루어져야 가능할 것이다. 한인 교포가 있는 곳에는 반드시 한인회가 있다. 한인회는 주로 야유회, 운동회, 송년모임 등 여러 행사를 함으로써 한민족끼리 단합대회를 한다. 이것만 가지고는 한민족이 커뮤니티를 형성했다고 볼 수 없다. 한인사회는 많은 문제점을 안고 있다. 가장 심각한 문제가 한민족사회의 분열이다. 특히 미국에서 많은 교회가 그것을 증명한다. 한 조사에 의하면 외국에 사는 한민족들이 그나라에 대한 지식, 습관, 정보에 대해서 잘 모르고 있으며 특히 노인들은 완전히 고립되었고 그 나라 말도 못한다고 한다.

KC는 이러한 문제를 해결하는데 앞장서야 한다. 노인들, 상인들을 위한 언어교실을 확보해야 하고, 경제적으로 빈곤한 노인들이 혼자 살 수 있는 임시 거주 문제에도 관심을 가져야 한다. 자녀 교육문제, 착취와 학대문제, 외국에서 사는 스트레스를 극복할 수 있는 시설이 있어야 한다.[16] 다른 연구조사에 의하면 언어장벽이 가져오는 문제가 대단히 심각하다고 한다. 언어장벽은 귀먹어리와도 같은 것이다. 귀먹은 사람들은 고립하고 적응을 못한다. 많은 한인이 이러한 문제로 그 나라 국민과 통합(integrate)을 못하고 있다.[17] 언어소통만 잘된다면 한인들이 그 나라에서 할 일이 많을 것이다. KC는 이 문제를 제일 먼저 해결해야 된다. KC를 위해 많은 투자가 필요하다. KC는 재외동포 자녀들을 위한 언어교육, 한민족 정체성과 경제적

---

16) Martin Spigelman Research Associates, "Building Community: A Framework for Services for the Korean Community in the Lower Mainland Region of British Columbia." Prepared for the City of Vancouver. July 2000, pp.1~51.
17) Lytton L. Guimaraes, "The Korean Community in Brazil: Challenges, Achievements, and prospect," paper presented at the Third World Congress of Korean Studies, October 27~30, 2006, Cheju National University.

공동 이익을 위한 여러 가지 당근정책, 인터넷을 통한 상호 정보교환을 강조해야 할 것이다.

KC센터는 지구촌 인류의 인간답고 가치있는 삶을 위해 존재해야 한다. 비록 한민족의 이미지가 거친 인상을 주는 부정적인 면도 있지만 다른 한편으로는 한민족은 인간미를 강조하는 정서를 갖고 있는 민족이다. 한민족의 정서를 세계적으로 승화시켜야 한다. 서양 특히 미국사회는 법이 극도로 발달되어 그 산물로 비인간적인 사회모습이 날로 드러나고 있다. 인간미가 없어지고 모든 문제를 법의 영역 안에서 해결하고자 하는 미국문화의 한계점은 미국에 살아본 사람들은 잘 이해할 것이다. 생각이 깊은 미국인들은 동양문화에 많은 관심을 갖는다. KC는 한민족이 간직하는 인간미, 정, 경로사상, 겸손 등 이러한 동양적 문화와 정서를 KC 네트워크를 통해 전세계에 보급하고 세계인으로 하여금 행동의 변화(behavioral change)를 시도해 보는 노력도 장기적으로 추진해야 될 것이다.

이렇게 하기 위해서는 세계주요 도시에 KC센터를 설립해야 한다. KC센터는 지구촌 복지재단 같은 성격을 가지되 센터의 건물과 설비에 따라서 문화, 무역, 예술, 교육, 건강 분야를 포함해서 영사업무까지 볼 수 있도록 광범위한 KC센터를 전세계에 앞으로 30~100년 동안 설립할 필요가 있다. 미국에서는 한민족 교포들이 비교적 풍요로운 생활을 하고 재력가도 있으니 상당한 액수의 모금과 투자로 뉴욕이나, 로스앤젤레스, 시카고, 워싱톤 수도에 매력적이고 근대적인 KC센터를 마련해야 한다. 이러한 KC센터가 긍정적으로 평가될 때 전세계에 KC센터를 더 많이 설립해야 할 것이다. 그 곳에서 한민족은 물론 타민족도 KC센터를 이용할 수 있게 된다. 그 센터 속에는 각종의 한민족 음식점, 백화점, 영화관, 문화관, 체육관, 콘서트홀, 병원, 각종의 학원 등 다양하고 흥미로운 시설이 갖추어져야 한다. KC센터는 어린이를 위한 시설, 경로 의료시설, 기술교육, 직업교육, 첨단

연구소, 교육재단, 기업육성투자기구, 인력육성기구, 예술, 음악, 학원, 리더십 양성 등 다양한 시설을 갖추어 세계의 어느 민족보다 두드러지게 지구촌 복지사업을 할 수 있는 만남의 장소로 부상해야 한다.

이렇게 한민족뿐만 아니라 타민족도 그 시설을 이용함으로써 한민족의 문화를 이해하고 KC의 역할을 높이 평가하게 될 것이다. 그렇게 되면 한민족의 위상 그리고 경제성장에도 큰 이바지를 하게 될 것이다. 한마디로 세계인들이 전세계에 설립된 KC센터에서 식사도 하고, 쇼핑도 하고, 운동도 하고, 무역에 관한 정보도 듣고, 병원에도 가고, 강연도 듣고, 음악 예술도 감상할 수 있는 멋진 곳이 될 수도 있다. 이러한 시설을 건축하기 위해서 전세계에 살고 있는 우수한 한민족 건축가와, KC의 지도자들, 그리고 투자가들이 모여서 KC센터를 설계하는 것이다. 정말로 가치 있는 사업이고 실현 불가능한 일도 아니다. 이러한 가능성에 대해서 대한민국은 큰 관심을 가져야 한다.

새로운 생각과 KC

생각을 바꾸면 세상이 달라진다는 말이 있는 것처럼 KC를 실현하려면 큰 의식변화가 있어야 한다. 필자는 새로운 생각과 KC에 관한 논문을 2001에 발표한 바 있다 필자는 그 논문 일부를 번역해서 이 글에 실는다.[18] 한반도가 분단이 되고 반세기 이상이 지난 오늘, 세상은 몇 번이나 변했다. 냉전 종식, 세계화가 가져오는 국민 국가의 쇠퇴, 그리고 통신 혁

---

18)Manwoo Lee, "Alternative to Unification: A Vision of Diverse Korean Communities in the 21st Century," Byung Chul Koh, ed. Korea Dynamics of Diplomacy and Unification(Claremont: The Keck Center for International Strategic Studies, 2001.

명은 전 세계 모든 인간을 연결하고 그들로 하여금 같은 정보를 사용하게 한다. 그럼에도 불구하고 남과 북은 이러한 변화가 가져오는 혜택을 서로가 최대한으로 나누지 못하는 것은 분단 그 자체보다 더 비극이라고 할 수 있다. 생활양식만 보더라도 남한 사람들은 북한 사람들보다 일본 사람들 혹은 미국 사람들과 더 공통된 점이 많다. 남북을 막론하고 이러한 사실을 받아들이기에는 너무나 가슴아픈 일이다. 현실을 볼 때 남과 북은 전혀 다른 정체성과 다른 정치적 · 경제적 체제를 갖고 있다는 사실을 부정할 수 없을 것이다. 그러나 남과 북은 아직도 한민족은 하나다, 통일을 해야 한다는 당위론을 고집하고 있지만 이것은 감상적으로 두 개의 한국을 부정하고 싶은 심리, 즉 "한민족은 하나다"라는 신화(myth) 때문일 것이다.

여기서 가장 중요한 포인트는 정치적인 혹은 물리적인 통일이 없이도 우리 한민족은 통일이 된 민족처럼 잘살 수 있다는 것이다. 이러한 견해를 전개하는 과정에서 필자는 분명히 깨고 싶은 신화가 하나 있다. 앞에서 언급한 것처럼 '한국은(혹은 조선은) 하나다' 라고 하는 것은 신화에 지나지 않는다는 것이다. 이것은 감상적인 패러다임으로서 통일은 숙명적이며 통일이 되면 모든 문제가 해결될 것이라는 막연하고 감상적인 단언(assertion)에 지나지 않는다.

이러한 신화는 남북한은 물론이고 전 세계에 흩어진 한민족의 정체성을 흔들고 혼돈을 주고 있다. 남북 관계를 복잡하게 하고 어렵게 하는 것이 결국 따지고 보면 한민족의 정체성 문제가 아닌가 생각하게 된다. "한민족은 하나다"라는 신화와 현실을 비교해 보면, 신화는 한민족을 자기 기만에 빠지게 하며 현실을 완벽하게 부정하게 한다. 현실은 두 개의 한국과 전 세계에 살고 있는 800만 명에 가까운 우리 민족의 존재를 의미하는 것이다. 한민족은 이 지구상에 다양한 모습으로 살고 있다. 그리고 그들은 다 독특하며, 한국어 · 영어 · 중국어 · 일본어 · 서반아어 · 러시아어 그리고 다른 많은 언어를 쓰는 민족이다. 냉철하게 관찰해 보면 결코 한민족은 동질적인 문화를 소유한다고 할 수 없게 되었다. 이것을 한민족이 빨리 인정할 때 한민족은 정체성 혼란에서 구제될 수 있을 것이다.

통신 혁명은 전 세계에 있는 한민족을 연결하고 지리적·정치적인 통일이 없이도 경제적·문화적으로 교류를 가능하게 한다. 물리적으로 통일할 필요가 없게 되었다. 그리고 한민족이 통일 때문에 (특히 남북이) 싸울 필요도 없게 되었다. 이제는 한민족의 다양성(diversity)과 한민족 커뮤니티의 복합성(pluralism)을 인정할 때라고 말하고 싶다. 남북한 그리고 전 세계에 흩어진 우리 민족을 위해 새로운 정체성을 강조해야 하며 이 새로운 정체성은 다양한 한민족 커뮤니티(diverse Korean communities)라는 것이다.

새로운 한민족의 정체성

지난 100년 동안 한민족은 한민족 자신의 운명을 결정하지 못하고 일본에 의해 강제로 식민지가 되었고, 미·소에 의해 분단이 되고 남북이 싸우고 지금까지 냉전을 완전히 종식 못하고 있는 것은 부끄러운 일이 아닐 수 없다. 남북의 갈등은 우리 민족이 민족국가 건설 과정에서 외세에 의해 국가 건설의 꿈이 좌절된 것에서 비롯된 것이다. 분단 이후 남과 북은 서로가 적으로 보아야만 남과 북의 정체성이 확보가 되고 통일은 한쪽이 다른 쪽을 정복하고 흡수해야만 된다고 하는 것이다. 이렇게 되면 한반도의 정체성 혼돈은 말할 것도 없고 통일의 꿈은 서로를 위협하는 것이 되고 말았다.[19]

---

19) Roy Richard Grinker, Korea and Its Future: Unification and the Unfinished War (New York : St. Martin's Press, 1998), pp.8~10, 23~27, 35~36.

이러한 혼돈을 극복하기 위해서는 두 가지 방법 밖에는 없다고 본다. 그 것은 물리적인 통일을 하든지 분단을 인정하든지 하는 것이다. 전자는 전쟁, 혼란, 고통, 죽음, 파괴를 의미하고 후자는 전 한민족의 평화를 의미하게 된다. 한국은 하나다, 한민족은 문화적으로 동질성을 가진 민족이라는 신화를 하루 속히 포기하고 남한의 한민족, 북한의 한민족, 중국의 한민족, 일본의 한민족, 북미의 한민족, 그리고 유럽과 남미의 한민족을 모두 인정하는 새로운 정체성을 모색해야 할 것이다. 남북의 정체성 혼란을 극복하는 것이 급선무이며 한민족은 21세기에는 다른 모습으로 새롭게 태어날 수 있는 길을 찾아야 할 것이다.

21세기에는 국경, 민족, 독립, 주권 등의 개념 자체가 과거보다는 무의미하게 될 전망이다. 이것은 통신과 교통의 혁명 때문이다. 교통과 통신의 발달은 인간을 물리적으로 얽매어 온 모든 개념에서 해방시키고 있다. 한민족은 이제 어디에 살든 관계없이 연결이 될 수 있다. 처음으로 느슨하고 글로벌한 한민족 커뮤니티를 건설하는 데 있어서 국경이 전혀 필요 없게 된 것이다. 전자 가상 한민족 커뮤니티는(electronic virtual Korean Communities) 국경 없이 사이버공간(cyber space)을 통해서 서로가 거래를 할 수 있을 것이다. 국경을 무시하고 엄청나게 증가하는 무역량, 인력과 두뇌가 세계적으로 움직이는 현실, 이 모두가 통신과 교통의 혁명 때문이다. 인류 역사상 처음으로 시간과 공간을 초월하게 하는 기술 혁신을 우리는 목격하고 있다. 시간과 공간을 초월하게 하는 기술은 과거에는 존재하지 않았다. 이러한 세상에서 남북에 살고 있는 우리 민족은 통일을 위해서 더 이상 싸우고 죽을 필요가 없게 된 것이다.

통일에 대한 신사고

어떤 학자가 지구촌의 분쟁지역에 관한 현 상황을 관찰한 나머지 하는 말이 "오늘날 전쟁의 목적은 영토를 확대해서 나라를 크게 하는 것이 아니고 나라를 작게 하는 것이 아닐까"라고 했다.[20]

민족국가라는 존재가 결코 영원한 것이 못된다고 하는 것은 상식일 것이다. 국가란 때로는 멸망하고, 분리되고, 합병하고, 확장하고, 이렇게 다른 모습으로 태어나기도 한다. 남북이 통일되어야 한다는 당위론은 민족과 국가에 대한 감상적 집착이지 논리와 진리에 근거하는 것은 아닐 것이다.

21세기에는 국가의 크고 작기는 중요하지 않을 것이다. 오늘날 작은 나라들이 큰 나라보다 더 빨리 성장하고 능률적인 무역국가로 등장하고 있다. 룩셈부르크, 스위스, 싱가포르, 코스타리카, 대만 같은 나라가 스마트(smart)한 나라라고 한다. 이러한 시각으로 볼 때 두 동강이 난 한반도에 살고 있는 남북한 사람들은 나라가 작다고 걱정할 필요가 없을 것이다. 중국, 인도, 러시아, 심지어 미국도 스마트한 국가가 되고 싶으면 관리하기 힘든 거대한 대국을 유지하는 것보다는 분리(break up)하는 것이 더 좋을 것이라고 생각하는 사람들도 있다.[21]

제품, 지식, 자본, 정보, 아이디어가 국경을 완전히 무시하게 되었다는 것을 이러한 작은 나라들이 잘 알고 있기 때문이다.

이러한 시각의 변동 속에서 한반도의 분단을 다시 한번 생각해 볼 필요가 있다. 분단의 의미가 지금 완전히 변해버린 것이다. 1945년에 분단은 비정상이며 비극이었다. 그러나 세계화가 된 오늘 남북의 분단은 큰 의미

---

20) Juan Enriquez, "Too Many Flags", Foreign Policy, Fall 1999. p.36.
21) William Knoke, Bold New World: The Essential Road Map to the Twenty-First Century (New York: Kodansha International, 1996) pp. 240~251.

가 없다고 볼 수 있다. 영토적 페티시즘(fetishism)은 낡은 패러다임이다. 불행히도 한반도의 관심이 영토적 페티시즘에 초점을 맞추고 있는 것은 유감이 아닐 수 없다. 남북한의 지도자들은 물론 4강국의 지도자들도 과거의 낡은 패러다임의 노예가 되어 있다. 우리는 이미 가상 세계에서 살고 있고 영토의 개념은 변하고 있다. 가상국가(virtual state)는 사람과 아이디어에 투자를 한다. 그리고 지금 세계의 부는 인간 자본(human capital)이지 영토가 아니다.

새로운 통일론

한반도 통일 전문가들은 통일에 대해서 여러 가지 시나리오를 쓰고 있다. 남한이 북한을 흡수통일, 북한의 몰락, 제2의 한국전쟁 등 이러한 것이다. 그들은 세뇌가 되어서 다른 시나리오는 생각조차 못하고 있다. 위의 어떠한 시나리오도 한민족에 도움이 되지 못한다. 남북은 한반도 문제 해결을 비용이 엄청 드는 독일 모델이나 피를 많이 흘린 베트남 모델에서 찾아서는 안될 것이다. 오히려 남북은 캐나다와 미국과의 관계에서 미래를 찾아보아야 할 것이다.

미국은 단순한 이웃이 아니다. 그들은 흡사한 역사와 경제적 정치적 이해 관계 속에 원만한 관계를 유지하고 있다. 가끔 삐걱거리는 소리가 들리지만 캐나다와 미국은 우방국이며, 동맹국이고, 떼어놓을 수 없는 경제적 파트너다. 그들의 관계는 전 세계의 모델이 되기도 한다. 남북과 한민족 커뮤니티는 캐나다와 미국이 어떻게 국경을 공유하면서 무역과 관광사업을 마찰 없이 할 수 있는지에 대해서 연구해 볼 필요가 있다. 미국과 캐나다가 이루어낸 것처럼 한민족도 그렇게 못할 이유가 없다. 우선 한민족이 아이덴티티 혼돈에서 해방이 되기 위해서는 남북 분단과 한민족의 다양성을 인정하고 받아들이는 것이다. 한민족의 다양성을 받아들임으로써 남북한은 정치적 그리고 군사적 대립에서 해방이 될 것이다.

분단과 한민족의 다양성을 인정하는 것은 남북이 상호 위협을 줄이는 계기가 될 것이다. 미국과 캐나다를 보호하는 평화적 장치는 서로가 영토에 대한 욕심 그리고 상대방을 공격하고 싶은 욕망이 전혀 없다는 믿음에서 가능한 것이다. 법적으로 남북은 전쟁 종식을 해야 된다. 그러기 위해서는 공식적으로 한국전쟁을 끝내야 된다. 남과 북이 평화조약을 체결함으로써 남북은 서로의 정통성을 인정해야 할 것이다. 그리고 앞으로 이삼십 년 동안 수백만의 남북 한인들과 외국인이 38선을 넘어 남북을 방문하고 남북 간의 무역량이 수백억 불이 될 때 통일은 필요 없게 된다.

한반도는 과거에 960번이나 침범을 당했다고 한다. 아마 이러한 역사적 비극 때문에 한민족은 강국에게 비굴하게 대하는 사대사상을 갖게 되었을지도 모른다. 사대사상이 부여하는 심리적 특성은 한민족에게 편협한 사고력을 장려하고 동시에 불안감을 조성해서 한민족을 파라노이아(paranoia)적으로 만들지 않았는가 하는 생각도 해보게 된다. 그리고 남북에 있는 한민족은 아직도 과거에 사로잡혀 헤어나지 못하고 있다. 이것은 바로 미완성의 국민국가 건설 즉, 통일인 것이다. 김대중 정권이 등장하자마자 '제2의 건국' 이라는 슬로건을 외친 것도 과거에 집착한 산물이라고 할 수 있을 것이다. 그러나 한민족은 눈을 뜨고 주변에 일어나는 일들을 똑똑히 관찰해야 한다. 한민족은 더 이상 과거에서 허매면서 "한국은 하나다, 조선은 하나다, 한민족은 하나다"라고 하는 집착에서 해방이 되어야 한다. 현실은 다양한 한민족 커뮤니티가 전 세계에 형성되어 있고 한반도에는 두 개의 한국이 엄연히 존재한다는 것이다. 과거에 집착하는 것은 한민족이 세계의 빠른 변화를 이해하는 데 큰 장해가 된다.

다행히도 21세기에는 기술 혁신 덕택에 한민족의 비극(분단, 흩어진 한민족)이 오히려 자산이 된다는 것이다. 과학 기술과 정보 지식으로 무장된 한민족은 세계 어디에서나 일할 수 있고 잘살 수 있다. KC는 한민족을 가상 세계에서 통일을 할 것이다. 문화적으로 경제적으로 7,000만 한민족을 연결하는 비전이 과거로 돌아가는 통일의 비전을 대신해야 할 것이다. 이러한 새로운 비전을 한민족은 후손에 당장 물려주어야 한다. 우리 후손들은 반드시 새로운 정체성을 확보해야 하며 식민지 사고방식, 열등의식, 배타주의, 외국인 불신, 그리고 분단의 서러움 같은 것을 미련 없이 던져버려야 한다. 우리 후손들은 통일이라는 엄청난 짐과 집착을 상속받아서는 안 될 것이다.

21세기에는 새로운 패러다임을 잘 이해하는 민족이 잘살고 성공할 것이다. KC는 21세기의 패러다임과 같은 맥락에서 형성되는 것이다. KC는 남북을 주변 강국으로부터 해방하게 한다. 우리 한민족은 미국, 중국, 러시아, 일본으로 하여금 우리 민족의 운명을 결정하게 해놓고 동시에 그들의 결정에 불평하는 바보 같은 민족으로 전락한 예가 수없이 많다. 3자회담, 4자회담, 6자회담이니 하는 것이 바로 이러한 사대주의적 발상이라고 볼 수 있다. 한민족을 모독하는 못난 정책에 지나지 않는다.

요즈음 스마트(smart)라는 말을 많이 쓴다. 스마트한 사람, 스마트한 회사, 스마트한 커뮤니티, 스마트한 국가 등등이다. 한민족이 21세기에는 스마트한 민족이 될 때가 되었다. 한민족도 새로운 KC라는 정체성을 확보해서 전 세계에 스마트한 한민족 커뮤니티를 건설하는 것이다.

19세기 말 한민족은 헤매고 있었다. 세상이 어떻게 돌아가는지를 몰랐기 때문이다. 한반도가 36년간 일제의 식민지가 되고, 2차대전 후 분단국이 되고, 1,000만 이산가족이 생기고, 동족끼리 싸운 6·25전쟁, 이 모든 것이 우연히 일어난 일들이 아니다. 우리 민족의 무지와 잘못으로 돌려야 할 것이다. 그러나 21세기에는 과거보다는 훨씬 더 좋은 여건에 우리 민족은 처해 있다. 외세 중에 한반도를 식민지화하고 한반도의 영토를 탐내는 나라는 지금 보이지 않는다. 남한은 지금 선진국이 되었다. 더 이상 영토가 필요한 것도 아니다. 남한은 북한의 영토가 필요 없게 되었다. 북한의 시장을 확보하고 북한의 한민족과 문화적 경제적 거래만 하면 되는 것이다.

남북은 지난 50년간 승산이 없고 서로 헐뜯는 게임(game)을 해왔다고 솔직히 인정해야 한다. 남북한 정부는 통일을 빙자해서 서로에게 아픔을 주고 남북한 한민족을 볼모로 해서 선전, 국가안보, 해방이라는 이름 아래 해서는 안 되는 게임을 해왔다. 이러한 게임은 이제 끝나야 한다.[22] 한민족은 분단의 현실을 인정하고 한민족의 다양성을 받아들임으로써 지금부터라도 이-통일(e-unification), 가상통일(virtual unification), 한민족 커뮤니티 정보 고속도로 건설 등을 논의해야 할 때가 왔다. 이렇게 해야만 한민족 커뮤니티는 스마트하게 될 것이다. 한민족의 다양성을 활용하는 것이 새 천년에는 한민족이 스마트하게 태어나는 길이 될 것이다.

맺는 말

이 글을 읽는 독자들 일부는 필자의 글을 보고 많은 비판을 할 것이다. KC의 미래와 꿈은 뜬구름 잡는 글이다. 공상이다, 구체적이고 현실적인 안이 안 보인다. 희망사항일 뿐이다. 말도 안 된다. 한민족이 무슨 재주로 KC라는 엄청난 사업을 한단 말인가? 자기들 문제도 해결 못하면서…… 필자는 상관하지 않는다. 필자는 인간이 발전할 수 있는 무한한 가능성에 신념을 가지고 있다. 필자가 지난 50년간 해외에서 교수생활을 하면서 전 세계를 다니면서 깨달은 것이 이러한 가능성이다. 필자는 평소 사람들로부

---

22)Manwoo Lee, "The Two Koreas and the Unification Game", Current History, December 1993. pp.421~425.

터 불가능하다는 소리를 많이 들었고 또 공감도 했다. 그러나 그것은 틀린 말이다. 대학원 시절 어느 세계적인 학자가 강연을 하면서 소련은 결코 붕괴할 수 없다고 했다. 그것을 우리 학생들은 믿었다. 그러나 얼마가지 않아 소련이 붕괴했다. 또 학생시절 중국의 비참한 문화혁명을 공부하면서 필자의 생각에 중국은 희망이 없는 나라로 보이기도 했다. 그러나 구소련 중국 모두가 알아 볼 수 없을 정도로 변했다. 50년 전 10대 소년이 미국에 건너가 유학생으로 있을때 수많은 한국산 자동차가 미국 고속도로를 달리게 될 모습을 상상하지 못했다. 삼성, 엘지 전자제품이 전세계 시장에서 판을 치는 것도 상상못했다. 50년 전에는 한민족이 세계무대에서 주역이 될 수 있다는 가능성에 대해서도 생각하지 못했다. 불과 몇 년 전만 해도 젊은 미국 흑인 정치인 오바마가 미국대통령이 될 것이라고 생각한 사람이 많지 않았을 것이다.

세상은 많은 기적을 낳는 곳이기도 하다. 이러한 기적이 우연히 나오는 것이 아니다. 프랑스인 모내(J. Monnet)가 유럽합중국을 반세기 전에 꿈꾸었다. 이 꿈이 지금 실현단계에 있다. KC도 그렇게 발전할 수 있을 것이다. 의식수준을 높이면 아무리 불가능한 것도 가능하게 할 수 있다. KC는 한민족이 앞장서서 한민족뿐만 아니라 전 세계인들의 의식수준을 높여 지구촌 평화와 삶의 질을 향상하는데 헌신을 해야 한다. 궁극적으로 KC는 한민족이라는 개념자체도 초월해서 인류의 이익이 무엇인지 지구촌을 깨닫게 하는 도구가 되었으면 한다. 국민국가 혹은 민족이라는 이 모든 개념을 사람이 만든 신화다. 인간은 인간일 뿐이다. 한민족, 중국민족, 서양민족……이라고 하는 것은 세뇌에서 시작한 것이다.[23] 한민족은 이것을 깨달

---

23) Devin T. Stewart, "The myth of the Nation-State," Policy Innovation-the Carnegie Councils's Online Magazine, September 2, 2008.

고 KC는 결코 한민족만을 위한 이기적인 사업이 아니라는 것을 잊어서는 안 될 것이다.

이 글을 쓸 때 필자는 KC에 대한 꿈을 꾸면서 시작했다. 꿈과 현실은 거리가 멀지만 꿈이 없으면 미래가 안 보인다. 구소련 시절 많은 소련인들이 전체주의 독재에서 벗어나는 꿈을 꾸었을 것이다. 모택동 문화혁명(1966~1969) 때 많은 중국인들이 더 좋은 미래를 꿈꾸었을 것이다. 지금 이북인들도 좀 더 자유롭고 풍요로운 나라를 꿈꿀 것이다. 44대 미국 흑인 대통령이 쓴 두 권의 책을 보면[24] 오바마가 일찍이 깨달은 것들이 많이 있다. 오바마는 자기 자신을 알기 위해 무척 노력한 흔적이 오바마의 책에서 볼 수 있다. 두 책 다 꿈이라는 말로 책 이름을 장식한다. 그리고 꿈은 아이디어로 그리고 나아가서 운동(campaign)으로 진화한다.

필자는 바란다. 어떤 꿈이 있는 재력가들이 이 글을 보고 많은 한민족의 지도자들을 찾아 KC센터를 지구촌 어느 곳에 세우기 바란다. 그리하여 KC센터가 지구촌 곳곳에서 인류의 평화와 번영을 위해 모든 민족과 함께 좀더 좋은 세상을 만드는 데 기여하기 바란다.

---

24) Barack Obama, Dreams From My Father: A Story of Race and Inheritance (New York: Three Rivers Press, 1995); Barack Obama, The Audacity of Hope: Thoughts on Reclaiming the American Dream (New York: Three Rivers Press, 2006)

北上의 歷史創造

이 윤 기
해외한민족연구소장

1. 들어가는 말

본 논문의 제목, '北上의 歷史創造'는 순수한 학술적 논제라기 보다는 정책적 提言같은 뜻이 풍긴다. 필자가 이 논문에서 의도하는 바도 바로 정책적인 방향과 실행방략을 제시하려는 데 있다. 즉 북상의 역사란 무엇을 뜻하며 구체적으로 어떻게 실행할 것인가를 제시하는데 論旨의 핵심이 있다.

이 논문에서 북상의 역사창조란 한민족이 沿海州로 진출하여 생활공간을 넓히고 경제적 영역화를 도모하여 먼 국가장래를 설계하려는 뜻이다. 왜 하필이면 연해주를 지목하느냐는 논문 본론에서 상술하겠지만 역사적 연고와 지정학적 또는 지경학적 고려에서이다.

한국 역사는 옛날 몽고를 중심으로 한 北方지역으로부터 만주와 연해주를 거쳐 南下의 역사를 기록해왔다. 고조선을 위시해서 고구려, 발해, 백제 등 모두 남쪽으로 이동했다. 여기서 주목할 것은 고구려가 輯安 국내성에서 평양으로 남하함으로써 상무적, 진취적 정신이 해이해져 요동을 포기하게되고 광대한 만주지역을 放棄한 결과를 초래했다는 점이다. 고구려의 강성 이미지 약화는 결국 수 · 당의 군사적 모험을 불러 일으켜 만주를 잃게 된 단초를 제공했다. 국가의 정책 방향을 지나치게 남방 위주로 돌려 고구려 멸망의 원인이 되었을 뿐 아니라 길게는 반도국가로 전락하게 된 원인이 되었다.

백제 또한 漢城을 포기하고 熊津(지금의 공주)으로 천도한 것은 한강의 혼과 기백을 상실한 패배주의의 상징이며 멸망의 요인이 되었다. 한강 유역은 구석기 이후 한 반도 선사문화 의 중심지였으며 남북문화의 융합지로서 한반도의 허리이다. 한강유역을 지키지 못한 것이 백제의 큰 실수였다. 이상에서 보듯이 남하의 역사는 곧 멸망의 비운을 초래했다.

역사에는 가정이 있을 수 없고 오직 결과만이 평가의 대상이 된다. 그러나 아쉬운 마음에서 한 가지 가상을 해본다. 고구려가 國內城에서 평양으로 천도하지 아니하고 압록강 北岸의 집안을 고수했었다면 요동벌을 장악하고 만주전역에 굳건한 터전을 구축하여 찬란한 역사를 창조하지 않았겠는가. 그리되었다면 오늘날 중국으로부터 東北工程이란 굴욕적인 도전은 받지 않았을 것인데 하는 아쉬운 생각을 해보게 된다. 이렇듯 지난날 우리는 안타까운 남하의 역사를 기록했기에 21세기에는 연해주로 진출하여 한민족의 활동영역을 넓히는 북상의 역사를 창조하자는 것이다. 즉 지난날의 남하의 역사의 상대적 개념으로 북상의 역사를 제창하는 것이다.

인류사는 移住(이동)의 역사다. 고대로브터 근,현대에 이르기까지 끊임없이 이주가 이어져 왔다. 여기서 이주란 인간의 이동에 의한 한시적이거나 항구적인 지리적 재배치를 뜻한다. 인간은 한 자리에 영구적으로 머문 적이 없으며 멀고 넓은 지역을 옮겨 다녔다. 이주의 동기에는 여러 가지가 있다. 전쟁에 의한 정복자(지배자)와 피지배자의 관계에서 영토의 변경에 따라 이동이 생기는 경우가 많았고 전쟁에서 패하고 억압받는 사람들은 안전한 피난처를 찾아서 이동했으며 나라를 잃은 민족은 국권회복을 위해 망명지를 찾아 이주했다. 그리고 근대 와서는 실업자나 생업이 불완전한 사람들은 일자리를 찾아서 또는 새로운 신천지를 개척하기 위하여 이주했다. 우리 민족의 여러 가지 형태의 이주도 이러한 범주에 속한다.

인간의 본성 가운데에는 이주를 갈구하는 심성이 내재해있다. 이주하면서 변화를 겪게 되고 변화하면서 향상된 삶을 추구하게 된다. 1620년대 영국 청교도들이 메이플라워(May Flower)호를 타고 대서양을 건너 신대륙에 정착하여 오늘의 미국을 건설한 것은 좋은 사례이다. 이는 청교도의 모험적 개척정신에 의해 새 역사의 지평을 연 사례로서 높이 평가된다.

현대에는 경제적, 비경제적 성격을 지닌 중첩되고 상호작용하는 지구적 이주흐름이 복합적인 유형으로 나타나고 있다. 가난한 지역 주민들이 부유한 국가로 이주하고 개발 도상권에서 서구권으로 이주가 이어졌다. 수준 높은 교육과 선진 기술 습득을 위한 이주 역시 이 흐름의 한 줄기가 되었다. 그리고 현재 전 세계에서 노동력을 수출하거나 수입하지 않는 국가는 존재하지 않으며 동서간의 이주에서 남·북간의 이주가 양(수)적으로 팽창하면서 이주는 꾸준하게 이어지고 있다. 그리하여 오늘날 지구적 이주추세는 이주할 수 있는 권리(移住權)가 국적법을 초월한 生存權的 自然權으로 부각되면서 새로운 국제질서를 창출하게 된다. 미래학자들이 지적한 바와 같이 이주가 양적으로 팽창하고 여러 민족이 혼합된 사회를 구성함으로써 다민족사회의 형성과 복합문화시대가 도래하게 되었다. 이러한 추세는 국경의 벽이 낮아지는 21세기 인류문화사의 획기적인 변화양상으로 전개 돼 가고 있다.

나라가 처한 상황이 과다한 인구에다, 영토는 좁고 부존자원의 부족으로 국내사정이 어려우면 현실 타개를 위해서나 국가의 먼 장래를 설계하기 위해 밖으로 시야를 돌릴 필요가 있다. 여기에는 국가차원의 치밀하고 합리적이면서 획기적인 이주기획이 절실히 요청되고 있다. 북상의 역사창조를 제창하는 것도 이러한 차원에서 비롯된 것이다.

2. 연해주와 한민족

연해주는 고대로부터 근·현대에 걸쳐 한민족과는 특별한 관계를 지니
고 있다. 고대에는 발해의 강역이었고, 근·현대에 와서는 이주 한인들의
생활터전이었으며 항일독립투쟁을 하던 선열들의 활동무대였다. 발해의
영토이던 연해주가 러시아의 영토가 된 것은 불과 150년밖에 되지 않는
다. 발해 멸망후 중국의 지배하에 있었는데 1860년 청·러 간의 북경조약
에 의하여 러시아 영토가 되었다. 연해주가 러시아의 영토가 될 때까지 여
러 종족의 거주민은 불과 12,000여명 정도였으며 그들은 수렵, 어로, 순록
사육 등의 생업에 종사하고 있던 미개척지였다.

러시아는 연해주 진출을 위해 1483년에 시베리아 대원정을 시도한 바
있었으나 원거리에다 혹한의 기후로 인해 도중에 그쳤고 본격적인 진출행
보는 16세기 말엽부터 시작되었다. 우랄 산맥을 넘어 동진을 계속하는 과
정에서 중국 흑룡강 유역에 이르게 되자 청나라와 충돌하게 되었다. 이때
청나라는 조선의 원병을 요청하였고 1654년과 1658년 조선에서 출병하
게됨으로써 조·러 간에 역사상 처음으로 접촉이 있었다. 그후로도 러시아
는 중국과 크고 작은 사건을 겪으던서 계속 동진하여 1858년에는 아이훈
조약(愛琿條約, Treaty of Aihun)을 체결하여 연해주를 러시아와 청나라
의 공동감시 하에 두었다가 2년 후 1860년 10월에 청나라와 영국, 청나라
와 프랑스 간의 제 2차 아편전쟁을 끝내는 조약을 맺는 등의 혼란을 틈타
다시 청을 협박하여 청·러 간 북경조약을 체결함으로써 우수리강 동편에
서 태평양 연안에 이르는 연해주지방을 점령하게 되었다.

러시아는 신개척지에 이민을 장려하기 위하여 1861년 4월 러시아 자유
이민법을 제정, 공포했다. 이 법에 의하면 관유지(국유지)를 개간하면 사
유지로 인정하고 이주민에게는 병역면제혜택과 인두세를 면제하며 20년

간 토지세를 면제해주었다. 이 법은 러시아인만이 아니라 異國人에게도 적용되었다.

한인이 연해주에 거주한 것은 1863년으로 공식 기록되어 있다. 함경북도 북단의 농민 13가구가 국경을 넘어 포시에트 지역의 관유지를 개척하고 정착하였다. 공인되지 않는 비공식 기록에 의하면 홍경래란이 일어나던 1811년 한인들이 두만강을 건너 박석골에 감자밭을 이루고 살았다는 기록이 있는가하면 1853년 함경북도의 韓氏 일가가 남북우수리 포시에트에 와서 농경에 종사함으로써 연해주 한인 이주의 시초가 되었다는 기록도 있다. 그러나 이들은 봄에 와서 농사를 지어 가을에 돌아가는 계절 출가농업(季節出稼農業)에 지나지 않았다. 한인의 연해주 이주의 시초에 대해서는 사료마다 다소 차이가 있으나 러시아인 그라베(V.Grabe)의 「극동노령에 있어서 황색인종문제」보고서에 1863년으로 되어있다.

1863년 13세대가 포시에트에 정착한 사실이 알려지게되자 연해주 총독 코르사코프(Korsakov)는 1864년 11월 16일자 다음과 같은 지시각서를 지방관에 하달하였다. "국경지방이민의 중요성에 비추어 러시아 국경 안에 영구정착 허가를 원하는 한인들을 보호하고 우선 예비비 중에서 정착초기에 필요한 식료품을 지급하라." 이 조치는 조선 내의 이주희망자들에게 널리 알려져 이주의 촉매제가 되었다. 1864년에 60가구가 이주하였고 1868년에는 165가구 1869년에는 766가구로 늘어났다.

한인의 이주 동기는 경제적 이유 때문이었다. 좁고 척박한 농토로 인한 극빈과 영세성, 지방 관리들의 가렴주구가 심한데다가 인접한 러시아의 비옥한 땅에 대한 동경, 그리고 과중한 軍役을 들 수 있다. 당시 조선 조정에서는 국민보호라는 명분으로 월강 이민을 금지하고 내왕과 교역하는 것을 통제했다. 그러나 국경지대에 거주하는 한인들은 강 건너 비옥한 땅을 두고 월강죄가 두려워 주저앉아 있을 수 없었다. 국경을 넘는 것은 주로 밤을 이용하여 육로와 해로 등 다양한 방법으로 여러 곳을 통해서 행해졌다. 때문에 국경 경비 초소에서는 이를 막을 효과적 방법이 없었다. 연해주에 도착한 후에는 소 한 마리가 겨우 끄는 2륜마차 한 대에 의지하여 정착할 곳을 찾아 떠돌아 다녔다. 그들은 일가 친척이나 동향인들 사이에서 임시로 안식처를 구했다가 땅을 얻을 수 있는 곳이라면 어디에나 정착하여 점차 한인 마을을 형성했다.

연해주 한인의 정착문제는 러시아 이주민 정책과 軌를 같이 한다. 러시아는 연해주 개발을 위해 많은 인력이 필요했고 한인들은 새 생활의 터전을 찾아 이주하게 됨으로써 쌍방은 상호 필요보완관계로 시작되었다. 한인 이주초기 러시아 정부는 매우 우호적이며 여러 가지 혜택을 주었다. 까다로운 절차나 규제를 하지 않았고 오히려 식량을 지원하고 빈번한 중국마적단의 만행으로부터 보호해주었다. 이주민의 대부분은 얼마 되지 않는 재산마저 버리고 조선을 떠났기 때문에 러시아의 구조가 절실히 필요했다.

1865년 여름, 연해주 총독이 티진혜(地新墟)에 있는 1863년의 최초 한인 정착지를 방문하였다. 첫 이주민들이 열심히 농사를 지어 성공적인 정착이 가능함을 예견하고 앞으로 이주해 올 사람들도 극동 노령지역 개척에 매우 유익할 것이라는 전망을 했다. 이러한 실태를 파악한 총독이 국경초소에 지시한 명령서에 이주한인을 도우려는 내용이 잘 나타나있다. 첫째, 한인들이 이주를 신청할 때 무조건 허가하고 협조하라. 둘째, 국경에서 좀 더 떨어진 곳에 정착하게끔 그들을 설득하고 만일 원하지 않으면 다른 정착지를 선택하도록 하라. 셋째, 이주한인들을 러시아의 법률 하에 동등하게 보호하고 중국 관리의 어떠한 간섭도 허용하지 말라.

위의 정책지시에서 러시아의 두 가지 측면을 읽을 수 있다. 첫째는 이주한인을 환영하며 최대한의 편의제공과 보호책을 세운 점이다. 러시아 영토에서의 보호뿐만 아니라 중국의 간섭과 조선 정부의 박해로부터도 보호하려는 정책의지를 표명하며 이주한인들을 러시아 국민으로 입적시키려 하였다. 두 번째 의도는 연해주에 한인 이주가 쇄도함으로 인해 발생할지 모를 불상사를 예방하기 위하여 가급적 한인의 정착지의 한계선을 설정하려한 점이다. 이주 초기에는 한계선에 대해 특별히 정책적 배려를 하지 않았으나 1870년대 접어들면서 이주가 대폭 증가하자 가급적 한·러 국경에서 멀리 그리고 러시아인 촌락에 산재시킴으로써 한인 이주민이 초래할 지도 모를 문제에 대처하였다. 이 결과 한인들은 수이푼 우스리스크, 팔티산스크, 수찬 지역 등 연해주 여러 곳에 분산 정착하게 되었다. 이주 한인들은 이러한 러시아 정부의 호의에 감사하고 신뢰하며 그 시책에 잘 따랐다.

그러나 조선 정부와 러시아 정부 간에는 한인 이주에 따른 어떠한 협정도 없었다. 러시아 당국은 모든 외국인들에게 자기나라 정부의 허락여부에 관계없이 러시아 국적을 부여한다는 것을 염두에 두면서 조선 또는 중국 관리들이 러시아 영토 내의 한인들을 문제 삼는 일에 대해서 이를 받아들이지 않으며 더욱더 한인을 보호할 것이라는 의지를 나타냈다. 왜냐하면 러시아 정부는 한인들을 러시아 농민으로 받아들이는 것은 러시아 경제 발전에 유익하며 경제적으로나 사회적으로 불안요인이 되지 않는다는 판단을 했기 때문이다.

이주 한인들의 직업실태는 80%가 농업에 종사하였고 그 외 20% 가운데 도시 도로공사와 건축에 종사하는 도시근로자와 어로업, 벌목공, 광산 노동자 또는 극소수이기는 하지만 러시아 하급관청에서 보조적인 일을 하는 사람들도 있었다. 러시아 당국의 한인평가는 겸손하고 도덕적 수준이 높으며 예의 바르고 근면한 민족으로서 신뢰성이 있는 좋은 평가를 했다. 그러나 이주한인들은 머리를 기르고 상투를 틀고 한복을 입고 한인 풍습과 생활 양식을 그대로 지키면서 다만 생계를 위한 토지만을 요구할 때 러시아 당국의 호의적인 태도는 점차 변하기 시작했다.

러시아 당국은 이주 한인의 러시아 귀화를 종용하면서 모발과 의복과 생활양식의 현지화를 유도했으나 별 효과가 없었다. 한인들은 러시아 국적을 취득하면 토지 소유권을 비롯하여 여러 가지 우대를 받는 줄 알면서도 조상전래의 한인 풍습을 쉽게 버리지 않았다.

러시아 당국은 이주한인에 대해 다음 측면에서 우려를 표명했다. 이주한인들이 러시아 당국이 처음에 예상했던 것과는 달리 쉽게 동화하지 않는 점이다. 앞으로 한인수가 증가추세인데 이들이 동화를 거부하고 한인 전래의 풍습과 생활 방식을 그대로 견지한 이질집단을 양성하는 결과를 초래하여 언젠가는 민족적 문제를 야기시킬 가능성이 있다는 점이다.

해를 거듭하면서 한인이주가 급격히 증가했다. 여권과 비자는 말할 것도 없고, 서류 한 장 없이 불법적으로 극경을 넘은 한인들은 어디에서 국경을 넘고 어디에서 일자리를 얻는지를 잘 아는 경험 많은 안내자의 인솔 하에 봄에 무리를 지어 밀입국했다가 겨울이 되어도 돌아가지 않고 그 지방에 정착했었기 때문이다. 한인들의 이주수가 많아질수록 러시아화의 속도는 느려졌다. 왜냐하면 한인 수가 많으면 러시아어를 배우지 않아도 아무 불편이 없고 따라서 고유습관을 유지할 수 있기 때문이었다. 이러한 분위기는 대단위 한인 집거지를 형성하게 되고 후일 한인 自治鄕을 구성하는 계기가 되었다.

이러한 상황의 변화로 인해 러시아 당국은 종전의 우호적이고 방임적인 정책을 지양하고 이주 한인에 대해 점차 제약을 가하기 시작했다. 지금껏 조·러 간에 이주민에 대한 아무런 협정도 없이 지내오던 양국은 1884년 조·러 수호통상조약을 체결하여 처음으로 이주민들의 생명과 재산의 안전과 보호를 받을 권리를 갖게 되었다. 그러나 이들의 법적 지위가 확정된 것은 4년 후인 1888년 조·러 육로통상 장정(章程)의 체결에 의해서였다. 이 장정은 연해주 한인들을 세 부류로 분류했는데 그 기준은 다음과 같다.

첫째 부류는 1884년 6월 25일 이전에 이주해 온 사람으로 러시아 국적 취득예정자이다. 이들에게는 러시아인과 동등한 지위를 부여하며 일정한 토지를 분여해주고 납세의무를 지게 했다.

두 번째 부류는 1884년 이후에 이주한 사람, 또는 1884년 이전에 이주해 온 사람들 중 러시아 국적 취득을 원치 않는 사람이다. 이들에게도 연해주 거주를 희망하는 사람들에게는 2년 간 유예기간을 주고 매년 러시아의 사증을 발급받도록 하였다.

셋째 부류는 이 지역에 일시적으로 거주하고 있거나 혹은 장사하기 위해 머무는 사람들이다. 이 세 부류에 속하는 사람들은 부류에 따라 권리, 의무와 대우에 있어서 차등을 두었다.

연해주 한인들은 해를 거듭하면서 기반을 구축하게 되고 대단위 한인촌을 형성했다. 그 중에서 주목되는 것은 모국에서의 鄕約같은 것을 염두에 두고 자치적 기능을 발휘한 점이다. 자치 기구로 色中廳이 있었는데 농촌, 도시, 어촌, 광산촌까지 지청을 두었고 기구와 임원은 班首, 接長, 公員, 執事 등으로 구성되었으며 업무는 분쟁해결, 죄형집행, 상부상조, 회원 간의 친목도모와 발전을 기하는 등 한인들의 구심단체로서 기능을 했다. 그러나 1904년 러·일 전쟁과 1905년 한일간 을사조약 등의 奇禍로 신분상 또는 경제, 사회적 측면에서 고난을 겪게 되었다. 러·일전쟁에서 패한 러시아는 황인종에 대한 경계심을 고조시켰다. 운테르베게르 총독은 이른 바 黃禍論을 제기하면서 한인촌 형성을 "황인종의 평화적 침략"으로 간주하고 극동노령지역에 황화가 다가오고 있다고 주장했다.

러시아는 급속히 이에 대한 대책을 강구하여 중국, 일본, 한인 구별 없이 황인종을 압박해야 한다고 말했다. 특히 그는 한인들을 더 경계했다. 한인들은 중국인과 같이 품팔이 노동에 만족하지 않고 전답을 개간하고 집을 지으며 영구히 정착할 뜻이 있으므로 다른 황인종보다 더 강경책을 강구해야한다고 하였다. 비귀화 한인들이 개척한 토지를 강제로 빼앗고 한인에게는 관유지 임대를 금지하였다.

1905년 을사조약으로 일본이 한국의 외교권을 뺏은 이후 러시아 이주 한인들은 신분상의 문제로 이중삼중의 고난을 겪게 됐다. 그들은 조선인으로서의 신분과 러시아인(비귀화)으로서의 신분과 일본신민으로서의 신분 등 몇 가지 성격을 띠게 되었기 때문이다. 일제가 러·일 전쟁 승리의 기세로 조선 침략을 가속해 나가자 이에 항거하는 한인들의 정치적 망명인이 늘어나고 이들은 연해주 내 기존의 한인 사회에 영향을 미치며 혼연일체가 되어 항일 독립운동의 기지가 구축되어 갔다. 이를 간파한 운테르베르게르 총독은 한인은 동화되기 어려운 민족으로 판단하며 한인에게 토지가 점유되는 것을 위험시하였다. 그 결과 한인 추방정책을 세우고 한인들은 농업과 광업 등의 생활 터전에서 배척되는 고난을 겪게 되었다. 그러나 저렴한 임금에 비해 근면한 노동 자세와 영농 능력을 갖춘 한인들을 무조건 배척할 수는 없었다. 그리고 광업계에서 노동력 부족으로 큰 타격을 받게되자 한인 노동력을 다시 요청하게 되어 러시아 당국은 한인배척정책을 유보할 수밖에 없었다.

한 번 뿌리내리기 시작한 한인사회는 쉽게 흔들리지 않았으며 시간이 흐를수록 한인 특유의 근면하고 성실한 저력으로 한인 사회의 경제적 사회적 위상은 날로 향상되었다. 그리고 조국의 운명이 풍전등화같은 상황임을 깊히 인식하여 망명지사들에게 물심양면으로 지원하며 독립운동의 발판을 구축하는데 큰 몫을 하였다. 후일 블라디보스토크 시내에 대규모 新韓村이 형성되고 이상설, 이동령, 이동휘, 안창호, 안중근, 홍범도, 신채호, 유인석, 최재형 등 국내외 기라성 같은 인사들이 결집하여 망명정부가 서게 되며 군대양성, 신문 발간, 한인학교 설립, 勤業會와 聲明會 결성 등으로 조직적 독립운동을 할 수 있었던 것도 연해주 한인 사회의 뒷받침이 있었기 때문이다.

1937년 스탈린에 의해 강제이주되는 비운을 겪기도 했지만 연해주와 한민족은 운명적으로 불가분의 관계이다. 초기 연해주로 이주한 한인들 마음에는 이땅은 옛 발해의 고토이며 다시 이주하게 되는 것도 타국이라던가 월경의 죄의식도 없었을 것으로 믿어진다. 근래 한인들이 연해주에 진출하여 옛 발해의 고적과 선열들의 독립운동의 발자취를 보게 될 때 특이한 감회에 젖으며 애틋한 향수를 느끼게 된다. 폐허가 된 신한촌에 1999년 해외한민족연구소에 의해 신한촌 기념탑이 건립되어 연해주 고려인들에게 구심점 역할을 하고 수이푼 강변에 이상설 선생 추모비가 세워지며 연추강변에 안중근 의사를 위시한 12명의 斷脂決意碑가 서 있다. 1860년대 초기 이주 한인들이 개간한 들판과 우물과 연자방아가 그대로 남아있다. 이 모두가 연해주와 한민족 간에 맺어진 연고의 표징이다.

3. 연해주의 지정학적 위상

연해주의 위상은 러시아 영토로서 갖는 군사적 경제적 위상과 전지구적 측면에서 갖는 지정학적 위상이 있고 한국과의 특수한 관계에서 가지는 위상이 있다. 여기서는 한국과 관련된 위상만을 언급하고자 한다.

전술한 바와 같이, 연해주는 한국인에게 친숙한 지역이며 여러 가지 관점에서 중요한 의미를 지니고 있다. 역사적 緣故性과 지리적 近接性, 광활한 땅과 풍부한 자원, 에너지확보와 수송문제 그리고 앞으로 시베리아 횡단의 교통과 물류의 중심지기능 등으로 지정학적 위상은 대단히 높다. 연해주는 고대에는 발해의 강역이었고 1860년대부터 한민족이 다시 이주하여 황무지를 개간하고 새 생활 터전을 닦았으며 日帝期에는 망명정부가 세워졌던 곳으로 한민족의 애환이 서려있는 곳이다. 지리적으로는 서울에서 블라디보스토크까지 불과 750km거리에 있고 인천공항에서 항공편으로 2시간 15분이면 도착할 수 있는 가까운 거리에 위치하고 있다. 그리고 연해주는 한반도 중국, 러시아가 만나는 지역이며 닭이 울고 개가 짖으면 3개국에서 함께 들을 수 있는 지점이다. 오늘날의 남북한 분단시대에는 대북경제교류의 배후지로서 북한을 연결하는 채널의 역할을 하고 향후 통일시대에는 러시아 진출의 물류의 전진기지로서 시베리아 내륙을 연결하는 통로의 역할을 할 것으로 기대된다.

또 한편 광활한 땅과 풍부한 자원은 그 자체가 연해주의 위상을 높이고 있다. 외지인이 연해주 땅에 발을 딛게 되면 두 가지 면에서 놀라게 된다. 그 하나는 광활함이요, 또 하나는 토지의 비옥함이다. 거기에다 땅이 비어 있다는 사실이 신기하리만치 느껴진다. 연해주는 러시아의 행정구역상 7개 관구 중의 하나인 극동관구(Far Eastern Federal District)에 속하며 그 면적은 16만 5천 km²로서 남한의 1.7배가 된다. 이 넓은 땅에 인구는 불과 220만 명 정도인데 그마저 매년 감소현상을 보이고 있어 비어 있는 땅이란 표현이 실감이 난다. 연해주의 위치는 남으로 한반도와 17km의 국경이 접해 있고 서로는 중국 흑룡강과 연변 조선족 자치주와 접경되어 있으며 북으로는 하바로프스크 주에 접하고 동으로는 바다에 임해 있다. 그리고 북쪽에서 남으로 약 700km 동에서 서쪽으로 400km 뻗어 있어 남북으로 긴 모양이 한반도와 유사한 형태이다.

연해주의 넓고 기름진 땅은 영농사업에 적합하다. 경작지의 규모는 250만ha로서 한국이 보유한 총 전답규모인 195만 ha를 능가한다. 연해주의 3대 농작물로 쌀, 콩, 감자를 꼽고 있는데 그 외도 옥수수, 약용작물과 각종 채소류의 재배도 가능하다. 각종 채소류의 재배가능성을 시험해 보기 위해 1990년대 초 2~3년에 걸쳐서 한국 고합그룹의 장치혁 회장이 연해주 영농관계당국과 합작하여 한국의 채소를 재배하는데 성공한 바 있다.

쌀의 경우 한인 초기 이주민들이 두만강을 건너 포시에트에 정착하면서 쌀 농사를 시작하였으나 처음에는 바닷가의 한냉한 기온과 극심한 안개등의 기후조건으로 실패했다. 이를 피해 내륙으로 북상하여 끊임 없는 연구와 노력 끝에 우수리스크 일대와 항카호[1] 부근에서 벼농사에 성공했다. 연해주에서의 벼재배가 가능하게 된 것은 전적으로 이주 한인의 노력의 결실이다. 그러나 불행히도 1937년 중앙아시아로 강제이주당한 후 연해주에서 벼농사는 자취를 감추었고 대신 중앙아시아에서 벼농사에 대성공을 거두어 한민족의 저력을 과시했다. 근래에 와서는 한국인들이 다시 연해주에 진출하여 항카호 부근과 우스리스크 주변에서 영농사업을 전개하고 있다. 그중에서 대순진리회가 항카호 부근에 대규모 영농사업에 착수하여 크게 성공하였다. 대순진리회가 구입한 토지는 논 4만 7162ha, 밭 5만 3858ha, 초지 1만 8053ha, 임야 1만 2350ha로 총면적이 13만 2423ha에 이르며 총 비용 1,200만 달러를 투자했다. 그리고 남양 알로에 회사에서 큰 규모의 약용작물을 재배하여 두 기업이 성공한 사례로 꼽히고 있다.

한국은 앞으로 통일을 대비하여 안정적 식량공급지로서 연해주의 광활한 땅이 절대 필요하다. 특히 중앙아시아 고려인들이 극동으로 재이주를 희망하고 있고 중국 내의 조선인 교포가 모여 들고 있으며 북한의 노무자들이 있을 뿐만 아니라 한국에서 연해주 진출이 증가하고 있다. 이러한 점을 감안할 때 연해주 영농사업은 중요한 의미를 갖는다.

한편 러시아의 입장에서 보면 중국 농산물 수입을 저지하고 농촌경제의 복구를 위해서 정책적으로 영농사업을 장려해야 할 입장이다. 다행히 러시아인이 보는 한인은 근면, 성실하며 지나날 연해주와 중앙아시아에서 벼농사에 풍부한 경험이 있는 것으로 인식되어 있다. 때문에 한인의 영농사업

---

1) 함카호는 중국과 연해주 사이에 있는 호수로 길이 9.5km, 넓이 6.5km 이며 호수의 1/4이 중국에 속하고 3/4이 연해주에 속한다.

진출을 기대하고 있는 실정이다. 러시아는 연해주 영농사업에 중국과 일본이 진출하는 것을 경계하고 있다.

중국은 지난날 자신들의 영토였던 극동러시아지역을 자신들의 경제권으로 편입하기 위해 많은 노력을 기우리고 있다. 중국인들의 인해전술적 방법에 의한 대량진출은 지난날의 황화론을 상기시켜 거부반응을 보이며 일본에 대해서는 러·일전쟁으로 러시아의 권위를 손상케 했기 때문에 내심으로 매우 싫어한다. 그리고 일본과 중국이 연해주에 대량 진출하여 개척했을 때 만만치 않은 상대로서 경우에 따라서는 위협적인 존재가 될 수 있다고 본다. 이에 비하여 한국에 대해서는 그러한 인식을 갖고 있지 않다.

영농에 능한 중앙아시아의 고려인들을 우도하여 연해주에 정착케하고 한국기업이 진출하면 중국과 일본 세력을 견제할 수 있다는 계산에서 한국을 주목하고 있다. 현재 연해주에는 많은 영농관계 단체들이 진출해 있다. 그러나 연해주의 영농 조건을 사전에 충분히 연구하지 못했고 상업적 영농 여건이 구비되지 못해 소기의 목표를 성취하지 못하고 있다. 이러한 문제는 앞으로 식량위기에 대비해야 하는 한국으로서는 연해주가 식량위기를 극복할 수 있는 필수지역임을 인식하고 장기적 안목으로 접근해야 하며 정부차원에서 연해주 농업에 깊은 관심을 가져야 할 것이다.

다음으로 연해주의 지정학적 위상을 평가함에 있어 천연자원을 빼놓을 수 없다. 연해주는 전면적의 77%가 임야로서 산림자원이 풍부하다. 임야가 약 137억ha인데 목재 자원 총량을 17억 5580m³로 추정하고 있다. 이에 따라 원목생산만이 아니라 목재가공 펄프, 종이, 무늬목 등 임산물 가공업이 발달하여 상당량을 수출하고 있으며 근래에는 합판과 가구제조업이 호황을 누리고 있다. 또한 연해주는 해안선이 길어서 연간 어획고가 100만 톤이나 되며 전 러시아 어획고의 25%를 차지한다. 그리고 높은 어획고와 더불어 수산물 가공업이 발달하여 전체 러시아의 40%를 점하고 있다.

광물로는 석탄 매장량을 약 24억 톤으로 추정하며 탄광은 100여 곳인데 그중 70%가 노천광이다. 그 외 주석, 아연, 텅스텐, 비소, 형석 등의 자원이 대규모 매장되어 있으며 석유도 약 1억 5000만 톤이 매장되어 있다고 추정한다.

그런데 연해주의 자원을 논할 때 한 가지 유념해야 할 것은 연해주 자체가 보유하고 있는 자원만이 아니라 연해주의 인접지역을 포함한 광의의 연해주를 염두에 두고 생각해야 할 것이다. 왜냐하면 러시아 동시베리아, 극동지역과 사할린에 매장되어 있는 막대한 석유, 천연가스, 석탄 등의 에너지 활용문제를 연해주와 연결지어 고려해야 하기 때문이다.

러시아의 원유 매장량을 132억 톤으로 추정되는데 그 중 12억 톤 이상이 동시베리아와 극동지역에 묻혀있으며 사할린 I-IV 프로젝트 대상인 유전에는 약 6억 7000만 톤 이상 매장되어 있다. 그리고 러시아 전체 영토의 25%를 차지하는 사하공화국의 차얀다 유전-가스전, 이르쿠츠크 주의 코빅타가스전, 사할린 I-IV 가스전 등에 총 70조㎥의 천연가스가 매장돼 있는 것으로 추정되고 있다. 이 에너지 자원개발과 아울러 동북아에 공급될 송유관 건설 사업도 대단히 큰 규모의 프로젝트이다.

러시아 정부는 최근에 에너지 정책에 있어 유럽쪽의 석유 가스 공급을 줄이고 동북아에 공급을 늘리는 정책을 펴고 있는데 동시베리아 송유관 건설사업 규모만도 120억 달러이며 2012년에 완공될 예정이다. 수년 전부터 일본과 중국은 자국에 유리한 송유관 경유지를 차지하기 위해 전 국력을 기울이다시피 치열한 경쟁을 벌여오고 있다. 이러한 사업들의 추진과 아울러 한국이 각별히 유념해야 할 것은 연해주 정유화학단지 건설과 이와 연계한 항만 터미널 건설에 주도적 역할을 해야 한다는 점이다.

한국의 경우 에너지 소비규모가 세계 10위이며 97%가 수입에 의존하고 있다. 그중 중동의존도가 약 82%를 차지하고 있어 원유수입의 다변화가 시급한 실정이다. 이러한 측면을 고려할 때 에너지 안보차원에서 중동의존도를 낮추고 수송상의 안정성 확보를 위해서 그 대안으로 연해주와 관련지어 생각하지 않을 수 없다. 동시베리아, 극동지역의 에너지 자원개발이 본격화됨으로써 이들 자원이 아·태 지역으로 대규모 수출하게 되면 연해주는 러시아 정부의 대동북아 수출기지로 발전시키려는 전략에 따라 블라디보스토크에서 나호트카에 이르는 지역은 중요한 에너지 자원 물류교역기지로 발전하게 될 것이다. 이로 인해 연해주의 한국과 관련된 위상은 한 층 더 놓아질 것이다.

이와 아울러 연해주는 한반도 평화안정에도 중요한 역할을 할 수 있을 것이다. 연해주는 남한과 북한, 러시아 간의 다자 협력을 통해 남북협력의 다변화를 가능케 할 수 있는 잠재력을 가지고 있다. 러시아는 기본적으로 석유, 가스, 석탄 등을 해상이나 중국을 거치지 않고 북한을 통해서 남한으로 직접 공급하기를 희망한다. 이 방법이 러시아 입장에서 기술적으로 용이하고 수송비용도 절감할 수 있기 때문이다. 이러한 3국간 에너지 협력사업이 이루어지면 남한의 자본과 기술, 북한의 노동력, 러시아의 에너지 자원이 결합되어 3국이 모두 경제적 혜택을 얻게 되며 한반도의 평화안정은 한층 증대될 것이다. 이러한 다방면의 전략적 가치 때문에 한국과 연해주는 불가분의 관계로 발전해야 하고 주도면밀한 계획을 세워서 하루라도 빨리 진출하여 타국과의 경쟁에서 주도권을 잡아야 할 것이다. 연해주는 21세기 한·중·일이 마지막 경쟁을 벌리는 각축장이 될 것이라는 견해가 지배적이다.

4. 북상의 역사창조

　연해주는 열려있는 공간이다. 그러면서 또한 에너지와 식량안보의 위기 속에 동북아의 寶庫이다. 여기서 열려 있는 공간이라 함은 배타적 주권이 미치는 국민국가의 영토적 개념에서가 아니라 어느 누구든 주인과 손님의 경계를 명확히 규정짓지 않는 공존과 소통의 공간을 뜻한다. 다시 말하면 도전과 개척정신을 가진 사람들에게 무한한 가능성을 지닌 희망의 땅이라는 뜻이다.

　미래학자들의 연구에 의하면 앞으로 인류문화사의 획기적 변화는 국경의 벽이 낮아지고 대영토주권의 개념이 퇴색되며 새로운 형태의 문화적 경제적 영역의 단위가 기존의 국가개념을 대신할 것으로 전망한다. 그리고 이러한 변화 현상의 결과는 다민족 사회와 복합문화시대를 초래한다는 것이다. 이와 같은 인류문화사적 변천을 역사발전의 필연으로 조망할 때 우리들에게 매우 격정적 관심을 유발하는 지역으로 연해주를 떠올리게 된다. 앞에서 언급한 바와 같이 연해주는 한국과의 역사적 연고성, 지리적 근접성, 식량과 에너지의 안정적 확보, 그리고 한반도 종단철도(TKR)와 시베리아 횡장철도(TSR)의 연결에 의한 물류, 교역 중심지 역할 등을 고려할 때 절대 필요한 지역이다.

　근래 동북아시아에는 중국의 급부상과 이에 대응하는 일본의 패권다툼으로 새로운 질서가 태동되고 있다. 지난날 일본의 해양 세력과 중국의 대륙세력이 한반도를 서로 지배하려고 각축전을 벌여 청·일전쟁이 발발했음을 기억한다. 동일지역에서 역사는 반복된다는 말이 있거니와 한 세기가 지난 오늘날 한반도를 둘러싸고 전개되는 국제관계는 흡사 지난날의 악몽을 연상케 한다.

　북한의 위험성과 주변 4강의 각축 가운데 언제 돌발사태가 터질지 모르는 상황에 처해있는 것이 한반도의 운명처럼 느껴진다. 특히 오늘날 북한이 처해 있는 상황은 매우 불안한 양상으로 치닫고 있다. 김정일의 모험성, 3대 세습 문제의 불투명성, 지속적인 경제위기 등으로 김정일정권의 한계를 노증하고 있다. 만일 북한에 정권붕괴의 돌발사태가 발생했을 때 중국을 위시한 외세개입이 없으리라는 보장이 없다. 북한 자체 내에서 정치 질서가 확립되지 못하고 반목대립하는 세력 간에 외세의존적 행각이 벌어지면 한반도의 앞날은 암담해진다. 어떻게 전개될지 모르는 상황을 사전에 예방하고 한민족의 새로운 역사의 지평을 열기 위해서는 장기적인 안목으로 연해주로 진출하여 생활공간을 넓혀야 할 것이다.

연해주는 우리의 의지와 노력 여하에 따라 경제적 영역화가 가능하다. 혹자 러시아와의 마찰을 염려하기도 한다. 그러나 국경의 벽이 낮아지고 대영토주권의 개념이 바뀌며 다민족 사회가 도래한다면(이미 러시아에는 100개 소수민족이 공존하고 있다). 그리고 러시아와 더불어 개발하고 공동번영을 누릴 수 있다면 한·러 간 마찰이나 갈등은 얼마든지 극복할 수 있다. 그 좋은 실례는 하와이에서 볼 수 있다. 지난 날 하와이는 일본의 진주만 기습으로 악연이었지만 미·일 간에 공동번영을 누림으로써 양국 간에는 하등의 갈등문제가 야기되지 않는다. 지금 하와이는 미국의 주권은 형식적으로 행사되고 있을 뿐 실제로는 일본영토화 되었다 해도 과언이 아니다.

역사는 우리에게 끊임없이 변화하라는 엄중한 교훈을 던져주고 있다. 不變者는 不得天下라고 하거니와 혁명적 사고의 변화에서 창조의 動因이 유발된다. 도전과 변화를 추구하는 자만이 새시대를 열어간다. 역사에 큰 족적을 남긴 사람들의 공통적 특징은 끊임없이 변화하고 도전한 점이다. 연해주를 한민족의 생활공간으로 넓히고 우리의 경제영역화한다는 설계는 일반적이고 평범한 사고로 접근하지 못한다. 여기에는 가히 혁명적인 사고와 철학이 정립되어야 한다.

외국의 실례를 하나 들어보자. 1803년 미국의 제 3대 대통령 제퍼슨은 독립전쟁을 치루고 연방정부가 들어서서 미처 확고한 기반이 잡히기도 전에 미국 중부의 미시시피강 유역까지의 루이지에나 지역을 매입하려 했다. 당시 미의회에서는 당장에 필요없는 황무지를 왜 매입하려 하느냐면서 강력히 반대하고 심지어 위헌논쟁까지 야기하였다. 그러나 제퍼슨 대통령은 의회의 반대를 무릅쓰고 1,500만 달러를 지불하고 나폴레옹으로부터 매입했다. 매입한 루이지에나 지역 면적은 미국이 대영독립전쟁시 대서양 연안의 13개주를 합친 면적 보다도 넓었다. 당시 제퍼슨 대통령은 루이지에나 지역을 매입함으로해서 서부 개척의 길이 열릴 것으로 전망하고 향후 미국의 영토는 동은 대서양, 서는 태평양 연안을 연결한다는 웅대한 구도를 그렸다. 이 구도는 적중하여 오늘날 미국 영토는 대서양과 태평양을 연결시켰다.

연해주를 개척하여 한민족의 생활공간을 넓히려면 제퍼슨의 구도와 유사한 큰 그림을 시도해야 한다. 국제적 변화의 격동기엔 민족의 미래를 멀리 내다보고 설계할 수 있는 큰 안목이 요망된다.

연해주 진출문제는 단순히 감상적 희망사항이 아니라 21세기 한민족의 진로 개척에 있어 반드시 지향해야 할 민족사적 과제이다. 얼핏 생각하면 한민족이 연해주를 개척하여 경제적 영역화를 도모한다는 것은 황당한 발상으로 여겨질지 모른다. 그러나 이 과제를 현실화시키기 위해 국민의 의지가 결집되고 추진 주체가 확고한 신념으로 잘 주도하면 충분히 가능하다.

연해주로 진출할 수 있는 객관적 여건을 종합적으로 고찰해보면 그 가능성을 실감할 수 있다. 국경에 구애 없이 이주가 가능해지는 국제환경의 변화추세, 다민족 사회의 도래전망, 비어 있다시피 한 땅, 인구감소의 대책으로 해외이민과 투자를 환영하는 연해주의 실정, 여기에다 한국과의 지리적 근접성과 역사적 연고성까지 가지고 있는 지역인데 불가능할 이유가 없다. 다만 추진 방략에 있어 두 가지 측면에서 각별히 유념해야할 점이 있다.

첫째는 러시아와 상생의 원칙하에 상호 호혜의 정신으로 공동번영의 길을 모색해야한다. 아무리 앞으로 대 영토주권의 개념이 바뀐다 하더라도 연해주는 엄연히 러시아 영토이다. 이주자의 자본과 기술이 우월하다고 해서 주인을 홀대하는 사태가 야기되어서는 안 된다. 한·러 간에는 서로가 상대를 필요로 하는 유대관계가 유지되어야 한다. 하와이의 예에서 보듯이 서로 필요보완관계가 되었을 때 갈등이나 마찰의 소지가 야기되지 않는다.

둘째, 진출방법은 반드시 경제적인 접근방법으로 시도해야 한다. 정치적, 군사적 접근법은 절대 금물이며 시대착오적이다. 남의 나라 땅에 들어가서 주객이 함께 더불어서 잘살 수 있는 공통요인은 경제밖에 없다. 상호 협력하여 경제적 풍요를 누릴 때 상호간에 신뢰가 쌓이고 경계심은 자연히 해소되기 마련이다. 이국에서 이민족 간에 융합될 수 있는 방법은 신뢰가 으뜸이다.

이러한 신뢰를 바탕으로 연해주의 산업을 발전시켜 전체 러시아 중 가장 잘 사는 주(州)로 만들면 러시아와는 자연히 융합이 이루어질 것이고 공동 번영하는 상생관계가 맺어질 것이다. 그리고 또 한 가지 다른 측면에서는 현지의 고려인, 한국에서 진출하는 기업과 산업역군, 북한의 노동력, 거기에다 옛 고향 원동(연해주)으로 저이주를 갈망하는 중앙아시아의 우즈베키스탄, 카자흐스탄, 키르기스탄 등지의 고려인들이 다시 돌아와 모두는 화학적 통합으로 새로운 신한촌을 형성할 수 있을 것이다. 이것이 바로 우리가 바라는 연해주에서의 한인의 생활공간을 넓히는 길이고 경제적 영역화를 성취할 수 있는 방략이다.

연해주에서 한인의 생활공간을 개척한다는 것이 대단히 거창하고 어려울 것 같지만 가능하다는 긍정적인 사고로 접근하면 별로 어려운 일이 아니다. 경제적으로 접근하는 가장 현실적 방법을 택하면 의외로 쉽게 길이 열릴 수 있는 것이다. 문제는 개척정신이다. 이 정신이 어떻게 작열하느냐에 달려 있다.

또 한 가지 희망적인 사항은 문화에 관한 러시아의 이해이다. 러시아 연방정부는 1996년 '민족문화자치회에 관한 법령'을 발표하여 영토가 없더라도 문화와 교육에서 자치를 누릴 수 있다고 하였다. 특히 한인에게 또 한 가지 주목을 끄는 것은 연방정부가 2003년에 발표한 '민족문화자치회에 관한 법령개정안'이다. 이 법령은 어떠한 민족이 영토는 없어도 문화적으로 자치할 수 있음을 재확인하는 것이다. 따라서 연해주 고려인들은 모든 문화행사와 언론, 언어, 학교설립, 고유종교 등의 활동을 자유로이 할 수 있는 권리를 확보한 것이다. 그리고 상기 법령의 내용을 상세히 검토해보면 러시아 국적을 취득한 고려인 및 한민족이 일정지역에 1,500명 단위의 30개 마을을 형성운영하면 자치구(郡)를 연방정부나 극동총독에게 신청할 수 있게 되어 있다.

또 다른 것 한 가지 상기할 것은 1993년 연방 최고회의가 발표한 결의안 제 47조 1호다. 이것은 러시아 한인들의 명예회복에 관한 것"으로 1937년 강제이주가 잘못된 것이며 사과의 표시로 고려인에게 떠나온 原地로 돌아갈 권리를 보장한 점이다. 이러한 일련의 조치들은 러시아 당국의 고려인에 대한 호의적인 정감의 표시이며 또한 한국과의 우호증진을 희망하는 신호로도 보여진다. 이와 같은 여건의 조성은 한민족이 연해주에 진출하여 둥지를 틀고 러시아와 더불어 共生할 수 있는 매우 고무적인 징조로 생각한다. 특히 영토 없이도 민족문화자치회를 허용한 것은 마음의 문을 활짝 열었다는 표시로 받아들여진다.

문화는 민족의 생명이다. 문화가 창달하면 그 민족은 번창하고 문화가

시들면 그 민족은 소멸한다. 그러므로 어느 민족이나 자기문화를 보존하는데 소홀함이 없다. 그리고 문화는 민족마다 상이하기 때문에 문화로 인해 이질감이 생길 수 있다. 그러나 여러 민족이 함께 어울려 생활하다보면 상대 문화에 대한 흥미와 이해심이 생긴다. 따라서 각기 민족은 자기문화를 창달하려고 노력하는 가운데서 복합문화가 싹트며 문화행사를 통해 융합의 계기가 마련되고 유대가 공고해질 수 있다. 러시아 당국은 이러한 점을 미리 간파한 것으로 보여진다.

이제 연해주 진출을 위한 구체적인 방안으로 다음 사항을 제시하고자 한다.

첫째, 한·러 양국정상회담을 개최하여 연해주 공동개발에 관한 의향서를 교환하고,

둘째, 대통령 직속 하에 경제·외교 관료와 전문직 학자, 해외 사업에 풍부한 경험을 가진 기업인 등으로 구성하는 특별기구를 설치하며,

셋째, 러시아의 토지제도, 조세제도, 무역·관세 및 각종 관련 법령과 연해주 전반에 관한 구체적인 연구를 선행하여 중·장기 진출계획을 세우고,

넷째, 정부는 기업들의 진출의욕을 북돋우기 위하여 금융, 조세 및 보험 등의 시혜정책을 법적, 제도적으로 뒷받침하며,

다섯째, 향후 21세기에는 문화가 경제 못지않게 중요함을 감안하여 경제진출과 함께 문화 교육 언론 등의 사회단체들이 합류하여 앞으로 한민족 文化圈域을 형성하는 과제도 더불어 진작케 하는 것이 바람직하다.

5. 맺음말

연해주는 한국인에게 생활공간을 넓힐 수 있는 기회의 땅이 될 수 있을까. 러시아와 협력을 강화하고 한국 기업이 진출하여 북한 노동력을 활용하면 한반도를 둘러 싼 극동지역에 평화의 싹을 틔울 수 있을까. 그리고 앞으로 멀리 전망하여 한·러 간의 연해주를 미·일 간의 하와이와 같은 모델로 발전할 수 있을까. 이러한 물음에 대한 답은 충분히 가능하다이다. 문제의 열쇠는 우리의 의지와 결단력이다.

고금의 역사에서 우리가 얻는 교훈은 역사창조란 인간의 의지와 정열의 산물이 란 것이다. 인간의 의지가 강렬하게 작열할 때 역사는 웅비하고 의지가 나약할 때 역사는 쇠퇴한다. 여기에서 터득할 수 있는 것은 역사란 운명적으로 흘러가는 것이 아니라 구성원의 의지에 의해 창조된다는 것이다.

한반도가 처한 오늘의 상황은 그다지 밝은 미래가 전망되지 않는다. 분단 상태는 60여년 지속되고 있고 민족 화합의 기미는 보이지 않는 채 첨예한 대립은 긴장을 더욱 고조시키고 있다. 대륙과 해양의 대립에서 한반도의 가치는 어느 한 쪽에서 쉽게 포기할 수 없는 위상을 지니고 있다. 따라서 앞으로 코리아가 통일 됐을 때 어떤 노선을 지향할지 예측할 수 없는 주변 4강으로서는 자국하고만 공고한 유대를 갖는 확신이 없을 바엔 차라리 내심으로는 한반도의 현상유지를 상책으로 생각한다. 이것이 자국의 이익에만 충실한 국제정치의 냉혹한 현실이다.

이러한 때에 우리에게는 바른 역사의식과 자기 확인이 절실히 요청된다. 눈앞의 현안문제에 매여 있을 게 아니라 민족의 먼 미래를 내다보고 새로운 세계를 설계할 비전을 가져야 한다. 여기에서 우리는 思考의 혁명적 대전환을 모색하고 실천적 지향 의지의 발걸음을 내디뎌야 한다. 그 궁극의 목표는 '북상의 역사창조' 이다.

어느 시대 어느 사회나 그 사회가 추구하는 최고의 가치가 있고 성취해야할 과제가 있으며 따라서 이를 지향하는 시대정신이 있다. 이 시대정신은 그 사회 구성원의 의지를 통합, 결집하여 共同善을 추구하는 역할을 하게 된다. 그 사회와 시대상황에 맞는 시대정신이 정립되고 국민을 動力化하여 정진한다면 새 역사는 창조된다. 예컨대, 미국독립전쟁 당시 페인 토마스(Paine Thomas)의 커먼 센스(Common Sense)가 시대정신을 반영했고 유태민족은 헤르츨(Herzl)이 제창한 시오니즘(Zionism)이 시대정신이었으며 일본의 근대화 과정에서는 후쿠사와 유키치(福澤諭吉)의 脫亞入歐論이 당시의 시대정신을 표방하는 함축된 표현이었다. 그리고 중국에서는 등소평(鄧小平)의 黑猫白猫의 논리가 바로 시대정신의 반영이며 오늘날의 중국을 욱일승천격으로 성장시키는 동력의 원천이었다. 이렇듯 시대정신을 정립하는 것은 대단히 중요하다. 그러나 시대정신이란 어렵고 복잡하게 표현되지 않는다. 간결하면서도 시대 상황의 욕구에 적중하면 되는 것이다.

그렇다면 우리의 시대정신은 무엇이어야 할까? 연변과 연해주에 각각 문화적 또는 경제적 접근 방법으로 북상의 역사를 창조해야 한다는 것이다.

참고문헌

岡部一明,『多民族社會 到來』, 御茶の水書房, 1991

김성훈 외 2人 공저,『북아 경제권』, 비봉출판사, 1992

에리히 폴라트 · 알렉산더 융 저, 김태희 역,『자원전쟁』, 영림 카디널 2008

박 환,『러시아 한인 민족 운동사』, 탐구당, 1995

배기찬,『코리아, 다시 생존의 기로에 서다』, 위즈덤 하우스, 2005

이광규,『우리에게 연해주란 무엇인가』, 북코리아, 2009

이윤기,『잊혀진 땅 간도와 연해주』, 화산문화사, 2005

정태수 편역,『소련 韓族史』, 대한교과서(주), 1989

현규환,『한국유이민사 上』, 대한교과서(주), 1967

강영지,「동북아 개발은행의 필요성과 운영방안」제 2회 동북아정책포럼 2003

고상두,「러시아 연해주 고려인과 우리의 진출전략」한민족 공동체 15호, 2007

고재남,「21세기 동북아 질서형성과 연해주」한민족 공동체 3호, 1995

구천서 · 이병화,「연해주 농업개발과 환경여건」, 서울국제농업개발원, 1999

박근용 · 이정일,「극동러시아에서 옥수수 등 밭작물 생산성 제고의 기술적 가능성」, 북방
　　　　　농업연구, 1998

서원용,「한국기업의 연해주 진출과 한 · 러 경제협력」, 한민족공동체 15호, 2007

신형식,「역사 속에서 본 천도」,『향토 서울』65호, 2005.

우평균,「러시아 극동정책과 연해주 지역개발」,『한민족공동체』15호, 2007

이성규,「연해주의 자원과 기업투자 현황」,『한민족 공동체』15호, 2007

이종훈,「중앙아시아 한인의 연해주 재이주 현황과 정책과제」,『한민족 공동체』3호,
　　　　　1995

조재남,「21세기 동북아 신질서 형성과 연해주」,『한민족공동체』3호, 1995